Claude Chassagne. Avril 2003 Londres

JOURNAUX 1912-1940

Stefan Zweig est né à Vienne en 1881. Il s'est essayé dans les genres littéraires les plus divers : poésie, théâtre, traductions, biographies romancées et critiques littéraires. Ses nouvelles l'ont rendu célèbre dans le monde entier. Citons La Confusion des sentiments, Amok, Le Joueur d'échecs, La Peur, Vingt-Quatre Heures de la vie d'une femme, Destruction d'un cœur. *Profondément marqué par la montée et les victoires du nazisme, Stefan Zweig a émigré au Brésil. Il s'est suicidé en même temps que sa seconde femme à Pétropolis, le 22 février 1942.*

Les *Journaux* de Stefan Zweig s'étendent, coupés de longues interruptions, sur près de trente ans, et constituent par leur spontanéité un document irremplaçable, jusque-là inédit, un complément précieux au *Monde d'hier*, l'autobiographie que Zweig rédigea au Brésil en 1941 alors que, précisément, il n'avait plus ses *Journaux* sous la main.

Dictés souvent par une réaction immédiate face à une situation ponctuelle, d'ordre privé ou politique, ils mettent en lumière des aspects inattendus de la personnalité de Zweig, par exemple son nationalisme au début de la Première Guerre mondiale. On y trouve des portraits en profondeur des plus célèbres de ses amis : Romain Rolland, Verhaeren, Rilke, Schnitzler, Richard Strauss. On y observe la vie quotidienne à Paris ou dans la Vienne artistique et intellectuelle du début du siècle, puis le naufrage de cette Europe brillante et « l'immense absurdité du massacre ».

De New York au Brésil, puis à Londres, le chroniqueur de l'Age d'or européen, le pacifiste et l'humaniste de 1916, sombre ensuite dans un pessimisme désespéré qui le conduira au suicide.

Paru dans le Livre de Poche :

AMOK
LE JOUEUR D'ÉCHECS
VINGT-QUATRE HEURES DE LA VIE D'UNE FEMME
L'AMOUR D'ERIKA EWALD
LA CONFUSION DES SENTIMENTS
TROIS POÈTES DE LEUR VIE : STENDHAL,
CASANOVA, TOLSTOÏ
IVRESSE DE LA MÉTAMORPHOSE
LA GUÉRISON PAR L'ESPRIT
DESTRUCTION D'UN CŒUR
LE COMBAT AVEC LE DÉMON
TROIS MAÎTRES (BALZAC-DICKENS-DOSTOÏEVSKI)
ÉMILE VERHAEREN
CLARISSA

Dans la Pochothèque :

ROMANS ET NOUVELLES 1.
ROMANS, NOUVELLES, THÉÂTRE 2.

STEFAN ZWEIG

Journaux

1912-1940

ÉDITÉS PAR KNUT BECK ET TRADUITS DE L'ALLEMAND
PAR JACQUES LEGRAND

BELFOND

Titre original :

TAGEBÜCHER
S. Fischer Verlag GmbH, Francfort-sur-le-Main

© S. Fischer Verlag GmbH, 1984.
© Belfond, 1986, pour la traduction française.

INTRODUCTION

« Je n'écris ces pages que pour moi-même » : ce mot de Stefan Zweig extrait de ses *Souvenirs sur Émile Verhaeren* — édition privée publiée en 1917 à cent exemplaires — témoigne du caractère intime des notes qu'il consacra à son amitié avec le poète belge vénéré.

A plus forte raison peut-on l'appliquer aux *Journaux*, documents de sa vie intérieure. Ils sont à maintes reprises le fruit d'une réaction spontanée face à une situation ponctuelle, d'ordre privé ou politique, et — dans la conscience d'une absolue liberté, d'une absolue solitude — fixent souvent l'ébauche d'une idée, celle-ci dût-elle être rejetée peu après. Une des raisons qui ont pu inciter Stefan Zweig à tenir un Journal est le désir de retenir les événements d'une journée afin d'en faire plus tard un sujet de réflexion pour son propre compte — ou éventuellement en vue d'une œuvre (« Journée typique, je la noterai donc plus en détail pour mon autobiographie », 14 juin 1940), parce que « toute loi humaine, toute édification intérieure ne part que du vivant, de l'expérience, de l'exemple vécus ». Mais avant tout il ressentait le besoin de se « rendre des comptes » à lui-même, de « témoigner ». Or, lui que « l'impatience tenaillait » interrompait toujours ses notes quand un événement capital semblait se répéter comme en spirale. « Peut-être, s'avouait-il à lui-même, cette avidité à vouloir de nouveau saisir la vie vient-elle du fait que je ne possède rien du passé, que tout, chez moi, est pour ainsi dire écoulement et que ma vie, dès qu'elle n'est plus alimentée, se dessèche » (10 septembre 1912).

Les intervalles entre la fin d'un Journal et le début du suivant sont aussi variés que l'espace accordé aux notations. Quand Stefan Zweig a-t-il commencé à tenir son Journal, nous l'ignorons. Il mentionne seulement, dans les *Souvenirs sur Émile Verhaeren*, cités plus haut, que, lors de sa première visite à Caillou-qui-bique en août 1902, il avait consigné systématiquement ses impressions ; mais ce « Journal d'alors » a « disparu, hélas ». Depuis, si l'on en croit le plus ancien texte conservé, celui du 10 septembre 1912, il prenait régulièrement des notes.

Le Journal de septembre 1912 à mai 1913 est précédé d'une

sorte de préambule dans lequel il explique pourquoi, un « jour choisi par le hasard », il se remet, « pour la énième fois », à marquer les événements. Le prétexte en est fourni par la séparation brutale d'avec un ami — de lui-même il attend, dans ce contexte, « une certaine régénération ». Comme en témoignent les neuf cahiers conservés ainsi qu'une « feuille de Journal », et quand bien même les notes ne concernent qu'un laps de temps relativement bref, ce sera toujours un événement grave pour lui, sur le plan privé ou politique, qui l'incitera à reprendre son Journal, ou bien ce seront des voyages, qui ne lui fourniront pas moins matière à réflexion. De temps à autre, et pas seulement au cours de la Première Guerre, sa « bile noire », sa mélancolie qui, plus tard, l'accablera de plus en plus, lui ôte tout plaisir à la notation quotidienne : « Mon Journal meurt du poids qui m'oppresse. Je suis toute la journée fatigué — fatigué de tout » (10 juin 1915). Et comme, au cours de la deuxième année de la guerre, les combats ne semblent pas devoir finir, il reconnaît : « Je ne poursuis ce Journal que par la force de l'habitude. Car la monotonie de ces journées, sur le plan intellectuel, est écrasante » (8 novembre 1915). Dès que le temps lui paraît « mort », il s'interrompt, et ne recommence que lorsque celui-ci semble « reprendre vie dans l'horreur », lorsque « peu à peu le temps recouvre un sens », ou plutôt lorsque « le sens qui fut toujours caché dans cette crise commence à se manifester » (20 septembre 1918). Alors — ainsi qu'il le dira plus tard — il est bon « de s'exercer une fois de plus à la vigilance ». Mais au bout de quelques semaines, prenant pleinement conscience de la ruine définitive du monde d'hier, écrasé par le sentiment qu'il « épuise la moitié de [son] énergie intellectuelle en visions effroyables — la vision des bouleversements à venir », il interrompt pour la première fois son Journal le 13 novembre 1918. Treize ans plus tard presque jour pour jour, le 21 octobre 1931, il le reprend « soudain » et en donne, comme chaque fois qu'il recommence, « les raisons » : « la prémonition que nous allons vers une époque critique, une sorte de belligérance qui exigera d'être consignée au même titre qu'autrefois les longs voyages ou la Grande Guerre ». Le « vieux réflexe de Cassandre » s'est réveillé ; dans les années vingt — peut-être les plus importantes et les plus productives de son existence —, il avait su le dominer en dépit, ou à cause, des honneurs, des conférences, des articles, des correspondances et du désir d'écrire son œuvre — à tel point qu'il se sentait parfois « traqué comme un sanglier » (lettre à Friderike Zweig du 10 décembre 1926) ; déjà pendant la guerre, il n'avait pu poursuivre un Journal événementiel spontané comme celui de 1912/1913 ; de plus, au cours des années, son agitation intérieure avait été aggravée par les hostilités et les problèmes politiques. Stefan Zweig avait évolué entre deux mondes : son engagement volontaire aux Archives du ministère de la Guerre, et sa responsabilité d'écrivain libre face à la vérité du moment et à la parole sans contraintes. Il avait eu du mal à trouver un équilibre : les communiqués de presse, les nouvelles, et surtout son devoir de soldat l'entraînèrent plus d'une fois à émettre, même dans son Journal, des opinions dont il aurait dû se défendre car elles ne répondaient pas à sa nature la plus profonde. Un tel manque d'assurance ne pouvait manquer de susciter des conflits en cet homme désireux d'aider et d'être équitable envers chacun tout en restant lui-même, conflits dont seul, à cet instant, put le délivrer le voyage en Suisse, en 1917.

En 1931, reprenant son Journal tandis qu'il travaille à *Marie-Antoinette*, il fait son autocritique avec lucidité. Contrarié par le comportement de ceux qui l'aident dans ses travaux préparatoires et ses recherches bibliographiques, il note : « Je m'aperçois de plus en plus — important aussi pour le livre sur Marie-Antoinette — que la faiblesse est le plus grand des vices, parce qu'elle corrompt les autres. [...] tous ici, loin de les stimuler par ma générosité, ma prévenance et ma confiance, je les ai affaiblis, moralement gâtés. Et la mauvaise humeur jaillit du subconscient, et se retourne contre vous, à juste titre : la faiblesse est une faute. Lu, travaillé un peu. Je devrais être plus courageux, je veux que ce Journal me serve de stimulant. » Ce cahier est abandonné dès le début décembre. Suivent des notes sur un voyage à New York en janvier 1935, une feuille de Journal datée du 27 septembre 1935, relatant un voyage de Paris à Londres où, séparé de Friderike, il vivait depuis 1934, puis, en août 1936, une visite au Brésil (mais non en Argentine, comme le donnerait à penser la suscription du cahier). Jusqu'au début de la Seconde Guerre, Stefan Zweig n'a, semble-t-il, pas consigné au jour le jour les événements quotidiens ni ses expériences personnelles. Le Journal suivant — il ne comporte pas de préambule, mais est dicté par un motif personnel de taille : le mariage avec Lotte Altmann — est rédigé en anglais ; et il lui faut reconnaître : « *that's what me oppresses most, that I am so imprisoned in a language, which I cannot use* — voilà ce qui me pèse le plus, être prisonnier d'une langue dont je ne peux me servir » (3 septembre 1939). Sans doute craignait-il d'attirer les soupçons, lui l'« étranger ennemi », s'il écrivait en allemand. Il prend des notes quotidiennes jusqu'au 27 septembre

1939, espérant trouver une échappatoire dans le travail — il s'interrompt alors pour reprendre le 16 octobre sur un aveu : « *What I did not expect happened — I got tired of this diary, because I was too disgusted of the development of this "war"* — Ce que je ne croyais pas possible est arrivé — je me suis lassé de ce Journal parce que j'étais trop écœuré par l'évolution de cette "guerre". » Il relate encore une journée, « journée de dépression », puis perd tout intérêt à consigner les événements. « Une fois de plus, je voulais esquisser pour moi-même un tableau de ce temps, puis j'ai abandonné », se rappellera-t-il le 22 mai 1940, alors qu'il entreprend, pour la dernière fois sans doute, de fixer le souvenir de son époque : « Il ne s'est rien passé. Pendant des mois. [...] Voilà que l'histoire universelle recommence à se couler dans le drame. A partir de maintenant, je prendrai des notes chaque jour » — jusqu'au 19 juin 1940, une semaine avant de prendre pour toujours congé de l'Europe.

Outre le rythme très particulier que Stefan Zweig adopte dans ses Journaux — « La pause aussi fait partie du rythme » (lettre du 6 juin 1931 à Otto Heuschele) —, ses thèmes fondamentaux jouent un rôle capital pour définir, même de façon approximative, leur caractère. Les centres d'intérêt se déplacent au cours des années. Si l'on s'en tient à la chronologie, le premier Journal conservé, celui de 1912, met sur le même plan les « épisodes », « aventures amoureuses de la Kärtnerstrasse », passades érotiques ou sexuelles, et les rencontres avec des amis, les soirées au théâtre et les discussions, ainsi que des projets et travaux littéraires. Des remarques telles que : « Bonne conversation, comme toujours, parce que d'ordre sexuel » (29 octobre 1912 à propos d'une causerie avec Oskar A.H. Schmitz) ne se retrouveront plus avec autant de netteté dans les cahiers ultérieurs ; il perd l'envie de les noter (à moins qu'elles ne puissent lui servir dans une œuvre), ou bien cette envie s'exprime sous une autre forme. Par exemple, peu après leur mariage, Friderike Zweig se plaint dans une lettre du 30 janvier 1920 : « Je suis très choquée par des lettres de femmes remontant à une époque où je pensais qu'il n'y avait guère de place pour autre chose que moi, par ailleurs il y en a quelques-unes qui, aux yeux de la brave Mme Mandl*, pourraient te faire passer pour un don Juan. » Ses propres aventures sexuelles ou érotiques, il les confie, plutôt qu'au Journal, à son œuvre narra-

---

* Mme Mandl : la secrétaire de Stefan Zweig (*N.d.T.*).

tive — ainsi la rencontre avec cette sculptrice parfaitement inconnue de lui (fin février 1915) dans *Vingt-quatre heures de la vie d'une femme* — « ce réveil d'une femme auprès d'un homme dont elle ne connaît que le corps ». Mais l'attention extrême que lui porte l'autre sexe demeure pour lui un baume ; jusque dans une des dernières notations, le 18 juin 1940, on perçoit un ultime regain malgré une « dépression totale » : peu avant la fermeture des bureaux, Stefan Zweig et sa femme Lotte sont reçus au consulat des États-Unis : « Par chance on accepte de nous recevoir, en premier lieu la jolie fille, ma lectrice... » Sans doute Stefan Zweig a-t-il été toute sa vie conscient du rayonnement érotique qui émanait de lui : « Je sais que je libère souvent quelque chose chez des femmes, mais chez des hommes aussi. Je me garde bien d'exploiter cela sur le plan érotique, au contraire, je suscite cette liberté grâce à un tacite refus de l'érotisme » (23 septembre 1912). D'autre part, il lui faut bien s'avouer : « L'érotisme m'épouvante parce qu'il me prend, et non inversement. Je frémis devant ma propre virtuosité » (fin février 1913). Mais c'est justement ce qui enrichit son œuvre, car il veut, en tant qu'écrivain, entraîner ses lecteurs autant qu'il l'est lui-même.

Ce plaisir de la perception sensorielle explique que dans ce premier Journal qui nous soit parvenu, Stefan Zweig fixe pour son propre usage le souvenir d'êtres particulièrement sympathiques et intéressants, non seulement en accordant la plus large place aux conversations qu'il eut avec eux, mais en décrivant avec précision leur aspect, leur visage, leur façon de parler, de lire, d'écouter, de répondre — Rainer Maria Rilke surtout, mais aussi Gerhart Hauptmann et Hermann Bahr.

Si, dans les notations d'avant 1914, nous frappent surtout ces aspects fondamentaux, les suivantes trouvent leur leitmotiv dans l'événement qui les a suscitées : le conflit mondial qui, après l'attentat de Sarajevo, dégénère en « l'immense absurdité du massacre » (21 décembre 1914). C'est l'heure où chacun doit prendre position face à l'actualité. Le Journal de 1912 montre déjà combien Stefan Zweig est sensible aux problèmes de la communication : il perçoit ce « frémissement » qui s'empare de la ville à l'approche de la première de sa pièce *La Maison au bord de la mer* — événement qui le laisse froid. Tel un séismographe, il enregistre la « fébrilité », l'attente d'une nouvelle pièce dans la Vienne passionnée de théâtre en ce mois de septembre 1912. Deux ans plus tard, le 30 juillet 1914, dans un feuilleton, il décrit « un peu l'atmosphère » de cette même ville deux jours après la déclaration de guerre de l'Autriche-Hongrie à la Serbie — « Seules les dernières lignes sont inexactes ».

Qu'est-ce qui a pu inciter Stefan Zweig, dans ses prises de position publiques, à conférer à l'atmosphère une connotation positive et nationaliste ? A en croire son Journal, il semble être d'abord, et sans équivoque, contre la violence : « Les journaux annoncent des nouvelles effroyables au sujet de l'Allemagne, puits empoisonnés, villes sans défense bombardées. Sur nous, pas un mot. Ma pauvre maman pleure à l'avance sur le sort de ses enfants — pourvu que ses pressentiments ne se confirment pas ! » (3 août 1914). Le lendemain, après que les troupes allemandes ont violé la neutralité de la Belgique, il note : « Est-ce un coup de génie ou de folie — jamais le monde n'a été aussi déchaîné. Je le sens maintenant, tout ce que l'humanité a subi n'est que jeu d'enfant à côté de cette dernière extrémité. Je ne crois pas à une victoire contre le monde entier — ah, pouvoir dormir, pendant six mois, ne plus rien savoir, ne pas assister à cette chute, à cette ultime horreur. C'est le jour le plus épouvantable de mon existence » (4 août 1914). Mais à peine trois jours plus tard il voit dans l'attaque victorieuse des Allemands contre Liège « un exploit » et poursuit : « ... déjà nous reprenons tous courage. Les Russes évacuent la Pologne — tout semble marcher à merveille. Notre seul souci, à présent, c'est l'Italie, si elle avait été de notre côté, nous serions invincibles. C'est le contraire que nous craignons. Ce serait une ignominie vertigineuse, qu'on ne peut attendre d'aucun peuple. » Ainsi va et vient sa pensée dans les pages suivantes du Journal — on perçoit ici avec netteté la préhension du monde, purement émotionnelle, totalement apolitique, de Stefan Zweig. Il voudrait dire son mot, et il le fait dans des articles qui — même quand ils adoptent un ton nationaliste — trahissent sans cesse sa volonté d'humanisme, sa volonté d'aider. Il perçoit le frémissement du monde en guerre, mais il met un certain temps à en déceler les causes, bien qu'il soit toujours disposé à les chercher. Engagé volontaire, il accomplit son service aux archives du Q.G. de presse, et avec un certain enthousiasme : « On m'a confié un travail vraiment très agréable dont je me réjouis. Non pas une tâche subalterne ou de second ordre, mais un vrai travail » (1er décembre 1914) — car il ne peut « que garder les yeux fixés vers le but ultime, et celui-ci a pour nom la paix, la paix ! » (9 décembre 1914). Stefan Zweig espère contribuer à celle-ci par son activité, mais il ne peut tenter de le faire qu'en accomplissant la tâche qu'il s'est assignée volontairement : servir son pays, même si, contre toute attente, cette tâche devient subalterne et de second ordre dès qu'il s'agit pour lui de dépeindre à la population la situation militaire sous des couleurs purement patriotiques. D'où une rupture entre, d'un côté, les rapports officiels anonymes et les feuilletons signés « Stefan Zweig » et, de l'autre, les notes strictement personnelles du Journal. C'est ainsi qu'il se donne quelque mal pour rédiger en termes prudents la relation, considérée comme privée, mais accessible à tout le monde, de son voyage officiel en Galicie consignée dans un cahier à feuilles mobiles. En effet, outre qu'il veut noter ses impressions individuelles, il a son rapport à faire. Avant d'entreprendre cette tournée, il écrit dans son propre cahier, encore confidentiel : « Il y a trop longtemps que je souffre de ce sentiment d'être en dehors, de ce désir de connaître le pays dont chaque ville, chaque village sont vivants en notre mémoire, sans vivre néanmoins, ne sont que des noms, des concepts, des mots morts, informes. Cela va être fatigant et d'un maigre profit, mais il faut que je le voie : mes yeux sont las de l'univers viennois » (12 juillet 1915).

Ce juif non sioniste, mais parfaitement conscient de ses origines, attache de l'importance à connaître la Galicie ; il découvre donc ce pays torturé et ses habitants à partir de deux perspectives. Cette expérience joue à coup sûr un rôle décisif dans la modification que la guerre a fait subir à sa vision des choses ; mais celle-ci reçoit un apport capital du pacifiste français Romain Rolland qu'il admire depuis qu'il a lu dans une revue les premiers chapitres de *Jean-Christophe* : leur dialogue épistolaire fait pencher la balance en faveur de sa conversion définitive au pacifisme, à l'amour de l'humanité. Si Stefan Zweig se rend en Suisse, c'est pour une bonne part parce qu'il a reconnu que l'esprit du temps était mort dans sa patrie et lui montrait cette voie — là-bas, il se retrouvera : « ... je ne me laisserai plus intimider par la charogne de l'Autriche » (20 septembre 1918). « Cet univers tombe en ruine. [...] Nous devons apprendre à changer la vie, il n'y a pas d'autre solution » (11 novembre 1918). La guerre finie, Stefan Zweig rentre dans une Autriche « mutilée et mourant de faim », et cherche, pour ses contemporains et surtout pour lui-même, à voir clair dans l'époque ; il interrompt son Journal pour ne le reprendre qu'en 1931, lorsqu'une nouvelle épreuve s'abat sur lui, mais pour quelques semaines seulement. C'est alors que commence une période agitée — une nouvelle thématique domine largement ces cahiers. La politique autrichienne l'« écœure », dans les conversations il pose « sans cesse » la question : « où aller ? » (23 octobre 1931). « Je pense toujours à un refuge » (31 octobre 1931). Les cahiers suivants qui nous sont parvenus, de janvier et septembre 1935 et d'août 1936, sont des journaux de voyage qui, sans qu'il ait à se l'avouer, peuvent servir de soupape à son inquiétude. Sa faculté de s'enthousiasmer pour les toutes dernières innovations techniques à New York et pour le charme si particulier du Brésil, est un léger dérivatif, mais il ne parvient pas à se libérer d'une vibration intérieure. Il enregistre encore avec un certain sang-froid les premiers jours de la Seconde Guerre mondiale, mais, dès le 12 septembre 1939, il sait que « *It will be a slow and endless war, his end the breakdown of the capitalism* — La guerre va être longue, interminable, elle finira sur l'effondrement du capitalisme ». Le lendemain, il est déjà « *tired of all ideas of future* — las de penser à l'avenir ». Le cri : « *I will try now to get out of here, to France, to Sweden or wherever else* — Je vais essayer de partir d'ici, pour la France, la Suède ou tout autre pays », témoigne qu'il recherche une issue qui lui permette de sortir de cette agitation tant extérieure qu'intérieure. Le désespoir croissant est un signe précurseur de résignation : « *my life in any case is no more worth much, Freedom is gone* — ma vie de toute façon ne vaut plus grand-chose, finie la liberté » (24 septembre 1939). Cet état s'aggrave encore en 1940 : « Je souffre beaucoup des presciences de mon imagination [...]. Où est l'endroit, en effet, qui vous garantira un espace vital tranquille et une réelle sécurité pour une décennie ? » (25 mai 1940). — « En tout cas, on ferait bien d'avoir sous la main un flacon de morphine. On en aura peut-être besoin » (26 mai 1940). — « Nous aurons à souffrir [en Angleterre] pendant et après la guerre a) en tant qu'Allemands de naissance, b) en tant que Juifs de naissance. Mais où aller pour fuir cette haine ? Partout elle nous guettera, partout elle nous traquera » (27 mai 1940). — « ... je ne voudrais pas tomber vivant entre les mains de ces messieurs [les nazis] » (2 juin 1940). — « Et puis je n'ai plus aucune volonté » (10 juin 1940). — « ... je n'ai pas des décennies devant moi, je ne *veux* pas les avoir » (16 juin 1940). « ... pour qui écrire, pour quoi vivre » (17 juin 1940) : témoignages d'une résignation tragique.

Lorsque, en septembre 1912, Stefan Zweig était revenu à son Journal après une interruption, il avait répondu à la question « pourquoi ? » : « En en relisant un d'autrefois, j'ai senti combien ma mémoire s'est engourdie, dangereusement, maladivement engourdie. » Près de trente ans plus tard, il reprend le même thème dans l'introduction à son autobiographie *Le Monde d'hier* : « ... je ne considère pas la mémoire comme la faculté de retenir par hasard *tel* élément et d'en négliger par hasard tel *autre*, mais comme le pouvoir de mettre en ordre en connaissance de cause et d'éliminer avec sagesse. » Entre ces deux remarques s'étend une existence vécue en des temps difficiles par un homme conscient de la difficulté intime de son être. Lorsqu'il rédigea ses Mémoires, à Petropolis, il n'avait pas ses Journaux sous la main — il les avait laissés à Bath. C'est une lucidité issue d'une mélancolie devenue pathologique qui lui fait écrire : « Tout ce qu'on oublie de sa propre vie était depuis longtemps condamné à l'oubli par un secret instinct. » Mais il ajoute, et cette phrase, même s'il semble la démentir à la fin de son Introduction, confirme l'importance que prenait à ses yeux la notation des événements et des expériences de chaque jour : « Seul ce que je veux moi-même sauvegarder a le droit d'être sauvegardé pour les autres. »

Knut BECK

JOURNAL, SEPTEMBRE 1912 ET PRINTEMPS 1913 (PARIS)

10 septembre 1912 - 6 mai 1913
20 - 28 mars 1914

Vienne, 10 septembre 1912. Aujourd'hui, jour choisi par le hasard, je reprends — pour la énième fois — mon Journal. Pourquoi ? En en relisant un d'autrefois, j'ai senti combien ma mémoire s'est engourdie, dangereusement, maladivement engourdie. Des choses qui y furent notées avec tous les signes d'une résonance intérieure ne sont plus que des mots, de l'inconnu oublié, et, aussi profondément que je me creuse la mémoire, je ne retrouve plus le visage de ces êtres. Peut-être cette avidité à vouloir de nouveau saisir la vie vient-elle du fait que je ne possède rien du passé, que tout, chez moi, est pour ainsi dire écoulement et que ma vie, dès qu'elle n'est plus alimentée, se dessèche. Cette perte, le vol de mon Journal de Paris et de Londres, ces deux années les plus intenses de ma vie, est ce qui m'est arrivé de plus épouvantable, j'ose à peine espérer qu'il revienne un jour entre mes mains. Donc, je recommence — pour combien de temps ? Il s'agit cette fois de mettre ma volonté à l'épreuve, et que j'aie besoin de durcir ma volonté, c'est ce que me dit chaque jour qui passe. L'atmosphère dans laquelle je vis est terne. Étrange, ce frémissement dans la ville, cette agitation autour de ma *Maison au bord de la mer*[1], je ne la sens pas en moi, une seule de mes aventures sexuelles a plus d'importance à mes yeux — et elles ne valent que par le danger qu'elles représentent. — Je veux donc voir si chaque nuit j'aurai assez de force et si, de même que je remonte ma montre, je réussirai à remonter en moi une spirale d'acier, y compris les jours perdus à rêvasser en un demi-sommeil, afin de me rendre des comptes à moi-même, de témoigner. Il va y avoir dans les jours à venir bon nombre de décisions extérieures, et mon être intime — réagira-t-il encore ? — doit prendre forme plus consciente. Je ne crois pas être psychiquement atrophié, peut-être enlisé seulement dans la vase, et comme Félix P.[2] est à présent éliminé de mon existence, une certaine régénération serait possible. Essayons.

Mardi 10 septembre. Passé la matinée à mettre de l'ordre, plus à faire place nette pour le travail qu'à travailler. Puis fait une promenade. [Palais] * Liechtenstein. Le sujet trop jeune, sans intérêts profonds, m'a frappé plutôt que saisi au bon endroit psychologique. Cela, moins stimulant en somme, mais plus dangereux et à éviter, comme Liechtenst., d'ailleurs. Après déjeuner dicté des lettres à la Poppek (bon mélange d'ambition et de timidité), puis en ville, grouillante d'une foule eucharistique [3]. Le soir, ébauche d'un prologue et d'un épilogue pour *La Tempête* [4], mais ne me satisfait pas. En arrivant à 11 h 1/2 à la maison, je trouve une lettre de Petzold [5], il a des choses importantes à me dire. Sa femme, atteinte d'une tuberculose grave, doit aller à Merano, je lui promets de l'aider (bien que j'aie donné, cette année, beaucoup plus pour ce genre d'aides que ne me le permettent mes moyens). Ses poèmes sont vraiment étonnants, il se produit chez lui une évolution très consciente comme je n'en connais guère d'exemple. Mais le tragique constant de sa personne, ce faux hâle sur les joues, ce visage intelligent caché dans sa bosse, terribles la lenteur de sa démarche et ce halètement d'asthmatique (une déformation du péricarde). Les mains fines et les yeux d'un rare gris clair — un visage qui ne cesse de m'émouvoir. Tard dans la nuit, lu et pris des notes. Je mets mon énergie à l'épreuve.

Mercredi 11 sept. Perdu la matinée par suite de l'arrivée de mes parents et autres empêchements, l'après-midi, paresseusement feuilleté plutôt que lu Shakespeare, le soir seulement une tentative de poème à moitié réussie, quelques strophes d'une profondeur banale, me semble-t-il, obscurcie et embellie par le rythme. (« Entre le rêve dont nous venons et le sommeil qui nous attend », etc.). Thimig [6] est venu l'après-midi, je l'ai manqué parce que je voulais me faufiler dans la cohue du Congrès.

---

* On trouvera entre crochets soit la rectification d'erreurs flagrantes de l'auteur, soit la reconstitution de mots incompréhensibles.

Jeudi 12 sept. Travaillé un peu à mon Dostoïevski — ou plutôt posé des jalons. Promenade ; l'après-midi, avec Milan Begovic [7], intelligence vive mais, je le crains, sans consistance. Révisé Raskolnikov, lu le roman espagnol de Larreta [8], c'est l'éternel sujet des romans espagnols, sans aucune puissance. Le soir, refoulé tous mes projets de travail dans une aimable demoiselle de Brno, trente minutes seulement, mais ce fut assez pour paralyser mon imagination. Engagé un domestique.

Vendredi 13 sept. Reçu *L'Inventaire* de Bahr [9], l'ai remercié par une longue et bonne lettre dans laquelle j'ai exprimé tout ce que j'ai sur le cœur pour et contre lui. L'après-midi, visite de Berthold Viertel [10] dont le bon sens glacial, toujours en éveil, est étonnant, mais décourageant. Notes en vue du Dostoïevski, lecture, Shakespeare. Une consolation de pouvoir au moins, en ces jours où je n'ai pas envie de travailler, lire de bonnes choses, consolation certes insuffisante. Quelque corde s'est relâchée dans ma volonté, si je pouvais seulement la tendre. Mon feuilleton sur Grouchy a paru [11] ; il me semble vide, le rythme aussi pourrait être plus rapide, mon style n'est pas encore assuré mais se modèle toujours sur l'objet (de même que dans la conversation je m'adapte trop, je suis pour ainsi dire un écho anticipé).

Samedi 14 sept. Rien fait. Rien du tout. Lu seulement. Mais du Shakespeare (en voilà un qui étrangement, loin de me décourager, me stimule), puis dicté des lettres et, le soir, beaucoup lu. Il serait temps que je m'y mette, je vis trop sur le passé.

Dimanche 15 sept. De nouveau lu, beaucoup et bien, rien fait, soirée avec le Dr Krauss, homme d'une intelligence et d'une bonté remarquables, je l'aime plus que tout autre parmi les jeunes. Son talent est malheureusement si divers qu'il serait difficile de le faire fructifier, ce qui en fin de compte n'est pas le but de l'art, mais un ferment de la vie. J'ai grande confiance en lui

Lundi 17 [= 16] sept. Reçu, à ma grande joie, le manuscrit de Dostoïevski [12]. A part cela, me suis seulement promené, pas écrit une seule ligne. Il faut que ça change. Dès demain je m'y mets, de toute mon énergie, je me le suis promis.

Mardi 18 [= 17] sept. Mauvaise semaine. On dirait que mon cerveau s'est ramolli, je ne peux saisir une seule idée, mes heures passent dans l'indolence et l'incohérence. Promenade, Liechtenstein, Pramg. sans succès [13], au café avec Mme le Dr Links, le soir, avant *Le Miracle* [14], un de ces épisodes [15] artific. des plus étranges, rencontre des deux frères P., tout cela en hâte, mais efficace. Puis au *Miracle*, que je trouve magnifique, Reinhardt s'est surpassé. Ces masses qui déferlent en flot coloré, l'audace des changements de décors, les lieux suggérés par un simple détail (la chambre à coucher, la salle d'auberge) sont des trouvailles inoubliables. Je voudrais trouver l'occasion de lui exprimer mon admiration.

Mercredi 19 [= 18] sept. Depuis très tôt ce matin les gens me dérangent. Il y a toujours quelqu'un qui sonne. Et je veux la paix. Dois-je vraiment fuir Vienne pour la trouver ? Je me réfugie dans un parc pour pouvoir réfléchir un peu dans le calme. Puis lectures. Mais à quand le travail, pour l'amour de Dieu ? Le prochain doit être *La Prière de l'artiste*. L'après-midi, diverses petites tâches, le soir, avec Trebitsch à la très amusante comédie de Shaw [16]. Ensuite avec les Schnitzler au restaurant Meissl & Schadn. Curieux, comme je suis toujours emprunté en face des S. Incapacité totale de mener une conversation où manquent d'une part l'élément spirituel, intellectuel, les questions de principe, d'autre part le facteur sexuel — donc, en quelque sorte, une conversation de bon ton. Inexplicable, cette amertume chez Schnitzler. Il n'a que le mot « fripon » à la bouche, pour Reinhardt, pour Horetzky [17], au demeurant il joue le frustré, ce qui ne lui sied pas, surtout à lui ! Cela trouble l'image qu'il donne vu de près, mais j'y décèle l'influence de sa vaniteuse épouse (je sens aussi qu'elle ne m'aime pas).

Jeudi 20 [= 19] sept. Encore une matinée terne, brumeuse, l'après-midi, après une bonne conversation avec le prodigieux E.O. Krauss, quelques strophes pour *Le Poète*. Elles n'ont rien d'immortel, mais je me sens du moins engagé de nouveau dans la matière. Pourquoi trahir ce noble plaisir (qui me vient parfois avec une merveilleuse facilité !) pour des heures ternes, désœuvrées, maussades ? Voilà qui m'est incompréhensible. Je devrais me découvrir une ambition. Aventure pleine de ferveur Kärtnerstrasse, puis avec Viertel et Rosenbaum[18] ; le soir, réglé des questions d'ordre intellectuel. Voilà ce que j'appelle une journée bien remplie — je ne suis pas difficile !

Vendredi 21 [= 20] sept. Presque rien, presque rien ! Lu, liquidé des lettres (quelle corvée !), visite à Liechtenst., danger et violence, l'après-midi, diverses choses, mais rien de valable, Geyling[19], Rosenbaum, la nuit, Begovic et Soyka[20]. Ce dernier, dangereux parce qu'il n'est potable que lorsqu'on lui a certifié notre admiration, si possible noir sur blanc et à l'encre d'imprimerie. Cet être d'une intelligence immense, aveuglé par une fatuité des plus puériles et une soif extravagante de domination, est un magnifique repoussoir. Mais reconnaissons qu'il joue admirablement aux échecs. Auparavant, Kärtnerstrasse.

Samedi 22 [= 21] sept. 1912. Toujours la morosité, le matin je suis las, parce que je dors mal. Visite de Huber, un homme dont je ne sais toujours pas si c'est un fantasque de la bonté ou un fieffé coquin. En tout cas, je devrais être plus prudent avec mes lettres de recommandation. Le soir, à la première de Czinner[21] : banalité transcendée, technique du sketch. Mais vivant néanmoins. Seul le public me répugne : c'est effrayant d'avoir affaire à *ça*. Mais dès que l'on commence à publier, on est prisonnier des compromis.

Dimanche 23 [= 22] sept. Chez Trebitsch avec Barnowski, très sensé, solide, simple, Friedell aussi était là, à qui je ne trouve de plaisir qu'à partir de midi, et Hans Müller, dont les discours sont plus bruyants que sensés[22]. Il ne peut rien avaler, il crie, recrache tout. Il me fait souvent de la peine : il a *besoin* du succès et veut le forcer par tous les moyens, droits ou torves. Je l'aime bien, mais ce qu'il écrit me rend la tâche difficile. Le soir, Kärtnerstrasse, puis joué aux devinettes au café

Lundi 24 [= 23] sept. Revu les coupures pour *La Maison au bord de la mer*, dont l'imminence m'angoisse. Puis visite de ce petit Herbert Steiner[23] qui a complètement adopté le style « nonchalant » et dont je ressens la froideur distinguée comme une forme d'insolence. Mais il est possible qu'il ait de l'étoffe, il y a cinq ans sa précocité était étonnante. Seule son impassibilité me semble forcée. L'après-midi, chez Mme von Wi.[24]. Voilà une bonne conversation avec une femme vraiment sensible, l'être le plus délicat qu'on puisse imaginer, mais d'une énergie dans la franchise affective qui fait sa grandeur. Comme elle a bien dit cela : qu'il était tragique de ne pouvoir avoir d'enfants que d'un homme — quelle audace, quelle noblesse de proférer de telles idées. En ces instants, je suis infiniment heureux de savoir que le plus beau don que m'ait fait la vie est d'aider des êtres à s'ouvrir, d'éveiller en eux, grâce à une franchise au-delà de toute pudeur (sur ce plan, je suis entièrement libre), le besoin d'exprimer, de leur côté, une pensée cachée au plus profond d'eux-mêmes. Que cela est magnifique, une telle pensée dont on sent qu'elle ose pour la première fois prendre forme pour vous arriver, ivre de bonheur, comme un oiseau qui s'élance dans les airs pour la première fois et crie de joie parce que ses ailes le portent. Je sais que je libère souvent quelque chose chez des femmes, mais chez des hommes aussi. Je me garde bien d'exploiter cela sur le plan érotique, au contraire, je suscite cette liberté grâce à un tacite refus de l'érotisme. Dans le cas présent, cela est aisé face à cette créature fragile et délicate, mais touchante, infiniment touchante quand elle se penchait sur la pâle enfant malade qu'elle tenait dans ses bras. Une merveilleuse délicatesse imprègne ses gestes et me fait l'effet d'une musique. Elle est pleine de tact ; le malaise qui s'empara d'elle lorsque son mari arriva, je m'empressai de le combattre et y réussis, ce fut comme une bouffée d'air froid qui entrait dans la pièce. Elle semble flotter dans un état intermédiaire entre cette nostalgie encore virginale de la beauté et sa sérénité maternelle, le mari, lui, me semble être un battant de cloche qui ne réussit à atteindre aucune des parois de la panse pour la faire vibrer. Le soir, perdu dans des méditations moroses. Au café, ce finale inutile dont je veux me déshabituer.

Mardi 24 sept. Matinée passée à de petites occupations, promenade, soirée à la maison, beaucoup lu, certes rien d'extraordinaire, des drames de Schnitzler qui me plaisent sans m'en imposer, et Conrad F. Meyer dont le talent de nouvelliste me semble immensément surfait.

Mercredi 25 sept. Dicté des lettres, mis de l'ordre. Le soir, *Joachim von Brandt*, un Hamlet-Kohlhaas[25] baignant dans une sauce trop épaisse. Ensuite, *non point* la grande littérature, mais Hans M[ayer] qui me raconte de nouveau beaucoup de choses. Lui aussi est fourré dans des histoires qu'il ne veut pas laisser tomber en dépit — ou à cause — du danger. Étonnant, comme il est renseigné sur tout, et ouvert (avec exagération). Nous nous amusons remarquablement.

Jeudi 26 sept. Journée vide. Irritation à cause du nouvel ajournement. Le soir, je rencontre Wassermann[26] dont l'amabilité me déplaît, je ne sais pourquoi. Au fond, il me pardonne aussi peu que je lui pardonne.

Vendredi 27. Avec Rundt[27], homme alerte, intelligent, qui dissimule très bien son énergie sous des dehors calmes. Dommage que je n'aie pas de pièce en ce moment. Jamais mes chances n'auraient été aussi favorables. Je n'écris que des lettres, des lettres, des lettres. Consultation à propos d'Alfred[28].

Samedi 28. Liechtenst. De moins en moins de succès, bien que je double la bande[29]. Le soir, chez Birinski. J'ai ri tout en ayant honte de rire. Comédie à froid, mais habile. Soirée avec Félix[30], le cher homme, l'un des meilleurs que je connaisse, sa femme, le Dr Krauss et Begovic.

Dimanche 29. Toutes sortes de choses avec cette inquiétude intérieure déjà intolérable, que j'essaie d'apaiser l'après-midi en amenant chez moi deux amies dont les beaux corps me réjouissent, mais je ne suis plus en état de supporter longtemps le manque de savoir-vivre avec lequel ces créatures manifestent leur étonnement. Je les renvoie à 6 heures, reste chez moi, dors pour chasser le poids qui m'oppresse, me prive de dîner, me console avec Gottfried Keller de une heure à quatre heures, puis reviennent la fatigue et le sommeil.

Lundi 30. Inquiété par la nouvelle du report de *La Maison au bord de la mer*. Soucis avec mon domestique. Le soir, joué aux cartes avec Wassermann, ce qui lui donne l'occasion d'ôter son masque ; son naïf égoïsme apparaît avec une délicieuse évidence.

Mardi 1ᵉʳ. Entrée en fonction de mon domestique. Enfin de l'ordre dans mon chaos. Je traduis Verhaeren avec mon habileté d'autrefois, mais un poème de qualité moyenne. Le soir, Rosenbaum et Trebitsch, /—/* à midi chez Wassermann. Seul avec lui. Nous parlons assez ouvertement, il est toujours bien quand il ne joue pas. Toujours cette méfiance entre nous : je suis plus

---

* Le passage entre les signes /—/ est noté en marge du manuscrit.

franc envers lui qu'il ne l'est envers moi. Mais ce qui est pénible, c'est son manque de cœur, d'indulgence, qu'il force même artificiellement. Étrange — seul avec lui, je me sens mal à l'aise. Je lui fais remarquer l'absence d'élément prolétarien dans son œuvre (il veut écrire un cycle romanesque qui se passerait dans une Allemagne imaginaire), absence qui l'empêchera toujours d'être un Balzac. Il le reconnaît d'ailleurs. /—/ Puis avec le Dr Krauss, excellente conversation truffée de connaissances érotiques qui ne prennent forme consciente en moi qu'au fur et à mesure que je parle

Mercredi 2. Le matin, achats, visite de Josef Brendel : un fainéant, un neurasthénique qui joue les martyrs, entretenu par sa mère, exigeant, dénué de toute noblesse. De talent aussi, je crois. Ses esquisses sont gentillettes, mais ne recèlent aucune promesse, de toute sa nature il est grossier, visqueux. L'après-midi, Paul Wilhelm[31], un fourvoyé lui aussi, mais étrangement lucide sur son propre compte. Néanmoins, ces faux-fuyants à propos des obstacles qui l'empêchent de créer... c'est lamentable au fond, et réconfortant. Je suis heureux de ne pas connaître cela. Le soir, chez Thimig, faux frère qui me met dans le pétrin avec la Marberg[32]. Puis à *Figaro* avec Mme le Dr Feld. Comme elle vous libère, cette allégresse sans ironie, sans rudesse. Mozart vous rajeunit. Mme Feld me raconte beaucoup de choses intelligentes : j'ai été très impressionné par l'histoire de sa première visite tardive au théâtre, où naturellement tout vous paraît élémentaire. Le soir, lu une nouvelle des *Gens de Seldwyla*[33]. Quel narrateur !

Jeudi 3 oct. Une surprise ! Le matin, on sonne, et mon domestique m'apporte deux cartes : Hermann Bahr. Il entre comme le Bon Dieu (rappelle-toi ce qu'il t'a raconté de Bonn !), la barbe blanche comme neige, le front dégagé, les cheveux rejetés en arrière à la diable. Les yeux, qui me semblaient petits, sont, à les regarder de près, très sombres et pleins d'une lumière mouvante, sa façon de vous regarder bien en face

quand il parle vous déconcerte d'abord, puis rassure. Il met sur le tapis l'affaire des « quinquagénaires »[34], je lui explique mes véritables intentions : consolider la position de l'écrivain en Allemagne. A ce sujet, il me raconte qu'il était invité chez le président du Conseil tant qu'il fut l'éditeur de *Die Zeit*, et depuis, plus rien. Ensuite, des histoires sur l'Autriche officielle. Il m'avait, dit-il, recommandé à Benedikt[35] comme étant le seul homme capable d'écrire sur des sujets vivants, nous évoquons le projet du grand théâtre et bon nombre d'autres choses. Il est difficile de placer un mot quand il parle, c'est un torrent de paroles si rapide, si puissant qu'il vous entraîne sans résistance possible. Je lui rappelle qu'il doit rédiger son autobiographie, il me répond par un joli mot : si seulement je savais que j'ai encore trois ans, ou trente ans à vivre, ce serait facile !
— L'après-midi, dictée et promenade.

Vendredi 4 octobre. Petits travaux. Toutes sortes d'occupations sans ordre. Après-midi à Baden, où l'automne est splendide. Le cuivre des forêts, le métal du ciel ! Retour de nuit, heureux, bien qu'irrité de n'avoir rien fait.

Samedi 5 oct. Le soir, chez Wildgans qui me lit de beaux sonnets[36]. Il possède un certain courage pour dire ces choses banales qui, sous forme poétique, vous émeuvent beaucoup. Et c'est un homme complet, massif. Soirée avec les Hirschfeld[37] et Krauss.

Dimanche 6 oct. Toutes sortes de petites affaires, rien de bien sensé. Soyka, l'anecdotier, vient « me demander conseil », en réalité, il brûle de m'annoncer un nouveau succès. Entre-temps, pris des notes pour mon travail.

Lundi 7 oct. Visite de Csokor, puis courrier, le soir, Wassermann et Zifferer[38]. Voici longtemps que l'érotisme est éliminé. Depuis que j'ai mon nouveau domestique, ma vie a pris un cours régulier.

Mardi 8 oct. Petites tâches. L'après-midi, chez Bettelheim [39]. Des gens d'une bonté remarquable, étonnante, la femme — très distinguée ! —, filleule de Hebbel. Lui appartient à cette génération qui a eu la chance de ne pas avoir grand-chose à faire pour être appréciée à sa juste valeur. Puis chez Leon pour l'affaire du film. Ensuite au Burgtheater avec Hagemann [40], fort alerte. Begovic est le plus vivant des deux. H. est trop égocentrique, mais ouvert, il ne cache pas ses intentions. Le matin, chez Setzer. Photographie.

Mercredi 9 oct. Répétition générale chez Rittner, de qui je fais la connaissance [41] : un homme tout en finesse et en nerfs, rongé par l'inquiétude. J'espère être mieux. Sa pièce est peu consistante, sympathique, elle lui ressemble beaucoup. Rentré tôt dans la soirée. Toutes sortes de lettres, etc. Excursion à Bäch, très réconfortant.

Jeudi 10 oct. Je mène une vie un peu plus raisonnable depuis que j'ai un domestique, je me lève tôt et j'ai de l'ordre dans mon horaire. Dictées. Pris le thé chez Gerasch [42] et Setzer qui a fait de moi de magnifiques portraits, le soir, avec Hagemann (sa façon hypocrite de dire « oui, oui ! » à tout me porte sur les nerfs) chez Rittner, qu'on éreinte, mauvais signe pour moi car la Marberg est divine, le travail lui-même est tout en finesse et la salle pleine d'amis. Ensuite chez Sacher avec Auernheimer [43]. Rentré tard. Quelles journées improductives !

Vendredi 11 oct. Au café, pour étudier les critiques, qui sont encourageantes, puis chez Glossy où l'on bavarde beaucoup. L'après-midi, l'activité ordinaire, le soir, Beierle [44] et Feld. Je me sens vide. Si je pouvais en avoir fini avec cette première !

Samedi 12 oct. Toutes sortes de choses en hâte ce matin, car je dois être au Burgtheater à midi pour la répétition et je m'étonne moi-même de mon indifférence envers l'« honneur » qui m'échoit. Reimers [45] est très sympathique, très « rond », débonnaire, la Marberg un peu enrhumée aujourd'hui, Gerasch & les autres frais et dispos, quant à Heine, c'est un fonceur[46]. Je frémis en constatant combien la maison est mal bâtie : impossible de créer des coins intimes, tout est trop vaste, profond, bruyant. Je corrige déjà une incongruité : « Jusqu'ici c'est du toc. » Dans l'ensemble, je me sens totalement superflu, je préférerais être à Merano pour y écrire — comme ce serait bon — quelque chose de nouveau, de très beau, au lieu de rester là, impuissant, à voir travailler ce matériau froid. Le soir, avec Félix Braun et les autres. Et de nouveau pas une ligne, sauf une lettre à un être cher.

Dimanche 13 oct. Le matin, séance Eulenberg[47]. Il a belle allure, replet sans être gras, beau galbe du front, les yeux sont grands, ronds et sombres, très vivants, les cheveux se rebellent sur les tempes. Seule la bouche détonne, elle est trop petite, pincée comme celle d'une femme, elle écrase les mots, leur donne un je-ne-sais-quoi de douceâtre et d'artificiel. Ils ne jaillissent pas de lui comme de ses écrits. Il lit son essai sur Liliencron, l'effet n'est pas celui que j'espérais. Magnifique, Mme Neustädter quand elle lut *Sur Aldébaran* — une de mes plus fortes impressions de lecture. L'après-midi, je dors comme une souche, je suis vraiment écrasé de fatigue. Le soir, avec Eulenberg, sa femme, assez défraîchie, et Fontana[48]. Nous avons une bonne conversation solide et vivante, pas littéraire, même quand nous parlons de littérature : on éprouve de la joie à rencontrer un être fort, jeune et poète jusqu'au bout des ongles. Ensuite, resté avec Fontana, qui me plaît beaucoup.

Lundi 14 oct. Le matin, répétition. Heine remarquable comme metteur en scène, du vif-argent, tantôt ici, tantôt là, une étoile filante, fort, adroit. Avec quelle habileté il dirige Reimers qui comprend tout de travers (la scène de la maison !), comme un enfant, jusqu'à ce qu'il soit dans la bonne voie, la dextérité avec laquelle il montre comment faire tel ou tel geste, un diable rouge flamboyant. Délicieuse, la scène où la Marberg et l'Orloff se disputent pour savoir avec qui couche Peter Höbling[49]. Ce sera une excellente représentation, surtout les deux premiers actes. Je n'ai pas un soupçon d'angoisse, je suis même effrayé par mon indifférence vertigineuse, elle pourrait difficilement être plus profonde. L'après-midi, promenade, le soir, *Walewska*, qui m'empoigne, sauf à la fin[50]. Ce n'est pas un hasard, me semble-t-il, si les pièces d'Eulenberg s'effondrent vers la fin : avec une puissance magnifique il les conduit jusqu'à la folie, jusqu'à ce point extrême de la souffrance et de la passion où la raison entre en ébullition puis lentement s'évapore, et il ne reste plus dans les personnages que de la braise. Mais il lui manque la vigueur de Kleist, la grandeur de Shakespeare : ces personnages parlent creux, nous avons affaire à un démonisme de feux de Bengale. Comparez ce que Lear dit de Cordelia avec les paroles de Walewski devant le cadavre de sa fille, la carence, l'insuffisance apparaît avec une atroce clarté, les rodomontades se brisent contre la violence de l'événement. Toutefois, le vers brûle des images qui se succèdent, tout est vivant. Quel poète ! Après la représentation j'évite la société — la présence de nombreuses personnes me pèse. Souper paisible et banal avec Wassermann, Trebitsch et Auernheimer.

Mardi 15 oct. Lettres, visite de Bettelheim qui, tel un chat, retombe toujours sur ses pieds dans la conversation. Vaniteux et peu sensé, d'où son influence en Autriche. L'après-midi, dicté, promenade, puis avec Gerasch et les Rosenbaum et, après une virée nocturne en ville, la Ringstrasse, le Parc municipal — je serais presque tombé sur Dörmann[51] —, je rentre à la maison en compagnie d'un « épisode ».

Mercredi 16 oct. Pas grand-chose d'important. Je me contente de lire *Les Contes depuis Grimm* où je trouve un magnifique sujet d'essai[52]. Les histoires brèves sont ce qu'il me faut en ce moment où je suis assez fébrile et aux abois, sans raison d'ailleurs, simplement parce que j'ai l'impression de passer par un stade intermédiaire qui m'énerve horriblement, cela vide votre être intime. De plus, contrariété avec mon domestique qui tombe malade juste au moment où j'ai le plus besoin de lui. J'ai envoyé un exemplaire de *La Maison au bord de la mer* à Gerhart Hauptmann, je suis curieux de savoir s'il va me répondre.

Jeudi 17 oct. Tirons un trait sur ces journées vides. Ma vie est une danse entre les souvenirs et les espérances, telle une chimère qui me fait peur à moi-même

Vendredi 18 oct. Aujourd'hui au moins promenades, la chose la plus intelligente que l'on puisse faire, rencontres amoureuses. Je voudrais être à Merano ou quelque part au calme.

Samedi 19. Travaillé un peu, mis en ordre. Le soir, les écœurantes pièces en un acte de Hans Müller. Cet appel du pied aux instincts les plus bas, cette vulgarité du bon mot me portent sur les nerfs ; en revanche, le public s'amusait, ou semblait s'amuser, des hordes de connaissances avaient été rameutées pour exulter comme s'il s'agissait d'une sublime réussite artistique. J'avais envie de vomir, et ce n'était vraiment pas par jalousie, comme le pensent ces stupides compères. Ensuite avec Feld et autres camarades.

Dimanche 20. Le soir, conférence du Conseiller intime Friedländer[53], je fais ensuite sa connaissance, c'est un homme d'une amabilité et d'une distinction exquises, tout en finesse et en courtoisie. Soirée vraiment agréable.

Lundi 21. Répétitions. Encore sans costumes. Je me querelle avec Heine, peu aimable. Comme ces gens manquent de courtoisie, si bienfaisante en de tels moments ! Je vois la pièce s'ébaucher peu à peu, mais on pose seulement les jalons, je ne peux encore me faire une idée de la Marberg. Tout cela, jusqu'ici, ne m'émeut aucunement. Je suis plus contrarié par la maladie, qui persiste, de mon domestique, et par le fait de n'avoir personne autour de moi.

Mardi 22 oct. Empoignade avec Heine, qui est nerveux et devient quasiment grossier à mon égard. Il prétend qu'il aurait refusé ma pièce, qu'il ne voulait pas la mettre en scène, etc. J'esquive prudemment. Tout marche au plus mal aujourd'hui. Mais espérons que cela changera, comme le temps. J'ai le sentiment que seul Devrient est à la hauteur[54]. L'après-midi, chez Zobeltitz, charmant, gentleman jusqu'au bout des ongles, le soir, Victor[55], qui vient d'arriver, et les camarades.

Mercredi 23 oct. Visite d'Alfons Paquet[56], un homme vraiment remarquable. A l'époque, il m'avait paru somnolent, flou, aujourd'hui il me fait bien meilleure impression. Il parle de la nouvelle gare de Leipzig et d'autres sujets semblables. Le soir, je retourne au café avec lui, le Conseiller aulique Vetter est là, fonctionnaire autrichien plein de bon sens, d'initiative et d'ardeur.

Jeudi 24. Dernière répétition. Trop tard pour sauver quoi que ce soit. Je suis apathique. Le dernier acte ne me plaît pas du tout, il semble terne à côté des deux premiers, si forts. Les autres semblent être du même avis. Soirée d'oppression. Vu ensuite à la Neue Wiener Bühne *Mon ami Teddy*[57], puis avec Begovic, Hans Müller, nous nous amusons franchement jusque tard dans la nuit

Vendredi 25. Générale. Je parle à quelques personnes, Rittner, Schnitzler, tous réservés, Trebitsch, avec qui je déjeune, prédit le succès aux premiers actes et une opposition au dernier. Dans l'ensemble je suis las, nerveux, je vais chez moi dormir deux heures, je rentre tôt, tuant le temps avec des livres. La nausée se mêle à la jouissance, sauf avec mes livres sur Verhaeren je n'ai jamais goûté de joie pure à ce que j'écris

Samedi 26 octobre. La journée décisive. Le matin, promenade, puis chez Hugo Heller[58], réglé quelques affaires, l'après-midi, avec Victor et le Dr Krauss. Enfin les trois heures. Le premier acte fait grand effet, Thimig est rappelé souvent, quatre fois, après le second acte je reçois le télégramme de félicitations de Gerhart Hauptmann, qui me réjouit et me rassure : je franchis sans inquiétude le rideau derrière lequel soudain s'ouvre la salle étincelante. Je vois partout des gens qui applaudissent, des visages lumineux, j'en reconnais même quelques-uns, je suis rappelé huit fois. Tout le monde me félicite, mais je m'en défends parce que je suis peu sûr du dernier acte — et de fait il se heurte à une certaine opposition, ce que, de là-haut, je décèle et perçois avec netteté. Curieux comme l'humeur s'assombrit, bien que nous ayons tous eu un grand succès. La fatigue y est pour quelque chose. Ensuite, avec Rosenbaum et Gerasch, Victor et mon frère, je sens mon cerveau s'arrêter. Le calme dont j'ai joui tous ces jours-ci se venge terriblement par un bref instant de paralysie, mais je le surmonte bien vite. Peu à peu m'envahit un sentiment bienheureux de libération

Dimanche 27. Les critiques. Favorables à mon égard, moins pour la pièce à laquelle on reproche une tendance « littérature de colportage », ce qui ne m'inquiète pas beaucoup. Ce vieil idiot de Kalbeck, dans le *Tageblatt*, est littéralement agressif. Des félicitations à en étouffer ! Mais je ne peux pas prendre sur moi de me hasarder, le soir, ne fût-ce que dans les parages du théâtre, tout cela me fait terriblement peur. En finir ! En finir !

Lundi 28. Je ressens de plus en plus le côté frelaté du succès *bruyant*. C'est quand même un cercle très restreint qui vous épaule, il ne faut pas sous-estimer le fait. Et cela vous incite à travailler sérieusement. Aujourd'hui, certes, j'ai assez à faire, en finir avec le courrier qui menace de m'étouffer

Mardi 29. Visite d'Oskar A.H. Schmitz, bonne conversation, comme toujours, parce que d'ordre sexuel. Je lui fais faire la connaissance de Begovic et Rosenbaum, qui lui portent de l'intérêt. Le soir, au théâtre avec Kilian[59], le public est médiocre, un peu au-dessous des prévisions, ce qui scellera sans doute le destin de la pièce. Vienne veut des histoires de femmes, on le sait depuis longtemps. Ce genre d'œuvres lui répugne. Kilian lui-même ennuyeux à mourir, je comprends ses adversaires, car il n'a absolument aucun contact avec les gens de Munich. Rentré tôt

Mercredi 30 oct. Bonne conversation avec Oskar A.H. Schmitz sur les problèmes de l'érotisme. Commencé l'essai sur les contes, du moins dans ma tête. Le soir, scène avec Bessemer[60], que je reprends enfin vivement parce qu'il s'est jugé trop grand seigneur pour me féliciter. Sa jalousie, sa rage finissent par devenir envahissantes ; ne fût-ce que par instinct de conservation, il me faut réagir avec énergie. Je lui bats froid, brutalement, mais il l'a mérité.

Jeudi 31. Séquelles de la représentation, lettres qui me prennent la moitié de la journée. L'agressivité de Salten[61] m'a joué un très mauvais tour : je vais m'occuper un jour de cet individu sans caractère, je n'ai pas peur, au contraire, cela me séduit *de braver le danger**. Le soir, brève avent.

Vendredi 1er nov. Toussaint. Chez Trebitsch avec Michel et Schmitz, puis une heure dans le nouvel appartement d'Alfons Petzold. Chez Feld avec Eugen d'Albert et sa femme, l'ex-épouse de Fulda[62], qui,

---

* Les mots et expressions en italique suivis d'un astérisque sont en *français* dans le texte *(N.d.T.)*.

toute défraîchie qu'elle soit, m'intéresse par sa pétulance, son alacrité vraiment étonnante. Elle s'y entend très bien à portraiturer, et avec malignité je lui arrache peu à peu une foule de détails intéressants sur des commérages, notamment sur Hauptmann et Schnitzler, je m'amuse royalement avec elle. Elle a des yeux gris, froids, dangereux, qui brillent, comme ceux de Salten, quand elle raconte une méchanceté : je me rappelle encore le goulasch qu'Arthur lui a payé. Même sur Fulda elle fait quelques allusions aigres-douces. Soirée avec toute la compagnie, Begovic, etc.

Samedi 2 nov. Très bonne affluence aujourd'hui à ma pièce, d'après ce que j'entends dire. Pas grand-chose de nouveau. Je lis le drame de Paquet, dont je ne sais quoi dire. Soirée à la maison, seul, enfin tranquille pour une fois.

Dimanche 3 nov. Nouvelle surprenante : Mme d'Albert s'est jetée du train, elle est assez gravement blessée. Curieux, comme les destins ont des faces différentes selon qu'on les voit de l'intérieur ou de l'extérieur, mystérieuse opacité de la vie conjugale ! L'après-midi, visite de Victor, je travaille enfin un peu, et avec quel plaisir ! Tout me semble facile, ne devrais-je pas, justement à cause de cette facilité, écarter de moi l'intrusion désordonnée d'intérêts mesquins qui me sont étrangers ?

Lundi 4 nov. Travaillé intensément à *Retour au conte*. L'après-midi, visite de Max Zweig[63], sentiment exagéré de sa valeur, qu'il paie par une solitude pénible. Le soir, chez Auernheimer pour une partie d'échecs, réunion paisible et amicale.

Mardi 5 nov. Travaillé à l'essai sur le conte, qui sera vraiment bon. Je reçois une visite de Baden. Réglé toutes sortes de petites choses.

Mercredi 6 nov. Idem. Terminé mon feuilleton

Jeudi 7 nov. L'après-midi, visite de Karl Rosner[64], un homme fin, calme, silencieux, qui m'invite, au nom de Cotta, à entrer dans sa maison d'éditions. Je suis obligé de refuser. Le soir, Trebitsch et Zifferer, ce dernier me raconte force détails intéressants sur la guerre[65]. Pas de temps pour les femmes, seulement un bref épisode de hasard.

Vendredi 8 nov. Assez bonne affluence à ma pièce hier, mais quelle joie de recevoir de Gerhart Hauptmann son *Emmanuel Quint* agrémenté d'une merveilleuse dédicace. Le soir, chez Setzer : Gerasch ne me reçoit pas, il est furieux contre le directeur, il est au lit et, de colère, n'en bouge pas, le pauvre. Rentré tôt.

Samedi 9 nov. Le soir, conférence de Harden[66], un vrai prodige de la nuance. Il donne d'abord l'impression d'un poseur avec son fard et son chrysanthème, puis on est frappé par la mise au point de la pensée occasionnelle, sa structure mentale, la technique de mobilisation de ses idées. En outre, un mordant qui surprend agréablement. Après la conférence, Harden me salue avec cette modestie cordiale qui lui est propre et qui réconforte, toute calculée qu'elle soit. On a beau le connaître, il ne cesse de vous poser un problème.

Dimanche 10 nov. Cet après-midi, chez moi, Hugo Wolf lit devant Félix Braun, Csokor, Victor, Lucka[67] sa nouvelle pièce, *Comment Lotte Seligmann fut séduite* ; elle produit un effet écrasant par sa nouveauté intrinsèque et la puissance dramatique du dialogue. Étrange, comme il est fermé ; son visage d'enfant, grave, aux yeux clairs, le calme d'un être simpliste ne trahissent rien de son pouvoir intime de saisir la vie, pouvoir qui est à son maximum dans l'immédiateté. Le soir, réunion sympathique — le matin, chez Mimi Giustiniani et sa sœur.

Lundi 11 nov. A midi, banquet en l'honneur de Harden. Je suis assis à côté de Félix von Weingartner, sympathique, aimable regard de ses yeux japonais, mais un peu insignifiant. Wittmann, d'habitude si bougon, est charmant, surtout à mon égard, il parle beaucoup de son séjour à Paris, de R. Wagner, il est toute jeunesse avec son visage d'un rouge vineux encadré de blanc où pétille parfois une lueur de malice, et sa faconde agréable. Discussion entre Benedikt et Harden, inoubliable par son intensité. Ensuite avec Servaes[68].

Mardi 12 nov. Réglé différentes choses. Un feuilleton sur Romain Rolland, que j'aime de plus en plus[69]. Puis visite de Mme von Win., qui m'attire indiciblement par sa nature silencieuse et effarouchée. Elle est si ferme dans son désarroi, si bonne dans son silence, si féminine dans son bon sens. Je n'ose pas faire d'avances érotiques, ce serait tout gâcher ; rien d'autre à offrir que l'illusion d'une heure, et cette réserve soustendue dans nos relations a beaucoup de charme. Le soir, avec Otto König[70] jusque tard dans la nuit.

Mercredi 13 nov. Travaillé au Romain Rolland. L'après-midi, chez Pins, que Lemonnier plonge dans l'extase[71], ai repris le travail, déblayé.

Jeudi 14 nov. Max Zweig, dont la nouvelle est en bien des points géniale à faire peur. En ai beaucoup parlé avec lui. Puis chez les Rosenbaum, où je fais la connaissance de Crüwell[72], qui m'est franchement antipathique, faux, suffisant, et qui naturellement se sent frustré. Il ne me donne en aucune façon l'impression d'être un écrivain, il est *bookish*[73] jusqu'au bout des ongles

Vendredi 15 nov. Visite de Robert Friedmann, un cas désespéré, un faible que son père a complètement vidé de sa sève. Puis chez Lili Marberg, charmante, toute différente. Mélancolique, insatisfaite de son milieu, elle veut se joindre à nous et ne devine pas que notre réserve n'était qu'une forme d'appréhension. Je l'aime beaucoup, en toute sincérité, pour sa modestie et son tact, qui sont grands. Elle est plus ou moins lasse, on sent qu'elle est passée à côté de l'érotisme et que le théâtre n'est pour elle qu'un morne succédané. Soirée avec les amis.

Samedi 17 [= 16] nov. Toutes sortes de petits travaux et de rencontres, puis avec Hfdks. [?], journée vide dans l'ensemble, fébrilité avant le voyage.

Dimanche 18 [= 17] nov. Derniers préparatifs. Le soir, lecture publique de Gerhart Hauptmann[74]. Une prestance magnifique, il est plus beau que jamais depuis que ses cheveux lui dégagent entièrement le front et que son visage est, pour ainsi dire, libéré. Il lit du plus profond de lui-même, sa main se balance sans arrêt, brandit chaque phrase, se crispe, s'élève comme pour soutenir une voix un peu faible et réticente. Ce qu'il lit m'apporte peu de chose, son *Ulysse* est œuvre d'épigone, sauf la scène de la reconnaissance, la langue en est plate, quant au poème, il est obscur, pas structuré. Suit le banquet. On me présente à lui de nouveau, il est très cordial, une vraie joie de voir ces yeux clairs avec lesquels il me regarde en souriant, un regard noble et pur. Il trouve pour moi des paroles aimables et, comme il se rend compte de leur insignifiance, il m'invite à Berlin et à Agnetendorf. Le banquet est très réussi, tout le monde est là, les Schönherr[75], Schnitzler, seul manque Hofmannsthal à cause de son affaire, vraiment scandaleuse, avec Salten. Mais celui-ci parle bien malgré le manque de sincérité de ses opinions, et cela excuse beaucoup de choses. Girardi chante merveilleusement les couplets de Bauer[76], enfin G. Hauptmann répond, un peu maladroit, sans quitter son papier des yeux : mais il est beau à voir quand il écoute, visiblement intéressé, le regard de côté. Salten me demande ensuite un entretien pour m'expliquer son attaque dont il tente de nier le côté odieux. Je reste de glace, ne réponds pas à ses avances, demeure réservé à l'extrême, lui fais des remontrances au sujet de son attitude, et il les accepte. Avec Kalbeck aussi j'ai une explication très conciliante. Ensuite avec Schönherr et Girardi au café, nous sommes très gais, Schönherr raconte quelques bonnes anecdotes, nous sommes toute allégresse et verve. Une soirée réussie.

Lundi 19 [= 18] nov. Me suis débarrassé de toutes mes corvées et suis parti le soir pour Dresde.

Mardi 20 [= 19] nov. Dresde, me suis réveillé trop tard dans le wagon-lit, je manque d'abord Camill, mais le rencontre bientôt au café. Puis au concert symphonique dirigé par Schuch, au Musée, après dîner avec Camill et Wiecke[77] qui [*manquent quatre pages*]

Lundi 2 déc. Mis de l'ordre, petits travaux. Été à [Schönwiesen] qui me plaît étrangement. Peur de Munich, je voudrais aller quelque part où il y a de la lumière et du silence, je voudrais travailler.

Mardi 3 déc. Envoyé un petit poème à F. qui fête son anniversaire demain[78], puis un aphorisme, poli des vers et écrit des lettres, des lettres, oh, toutes ces lettres

Mercredi 4 déc. Suis allé chez les Giustiniani, qui me font profondément pitié, justement parce qu'ils la refusent. Je n'ai pas encore pris conscience de cette catastrophe, je les vois toujours dans leur luxe, et le bonheur enfantin qu'ils y trouvaient. Ensuite, visite de F.M. qui vient fêter son anniversaire, fête ardente et joyeuse, les cartes de la pervers. s'étalent de plus en plus au grand jour. Magnifique, le « jeu d'Hélène Fourment » à la lueur du poêle[79]

Jeudi 5 déc. Mis de l'ordre, le soir, parti (à contre-cœur !) pour Munich

Vendredi 6 déc. Arrivée à Munich dans la grisaille du matin. On attend Kosor[80], il ne vient pas. Au théâtre, le directeur artistique et l'intendant sont d'une froideur de glace, bien que courtois, la répétition désastreuse, les acteurs sont l'impolitesse en personne, sauf Jacobi. J'en suis malade de dépit. Au parterre, un père franciscain, quelques officiers, l'intendant est tellement réservé qu'il n'en ouvre pas le bec — je suis à moitié affolé de rage impuissante pour m'être fourré dans ce guêpier. Chez Hirsch, le marchand de livres anciens, le seul être correct, puis je vais m'étendre pour faire passer ma fureur en dormant. Je n'ai rien mangé depuis le matin tellement tout en moi se rebelle contre cette ville. Ma conférence — nouvel *affront**. Personne pour m'accueillir. La canaille Henckell, Weigand — aucun n'est là, mais quand même quelques auditeurs qui goûtent ma conférence. Parmi eux, Dora Hohlfeldt. Ensuite à l'institut de littérature chez Kutscher : enfin une bouffée d'air pur ! Lui et ses étudiants assis à une longue table, chacun sa bière devant lui, la pièce enfumée par les pipes. Wedekind lit : *Rabbi Esra* et son histoire d'incendiaire. Je le vois très bien. Visage impassible, les lèvres, qu'il humecte sans cesse en parlant, sont minces, il parle d'une voix dure et basse, une gravité dans tout son être qui révèle une irritabilité intérieure. Les yeux gris, gris les cheveux, quelque chose d'un fantôme anglais, prédicateur et bouffon à la fois, très étrange, E.T.A. Hoffmann. Dans la conversation, il vous regarde droit dans les yeux et répond après un bref silence. Je suis assis à côté de lui et de Friedenthal[81], nous sommes joyeusement harcelés par les étudiants, ensuite jusqu'à trois heures du matin au Rathauskeller. Ils détestent tous Hauptmann, je le sens, et se déchaînent contre la critique, qu'il faut ménager. Je me sens plus léger, je respire.

Samedi 7. Tôt le matin, promenade avec Kosor et George, chez Hohlfeldt, l'après-midi, promenade, puis avec Gisela Etzel qui me fait des confidences, le soir, partie d'échecs avec Roda-Roda[82], un homme délicieux, enfin la première[83] qui débute sous des auspices favorables, se termine dans une atmosphère mitigée et m'ennuie outre mesure. Dîner chez Kilian, où Weigand, naturellement, me témoigne (sans dire un mot) une froideur et une insolence sans bornes, Hagen, Swoboda [84] — je ne pense qu'au train et je suis aux anges en repartant pour Vienne. Prends congé de cette pièce qui déjà m'écœure.

Dimanche 8 déc. Vienne, courrier, passé l'après-midi à dormir, soirée avec des amis. Je respire.

Lundi 9 déc. Beaucoup travaillé, remanié, réglé quelques affaires. Maintenant, je peux me donner à mon œuvre. La voie est libre.

Mardi 10 déc. Le matin, visite de Wolfgang Schumann, jeune, germanique, gauche et sympathique. Il m'accompagne à la gare. Dans le train, Terramare [85], que je rencontre également là-haut et qui m'accable de tous ses secrets, rencontre Wildgans, brave homme, qui travaille ici, tout cela s'active et me rend jaloux. Longue et bonne conversation. L'air est tiède et pur, je respire un calme bienheureux.

Mercredi 12 [= 11] déc. Commencé la nouvelle *Souvenirs confus* [86]. Avec Wildgans, qui me plaît beaucoup, et les perturbations de rigueur dues au voisinage. Merveilleusement libéré par la tiédeur de l'air et le panorama.

Jeudi 13 [= 12]. Travaillé lentement à ma nouvelle. Mme Goldschmidt m'aborde. Une femme incomprise, dix-sept ans plus jeune que son mari, d'où traitement par Freud, mais aucun courage en face de la réalité parce qu'elle a des inhibitions et... parle en dormant, ce qui fournirait matière à une nouvelle. Elle me raconte des détails amusants sur ses fiançailles typiquement juives : ses sœurs, déjà mariées, lui ont dit en riant qu'elle devait se préparer pour le lendemain, un certain M.G. voulait la voir, sur quoi elle répondit, tout effrayée : on veut vraiment me fiancer déjà ?

Vendredi 23 [= 13]. Ébauche de la nouvelle terminée. Promenade. Wildgans me lit sa pièce (par trop simple).

Samedi [= 14] déc. Commencé un poème, un long poème, *Les Insomniaques*. Je le dois à Mme G., qui m'inspire d'ailleurs çà et là diverses choses.

Dimanche 15 déc. Continué le poème. Projets pour *Iphigénie* et cette comédie sur la famille de Richard Wagner[87], qui m'a été inspirée par *Dans l'ombre des statues* de Duhamel. D'autres détails à l'occasion

Lundi 16. Promenades, retour à Vienne.

Mardi 17. Avec Wolfgang Schumann, intelligent, mais d'une intelligence obstinée, et sa femme, une vraie pète-sec. Un peu travaillé, soirée avec le cher Félix.

Mercredi 18. A midi chez Wassermann. Joli, ce qu'il dit de la grammaire comme support ; puis avec une admiratrice, Adèle Popr., que j'ai beaucoup offensée sans le vouloir. Elle me connaît ou m'aime depuis deux ans, depuis Baden, le Metternichhof, et je constate enfin la puissance de pénétration du regard, et combien ce qui est un jeu pour nous prend vie chez les autres. Mme G. me parlait de ses filles et de l'impact, dangereux sur ces enfants, d'une parole lancée par un passant : « Jolie fille ! » Mais la quête de ce danger est fascinante. Sans quoi elle est très prude parce qu'elle vit complètement seule, sans grande jugeote, sentimentale, donc dangereuse. Je prendrai garde de ne pas m'attacher.

Jeu. 19. Diverses choses. Occupations avant Noël. Le soir, chez Ernst Benedikt, dont le livre m'intéresse quand même beaucoup. Un homme déchiré intérieurement, mais une puissante capacité de concentration.

Vend. 20. Expédié toutes sortes d'affaires, promenades. Travaillé à de petites choses. Mais le roman sur les danseuses commence à s'ordonner en moi[88]. L'après-midi, visite de Gerasch et de Setzer, nous sommes tous de fort bonne humeur.

Sam. 21. Soirée avec F. von W. Cette fois-ci encore, c'est très beau, mais je dois prendre garde que nous ne tombions pas entièrement dans l'érotisme, ce qui menace en fait de se produire. Nos promenades sont très belles et nous avons d'excellentes conversations : peut-être tout l'art consiste-t-il à se faire entendre. Les femmes ont le pouvoir de tout comprendre, de se faire tout expliquer clairement, la question est de savoir si cela peut durer, si cette compréhension ne va pas se brouiller et s'assombrir très vite. Elle est si délicate que l'on craint de l'étouffer sous la tendresse ou quelque autre sentiment. La prochaine fois, je veux lui donner à entendre que nous perdons trop. Il m'est apparu récemment, étrange et fondamental, le problème de la féminité et de la virilité. Chez nous : le plaisir avant-coureur, donc le marasme qui succède à la jouissance ; chez elles : le plaisir rétrospectif par manque d'imagination. Les femmes vivent dans le passé, nous autres dans l'avenir, c'est pourquoi elles ont en général plus de mémoire que nous.

Dim. 22. Je voulais aller à la campagne. Entre-temps, dicté le *Rubens*[89]. Dormi l'après-midi. J'ai parfois bras et jambes coupés par l'épuisement. Beaucoup pensé à Iphigénie

Lun. 23. Mis de l'ordre. Mon essai sur Romain Rolland paru, je le trouve bon. Le soir, au Burgtheater, *Le Conte du loup*[90] (intelligent, plein d'éclairs de génie et de banalités), ensuite avec la Silten[91] et Hans Müller, excellente soirée. Nous rions beaucoup et de bon cœur.

Mar. 24. Mis de l'ordre pour Noël. Journée perdue.

Mer. 25. Lu des journaux, articles, rien de bien sensé.

Jeu. 26. Corvée de ce jour de fête. Terminé la traduction du *Rubens*, cela libère et fait du bien. Le soir, parlé à Feld de mes nouveaux projets.

Vendredi 27. Toutes sortes de petites occupations jusqu'à la Saint-Sylvestre. Rien de sérieux. Clos l'année sur un bilan pas très réjouissant : pour l'essentiel, ce fut le résultat tangible d'un travail antérieur, une vue d'ensemble de ma position pour le public. Créé désespérément peu de choses, et encore ne les ai-je pas achevées, en revanche les projets visent haut. Il me faudrait beaucoup travailler maintenant pour tenir ce que j'ai promis, la volonté ni les moyens ne me font défaut, mais plutôt l'énergie, car je sens parfois en moi cette ataraxie presque pathologique, et puis Vienne me paralyse. J'attends beaucoup de Paris. Espérons que je ne serai pas déçu.

1ᵉʳ janvier avec Ernst Peter Tal [92], il est devenu un homme complet, sympathique, et semble jouer un rôle important au poste qu'il occupe.

2 jan. Un article sur Gustav Falke [93], qui me semble bon. Et beaucoup lu, relu tout Romain Rolland.

3-6 janvier. Rien fait d'autre qu'ébaucher des projets. J'ai mis en ordre dans ma tête :
le roman La danseuse virginale, cela pourrait donner une grande œuvre, belle et colorée.
le vieux drame en prose
le nouveau (inspiré par *Dans l'ombre des statues* de Duhamel)
le cycle de poèmes Les seigneurs de la vie
l'anthologie française [94]

Iphigénie, drame ou opéra
ce qui suffirait pour le moment. Je serais heureux si j'en avais réalisé la moitié avant la fin de l'année. Énergie, énergie et calme intérieur.

Dimanche 5. Après-midi à Baden. Épisode, qui se produit toujours la première fois quand j'y reviens après une absence assez longue. Le côté puéril en est quand même étrange. Doublement cette fois parce que j'ai un adjuvant, qui néanmoins ne me sert à rien. Au retour, dans le tram, une aventure sympathique avec cette femme à qui je fais des avances, elle réagit en hésitant jusqu'à Inzersdorf où un jeune homme monte et la salue. A côté de lui, elle prend tout de suite courage. Elle rit quand je lui montre la carte sur laquelle j'ai noté mon numéro de téléphone, et le jeune homme étonné de lui demander pourquoi elle est si joyeuse, et elle de répondre par une échappatoire en riant de plus belle. La scène se poursuit dans le tramway jusqu'à ce que, arrivée à destination, elle me tende son manchon où je glisse prestement la carte, tandis que le jeune homme continue à lui demander les raisons de son hilarité.

Lundi 6. L'après-midi, avec Rittner et Lucka chez Servaes qui lit une farce vraiment drôle, le soir, Hans Müller, Kramer et Peppi Glöckner[95], joyeux lurons, mais d'une épouvantable suffisance. Histrions insupportables !

Mardi 7. La dame de Baden n'a pas attendu pour téléphoner. Rendez-vous pris pour demain — fait du bon travail, de petites choses malheureusement, du genre essai, alors que j'aspire à la création poétique.

Mercredi 8. La dame de Baden ou la foi violée. Les choses se déroulent avec une rapidité angoissante. Toujours la même histoire du mari impuissant. Je ne suis d'ailleurs pas son premier extra. Le soir, à la Neue Wiener Bühne, atroce représentation d'*Aglavaine* qui m'inspire un véritable sentiment de répulsion à cause de son exhibitionnisme sentimental et de l'insuffisance des acteurs.

Jeudi 9. Travail et promenades. N'ai rien terminé. Ataraxie. Je ne prends plaisir qu'à corriger à cause d'une paresse de l'imagination qui se disperse en songeries.

Fin février.
Différentes circonstances m'ont empêché de poursuivre régulièrement ce journal. Revoyons au vol cette période. Avant tout : fuite au Semmering, joie profonde puisée dans la nature, travaillé un peu. Ai surtout remanié la nouvelle de naguère qui maintenant, soit dit en toute sincérité, me plaît beaucoup, et autres petites choses. Parmi les gens de là-haut, Zerline Balten, avec qui je m'entends admirablement, elle est d'une ouverture d'esprit et d'une impudeur magnifiques, mais sans aucun cynisme, et d'une bonté sans bornes, sur le plan érotique elle a même un certain goût du malheur. Il faut qu'elle ressente de la pitié pour arriver à l'excitation sexuelle, jusqu'ici elle a surtout eu des rapports avec des hommes qui avaient besoin d'elle. Ce qu'elle raconte de ses liaisons — extrêmement intéressant pour moi — offre le revers de ces histoires qui ne décrivent toujours que le côté agréable et séduisant, mais jamais le tragique de ces hommes traqués par la neurasthénie qui fuient leur famille pour se réfugier auprès d'une femme. Celui qui, deux ans durant, ne fit rien d'autre que l'accabler de ses plaintes et de ses pleurnicheries, passait pour être son souteneur, la famille s'en débarrassa finalement en lui versant 50 000 couronnes. Elle est toute authenticité, frivolité, bon cœur et bon sens, mais sans intérêt pour les choses sérieuses. — Deuxième épisode, celui de la petite Frie... avec sa gouvernante, cette enfant qui est la pétulance même, que je contrains à l'érotisme jusqu'à ce qu'elle finisse par réagir, l'œil curieux, mais sans bien comprendre encore. Puis l'hypnotiseur, très intéressant, surprenant, quoique banal avec ses phrases ronflantes. Mais son

regard étincelant, la concentration, due à la morphine, de toute son énergie, son adresse incomparable et le pouvoir qu'il a sur les femmes éveillent mon attention. Entretien avec Ernst Benedikt, aussi sensé que confus, et puis le paysage, toutes ces heures passées sous le ciel clair sur une terre abreuvée de neige, parfumée de fleurs non encore écloses.

A Vienne ensuite, détente. Sensationnelle, *La Boîte de Pandore* avec Eysoldt, et *Nju*, une pièce bouleversante, la comédie tiédasse d'Auernheimer [96] — lu également l'admirable *Annonce* de Claudel. Travail, zéro. Vienne est pour moi un marais. Je tourne mes regards vers Paris. — Avec Bartsch — un authentique *poseur**, authentique et poseur de son authentique passion — et Klitsch chez Ginzkey [97]. Bonne soirée.

Deux nouveaux projets : une nouvelle (le chantage comme moyen de pression pour obtenir des aveux) [98], et le dialogue entre la prostituée et l'officier pour Eysoldt. Je veux les écrire bientôt. — Schönbrunn.

Voyage à Prague, Dresde, Leipzig. Tout réglé chez Kippenberg, à Dresde, discuté de bien des choses avec Zeiss, avec Paquet, Hoffmann, Hegner [99], à Prague, rencontré le brave Victor chez son père, cet homme tout en droiture et en sereine maturité ; puis Willi et Krapil. Là aussi, parlé affaires, tout cela est plutôt un prétexte pour fuir Vienne.

Des intermèdes lumineux : ces lettres venues de loin, que m'écrit F. Elles sont si pleines de bonté, d'abnégation, que je me demande pourquoi Dieu m'a fait un tel cadeau, à moi qui m'en sais indigne à cause de la froideur de mes sentiments, du gâchis de ma vie, de l'épouvantable marasme de mon ambition. Voilà, si je ne suis pas condamné à me perdre entièrement, qui doit m'aider. Si cette voix stridente en moi pouvait se taire, cette fièvre s'apaiser, qui me harcèle, ma lucidité se concentrer — j'y parviendrais encore. Mais j'en doute. Paris sera la pierre de touche.

Et puis cette journée aussi, l'épreuve la plus effroyable pour mon bonheur, dont peut-être je sors victorieux pour la dernière fois ! Je n'ai pas besoin de la noter, elle est inoubliable. L'après-midi du dimanche 23, à la maison, visite inattendue de Lily Rosen qui veut me « montrer des poèmes ». J'ai l'intention d'aller le soir voir *Le Prince de Hombourg*. Entre-temps promenade au parc de Schönborn. Et l'événement ! Le plus épouvantable, c'est que je n'ai rien ressenti *du tout*. Là où un autre se serait effondré sous une telle pression, alors que toute ma vie, mon existence était en jeu et déjà perdue, ce désarroi d'abord, ce calme ensuite. J'ai *tout* oublié au théâtre, j'ai pu retrouver ma sérénité et dormir, dormir comme une bête. Est-ce vraiment un homme, me demandé-je, que celui qui ne ressent rien, capable de faire preuve d'une telle indifférence face à la chose la plus effroyable, car cela est de l'insensibilité et *non* de l'héroïsme. Vraiment, à un tel être il ne peut rien arriver, mais qu'est-ce qu'un être à qui il « n'arrive » plus rien — un cadavre, un masque, comme ce masque horrible chez Dostoïevski.

L'érotisme m'épouvante parce qu'il me prend, et non inversement. Je frémis devant ma propre virtuosité. Au bal masqué du Volkstheater je parle à une dame, une sculptrice, et elle n'a pas le temps de faire ouf ! qu'à quatre heures du matin elle est chez moi, et dans mon lit. Sa façon de me dévisager, comme s'il était irréel, ce réveil d'une femme auprès d'un homme dont elle ne connaît que le corps — mais à fond !

Au demeurant, Allemande du Nord jusqu'au bout des ongles, pétrie de phraséologie idéaliste, pas mécontente de son audace parce qu'elle a honte de manifester du remords, ou des remords de manifester de la honte. Le matin, tout est fini — comme si de rien n'était.

Cette voix, cette voix lointaine qui m'appelle, me réveillera-t-elle de ma torpeur ? Je l'écoute si rarement alors qu'elle pense à moi sans cesse et n'est que bonté. Peut-être me relèverai-je. Paris est mon espoir, le silence qui couvrira le bruit.

Lundi 3 mars. Arrivé le matin à Paris après un voyage sans histoires. L'hôtel Voltaire est malheureusement impossible, désuet, cher et fort bruyant. La maison tremble jusqu'aux combles quand passe un omnibus. D'ailleurs Paris est devenu effrayant à cause de cette circulation épouvantable, les rues empestent l'essence, traverser est devenu une aventure. Je cherche un logement, je ne trouve rien. Un curieux instinct rétrospectif me conduit rue Victor-Massé [100], tout y est désolé. Néanmoins, avec quelle force le souvenir s'est-il manifesté. C'est ainsi que je suis mes souvenirs à la trace, à peine en quête de nouveau. L'après-midi, Saint-Cloud (le beau trajet dominant Paris). Ici aussi tout est comme autrefois, peut-être trop ! *Le bon maître** [101] me reçoit avec la même affection, me montre ses manuscrits (son premier geste est la fierté du travail), nous parlons d'une foule de choses, puis Tribout arrive. Le soir, au Quartier latin, les cafés. Au fond, je ne me sens bien qu'ici. La conclusion habituelle de la première journée remplie de bonheur et de hâte. Et cet air tiède tandis que je rentre, tiède et délicat comme une peau de femme. Je crois à mon travail et, de fait, j'ai eu du mal aujourd'hui à m'en priver.

Mardi 4 mars. Corrigé le Verhaeren, puis cherché un logement, ce qui est épuisant ici. Je trouve enfin un petit hôtel, le Beaujolais, qui a l'immense avantage de donner sur les jardins du Palais-Royal et non sur la rue, terriblement bruyante. Certes, le confort est réduit, mais je crois que je vais me décider en sa faveur à cause du calme. Beaucoup promené, à pied et en voiture, au Bois, désert à présent, retour par l'omnibus Étoile-Avenue de Friedland, le comble du luxe, je croyais être blasé sur ce point, mais cette infinie plénitude de jouissances vous tourne la tête. En outre, l'éclat des magasins qui exhalent, pour ainsi dire, la lumière et les couleurs (quel poème cela ferait !), les fleurs, les dentelles. Plus tard, rencontre paradoxale d'un Anglais qui m'a rappelé de façon inquiétante le pasteur de la *Boîte de Pandore* de Wedekind, puis retourné dans les cafés du *Boul. Mich.**. Je voulais aller voir du Molière à la Comédie-Française, mais les intermèdes, à eux seuls, sont trop longs pour moi, et puis m'habiller me terrorise. Je préfère flâner le soir sur les quais, cette eau, métal fluide d'où jaillissent des étincelles rouges et vertes. Atmosphère de mystère et d'obscurité que j'aime par-dessus tout. Jusqu'ici, la solitude me réconforte, j'appréhende déjà la visite chez les Brettauer [102]. Espérons que nous en resterons là et que je n'aurai pour compagnie que cette douceur, cette ambiance presque poétique à elle seule.

Mercredi 5 mars. Le matin, couru encore en tout sens à la recherche d'un *logis**, puis à midi me suis rapidement décidé pour l'hôtel Beaujolais, ce que je ne regrette pas, étant donné le calme parfait qui semble y régner, personne ne se soucie de vous, chose que j'apprécie fort. L'après-midi, erré dans les rues jusqu'à épuisement moral et physique, échoué à Montmartre où, avec une jeune fille, je vais au cinéma géant Gaumont, incomparable pour le spectacle qu'offre le public. Resté quelques instants seulement avec elle, puis rentré tôt chez moi où je bois à grandes goulées le silence si précieux d'un jardin royal.

Jeudi 6 mars. Le matin, Guilbeaux [103], devenu totalement anarchiste, mais, à ce que je crois, plus à cause de sa situation financière désespérée que par conviction, bien qu'il ait toujours été un caractère. Après déjeuner, au Louvre où, à vrai dire, seuls les Allemands m'impressionnent (ou plus exactement m'impressionnent de nouveau), ainsi que Mantegna. Rentré et dîné avec Guilbeaux. Il me raconte des détails intéressants sur l'anarchisme, mais je n'y vois aucune extase intérieure, seule une colère qui part à l'aveuglette dans une direction quelconque, comme un coup de revolver.

Vendredi 7 mars. Le matin, travaillé, la nouvelle avance bien, après déjeuner, musée Carnavalet où le masque mortuaire du duc de Reichstadt me fait une impression stupéfiante, ce visage où s'apparient de façon incroyable la lippe épaisse des Habsbourg et le nez aquilin de Napoléon, un visage audacieux, inoubliable, et point malade du tout. A côté de lui, Flaubert est un hénaurme bourgeois — dans la mort, précisément —, Sainte-Beuve a les traits plus fins, plus accusés, Victor Hugo un visage déjà estompé. Le soir, flâné d'un coin à l'autre, rencontre paradoxale, sur le boulevard, de P. qui, contre toute attente, se déclare très heureuse. Couché tôt

Samedi 8 mars. Le matin, travaillé (trop peu), l'après-midi, flâné, ramené chez moi une fille très sympathique rencontrée dans le métro, rien de sérieux. Je n'ai aucun désir en ce sens, seulement celui de voir du nouveau, et puis je suis peut-être trop seul ici pour ne pas succomber à l'attrait de telles aventures qui, au fond, me laissent indifférent, je ne les poursuis jamais, je les laisse s'enliser (je prends l'adresse, mais n'écris pas). Ensuite, avec Bazalgette[104], qui est la droiture même, chez Verhaeren où nous rencontrons Mr Heumann, littérateur sans importance ni mérites. Verhaeren est d'une vivacité extraordinaire. Il venait de recevoir la visite d'un poète de seize ans accompagné de sa cousine, ce qui est toujours une grande joie pour Verhaeren qui porte à la jeunesse un amour fanatique. Il nous parle de deux poètes japonais venus le voir avec leur interprète, et des cadeaux qu'ils lui ont apportés. Nous évoquons beaucoup Rodin, Claudel et autres problèmes artistiques. Rentré tôt comme toujours, je travaille un peu à ma nouvelle

Dimanche 9 mars. Gâché ma matinée, déjeuné chez Mme Brettauer où je tombe dans une cohue ; seul m'intéresse un jeune compositeur italien, Malipiero. Ensuite, promenade ; le soir, avec deux jeunes femmes (Marcelle et Suzanne) à la « Cigale » où je vois une revue qui m'amuse vraiment. Je me sens toujours gêné ici pour aller au théâtre seul, mais on trouve toujours de la compagnie.

Lundi 10 mars. Peu de chose le matin. L'après-midi, terminé le poème *Comme l'hirondelle...*, pas sûr de l'avoir réussi. Visite de Romain Rolland. Je le trouve vieilli, très effacé, frêle, un visage tout en finesse, souffreteux comme lui-même. La voix très basse, circonspecte, mais sa douceur justement lui confère sa puissance. Ses yeux d'un gris délicat que le lorgnon n'altère pas, le nez très mince, lui-même fragile, un peu ascétique. Nous évoquons beaucoup de choses, entre autres Tolstoï, de qui il a lu le Journal, le témoignage le plus grandiose d'un tourment, cette lettre que Tolstoï lui écrivit lorsque lui-même, encore à l'*École normale**, et en proie à une crise de conscience, s'était adressé à lui. De ce fait, et en tant qu'auteur de J.-C., il ressent l'obligation de répondre toujours lui-même, de ne faire attendre personne, de venir en aide. Il parle beaucoup des tendances générales de la jeunesse qui l'inquiètent, il est tout éloges pour la ferveur des jeunes revues publiées à force de sacrifices, et particulièrement pour Bloch[105]. Il voit en Paul Fort le plus grand poète — après Verhaeren naturellement. Il trouve Claudel trop recherché, mais en bonne voie. Prodigieuse, la diversité de cet homme, sa curiosité passionnée pour tout ce qui l'intéresse et que — je le crains — il paie de sa santé. Il a renoncé à sa chaire parce que les cours magistraux signifient nécessairement une banalisation du travail, Bergson est pour lui l'illustration de ce danger (c'est ce que j'entends dire de tout côté ici). Nous avons une bonne conversation, mais il y a trop de choses à dire pour que nous puissions nous concentrer dans le calme. — Ensuite, promenade, finale sur le Boulevard et, la nuit, écrit des lettres à destination du monde lointain.

Mardi 11 mars. Déjeuné à Saint-Cloud avec Verhaeren, Georges Tribout, trop canaille à mon gré, et un historien de l'art, poète et très sympathique, Poncheville, puis à Versailles (par une journée printanière d'une pureté et d'une douceur ineffables) afin de voir au Trianon des choses d'habitude inaccessibles. Merveilleux, le petit théâtre de Marie-Antoinette sur la scène duquel elle joua elle-même, un vrai bijou pour les décors, avec les installations d'époque, lumière et obscurité. Ravissants, le pavillon et le [Hameau]. Verhaeren est admirable en spectateur, il n'arrête pas une minute, il vibre sans relâche, il s'étend longuement dès que quelque chose lui plaît, il connaît une foule de détails ahurissante, même pour moi. Nous parlons de Victor Hugo, du sublime geste théâtral que Rodin lui a donné, de sa puissance, même quand son pathos sonne faux. — Chez moi m'attend un envoi de Romain Rolland qui me comble : la lettre de Tolstoï, grande, grave et solennelle, son essai sur la jeunesse et une lettre d'introduction auprès de Suarès. Il est la bonté même. Je ne peux m'empêcher de penser à Jens Peter Jacobsen. Le soir, avec Marcelle qui me raconte de délicieuses histoires sur la couturière. Elle a d'ailleurs un triste sort, son mari, *vendeur aux halles**, la maltraitait parce qu'elle ne lui donnait pas son salaire (apparemment très substantiel). Elle est insatiable, et je remporte de pleins triomphes de véritable extase.

Mercredi 12 mars. Malheureusement pas vraiment travaillé, puis été me promener sur le *Boul. Mich.**. Les vers de Desbordes-Valmore me font une profonde impression. Été voir Vildrac dans son magasin. Il est calme, bien que sans chaleur, manque de tempérament qui apparaît aussi dans son œuvre. Il m'apprend que Rilke est ici. Se manifestera-t-il ? Ensuite chez Charavay où j'admire les manuscrits de Stendhal, son testament, et je découvre dans le fichier ce ms de Verlaine après lequel je cours depuis des années et que je veux — *coûte que coûte** — acquérir, et que j'acquerrai. Le soir, visite de Mercereau, un homme avenant et sensé, d'un arrivisme sympathique. Je refuse tout net une invitation à un banquet, mais je me réjouis de rencontrer ces gens. Puis répétition générale du *Combat* de Duhamel au théâtre des Arts. Le public est moyen, les acteurs sont moyens ainsi que la pièce qui, comme toujours chez Duhamel, comporte de bons passages et de très beaux détails. Je rencontre Romains, il me semble petit, et je lis dans son regard un étrange flou. Il ressent très fort la haine que les autres lui portent, elle ne me semble d'ailleurs pas tout à fait sans fondement. Je m'enfuis après le troisième acte, préférant à ces fantômes lyriques le spectacle vivant du Boulevard devant un verre de bordeaux

Jeudi 13 mars. Le matin, projet de festival pour Zeiss. Puis promenade, visite (par piété) à Grünecke, bavard sénile et affable, retour chez moi, pris des notes. Le soir, chez les gens de *L'Effort*, Jean-Richard Bloch, Bazalgette. Ce genre de réunions m'est très sympathique : un soir par semaine ou par mois, une revue réunit pendant deux heures ses collaborateurs et leurs invités pour une bonne conversation, sans femmes et *sans façon**. J'y rencontre Arcos, André Spire, très sympathique, un petit peu juif en ce sens qu'il possède cette euphorie bienfaisante rare chez les Français, Jean-Richard Bloch, le peintre Doucet, Gallimard, traducteur de Hebbel, le jeune Allemand Schwerdtfeger, correspondant d'un journal de Cologne. Nous allons ensuite faire une promenade en commun sur les boulevards.

Vendredi 14. Le matin, rien de bien sensé, des lettres, des lettres, puis déjeuné avec Grünecke. Une bonne lettre de Rilke, une autre, littéralement grotesque d'orgueil, de Suarès. Je ne parviens pas à travailler ces jours-ci. Le soir, aux Folies-Bergère avec Marcelle, nous nous amusons bien, mais mieux encore après. Elle est d'une franchise délicieuse, elle avoue que m. lui était inconnue, mais qu'elle préférait ne pas le dire. Et puis je suis ravi par sa fougue, qui accroît agréablement la mienne. Je me sens vraiment plus libre d'avoir su imprimer, à ce frémissement multiple du désir, pour ainsi dire une direction droite et saine.

Samedi 15. Chez Charavay où je vais chercher le ms des *Fêtes galantes* que j'ai enfin réussi à obtenir. Qu'elle est étrange, la désuétude de son magasin, pas de coffres métalliques pour y enfermer ses trésors, les

Stendhal, par exemple, traînent partout. Même chose au Mercure de France où je me rends ensuite, ici aussi, dans la vieille maison de Beaumarchais, un labyrinthe sans téléphone ni machine à écrire, etc. Vu Morisse, qui a traduit mes nouvelles, puis chez Figuère, qui n'a pas l'air tellement intelligent. Mercereau, homme actif, plein de bon sens, semble tout diriger. Il ira certainement très loin. Sur quoi nous allons visiter la *Maison de Balzac**, très émouvante par son silence, sa solitude et les inscriptions sur les murs qui, toutes, rappellent son travail ; mais peu d'objets personnels. Ensuite chez Balmont, le poète russe. Pour un Russe, il a le visage curieusement ouvert, les cheveux forment une haute crinière rouge au-dessus d'un front bombé, un bouc presque à la française, seuls les yeux, petits et gris, trahissent son origine. Il parle de ses voyages, nous avons le même sentiment de liberté dans ce domaine, il évoque Lenau, Tolstoï, Brioussov aussi, son rival secret. Balmont a été (en partie à cause de ses traductions de Whitman) banni de Russie pour plusieurs années, il ignore s'il peut y retourner actuellement, d'autant plus qu'on lui a reproché certaines choses comme blasphématoires. Sa femme, cheveux blancs, osseuse comme un vieux cheval, on la prendrait plutôt pour sa mère, me plaît moins. — Passé voir Barzun, simple et affable, je vois chez lui Tancrède de Visan, Luis Mandin, un petit homme gracieux, et quelques-uns encore de la même veine, tous de braves gens, mais, je le crains, piètres musiciens. — Je me rends chez Verhaeren, il est encore à la répétition générale du *Carillonneur*[106], à laquelle Mme Rodenbach m'avait également invité. Je parle avec sa femme, nous nous réjouissons tous deux de l'attitude de V. qui, après que Mme R. se fut comportée de façon lamentable et lui eut battu froid pendant des années, lui a écrit une lettre des plus chaleureuses et s'est rendu à la répétition. Je fais allusion au déplaisir que me donne la présence des deux hommes, Heumann et Tribout, qui se sont tellement accrochés à Verhaeren et mettent le nez dans toutes ses affaires, à telles enseignes qu'on n'est jamais seul avec lui, ce n'est pas très plaisant pour le visiteur. Elle me comprend fort bien ; elle est de mon avis sans l'avouer ouvertement. Nous passons ensuite une heure agréable. Verhaeren est toujours indigné par l'hypocrisie des gens à une générale. Nous feuilletons de vieux papiers, je découvre une lettre de Mallarmé avec cette belle formule : « *On se croit mille étant seul** » pour définir le pouvoir exercé sur la masse, une de Verlaine à Verhaeren, du temps que celui-ci donnait dans le catholicisme (lorsqu'il écrivit *Les Moines)*, et autres témoignages du passé. Nous rappelons de bons souvenirs d'amis communs et sommes heureux d'échanger bien des paroles. Heumann disparaît bientôt, je respire l'atmosphère de grand silence qui règne, j'en jouis doublement, le nouveau sac d'Indien acheté pour y mettre les manuscrits excite notre verve, mais je dois me hâter pour attraper mon train. Le soir, écrit encore quelques lettres, puis détente après avoir vu tant de gens et de choses.

Dimanche 16 mars. Pas grand-chose de raisonnable. A midi, chez Mme Brettauer où je trouve toutes sortes de gens, mais ils m'intéressent peu, je suis incapable de me divertir dans ce qu'on appelle la société, ensuite promenade, rentré chez moi, lu : Victor Hugo, *La Légende des siècles*, œuvre d'une ampleur visionnaire d'une rare puissance mais dont l'impact, hélas, est amorti par une prolixité sénile.

Lundi 17 mars. Se retrouvent chez moi Verhaeren, Bazalgette, Romain Rolland et Rilke pour un déjeuner que nous allons prendre au Bœuf à la mode. Rolland me fait beaucoup penser au portrait de Jens Peter Jacobsen, il parle avec un calme admirable, sans jeux de physionomie, de ses seules lèvres (très pâles, au dessin accentué), son français est limpide, aucune affectation. Rilke, qui arrive de Ronda, est tout bronzé, son rire est d'un enfant, ainsi que la magnifique aisance de ses gestes. Son visage n'offre pas de traits marquants, un nez épaté en forme de pomme de terre, les yeux unis et clairs, la bouche dessine un arc sensuel, seules les mains sont très fines. Il raconte de façon fortement imagée : sa visite à Tolstoï, [l'enquête] qu'il mène auprès des gens rencontrés à Moscou, puis l'histoire de la porte vitrée qui scintille et qu'il fixe jusqu'à ce que T. apparaisse, la promenade dans les champs, la rencontre avec le petit moujik, la colère de la comtesse. Suivent des anecdotes sur l'Espagne, racontées avec brio par Verhaeren, celle des deux mendiants au couvent, qui, en manière de raillerie, lui offrent du fromage ; nous évoquons ensuite la nécessité d'unifier l'Europe, je propose à R.R. de rédiger un Journal comme celui de Dostoïevski, lui rêve d'une revue internationale, idée contre laquelle nous nous élevons parce que *nous* sommes internationaux, seule la France est mal informée. Nous parlons d'animaux, Rilke décrit admirablement (un vrai tableau de genre) un chat qui se chauffe au soleil, Verhaeren son poulailler à Caillou-qui-bique, tous deux savent observer les petites choses avec une intensité qui emporte l'adhésion. Ensuite, chez moi, Rilke se rappelle un tableau à Palerme, une danse macabre, Verhaeren nous confie ses théories sur la genèse de la peinture française. C'est une véritable volupté que d'avoir ces trois hommes réunis, ils possèdent en commun le génie et la bonté, heures inoubliables qui touchent à tous les aspects de l'existence. Comme je partage l'avis de Rilke quand il déclare qu'à chacun de ses retours à Paris il se demande : à quoi bon voyager puisque ici on a tout sous la main ? Nous faisons un bout de chemin ensemble et prenons rendez-vous pour une autre rencontre. Puis je vais chez Suarès, dans l'étroite rue Cassette où il occupe, au rez-de-chaussée, une vaste pièce donnant sur un jardin (il lui faut de l'espace, dit-il). Le visage plein, comme celui de Balzac, surmonté d'une épaisse crinière noire que partage une raie, une barbiche à la française, il est terriblement impressionnant avec ses yeux noirs comme jais aux flamboiements nerveux, qui rappellent ceux d'un oiseau de nuit. Ils ne s'immobilisent pas une seconde, ils vont et viennent, telle une balle que se lanceraient les nerfs. Il est très aimable, d'une courtoisie pour ainsi dire hâtive, mais néanmoins toujours sur la réserve. Il me raconte qu'il lui arrive de rester terré ici des jours et des nuits, des semaines parfois, sans sortir. Il lui faut des heures de préparation pour une demi-heure de travail. Il est aussi musicien et veut publier quelque chose pour la première fois cette année. Épouvantable d'apprendre la misère dans laquelle il a vécu, quatre-vingts francs par mois pendant des années, si bien qu'il s'est déshabitué de manger et n'a jamais eu les moyens d'aller à Bayreuth. Des années durant, ses livres ont été refusés, il n'a jamais trouvé d'audience, il vit en partie de la vente de ses manuscrits — il faut reconnaître que ce sont des prodiges de beauté, de la peinture plutôt que de la graphie. Nous nous disputons au sujet de Mozart à qui il dénie — faisant, non sans coquetterie, allusion à lui-même — toute capacité profonde de souffrir, il énonce aussi des choses remarquables sur Flaubert. Cette existence, à coup sûr, a sa grandeur, son esprit de bravade est une forme déguisée de désespoir, il n'est pas d'exemple de nos jours qu'un homme aussi génial vive dans un tel isolement. Je veux tout faire pour l'aider, nous discutons de la traduction de son livre sur Beethoven. Je le crois quand il déclare qu'il a peur de sortir à cause de la foule des impressions, car ses yeux brûlent ce qu'ils regardent. Il nie ses origines portugaises, il est breton par sa mère, et provençal par son père. Je ne reste pas trop longtemps et nous nous quittons bons amis. Le soir, avec Marcelle, je me repose de tout intellectualisme dans le jeu violent des corps, jusqu'à épuisement

Mardi 18 mars. Le matin, courses, lettres, après déjeuner, chez Rilke. Il habite rue Campagne-Première, qui ne tient pas les promesses de son nom, mais son logement est haut situé, un atelier et une pièce contiguë. Comme naguère rue de Varenne, peu d'objets, un tableau ancien, son blason, une bibliothèque, la massive table noire et le pupitre sur lequel, me dit-il, il aime travailler. Il traverse en ce moment une phase de lassitude, depuis un an et demi, depuis *Malte*, il n'a rien fait, partie pour des raisons intimes, partie par fatigue et une trop forte congestion de la tête et des yeux. Il a même abandonné les traductions. S'il a été en Espagne, c'est pour son œuvre dont il doit la majeure partie au Greco et à Cézanne, sans quoi il est las de voyager, Paris lui offre cette forme suprême de solitude qui n'oppresse point, parce que — nous touchons ici au tempérament latin — cette ville permet à chacun une prise de contact directe. Nous évoquons Kassner [107] à propos de Duino dont il ne peut aimer totalement le paysage, superbe, mais étranger : il n'y trouve pas les proportions qui lui sont nécessaires. Il me demande de lui citer des livres, il n'aime pas Claudel, mais il apprécie beaucoup le défunt Henri Franck et les *Découvertes* de Vildrac. Nous abordons le sujet « lettres », il me dit combien de ces correspondances le poursuivent des années durant, sa crainte d'en relire une intégralement. Il avoue qu'il lui est difficile (même dans une lettre) d'exprimer concrètement ce qu'il éprouve, d'où son incapacité à tenir un Journal. Il écrit dans de petits carnets de notes dont il change souvent, les poèmes dans un minuscule paroissien, qu'il me montre. Ce sont ses tout derniers poèmes, ramassés sur un espace des plus étroits, d'une écriture élégante, mais toujours ferme. Je dois lui parler de Suarès : merveilleux, son intérêt paisible pour toute chose, qui ne dégénère jamais en nervosité (ce qui est souvent mon cas). Son affabilité, son aspect monacal forment un contraste si noble avec la rigueur de sa tâche. Nous faisons une promenade ; nous nous rendons dans cette petite librairie, qui le ravit, pour acheter du Suarès. Nous percevons toute la bizarrerie de la France quand on nous annonce le prix élevé des premières éditions d'un écrivain qui n'a jamais atteint la deuxième, notre conversation épuise toutes les formes de la célébrité, tant celle de l'auteur que celle de l'œuvre, nous évoquons aussi les formes du respect porté à cette célébrité. Il me raconte combien il a lui-même admiré Zoozmann autrefois[108], et il exclut pratiquement la possibilité d'une amitié entre l'artiste et le dilettante, car elle serait, par la force des choses, fondée sur l'insincérité. Il parle beaucoup de Rodin, et avec chaleur ; R. a renoncé aux réceptions et veut mener une vie plus calme ; Rilke ne dit jamais de mal de personne, il est d'une bonté merveilleuse, c'est presque avec tendresse qu'il s'intéresse à mes travaux. Nous convenons d'un autre rendez-vous, je dois aller chez Verhaeren, où arrive aussi Rysselberghe, avec qui je m'entends parfaitement. Lui aussi se plaint de l'incapacité de travailler qui l'accable depuis six mois, nous devons le consoler comme un enfant. C'est l'avant-dernière journée de Verhaeren, nous nous sentons bien, serrés l'un contre l'autre dans le salon (dont Rilke a toujours une si grande nostalgie, car Verhaeren est l'homme qu'il aime le plus à Paris), j'abandonne à regret les petites pièces familières pour rentrer à Paris et me rendre à [la Closerie] des Lilas où se réunit la troupe des jeunes poètes, un tohu-bohu comme je n'en ai jamais vu de plus prodigieux, des centaines de femmes et d'adolescents bruyants et fougueux. Mercereau me fait faire la connaissance de quelques-uns d'entre eux : un poète japonais, un écrivain russe qui fut marin sur le *Potemkine* à Sébastopol, toujours condamné à mort, puis toute cette jeunesse, au hasard, jusqu'à ce que Paul Fort s'empare de moi et m'accable de politesses. Il est charmant, svelte, nerveux, ses traits sont fins, sa courtoisie envers la jeunesse a quelque chose d'enjôleur. Il parle bien, de façon élégante, légèrement pris de boisson, car cet homme facilement hystérique s'enivre, hélas, souvent. Il représente le point de vue français. Moréas[109] accueille Verhaeren avec la plus grande admiration. Vraiment, il est fascinant, mince comme un éphèbe, une jolie boucle descendant sur son front lumineux, les yeux clairs, féminin dans sa virilité, un *bohème** qui rappelle Verlaine (Han Ryner aussi, ce presque vieillard courtois et à demi gâteux). Fort a un je-ne-sais-quoi de séduisant et, en dépit du malaise que me procure sa légère ébriété, je l'aime bien ; sa femme et sa fille, françaises jusqu'au bout des ongles, me plaisent aussi. Il me présente Christian Beck, un homme qui inspire confiance, rude mais sensé, quelques autres de ses compagnons, je suis heureux d'être avec eux. Rentré tard.

Mercredi 19. Journée perdue. J'ai mal à l'estomac, je reste couché et je lis : Victor Hugo, Suarès, qui m'a envoyé un livre avec quelques paroles extrêmement aimables. Soirée avec Guilbeaux, mais je ne suis pas en forme.

Jeudi 20. Très tôt le matin à la gare pour prendre congé de Verhaeren qui m'étreint et m'appelle « *le plus charmant de ses amis** ». Je rentre retrouver mes livres, mes lettres, mes notes. L'après-midi enfin, commencé à travailler, à un poème, *Les Insomniaques* ; je crois qu'il sera réussi. Entre-temps, lecture, l'immortel Maupassant pour qui je ressens de nouveau du respect.

Vendredi 21. Le matin, courrier, petites occupations, l'après-midi, presque terminé le poème dans la meilleure humeur. Le soir, au cinéma avec Marcelle. Elle me raconte de réjouissantes histoires de *tapettes**, *petites tantes** et [*guignols*] [?], la charmante histoire de son amie : « *Dépêchez-vous car je sors à la prochaine station**. » Étonnant, tout ce qu'elle peut savoir dans les domaines les plus variés de par ses relations avec ce genre de femmes, relations qui justement, grâce à ce qu'elle voit, l'empêchent de faire des bêtises. Après le cinéma, nous allons chez moi

Samedi 22 mars. Le Berliner Tageblatt me demande une contribution à l'album en l'honneur de Mosse [110] ; au lit avec Marcelle, je versifie un aphorisme qui me prend quand même beaucoup de temps. Nous allons nous promener ensemble, visitons Notre-Dame, la merveilleuse. Splendides, les roses et leur lumière multicolore qui a la froideur polychrome de pierres précieuses. Du haut des tours, la vue est claire ; on perçoit toute l'ampleur de cette ville infinie. Déjeuné avec elle. A mon retour, une agréable surprise : la visite de Romain Rolland. Nous parlons beaucoup de Suarès, de qui il voit le génie dans ses deux qualités majeures : orgueil et passion, une ardeur biblique dans *Voici l'homme*, qu'il considère comme son œuvre la plus importante. Il évoque ses relations d'autrefois avec la famille Wagner, rompues parce qu'il avait négligé de faire une critique du *Bärenhäuter*[111], il aime *Tristan* qui est pour lui le summum de l'art. Nous parlons des différentes formes de la célébrité, lui aussi ne veut y voir que le moyen de faire le bien. Ses yeux, qui semblent d'habitude durs et fixes, acquièrent une remarquable douceur en ces moments-là. Il n'a jamais été insatisfait, si grande que fût sa solitude. La conversation s'aiguille sur l'antisémitisme en France, qui atteint aussi Suarès, et sur les influences nocives de l'Action Française — tout cela est tellement clair chez lui, c'est une pensée achevée et non plus en discussion, tout n'est que conception de la vie et certitude. Je dois lui parler de l'Allemagne qu'il ne connaît, ou peu s'en faut, qu'intuitivement et peut-être plus qu'elle ne le mérite. Ensuite avec Schwerdtfeger, jeune Allemand typique, empêtré dans ses théories, ne s'intéressant ni à la politique, ni aux affaires contemporaines — au fond uniquement pour parler allemand, occasion que m'offre d'ailleurs aussi la visite de Müller

Dimanche (de Pâques). Avec Marcelle au Père-Lachaise auquel je ne trouve rien d'extraordinaire, un entassement, nul espace libre, une ville de pierre. Ensuite, apéritif, été danser au *Moulin**, beaucoup d'animation, puis chez moi pour un bref divertissement. Le soir, avec Müller dans quelques dancings : ils ne me disent absolument rien, m'ennuient à mourir

Lundi 24. Lettre irritante de Kippenberg qui trouve « catastrophique » ma traduction du *Rubens*. Je vais la remanier ici. Si je n'étais pas distrait par n'importe quoi ! Un autre expédie ce genre de travail en passant.

J'ai d'ailleurs l'impression de souffrir d'un embarras gastrique, je sens cette lourdeur depuis plusieurs jours, elle m'empêche presque de travailler, en tout cas s'oppose à toute concentration. A peine sorti. Me suis contenté de lire et de me reposer. Rentré de nuit après une longue errance sans but à travers le Paris nocturne.

Mardi 25. Fignolé un peu *Les Insomniaques*, un peu la nouvelle, où je vois plus clair après l'avoir laissée reposer. J'espère l'avoir terminée très bientôt. Le soir, avec Paul Morisse qui, en jésuite, cède sur tous les points et porte donc peu d'intérêt à une conversation, puis avec Schwerdtfeger à la Closerie où je m'amuse peu, d'autant moins que l'odieux Herwarth Walden [112] nous honore de sa présence. Tandis que je rentre, mon malaise prend d'épouvantables formes éruptives à un degré que je n'ai jamais connu, je passe une *nuit blanche**

Mercredi 26. La fatigue d'hier se fait encore sentir, mais je travaille un peu. Le soir, avec Marcelle chez la présidente, puis rentré. Sa gentillesse et son bon sens me la rendent chaque jour plus chère.

Jeudi 27. Travaillé à la nouvelle et aux *Insomniaques*. Le soir, commencé à corriger le *Rubens*. Peu sorti, pratiquement pas du tout.

Vendredi 28. Idem. Achevé *Les Insomniaques*, mais ils ne me plaisent pas. Peut-être est-ce réparable. Manque d'unité. Du rafistolage — c'est du moins mon sentiment. Encore une journée très calme

Samedi 29. Le matin, de petites choses, après déjeuner, visite de Romain Rolland. Mais auparavant une heureuse surprise : Rilke m'envoie le manuscrit du *Cornette* accompagné de paroles affectueuses. Tout y est de cette pure harmonie qui distingue chacun de ses actes. Rolland évoque des souvenirs sur César Franck, nous allons visiter ensemble la collection André, véritable prodige de goût et de richesse, un noble *foyer** au sens ancien du terme, une maison qui a complètement refoulé ses habitants dans les pièces de derrière, parce que tout est réservé à l'art. Inoubliable, le Rembrandt de jeunesse, *un « Rembrandt vert »** d'une puissance inouïe de vision, le Tiepolo, chef-d'œuvre de la métaphore, et les merveilles de la Renaissance. — Soirée avec Marcelle, qui me raconte beaucoup de choses sur sa vie, plus sombre que je ne le pensais, elle a mis en œuvre une énergie magnifique pour s'en sortir — entravée, bien sûr, par sa bonté, car cette faiblesse qui l'a fait capituler devant un mari brutal au sujet des conditions du divorce et les secours qu'elle apporte à sa famille la rongent, elle qui pourtant a tout, mais connaît aussi la solitude. La fierté des femmes qui bâtissent entièrement leur vie a son revers dans l'absence de foyer, elle le sent, elle sent le vide de son existence, elle est lasse de gagner de l'argent pour le gaspiller et le distribuer. Son vœu le plus cher serait d'avoir un enfant, afin de refaire sa vie ; de se dévouer entièrement à lui, [...]. Avec quelle lucidité elle perçoit tous les détails, quel courage — le courage de ceux qui luttent seuls dans l'existence. Et comme cela fait du bien de l'entendre avouer sans détour qu'elle a besoin d'un enfant : j'ai un respect infini pour de tels êtres. Nous allons dans un music-hall pour chasser ces idées par trop graves, puis nous rentrons et, pour la première fois, sciemment, nous ne prenons pas de précautions. Elle palpite comme si elle était fécondée, elle brûle, jure qu'elle en est sûre, cette idée la transporte, et moi aussi curieusement je suis entraîné dans le mouvement et en extase. Le matin, certes, je retrouve mon sang-froid, parce que je pense que j'habite loin et qu'il est cruel pour une femme d'être seule en des instants pareils. Bien sûr, je pourrais venir 15 jours en été, et une fois en hiver, mais que cela est peu au regard d'une telle distance. Pour l'heure, nous devons laisser les choses suivre leur cours, mais ce fut un des moments profonds de mon existence, cette volonté consciente d'avoir un enfant, cette luminosité de son corps, de tout son être comme émanant de l'extase du sacrifice, cette ivresse onirique de l'imagination. Comme elles se ressemblent, elle et F., belles figures graves qui cernent mon destin, lequel néanmoins, conscient de sa malléabilité, se dérobe (chapeau bas) devant une telle grandeur, au lieu de la saisir de toutes ses forces. Tard dans la nuit, d'ailleurs, j'ai conçu le projet de cette nouvelle qui entrerait dans la série des « mauvais coups » portés aux femmes : dans un restaurant *(voisin*)*, les coups d'œil de deux misérables cocottes font oublier à un homme l'être simple qui lui est dévoué *(maîtresse servante*)* et, la honte au cœur, il la laisse tomber.

Dimanche 30 mars. Resté longtemps chez moi, pensé à Octave[113]. Il pleut. Je travaille dans ma chambre tandis que Marcelle lit, sage et patiente dans un fauteuil. Cela dure trois heures sans qu'elle ni moi ne nous lassions : il y a une grande force dans cette communauté d'ambiance. Nous dînons ensemble, puis je me remets un peu au travail après avoir terminé les corrections du *Rubens*

Lundi 31 mars. Seul toute la journée, passée presque entièrement chez moi. Travaillé surtout au Ravaillac[114], ce n'est pas aussi bon que je l'escomptais. Il faudrait remanier l'article entièrement pour qu'il soit excellent

Mardi 1er avril. Travaillé au Ravaillac. Le soir, Guilbeaux, il ne va pas bien, c'est d'ailleurs en grande partie sa faute. Puis avec Schwerdtfeger. La nuit, achevé Ravaillac

Mercredi 2 avril. A midi chez Romain Rolland dans sa mansarde au cinquième étage, pauvre et exiguë, mais donnant sur des jardins. Il loge comme un étudiant dans cette petite pièce (où une domestique fait le ménage) dont la seule parure est le masque mortuaire de Beethoven, des livres, un portrait de Richard Strauss et encore des livres, des livres. Il y a dans cette pièce

quelque chose de monacal, mais on sent, à la foule des lettres, des journaux, que le monde entier afflue ici en un centre ouvert à tout. Rolland me montre la lettre de Tolstoï et une de Nietzsche à Malvida von Meysenburg, que celle-ci lui a offerte. Il souligne l'amour qu'il porte à ce quartier, lui et tous ceux de sa génération ne considèrent pas la *rive droite** comme étant Paris, et moi non plus, au fond. Il aime se sentir encore étudiant, lui qui fut l'idole des cours et des conférences, aujourd'hui encore on peut constater l'attachement affectueux qu'ont pour lui ses élèves de l'École Normale. Visite des frères Tharaud, têtes de paysans bornés et madrés, l'aîné, secrétaire de Maurice Barrès, revient de Scutari où il a participé au siège aux côtés des Monténégrins, le cadet était en Galicie pour écrire un livre sur les Juifs à l'état pur. Puis Chateaubriant, qui semble assez insignifiant. Nous déjeunons ensemble, bonnes conversations, qui portent de nouveau sur la situation de la France, dont chacun souffre mais que personne n'entreprend de combattre ouvertement. Nous allons ensuite au jardin du Luxembourg, il me dit ce qu'il aime en Italie, et surtout son amour de tous les paysages. « *J'aime la terre** », me répond-il comme je me plains de l'absence d'arbres, la diversité des environs de Rome lui donne aussi beaucoup à méditer. J'ai parfois peur pour lui à la vue de son visage si mince, quand je le vois serrer frileusement son cache-nez noir autour du cou, je crains qu'il ne soit souffrant, mais Tharaud me dit qu'il a toujours eu cet aspect, qu'en réalité il est très résistant (de l'accident de l'année dernière, il ne lui est resté qu'une double fracture du bras).
— Ensuite chez Charavay où je compulse les volumes posthumes de Stendhal, puis avec Marcelle, chez qui la bonté s'apparie admirablement avec la force, elle veut « prendre sur soi la souffrance », brûle dans l'extase du sacrifice, reconnaît d'elle-même qu'elle supportera vaillamment la séparation quand viendra le jour. Jamais cette bouche ne proférera de plaintes, elle ne sera que sourires et caresses. Malgré la nécessité de la séparation, bien qu'elle avoue ne pas savoir com-

ment elle s'en sortira, je suis ferme et rassuré, conscient d'avoir vivifié et enrichi son existence, et elle ne cesse de m'en témoigner sa gratitude. Nuit ardente !

Jeudi 3 avril. Après déjeuner, chez Duhamel. Lui aussi au cinquième étage, comme tous les écrivains ici, à l'opposé de nos habitudes de confort douillet. Il donne l'impression d'un homme ouvert et agréable, nous passons ensemble deux bonnes heures. Puis très longtemps au Luxembourg et, le soir, de nouveau un cinquième étage, chez un écrivain, Christian Beck, très intelligent, très divers. Étrange, sa chambre avec cette femme couchée comme un chat, dont il dit qu'elle est la sienne (ce que je ne crois pas). Elle sait écouter, nous parlons beaucoup, et de sujets vivants. Intéressante, sa visite chez Tolstoï.

Vendredi 4 avril. Pas grand-chose de sensé, un peu travaillé, puis déjeuné avec [indifférence], une habitude ancienne, nouvelle promenade au Luxembourg, le soir, des choses invraisemblables, je prends une voiture pour aller de la rue de Richelieu à l'Étoile, impression étrange, très singulière.

Samedi 5 avril. A midi, Rilke vient me chercher, nous examinons ensemble quelques poèmes, puis allons déjeuner. Il parle de l'inhibition, de la difficulté croissante d'être un poète allemand qui se heurte à la perfection du langage. Pour le Français, dès qu'il a trouvé sa langue, celle-ci continue à écrire, l'Allemand doit sans cesse repartir de zéro. Pour lui, dit-il, écrire de la poésie est un acte religieux, comme prier, et on ne l'accomplit pas toujours avec le même recueillement, cela exige une harmonie intérieure. En ce moment il tourne à vide : il a commencé de grandes œuvres à Duino, il lui faut retrouver cette harmonie intérieure. Il lui est impossible de rien commencer, il est voué au définitif. Nous parlons de Hofmannsthal : dans sa courbe qui épouse le monde, Rilke voit un adieu à la jeunesse, une interrogation : la productivité ira-t-elle jusqu'au bout ? et une aspiration : faire le plein de forces nouvelles. Je lui fais des objections. Je suis très heureux qu'il aime mes deux livres, le *Comédien*, qu'il loue *beaucoup*, et *Brûlant secret* — et le paysage de Cadenabbia, dans *Le Jeu dangereux*, lui a fait une si forte impression qu'il a envie d'y aller cet été[115]. Il est d'ailleurs d'une cordialité infinie, il me parle de l'admiration que lui porte une petite Russe. Nous évoquons d'autres personnages : Rodin, dont il déplore l'abandon dans lequel il se trouve actuellement, il reconnaît certes son côté « spéculatif » et me raconte comment sa propre inexpérience lui a fait toucher la chose du doigt dans l'affaire Hauptmann, il n'avait jamais pensé que celui-ci demanderait de l'argent. Il veut discuter avec Rodin l'idée d'un Verhaeren[116]. Il aime beaucoup Beer-Hofmann et Stucken et s'enquiert de Levetzow, dont le personnage l'a indigné[117]. Peu de gens parlent de façon aussi pure et agréable que Rilke. Elle est discrète, comme tout dans son être, comme son visage même que le *pince-nez** rend encore plus indéfinissable et d'où le caractère enfantin disparaît de plus en plus. Il dit du bien de presque tout le monde, même pour Heymel[118] il n'a que douce ironie. Nous parlons beaucoup de Paris, envers lequel nous nourrissons bon nombre de sentiments communs, je l'accompagne jusqu'au Luxembourg, puis je rentre travailler un peu, soirée avec Marcelle, nous assistons à une excellente revue à la Scala (*J'ai la gentile si sympathique** [*sic*]). Elle est de nouveau délicieuse, et surtout sans aucune jalousie au sujet de la *petite tante**

Dimanche 6 avril. A Robinson, si aimable en cet avant-printemps avec la blancheur de ses arbres fruitiers, ses prairies claires et un vaste horizon divers et vivant. Et puis cette animation des plus singulières, les grisettes à cheval en tenue d'amazone improvisée, les bourgeois sur des ânes ou dans de petites voitures, tout cela plein de gaieté, même les auberges sont drôles et pimpantes dans leur coquetterie rustique et, comme partout en France, ces divertissements ne sont pas concentrés en un seul point, mais agréablement dispersés dans la nature. Retour par Châtenay, le soir, un bon repos, profond, bien qu'avec Marcelle, que la liberté fait s'épanouir.

Lundi 7. Peu travaillé, le soir avec Schwerdtfeger

Mardi 8. Chez Bazalgette avec Brossa, promenade au Bois, soirée avec Marcelle.

Mercredi 9. Chez Duhamel, le soir, *La Brebis égarée*, œuvre de Francis Jammes d'où suintent un catholicisme et un ennui épouvantables. Répétition générale devant un public de snobs, rentré chez moi avec Marcelle. Après dîner, avec Poncheville à une vente d'autographes où Arthur Meyer et Reynaldo Hahn enchérissent aussi. Très amusant

Jeudi 10. Chez Mercereau. Très peu travaillé, espérons que j'en ferai plus demain. Le soir, avec Guilbeaux, puis chez moi, lu Balzac.

Vendredi 11. Le matin, courses, critiques de Trebitsch, l'après-midi chez Poncheville où je vois une très belle lettre de Balzac. Courrier, courrier, puis avec Marcelle

Samedi 12. Un peu travaillé, beaucoup promené, été à une vente chez Drouot. Paresse du cœur et de l'estomac.

Dimanche 13. Une histoire ravissante. L'arrivée du *Prince des penseurs**, cette divine comédie qui n'est possible qu'à Paris. A midi, j'examine cette drôle de Raymonde, sur quoi nous allons, Schwerdtfeger et moi, voir d'abord le buste devant lequel le petit vieillard ratatiné venu d'Angers, en haut-de-forme incolore, tient un discours stupide [119], puis les Delacroix de la collection Chéramy, chez Schwerdtfeger d'où l'on a une vue splendide sur Paris, ensuite au banquet — mémorable ! Des centaines de personnes se pressent là pour s'amuser, Duhamel, Romains, Arcos portent des toasts, je parle en allemand, d'autres en roumain, en suédois, en néerlandais, en anglais, en italien, en espagnol, en espéranto, sans que le vieillard héros de la fête remarque, pas plus que son neveu allemand, que nous nous gaussons de son « batracisme [120] ». Accompagnement musical des plus effroyables, poèmes, un buste doré et un chahut monstre. L'ambiance tourne à la bacchanale, on hurle « Vive Brisset ! » dans la rue, le buste du vieillard est déposé sur la chaussée et l'on fait la ronde autour. Les crieurs de journaux s'en mêlent, des amis se joignent à la fête — c'est ainsi que s'achève le jour de gloire du *Prince des penseurs**.

Lundi 14. Petits travaux. L'après-midi, visite à Romains, qui fait meilleure impression chez lui, mais se comporte néanmoins un peu trop en prince. Puis à la vente Kra, le soir, flâné dans les rues et lu longtemps. Passé la nuit avec Marcelle. L'épisode des huîtres est en soi amusant, mais gâché par le *mal au cœur** et par la réalité [121].

Mardi 15. Cette pluie incessante m'irrite, passé une heure excellente avec Bazalgette, suivie d'heures vides imparfaitement comblées par la lecture. Je n'ai aucune constance dans mes sentiments : c'est ainsi que peu à peu mon inclination pour Paris s'estompe. J'attends seulement la vente aux enchères

Mercredi 16. Travaillé un peu l'après-midi, je me divertis d'abord au Luxembourg, puis chez Romain Rolland avec qui j'ai une très longue et très intime conversation. Il veut que je lui parle de Hauptmann et de Bahr, il est émouvant de voir qu'il ne s'intéresse qu'au côté humain. Son sens de la justice est d'une noblesse incomparable : les journaux, toutes les querelles publiques ne lui inspirent même plus de dégoût, il les ignore, simplement. Il remarque fort bien ces personnages qui s'accrochent à lui maintenant, et même le manque de vergogne de ces gens qui lui témoignent de la sympathie parce qu'ils sentent qu'il ne va pas les évincer du râtelier de l'Académie, etc., il le compare à l'attitude des gens du théâtre envers Claudel et Jammes. Son œuvre lui vaut de nombreuses lettres de lecteurs qui lui demandent conseil, il accepte ce fardeau avec amour, avec cette conception élevée de l'écrivain consolateur et régulateur de la sensibilité. Je me sens proche de lui comme je le suis rarement de quelqu'un, et j'aime cette petite pièce qui offre une vaste vue sur les jardins où jouent *les amies** comme le précieux rappel d'une noble sphère de justice et de pureté. Il me raconte qu'enfant déjà (à Clamecy), il a été bouleversé par Shakespeare et que, grâce à la musique, il s'est senti partout chez lui. Elle l'a d'abord rapproché de l'Allemagne, puis de Goethe, qu'il prend en main presque tous les jours. Nous nous séparons avec une véritable chaleur et j'ai de la peine à dissimuler mon émotion. Flâné longtemps dans les rues et rentré tard

Jeudi 17. Déjeuné avec Tharaud. Le soir, travaillé

Vendredi 18. Travaillé un peu, mais surtout beaucoup lu, excédé par la pluie, le soir, avec Marcelle, mais la présence d'Octave, hélas ! est de plus en plus contrariante

Samedi 19. Terminé l'avant-dernier chapitre de ma nouvelle, j'hésite avant de l'achever. Je crois qu'elle devrait être ou bien plus longue, ou bien plus ramassée — pour le moment, je ne sais pas trop. Soirée avec Marcelle, lettre de Rilke.

Dimanche 20. Arrivée de Trebitsch, le pauvre est malheureux comme les pierres, il semble vraiment que la bassesse se déchaîne contre lui. Sa femme le traite parfois comme un crétin avec la même hostilité fielleuse que Frida Egon. Par exemple sur le champ de courses, au Pavillon d'Ermenonville, elle le rend responsable de tout et de rien. Le soir, je mets mes affaires en ordre et lis Balzac avec grande admiration

Lundi 21. A midi, avec Trebitsch, joué aux échecs. Exposition David (peu enthousiasmante), le soir, de nouveau au calme avec Balzac de qui j'apprends beaucoup

Mardi 22. Le matin, chez le jeune Russe, ensuite au Mercure de France, puis sympathique rencontre avec Mercereau et Guilbeaux, Trebitsch m'emmène chez Rumpelmayer — je lui dois de découvrir le Paris élégant qui ne m'intéressait pas tellement — enfin avec Marcelle, qui est triste. *Papillons noirs**. Surtout à cause d'Octave qu'elle craint de voir abandonné. Son ami et vieux camarade C. va l'aider — il était *stupéfait** — dans la mesure du possible, il a déjà commencé. Elle est décidée à aller jusqu'au bout. Le soir, soudain — à l'Olympia — tout se déclenche, et sa joie se mêle au regret de nous perdre tous les deux le même jour. Elle est muette sur ses problèmes, forte dans la douleur et grande dans la pitié. Elle et Fri sont les femmes de ma vie chez qui j'ai rencontré la plus grande soif de souffrance. Elles voudraient voir malade l'être qu'elles aiment afin de pouvoir le soigner, il est touchant de voir Marcelle essayer de me venir en aide avec de petites attentions (les cartes), fière de m'apprendre une nouvelle expression. Ces six semaines furent la plus intense communion que j'aie jamais connue avec une femme, et peut-être du seul fait que son caractère provisoire était inéluctable. Que cela dût devenir un événement important, une aventure sérieuse — en toute conscience et volonté — était imprévisible et confère à cette rencontre déjà capitale en soi l'auréole de l'inoubliable. Elle possède cette *bonté clairvoyante** qui est supérieure à l'intelligence, et nous ressentons mutuellement une double gratitude. La nuit est belle et fougueuse

Mercredi 23 avril. Dernière journée parisienne. Marcelle souffre physiquement, mais chasse cette douleur d'un beau sourire. Mis en ordre, fait mes bagages, ensuite chez Charavay où j'acquiers sans difficulté le magnifique testament de Stendhal, mais non les grandes pièces, ce dont je me félicite après coup. Puis retrouvé Marcelle, qui me perd en même temps qu'Octave. Je n'ose pas encore faire le bilan. Je n'ai pas écrit grand-chose ici, mais ce cahier témoigne que j'ai vécu ces six semaines pleinement et en profondeur. De belles rencontres — Rolland, Verhaeren, Suarès, Rilke et cette femme — sont autant d'encouragements et je suis heureux de ma décision. Rentré chez moi, je veux travailler ; je rapporte deux atouts : la volonté d'écrire et le dégoût de la clique viennoise, dégoût qui, espérons-le, favorisera ma solitude. Marcelle est étendue à côté de moi, la voiture va bientôt arriver et la vie continue, je troque l'étranger contre une patrie que je ne ressens comme telle qu'à contrecœur. Je suis heureux et léger : merci Paris !

Jeudi 24. Après un voyage agréable et rapide, arrivé à midi à Salzbourg que je découvre pour la première fois sans pluie, lumineux avec ses couleurs fraîches, un ciel clair et lavé. Brève halte au jardin de Mirabell, charmant dans sa verdure encore trop jeune, puis chez Bahr, qui habite très loin ; il occupe un étage du vieux château d'Arenberg. Une vaste et magnifique pièce dans laquelle les livres au mur ne forment qu'un cadre, alors que chez nous ils envahissent tout, une large table qui trône sur les fauteuils profonds pour le repos, lui-même au milieu de tout cela, haute silhouette grise, amicale, le regard, la parole impétueuse un peu moins farouches, l'allure imposante et lumineuse, la démarche assurée. Il me dit sa joie de disposer d'un jardin dans la ville de ses souvenirs où son arrière-grand-père fut valet de chasse, où sa cousine est abbesse, où il a perdu son innocence à quatorze ans et où il s'est marié. Je lui transmets les amitiés de Rolland et, plongés dans une intense discussion, nous allons à Hellbrunn.

Comme il raconte bien ! Comme cette vie est peuplée de souvenirs, vaste, ramifiée, et pleine de bonté. Il évoque Kainz [122] (entre autres l'histoire, tenue secrète, de sa mère sur son lit de mort, cette sympathie pour la vieille femme qui demande combien cela coûtera), Wagner, Mme Cosima, de qui il admire beaucoup le sens génial de la diplomatie (sa manière d'éluder les questions). Il ne tarit pas d'éloges sur le livre de Lucka où il retrouve un motif de sa comédie, la découverte de l'amour et la confusion avec l'attirance sexuelle, ce qui nous conduit à de longs et fructueux débats sur l'érotisme. Johannes Müller [123] semble exercer sur lui une profonde influence : il est (à cause de la goutte) devenu végétarien et s'en porte fort bien. Magnifique, l'histoire qu'il raconte sur Ibsen : comment celui-ci tout à coup, après une scène épouvantable à Rome, est devenue l'éternel I. en frac et la ponctualité même, à l'instar d'un oncle à lui qui, prodigue (de dimensions provinciales), se convertit du jour au lendemain à l'économie. Que ne raconte-t-il pas : sur Hofmannsthal (tous se taisaient, quand il entrait dans la pièce, au milieu de leurs histoires de putains), sur Mahler, Wolf et, de préférence, sur Burckhard [124]. Nous nous entendons très bien, cela dure jusqu'à 1 heure du matin — dix heures de conversation, donc — je vais en flânant à la gare et fais un excellent voyage de retour.

Vendredi 25 avril Vienne. Bonne impression grâce au temps magnifique. Mis de l'ordre dans mes affaires, visite de Grünecke qui m'apprend la nouvelle ahurissante que E. a la syphilis, ce qui m'effraie. Tout est soigneusement paré pour le travail et je peux m'y mettre bientôt. Ce n'est certes pas la volonté qui manque, mais plutôt l'énergie nécessaire pour persévérer. Essayons.

Vienne, du 25 avril au 1ᵉʳ mai. Travaillé à la nouvelle, lentement mais bien, essai sur la collection d'autographes [125]. Les journées sont claires et lumineuses. Je vais souvent à Schönbrunn, plongé dans mes pensées habituelles qui me reprennent avec force. La déception se mêle à la réussite. — Vu peu de gens. Mais c'est encore trop.

1er mai. Visite de Fri. Tendre et affectueuse. J'aimerais qu'elle se débarrasse de sa sensualité qui perturbe, précisément chez elle, la pure sensation que j'ai de son admirable univers. Elle passe ici la nuit du Semmering : elle me rend heureux et je retrouve ma lucidité

2 mai. Étudiants. Ils me rappellent la conférence que je dois faire sur Bahr. Une foule d'idées me viennent à l'esprit à ce sujet, cela me gêne presque dans la rédaction de ma nouvelle.

3 mai. Atmosphère tendue. La politique. Scutari[126]. Entre la guerre et la paix. Seule cette ville pourrie qui se décompose ne s'en aperçoit pas, dans toute cette agitation son souffle est tiédasse

4 mai. Travaillé. A Neuwaldegg avec la téléph. Asp, amusante et d'une avidité inconsciente. Trop légère à mon gré, trop tendron, trop fofolle. Le destin des autres m'effraie. Je ne veux pas être le dieu qui fait la pluie et le beau temps.

5 mai (lundi). Lettre de Marcelle, de l'hôpital. Une lettre qui ne contient aucun reproche, et par conséquent sept fois émouvante. J'ai honte d'être aussi loin. Cette lettre m'incite à un retour au sentiment. Et pour la première fois je crois lui avoir fourni dans ma réponse l'élément libérateur qu'elle attend ; il m'est plus facile de m'exprimer de loin que de près. Je suis partagé entre une honte extrême et une extrême absence de honte. Sur ce point, je suis excessif.

6 mai. Encore un petit progrès dans mon travail. Bonne lettre de Bahr. Lu le roman de Fri[127], je suis obligé de m'y reconnaître, mais combien confus d'être ainsi embelli. Je suis incapable de dire quoi que ce soit sur ce livre, avec elle je suis décontenancé, les mots me manquent. — Le soir, Eulenberg : *Tout pour l'argent*[128] me laisse tiède. La mise en scène de Viertel est un chef-d'œuvre et le petit Deutsch inoubliable [*le reste de la page est barré*]

JOURNAL D'ITALIE dans un cahier à part. Ici la suite de Paris 1914.

Paris, 20 mars 1914. [*Cette page est restée vierge.*]

Vendredi 20 novembre [= mars] 1914. Arrivée à Paris. Pluie, froid, je me réfugie à l'hôtel où je n'obtiens malheureusement pas la même chambre que l'année dernière. Mais je m'habituerai bien. Chez Trebitsch, qui éveille ma méfiance en me rapportant, « en toute amitié », certains propos tenus à Berlin — je sais que chez lui ces confidences répondent vraiment à un mélange de *deux* sentiments : la malveillance et l'amitié. Après déjeuner, chez Charavay où j'achète une page de Racine, rentré à la maison, visite de Verhaeren, jeune, plein de feu, enthousiasmé par la Russie : ici, me dit-il, il se sent enfermé dans une vie mesquine, dans une existence calculée, circonscrite avec méthode. Magnifique, l'histoire des Rembrandt : l'avidité qui le poussa à se réfugier près d'eux dès le premier jour, et cette autre histoire si caractéristique de sa gentillesse : à son arrivée, il descend trop vite du train, les actualités cinématographiques le manquent, il doit retourner chercher son bagage dans le wagon, reprendre sa serviette, il passe alors devant l'appareil de prises de vue, serre la main aux 20 hommes de la garde. L'enthousiasme des gens qui ne désirent rien d'autre que de rester tranquillement à ses côtés, sans rien dire, *ardents de ferveur**. Je le raccompagne, enveloppé dans son cache-nez comme un ouvrier de Belleville, il saute dans un omnibus. Je traîne encore sous une pluie épouvantable et, le soir, vais au cinéma Gaumont que j'aime tant à cause de la foule.

Samedi 21. Le matin, lettres en masse, mis de l'ordre, puis avec Gisela Etzel chez Soufflet : elle a maintenant un ami jeune et ressemble enfin à une femme. Elle est très simple et sympathique, très modeste et féminine — lui est un paisible érudit allemand. Malgré la pluie, au Luxembourg et, le soir, à Saint-Cloud. Le logement a maintenant une pièce supplémentaire, il est plus douillet, la famille s'est enrichie d'une nièce pour quelque temps, Rysselberghe est là ainsi que Bazalgette et Stuart Merril (qui donne l'impression d'un *bourgeois lettré**). Le centre d'intérêt est toujours constitué par Verhaeren, tellement il est vivant. Son cri du cœur : « *J'aime trop la vie pour me pouvoir complaire en Italie, qui n'est qu'à moitié vivant[e] et à moitié musée** ». Comme il brûle de mépris (je ne l'ai jamais vu aussi fort) pour toutes les saint-sulpiceries en France, proclamant sans s'émouvoir qu'il considère l'Église comme plus dangereuse que jamais. Splendide, l'histoire de Brioussov : alors que celui-ci écrit un article sur lui, une femme l'appelle au téléphone et, comme il ne vient pas tout de suite, elle se loge une balle dans la tête. Ravissante aussi, la manière dont Mme Verhaeren décrit l'enthousiasme de son mari pour la générosité, la *largesse**, la prodigalité des Russes, V. ajoute que, s'il apprécie tellement cette attitude, c'est qu'il est lui-même regardant en ce qui concerne l'argent. L'économie allant jusqu'à la pingrerie est son défaut typique, bien que sans cesse contrarié par un blocage psychologique. Je me souviens qu'il m'a raconté tenir cela de son père, cette jouissance d'économiser, de thésauriser. Ce qui ne l'empêche pas d'être *large** envers les autres. Nous terminons la journée sur une bouteille de champagne, il parle encore beaucoup de la Russie, ce pays « incompréhensible », et nous rentrons tard. Je discute encore avec Bazalg. et Rysselb. un projet de cérémonie pour le 60ᵉ anniversaire, puis je retrouve Marcelle. Elle tremble de joie à me revoir. Elle a embelli, s'est arrondie et s'abandonne avec autant d'authenticité que naguère. Pas un mot de reproche, au contraire, elle élude toujours le sujet. Elle a eu une très courte liaison *de gratitude** avec le médecin qui l'a opérée, elle vit maintenant chez elle et se constitue une clientèle pour ouvrir un magasin. Son ouverture de cœur est merveilleuse, nous passons une nuit ardente et fougueuse.

Dimanche 22 mars. Resté presque toute la journée chez moi, le temps est à hurler. J'expédie 30 lettres, prépare le Desbordes-Valmore, Marcelle lit, tranquillement assise dans la chambre. J'aborde vraiment une période calme, malheureusement la semaine prochaine sera plus agitée et mercredi, je dois aller à Rouen avec Verhaeren. Je m'en sortirai bien. Si seulement la pluie s'arrêtait : je n'ai *pas encore trouvé plaisir* à Paris qui me regarde d'un œil étranger et hostile. Le soir, au cinéma, la nuit avec Marcelle.

Lundi 23. Le matin, avec Gisela Etzel à la Bibliothèque Nationale, nous trouvons un assez grand nombre de choses sur Desbordes — je crois que ce sera un bon texte. A midi, Trebitsch, ensuite chez Ghéon au *théâtre du Colombier**. Ghéon a dans le regard quelque chose de faux, un manque de franchise dans son assentiment qui me met mal à l'aise. Peut-être cela tient-il à l'homosexualité de tout le groupe. Il me fait faire la connaissance de Gide, dont la voix a je ne sais quoi d'*aigre**, de pointu, mais il est d'une urbanité doucereuse. Il m'interroge beaucoup sur des traducteurs et porte aux nues la Brontë. Puis chez Romain Rolland, dans son nouvel appartement, qui ressemble d'ailleurs beaucoup à l'ancien, au cinquième étage lui aussi et donnant sur le même jardin. Il a bien meilleure mine, curieux, cette transparence de sa peau, cette délicatesse, le côté féminin de son être, cette impressionnabilité excessive. Il vous parle comme une femme sensuelle qui a peur de se trahir, peur de se donner ; il me dit que la parole, le rapport oral fréquent entre gens de valeur amoindrit, affaiblit la communication (que cela est vrai !), lui-même se dépense plus dans ses lettres qu'en parlant. Il attaque beaucoup la musique allemande (la française est pour lui quantité négligeable), parce qu'elle n'a que le rythme, il affirme trouver ce qui lui manque dans les mélodies orientales, là est l'avenir. Également à propos du catholicisme contemporain, symptôme de lassitude, de recherche de la facilité : plutôt adopter une foi toute faite que s'en créer une autre. Quant à lui, il se réjouit plus que de toute autre chose d'être libre à l'égard d'un dieu. Il me semble d'ailleurs plus ferme, plus conscient de soi, non point à cause du succès, mais de la confiance que lui témoignent beaucoup de gens. Voici qui est caractéristique de son sens de la justice : alors que je suis déjà dans l'escalier, il me rappelle pour me préciser que Lemaitre ne l'a *pas* attaqué, au contraire. De l'article, il ne dit rien, la seule manière dont il vous serre la main, dont son regard laisse échapper un salut, est d'une éloquence indicible. Je dois avouer que je ne suis pas tout à fait libre quand je discute avec lui, j'ai trop peur de le blesser, peur de sa pudeur. Dans son roman [129], il veut libérer *le côté gaulois** de son caractère, l'allégresse, et je crois qu'il y réussira, car avec J.-C. il a expulsé, pour ainsi dire, tout tragique de lui-même. — Sur quoi je retrouve Ghéon, qui est fort ennuyeux. Typique pour notre impatience : il a dû attendre dix ans avant que *Le Pain* ne voie le jour. Bonne leçon ! Le soir, lu longtemps.

Mardi. A midi, avec Guilbeaux, qui semble s'être rangé et, de ce fait, avoir gagné en sérénité, 1 000 lettres et choses à régler, Verlaine ! Verlaine ! Le soir, chez les Grautoff [130], gens sensés et agréables.

Mercredi. Verhaeren vient déjeuner chez moi. Il est merveilleux de vivacité, nous allons ensuite au musée Guimet où il joue les guides. Je ne l'aime jamais autant que lorsqu'il est devant des œuvres d'art. Je vais ensuite — ah, il pleut, il pleut toujours, ça ne veut pas s'arrêter — chez le libraire Blaisot que Messein m'a recommandé au sujet de la vente aux enchères, et j'y achète — en un éclair, hâtivement, goulûment, malgré l'impression que j'ai de le payer peut-être trop cher — le roman de Balzac, *Une ténébreuse affaire*. J'en suis tout excité, désemparé, incapable d'avoir une idée claire, bref, dans tous mes états — je me calme grâce à une rencontre. Puis je vais chez Marcelle et nous passons — malgré tout — la nuit dans la plus grande harmonie.

Jeudi. Voyage à Rouen avec Verhaeren. Nombreuses conversations familières. La ville elle-même très belle, d'abord le musée où Verhaeren admire fanatiquement Gérard David, tandis que je suis très intéressé par Géricault. Puis la cathédrale, Saint-Ouen, Saint-Maclou, le beau cloître. Le vitrail retraçant l'histoire de *Saint-Julien l'Hospitalier**, le cimetière de Jeanne d'Arc [*sic*]. Le soir, au théâtre où Bouseret (envers qui V. se comporte en véritable père [131]) fait exécuter sa musique de maître de chapelle *(Le Fléau)*. Comme il se fait des illusions, le pauvre, sur son « succès », sur nos amabilités embarrassées ! Ensuite au cinéma, sur le chemin du retour nous rencontrons deux *copains** de V., Luce et un peintre. Ils font si vieux à côté de lui, alors qu'ils ont le même âge

Vendredi. Retour avec V. Amusante, notre discussion pour savoir quel jour nous sommes, il me raconte qu'à Brunswick lui et sa femme ont demandé si c'était dimanche, on voulait les insulter parce qu'on croyait qu'ils se moquaient du monde. Il est plein d'une telle certitude que tout lui est indifférent. Il a eu un mot que j'ai trouvé étrange : il pense que l'on ne devrait plus rien faire à partir de 70 ans (il oubliait qu'il m'avait promis, cinq ans auparavant, de ne plus écrire un seul vers après sa soixantième année). Mais il fournit une bonne explication de son idée : l'ennui, l'habitude. Étrange aussi, son aversion croissante pour les Allemands, qu'il trouve antipathiques, « *ils n'ont pas la manière** », bien qu'il en estime un grand nombre en particulier. Nous nous séparons à la gare, je rencontre Bazalgette et la si sympathique, délicate Sibilla Aleramo [132]. Excellente conversation, seul *m'embête**

Pierre Maes, le sot disciple de Rodenbach. Le soir, je travaille à Desbordes : c'est un livre magnifique.

Samedi. Des lettres, des lettres — je n'en peux plus. Puis l'aimable vieux triton Delahaye, ami de collège de Rimbaud, sur qui il raconte bon nombre d'histoires (ils voulaient vendre pour 10 sous un Leconte de Lisle annoté par R. et n'en tirèrent que 8 sous). Sa biographie sera sans doute ennuyeuse [133]. Avec Gisela Etzel, promenade et, le soir, je reprends Dostoïevski. Travaillé

JOURNAL DE
L'ANNÉE DE GUERRE 1914

*A partir du jour de la déclaration
de guerre de l'Allemagne à la Russie*

30 juillet 1914 - 30 avril 1915

30 juillet. Départ d'Ostende[1]. Je décris un peu l'atmosphère dans l'article collé ci-contre. Seules les dernières lignes sont inexactes[2]. Vienne était bouleversée lorsque j'y arrivai le soir du

31 juillet. Les gens s'attroupaient devant l'ordre de mobilisation rédigé en un allemand si misérable qu'il en était parfaitement incompréhensible. Le soir, quelques personnes — des associations de soldats — tentèrent de susciter une ambiance d'enthousiasme, mais tout cela sonnait bien terne ; trop de gens étaient impliqués, la guerre pénétrait dans presque chaque foyer. J'allai à la *NFP*, rédigeai d'un trait mon feuilleton ; ensuite avec Alfred, corrigé les épreuves à 11 h 1/2 du soir.

1er août. Les rumeurs vont et viennent. Les journaux ont pour consigne de ne rien laisser passer. L'aprèsmidi, Mme Mandl m'apporte la nouvelle qu'on a tenté en vain l'assaut du Lovcen[3], un régiment entier y est resté. De telles nouvelles sont pour moi une épreuve épouvantable : au plus profond de moi-même je ne peux croire à une victoire autrichienne, je ne sais pas pourquoi. Et j'ai peur pour l'Allemagne qui va être entraînée, elle aussi. Nous discutons toute la journée des éventualités possibles, la France, l'Angleterre, que vont-elles faire, on ne peut que parler, pas question de travailler, et nous ne sommes pas encore appelés. Mais cela ne saurait tarder, des bruits courent déjà en ce sens. Apparaît soudain Adelt[4], qui est correspondant de guerre, il raconte qu'en Allemagne aussi le véritable sentiment est à la catastrophe. Les rues sont pleines de chevaux qu'on emmène, toute la nuit on entend le bruit de leurs sabots. Des scènes épouvantables se déroulent, paraît-il, dans les gares, je n'ose pas m'y rendre. Je suis complètement brisé, je ne peux rien manger, mes nerfs craquent, impossible de dormir, mon imagination ressent trop bien l'effroi qui s'empare de la ville, maison après maison. Je vois les pauvres gars au loin, et leur détresse que personne ici ne soupçonne.

2 août. Été chercher 300 couronnes à la banque — j'ai dû *supplier* pour les avoir. Les banques sont assaillies, elles doivent verser des millions en quelques jours, la Monnaie imprime sans discontinuer. Mon père aussi a du mal à obtenir la moindre somme. Comment cela va-t-il finir ? L'argent autrichien est tellement dévalué qu'à Ostende déjà nous n'avons pu changer 100 couronnes. Dans les rues, tous les amis en uniforme, Fritz Meiler, Hornbostel — les reverrons-nous jamais, nous reverront-ils jamais ? Il faudra que j'y passe, moi aussi, et même Alfred, je ne crois pas aux promesses : ce sera une guerre jusqu'au dernier homme. Ce qui vous accable, c'est l'absence totale de nouvelles, Belgrade serait prise depuis longtemps, aucun journal n'a le droit de publier un mot. Par contre, les rumeurs vous assourdissent : Poincaré assassiné (pendant à Jaurès), des soldats anéantis — mais, et c'est effroyable, jamais une seule rumeur pour nous apporter joie et réconfort. Ce qui est exact, c'est la déclaration de guerre de l'Allemagne. Que va faire l'Angleterre ? Voilà la question que nous nous posons tous. Le Monténégro aurait été circonvenu par l'Italie et nous serions néanmoins sur la route de Cetinje — criminel de museler ainsi l'information, c'est à en devenir fou. Je vais encore avec Alfred voir le Dr Z. qui me rassure un peu, mais je tremble de fièvre, que je marche ou que je reste assis. L'histoire universelle est effroyable vue de près. Les hommes ont été balayés des rues, on n'y voit que des femmes et des vieillards. Épouvantable, le silence qui se fait : dans mon jardin, les enfants ne crient plus, nulle part on n'entend de musique, l'enthousiasme s'est évanoui. Je ne vais dans la rue qu'à contrecœur, je ne peux supporter de voir autant de vide. Il vaudrait mieux être déjà parti.

3 août. Les journaux annoncent des nouvelles effroyables au sujet de l'Allemagne, puits empoisonnés, villes sans défense bombardées. Sur nous, pas un mot. Ma pauvre maman pleure à l'avance sur le sort de ses enfants — pourvu que ses pressentiments ne se confirment pas ! Les rues de plus en plus désertes, Leo part demain, on évacue les villes, c'est atroce. Et toujours de nouvelles rumeurs, les Allemands auraient pris Kronstadt, Klofac fusillé, détails épouvantables sur les exécutions dans la ville, les hommes alignés, comme ça, contre le mur. Dans la presse du soir : on attend avec fébrilité la décision de l'Angleterre. Je reste éveillé la moitié de la nuit, nous échangeons des coups de téléphone : surtout pas cela, l'Allemagne contre le reste du monde.

4 août. Le matin, au coffre : nous y avons déposé des papiers, 1 000 couronnes en billets — qui sait si demain elles en vaudront encore 100. La salle des coffres est pleine, tout le monde attend le deuxième appel sous les drapeaux. Mille bruits qui courent, nous allons être mobilisés demain, dans 10 jours, dans un mois, chacun est d'un avis différent. Tous mes amis sont déjà au front[5], même Hofmannsthal, le poète. C'est atroce de se déplacer dans les rues, les femmes vous dévisagent : qu'est-ce que tu fais encore ici, toi si jeune ? Les magasins sont fermés en raison de la mobilisation. Et ce garçonnet de douze ans en pleurs, assis sur un cheval que l'on emmène. A midi, au Graben, le bruit court que les Allemands ont remporté une grande victoire — l'après-midi, par désespoir, je travaille à mon article sur l'Allemagne[6], je rédige mon testament. Et le soir, à la *NFP* où j'apporte l'article, la nouvelle foudroyante : les Allemands violent la neutralité de la Belgique, se mettent l'Angleterre à dos, sacrifient leurs colonies, livrent notre flotte à la merci de la France et de l'Angleterre, et tout cela pour arriver le plus vite possible à Paris. Est-ce un coup de génie ou de folie — jamais le monde n'a été aussi déchaîné. Je le sens maintenant, tout ce que l'humanité a subi n'est que jeu d'enfant à côté de cette dernière extrémité. Je ne crois pas à une victoire contre le monde entier — ah, pouvoir dormir, pendant six mois, ne plus rien savoir, ne pas assister à cette chute, à cette ultime horreur. C'est le jour le plus épouvantable de mon existence — quelle chance que F. soit de nouveau ici, elle a le don de me tranquilliser.

5 août, mercredi. Je ne peux dormir — dans la nuit, il est 3 heures du matin, je me lève, mon sang est consumé par toutes ces nouvelles. C'en est trop, on n'a plus envie de savoir, je n'ai qu'un désir : que tout soit fini. Mon angoisse pour l'Allemagne est indicible — l'Autriche, nos biens, le danger que je cours comptent bien peu à côté. Et puis l'écœurante mollesse de Vienne, les femmes se promènent en robes claires, minaudent, rient, personne ne voit plus loin que le bout de son nez, tous ne vivent que pour l'instant. L'inquiétude n'est que nervosité — aujourd'hui les gens font la queue jusqu'à l'hôtel de ville pour échanger leur argenterie contre des billets de banque, déjà cette méfiance sans bornes envers nous-mêmes. A la lecture des journaux, je suis épouvanté par la manière dont les Allemands sont chassés de Paris : ce serait le début d'un chapitre de roman, d'un anti-Romain Rolland, cette soudaine métamorphose de l'amour en haine. Je vois cette vile *gaminerie** s'exercer contre ces pauvres gens qui aiment tant la France, je les vois honnis dans les gares, entassés dans les wagons, à demi morts de faim et de peur. Un vrai cauchemar. Je n'aime pas les hommes en ce moment, tout un chacun est prophète et augure, et l'on ne saurait toutefois se passer d'eux. Ah, pouvoir travailler — mais qu'est-ce qui a de l'importance, qu'est-ce qui libère ?

6 août. Mon essai sur l'Allemagne a paru. Ce que j'aimerais écrire, c'est ceci : combien la part du sommeil a diminué dans le monde. Les nuits sont aussi longues, mais chacun de nous dort moins. Les journées, elles, plus longues parce que peuplées d'imaginations. Celui qui, d'habitude, s'en tient à ce qu'il a devant lui, voit son horizon élargi, il connaît le sentiment de l'irréel. Sur la journée, ceci : les chevaux que l'on emmène vous touchent plus que les hommes, parce qu'ils ne se rendent absolument pas compte. Ignorant l'enthousiasme (suscité par l'alcool et la musique), ils s'en vont en piaffant, sans savoir. Ils sentent seulement qu'on les arrache à leurs habitudes, et ils ignorent pour quelle destination. Je ne peux les voir sans être ému. Les soldats, eux, sont presque joyeux — non point fringants, mais décidés. Seule chose insupportable, les femmes en robes blanches, enjouées, lascives, refusant de comprendre quoi que ce soit à l'extrême gravité du moment — viennoises, hé oui, jusqu'au bout des ongles. Le soir, Adelt et les amis Lucka, Fels, bonne discussion

7 août. Bonnes nouvelles. Les Allemands donnent l'assaut à Liège, en vain d'abord, puis avec succès — un exploit. Et déjà nous reprenons tous courage. Les Russes évacuent la Pologne — tout semble marcher à merveille. Notre seul souci, à présent, c'est l'Italie, si elle avait été de notre côté, nous serions invincibles. C'est le contraire que nous craignons. Ce serait une ignominie vertigineuse, qu'on ne peut attendre d'aucun peuple. Le matin — je suis incapable de travailler —, au Prater pour voir les hommes à l'exercice, l'après-midi, à Schönbrunn où je rencontre Benno[7]. La ville elle-même indifférente, assez déserte ! Mais il y a encore suffisamment de monde pour accueillir avec joie une nouvelle — à condition qu'elle vienne. Bouleversante, l'annonce que les deux croiseurs allemands ont quitté l'Italie — ils ont, paraît-il, gagné l'Autriche, mais alors on exigerait leur restitution et ce serait un *casus belli* avec l'Angleterre[8]. Une nouvelle qui m'émeut : Richard Dehmel[9] s'est engagé contre la Russie — pas contre la France, voici vraiment un modèle d'héroïsme, bien différent de Hofmannsthal qui s'est fait réformer pour « nervosité »

8 août, samedi. On s'énerve peu à peu parce que aucune nouvelle n'arrive de Serbie, alors qu'on attendait déjà les premières victoires. Tout le poids repose sur les épaules de l'Allemagne. A Vienne, rien de nouveau, on se contente d'attendre les éditions spéciales. A Schönbrunn, je rencontre Benno qui pense comme moi, nous sentons tous les deux que l'époque est trop grande pour les petites inimitiés. Puis avec Ginzkey, qui dissimule bien mal sa lâcheté : que tous ces anciens officiers restent bien au chaud — Hofmannsthal, Barlich, Werfel, Michel, Ginzkey —, c'est vraiment une honte. Le soir, écrit quelque chose sur Liège, mes souvenirs malheureusement sont imprécis, flous.

9 août, dimanche. Matinée comme hier, les nouvelles sont maigres, on monte en épingle de simples escarmouches afin d'en faire des batailles, mais l'Autriche ne se manifeste d'aucune façon. J'ai parfois une peur atroce quand je vois le peuple. J'étais aujourd'hui au Prater envahi par la plèbe, les cafés bondés, les baraques animées. Ceux-là même qui se plaindront de la faim dans 3 mois sont occupés à ingurgiter bière sur bière et à faire bombance. Rien n'indique que nous sommes en guerre, les femmes effrontées, impudiques, rien, rien, absolument rien ne peut refréner la soif de jouissance des Viennois. Cela contraste avec ce que raconte Stiedry (très intéressant) : la gravité avec laquelle s'effectue la mobilisation en Allemagne, interdiction de l'alcool, et, à l'opposé, l'état d'ébriété de nos réservistes — contraste également avec les récits du sous-lieutenant Hernried. Un instant, fût-il le plus grand, ne peut extirper les qualités d'une race et nous, nous sommes mous, incapables de résistance, une race qui produit de beaux gars et de gentilles filles, mais rarement des hommes. Très intéressante, la traversée de la Manche par Stiedry sur le dernier bateau avant la déclaration de guerre. Si nous avions seulement des actes, des résultats !

10 août, lundi. Nouvelle victoire allemande près de Mulhouse, chez nous, par contre, la grisaille du silence. La population est déjà franchement mécontente : « Il n'y en a que pour les Allemands », voilà ce qu'on entend dans le peuple sur un ton irrité. Je lis avec épouvante les nouvelles de Belgique : il y a partout de la canaille qui ne cherche qu'une occasion de crier, de se « montrer » impunément, de démolir, et dans ce cas, le patriotisme est le masque le plus commode. Entre moi et mes amis, quelque chose est détruit pour des années, pour toujours peut-être. Je projette déjà en silence le livre qui doit raconter un jour, sous une forme sublimée, Marc. et mon destin. Prends congé de Leonhard Adelt, qui a si peu de sens pratique, il va rejoindre le front sans emporter de conserves, de manteau, d'argent liquide.

11 août, mardi. Rien d'important aujourd'hui encore. La nervosité a fait place à une attente morose. Les éditions spéciales ne trouvent plus preneur depuis qu'elles fabriquent des combats à partir de petites escarmouches. La ville se vide lentement de ses soldats : j'entends les réservistes parler dans le tramway. Tous veulent partir, ils ont envie d'une existence plus mouvementée. Je comprends cela : ils savent que ce sera bientôt leur tour et ils préféreraient ne pas attendre. Un magnifique poème de Dehmel constitue le premier acte poétique : c'est en de telles époques qu'on reconnaît quand même un caractère. Le soir à Pötzleinsdorf : comme la ville, de loin, semble respirer calmement dans sa touffeur

12 août, mercredi. Tout s'apaise de plus en plus, les gens commencent à se calmer. On perçoit à peine la guerre — un temps d'arrêt avant les événements, le tempo se modèlera sur eux. L'après-midi, visite de Benno, nous ressentons tous les deux le côté éprouvant de notre inactivité forcée, nulle part on ne veut de nous ; conséquence du trop-plein désespérant des bureaux autrichiens : un tiers des effectifs peut tranquillement s'absenter sans que l'expédition des affaires en souffre. Nulle part ni jamais cette carence de nos bureaux, ce gâchis dans notre administration n'a été plus manifeste que lors de cette épreuve, et son fonctionnement impeccable est la preuve de sa négativité, du manque de sens de l'organisation. Terrible de penser que des milliers de gens dans notre cas aimeraient travailler et se retrouvent sans champ d'action : je voudrais être en ce moment en Allemagne

13 août, jeudi. Les Rosenbaum viennent d'arriver après leur odyssée en Belgique : ils dormaient à Liège et ont été réveillés par le bruit du canon. Eux aussi ne sont que foi et enthousiasme pour l'Allemagne — tous ceux qui ont vu la mobilisation là-bas ne jurent que par la victoire allemande : puissent-ils avoir raison. Ici, c'est l'Italie qui nous donne de plus en plus de fil à retordre : le rappel des ambassadeurs à Vienne et à Berlin est un mauvais signe, il semble qu'ils ont fait des promesses que la *Consulta* maintenant désavoue. On interdit aux journaux de publier un seul mot sur l'Italie afin de rendre impossible toute polémique au-delà des Alpes.

Vendredi 14 août. Le matin, écrit le feuilleton *Le Monde sans sommeil*, l'après-midi à Baden. A la gare du Sud, des milliers de familles campent sur les chantiers abandonnés afin d'échanger des signes d'adieux avec les réservistes. Cette séparation se fait, tant d'un côté que de l'autre, dans une atmosphère joyeuse qui me bouleverse. A Baden aussi, des scènes semblables. Intéressante, la nouvelle de l'exécution à Wiener Neustadt de Lori, l'avocat qui, voici trois ans, participa au dynamitage des poudrières. A Baden même, le public est serein et insensible.

Samedi 15 août (jour de fête). Enfin la première nouvelle d'une victoire en Serbie, certes seulement à la frontière ; il semble qu'on a dû modifier le projet original d'écraser rapidement les Serbes avec des forces bien supérieures en nombre, pour transporter des troupes en Russie. On ne peut méconnaître dans le public une certaine irritation de voir la lenteur à laquelle tout se déroule là-bas, on avait espéré une fin rapide et décisive. A Vöslau et à Baden, on s'indigne que les jeunes filles portent la croix rouge comme insigne de bal, dans la forêt ou sur le court de tennis. Quand donc ce peuple frivole apprendra-t-il à être sérieux ?

Dimanche 16 août. Toujours pas de nouvelles précises. Mais je crois que la semaine prochaine entrera dans l'histoire universelle : il règne dans l'air cette lourde attente, la touffeur des décharges violentes.

Lundi 17 août. Trebitsch de retour d'Ostende, il s'en est tiré, comme toujours, assez bien. L'atmosphère de fête, à la veille de l'anniversaire de l'Empereur, est plutôt tiède — maintenant seule une grande victoire serait source de joie, tout le monde le sent. Encore un magnifique poème de Dehmel

Mardi 18 août. Mon feuilleton a paru. Anniversaire de l'Empereur. Mais l'ambiance est tiède, peu de drapeaux, on souffre d'une indigestion de patriotisme, semble-t-il. Le soir, Ginzkey, officier confortablement installé ici, qui se justifie péniblement. Épouvantable, ce manque d'*élan**.

Mercredi 19 août. Le public est complètement dérouté par l'absence de nouvelles. Plus un mot sur le succès de la bataille de Valjevo, par contre un croiseur a été coulé. Les exploits de l'Allemagne sont étalés dans la presse, tandis que les journaux allemands gardent beaucoup plus de tenue et de dignité. Aucune idée du tragique dans cette ville de bons vivants. Tous les Autrichiens deviennent des Allemands ces jours-ci, on se sent frustré et l'on est ébahi d'appartenir à ce peuple indolent. Mais tout le monde rêve de victoire — des rumeurs ridicules courent, courent, personne ne les croit, mais elles jettent le trouble dans les esprits parce que les gens sont trop lâches ne fût-ce que pour *penser* au sérieux de la situation

Jeudi 20 août. Le matin, nouveau coup de tonnerre : l'ultimatum du Japon à l'Allemagne [10]. Ce qui signifie, avec un clin d'œil évident à la Roumanie : la Russie est couverte sur ses arrières. Les bruits courent toute la journée : Boreovic [11] aurait trahi le plan de campagne, Schwarz se serait tiré une balle dans la tête parce qu'il a livré des barbelés à la Serbie — tout cela vient du stupide orgueil des fonctionnaires autrichiens qui méprisent le public ; de la victoire en Serbie, aujourd'hui — donc après six journées pleines —, pas un mot, pas une ligne, silence glacial mais qui vous donne la fièvre. Aucune politique, aucune vue d'ensemble. Je ne peux toujours pas travailler, ces incertitudes vous tuent.

Vendredi 21 août. Les Allemands à Bruxelles — un succès, mais pas un coup d'éclat. Et cela seul est nécessaire. Ce sentiment que les nuages s'amassent et que l'on n'est, même celui qui combat, qu'une molécule, un ver de terre sous l'orage — c'est à vous rendre enragé. Morosité toute la journée — et je la sens dans la ville. Visite de A.S. [12], nous parlons d'autre chose. Je descends dans la rue : les éditions spéciales annoncent une grande victoire allemande à Metz. 10 000 prisonniers, tout est précis, sans forfanterie. Le courage vous revient d'un coup : on est fier de la langue allemande, de la parler, de l'écrire. Enfin une *vraie* victoire !

Samedi 22. Une goutte de fiel dans notre verre. Un communiqué, alambiqué à l'autrichienne, annonce « l'abandon de notre plan de campagne en Serbie ». Notre attaque a été repoussée, apparemment avec des pertes effroyables. Un seul sentiment, l'amertume : depuis six ans on prépare cette attaque, on lance un ultimatum : « Il faut que ça plie ou que ça casse », et puis on n'a plus qu'à rester « dans l'expectative ». Notre prestige dans les Balkans est anéanti, ils ne feront pas confiance à un pays qui n'est même pas capable de prendre « Belgerad » (on le chantait dans les rues [13]), ce à quoi les Serbes s'attendaient d'un jour à l'autre (Grieninger en a dit un mot). Je souffre pour nos pauvres soldats, ces hommes remarquables sacrifiés en vain contre de telles hordes ! J'en souffre outre mesure, parce que j'ai honte face à l'Allemagne. Nous n'avons aucune idée de ce qui s'est passé au juste là-bas, nous sommes enfermés dans une bouteille, comme disait E.B., et au-dehors l'ouragan se déchaîne. L'impression faite par le communiqué est elle aussi foudroyante — seule une victoire contre la Russie pourrait la [compenser].

Dimanche 23. A Baden avec Emil Schaeffer. A peine sommes-nous arrivés, des affiches à la devanture des magasins : nouvelles victoires allemandes ici et là, à Longwy et à Gumbinnen [14], huit mille Russes prisonniers — on respire de nouveau. La ville s'anime : combien le rythme de notre sang s'adapte à présent au rythme du monde ! Mais chez tous, tous ici, la joie est amoindrie par le fait qu'il s'agit de victoires allemandes, et non autrichiennes. On trouve déjà mille excuses : plan abandonné parce que trahi par B., révolte en Bosnie. Mais c'est en réalité l'éternelle misère : mauvaise utilisation des forces les plus nobles par les fonctionnaires ! Il suffit de comparer le style des communiqués !

Lundi 24. Encore des victoires allemandes ! On n'entend plus que cela de tout côté. Vienne est plongée dans une sorte de silence, comme si la ville entière tendait l'oreille et n'osait parler

Mardi 25. Les victoires allemandes sont magnifiques : l'éventail des armées se replie vers sa rivure, vers Paris. Lire cela et sentir que l'on vit des temps napoléoniens — de loin, bien sûr, de très loin pour le moment... Comme j'envie à Berlin son exaltation — puisse-t-elle ne jamais se transformer en ivresse.

Mercredi 26. Enfin une victoire à nous, en Russie. Ça bouillonnait toute la journée. Des rumeurs couraient dans l'air, une allégresse. On voyait parfois des officiers aller l'un vers l'autre, se serrer la main. Et voici les éditions spéciales ! De plus, on nous apprend que notre navire combat en Extrême-Orient [15] — bel exploit héroïque plein de grandeur intérieure ! Une bouffée d'air frais enfin ! Vienne est presque gaie aujourd'hui, bien que les drapeaux ne flottent pas encore et que la jubilation n'ait pas gagné la rue. Nous nous méfions de nous-mêmes, nous ne croyons plus en nous. A commencer par moi : quand j'entends, au café, les gens procéder au partage de la Belgique, je frémis de cette folle audace et les prie de se taire, de ne pas tenter les dieux.

Jeudi 27. Les Allemands ont pris Namur et Longwy ! Ça continue, ça continue ! Certes, à la frontière orientale, il semble qu'une de leurs ailes ait été enfoncée, si je sais lire entre les lignes : c'est pourquoi Berlin jubile tellement sur notre victoire à Krasnik.

Vendredi 28. Les journaux annoncent une bataille gigantesque le long de la frontière galicienne, qui doit durer plusieurs jours. Le sang se fige dans vos veines quand vous pensez à ce qui se passe là-haut. Sur-le-champ se répand à Vienne une fébrilité compréhensible : dans la rue, tout le monde a un journal à la main, tout le monde est inquiet. Le soir, on apprend la victoire sur les Anglais à Maubeuge, ce qui déclenche chez nous un enthousiasme sans bornes

Samedi 29. C'est toujours la fièvre, les journaux publient un communiqué laconique : la bataille continue à faire rage et tourne à notre avantage. La population a reçu un coup de fouet, nous attendons les événements en frémissant. Le soir, le bruit court soudain qu'on annonce une grande victoire au ministère de la Guerre, nous nous y précipitons. C'est une fausse nouvelle. Mais des centaines de personnes assiègent l'édifice, regardant avidement les fenêtres éclairées comme des mites se précipitent vers la lumière. Beaucoup restent là des heures, comme si leur attente pouvait contraindre la nouvelle à arriver, mais les fenêtres restent muettes, seules les sentinelles, obscures, patrouillent autour du bâtiment. Le soir, écrit quelques lignes sur Louvain, la ville incendiée par les Allemands

Dimanche 30. L'essai sur Louvain paraît aujourd'hui dans le numéro anniversaire, ensuite séance de félicitations chez Benedikt [16]. Il dit avoir de bonnes nouvelles de la bataille, et nous voilà heureux. Après déjeuner, partie d'échecs avec Trebitsch, cela vous change les idées. Le soir, inquiétude de nouveau, en vain, en vain ! !

Lundi 31. Toujours rien de précis ; le soir, avec Hans Müller, bonne discussion, l'ampleur de la victoire allemande à Ortelsburg [17] se dessine peu à peu avec netteté.

Mardi 1ᵉʳ septembre. Anniversaire de Sedan. Soudain — personne ne sait d'où cela vient — la ville est pleine de fantastiques rumeurs de victoire. Elles sont confirmées par la police, confirmées de tout côté, sauf du côté officiel. Je suis avec Auernheimer, nous allons à la *Presse* : vague confirmation que la situation est favorable. Devant le ministère de la Guerre, une foule bourrée d'enthousiasme, chaque officier est acclamé, tout le monde est saisi d'une espérance fébrile. Nous ressentons soudain une confiance illimitée, on se partage déjà le monde. Avoir vécu cette journée est vraiment une belle chose et je me réjouis à l'avance du lendemain. On parle de 100 000 prisonniers

Mercredi 2 septembre. Silence. En conséquence, agitation redoublée, portée à son comble. Je travaille à la Préfecture. Dans la rue, les gens achètent tout ce qui leur tombe sous la main comme papier imprimé. L'après-midi, à la Préfecture. Au café, soudain, coup de tonnerre — grande victoire de l'aile gauche avec 100 canons, mais... « Lemberg[18] est *encore* entre nos mains, toutefois... » Nous devinons que tout est perdu, le centre enfoncé. Les gens sont graves et silencieux, les festivités, qui étaient certainement préparées, se sont volatilisées, nous étions ivres de victoire, une effroyable torpeur nous écrase. Moi-même je suis comme paralysé : en moi tout est d'un calme atroce, l'inquiétude des derniers jours nous avait trop secoués. Et je ne peux m'empêcher de penser à la bataille, les montagnes de Lemberg doivent être rouges de sang. Perdues maintenant, la Roumanie, la Bulgarie, la Turquie — à moins que nous ne nous ressaisissions dans les jours qui viennent ! Fut-ce un repli ou une défaite décisive ? Le Quartier Général déclare : « La situation y est très difficile », et nous ne nous entendons que trop bien à déchiffrer ce langage. Une belle victoire nous a échappé, pour ainsi dire, sans que nous y prenions garde. Vienne, déjà parée pour le triomphe, retombe dans une morne expectative.

Jeudi 3 septembre. Je travaille à présent à la Préfecture pour la Croix Jaune et Noire[19] : ce dérivatif est le bienvenu et, malgré la confusion, très reposant. A 5 h 1/2, une dame du Comité fait irruption en exultant : la baronne Bienerth vient de l'apprendre par les services du grand maréchal de la cour : grande victoire, Lemberg est libéré, répandez la nouvelle. Jubilation sans bornes ! Et la nouvelle de se répandre, tout le monde l'a apprise, les gens affluent dans les rues, s'amassent par milliers devant le ministère de la Guerre. Le soir, je rencontre Lili Marberg, le fait lui a été confirmé à Schönbrunn par le conservateur du château. Exultation de toutes parts. Des éditions spéciales publient un bulletin : pas un mot de la victoire, seul un communiqué au sujet des combats et, encore et toujours soulignées, les pertes effroyables. Ce doit être épouvantable. La journée s'assombrit malgré la bonne nouvelle. Mais celle-ci est effacée par la cruelle incertitude. Le fait que nous soyons coupés de l'étranger et de ses journaux renforce le sentiment que nous avons de ne connaître toujours que le côté positif de la vérité, les ombres gîtent en nous — c'est la peur — et elles prennent des proportions gigantesques.

Vendredi 4 sept. De nouveau à la Croix Jaune et Noire. Les bonnes nouvelles se font attendre, la tension se relâche. Mais on entend les récits des blessés et des réfugiés de Lemberg, la situation là-bas n'a pas l'air favorable. L'armée de Dankl est, elle aussi, depuis 8 jours devant Lublin et ne peut avancer. Et les fatigues des soldats, dix jours dans les marais sans pouvoir se changer, sans vêtements chauds ! Même le fait que les Allemands sont devant Paris ne peut nous dédommager !

Samedi 5 sept. Querelles odieuses à la Croix Jaune et Noire : même dans la bienfaisance ces Excellences du Comité se jalousent, la femme du préfet et celle du bourgmestre veulent toutes deux occuper le devant de la scène ! Menaces de démission parce qu'elles veulent discréditer les organes de contrôle de la Préfecture — il semble qu'on ait manqué de politesse envers un Conseiller ministériel —, les autres se rebiffent, il est écœurant de voir, même ici, le trop-plein de fonctionnaires inoccupés en Autriche ! Imaginez qu'en Allemagne, en temps de guerre, on mobilise pour une telle futilité deux Conseillers intimes, des fonctionnaires à plein temps ! Peu de nouvelles du front, seulement l'horreur qui se confirme. Egon me parle de livraisons de fer à béton à Riva, il semble que cela va toujours très mal avec l'Italie !

Dimanche 6 sept. Journée vide ! Je lis dans le *Pester Lloyd* que Lemberg est évacué, la censure nous refuse la nouvelle même au bout de deux jours. Willi St., lui, me parle de Prague, l'atmosphère n'y est pas, et de loin, aussi rose que nos officieux voudraient nous le faire croire dans leurs rapports !

Lundi 7 sept. Les Viennois versatiles comme toujours : l'ambiance a viré de 180°. En outre, amertume accrue de par l'hypocrisie de la censure qui, aujourd'hui encore, nous cache que Czernowitz est occupé par les Russes et annonce des batailles victorieuses le 25 [août] dans cette région. — Le soir, Arthur Schnitzler, un des rares hommes qui vous requinquent. Pas un mot de littérature, nous ne parlons que des événements. Lui aussi renie l'Autriche maintenant. Nous avons une bonne conversation et je me réjouis infiniment qu'un tel homme existe à notre époque : le seul être vraiment humain !

Mardi 8 sept. Jour de fête [20], doublement grâce à la nouvelle de la chute de Maubeuge, 40 000 prisonniers ! Commencé un essai : *A mes amis de l'étranger* [21].

Mercredi 9 sept. Chez Alfred Zinner, le médecin-chef qui a reçu une balle dans le ventre. Détails horribles : les porteurs l'ont laissé tomber quand est arrivée une pluie de shrapnels, il s'est traîné jusqu'à une tranchée, a trouvé par hasard une civière, puis fut expédié sur une voiture à trois roues qui a fini par casser. Ensuite attaché sur un camion, la tête en bas, porté de nouveau, enfin lavé, et Vienne après 60 heures de train. A côté de lui, des hommes atteints de dysenterie et des mutilés qui gémissent — horrible de se représenter cela, je crois vraiment que le courage est en partie un manque d'imagination ! Là-haut, les effectifs semblent totalement anéantis, même pas 50 hommes, voilà ce qui reste de régiments entiers en pleine forme, tous les officiers sont tombés — affreux, les carnages qui ont eu lieu. La ville commence lentement à s'en rendre compte : les rues sont devenues nettement plus calmes ces derniers jours, l'espérance a décru. La coupure d'avec le monde extérieur ne fait qu'augmenter l'inquiétude intérieure.

Jeudi 10. Rien dans le monde, peu de chose dans le mien : fait une promenade, été à Schönbrunn. Commencé des vers, mais cela ne donnera rien, la pitié chez moi l'emporte sur l'enthousiasme. Là-haut, à Lemberg, une nouvelle bataille est en train, et je pense aux nouveaux chargements de mutilés. Vienne en est pleine !

Vendredi 11. Le *Berliner Tageblatt* rapporte le communiqué de Saint-Pétersbourg selon lequel nous aurions perdu à Lemberg 300 canons et 70 000 hommes. A quoi notre officieux de service — émasculé comme toujours — répond que c'est faux, puisque — *sic* ! ! — on n'a pas livré de bataille à Lemberg ! Après avoir quotidiennement, pendant 10 jours, parlé de cette gigantesque bataille, « on » la nie purement et simplement. Toute la crétinerie de notre administration, cet éternel archaïsme de notre censure prend, à la lumière de cette absurdité, un relief terrible. Ernst Benedikt me confirme lui aussi qu'une véritable victoire nous aurait rapporté un million de baïonnettes turques et roumaines, alors que maintenant les liens se sont resserrés à l'intérieur de la Triple-Entente, d'autant plus que la situation de l'Allemagne n'est pas brillante. On rapporte des histoires de trahison vraiment incroyables : avant d'évacuer Lemberg, on a pendu à la hâte quelques fonctionnaires qui avaient divulgué tous les télégrammes de l'armée : c'est pourquoi j'ai refusé catégoriquement à Bahr d'intervenir en faveur de Voinovic [22], emprisonné comme suspect à Arad. Notre administration a commis d'innombrables péchés — le ravitaillement de l'armée à des prix scandaleux est une histoire en soi —, mais il faut maintenant rattraper ce que l'incurie a négligé de faire, il faut brûler au fer rouge la purulence provoquée par la crasse

Samedi 12. Je ne peux pas causer avec les gens : ils sont tous enfoncés dans un patriotisme crétin et pas sincère du tout. Par-dessus le marché, la censure, ce mal héréditaire ! On nous a d'abord présenté l'armée serbe comme mourant de faim et décimée, et voilà que 80 000 hommes ont pénétré en Slavonie — en « Syrmie », comme le dit notre bureau de presse afin de rendre la nouvelle plus obscure —, et même au sujet de la bataille du Nord, je ne nourris pas trop d'espoirs, bien que le fait d'avoir repris l'offensive soit un bon signe. Les nouvelles qui parviennent du front français sont, elles aussi, loin de me satisfaire, les Anglais, avec leur terrible détermination, sacrifieront jusqu'au dernier homme : ils ne reculeront pas, et l'Allemagne déploie déjà toutes ses forces ; évidemment, j'ai peur de l'Italie et de la Roumanie, qui peuvent nous porter le coup décisif. Les Viennois ne découvriront que plus tard la gravité de la situation : pour eux, l'envahissement d'une région slave ne signifie pas la même chose que, pour les Allemands, l'occupation du moindre pouce de leur territoire : j'éprouve toutefois une sorte d'angoisse depuis l'invasion de la Belgique et je suis au fond de l'avis de Romain Rolland, dont la lettre à Hauptmann a plus de force et de véracité qu'une réponse qui ne contiendrait que des arguments d'ordre purement politique, et non culturel [23].

Dimanche 13 sept. Sombres nouvelles du front Nord. La bataille, dont les perspectives étaient favorables, a été abandonnée, les forces, face à une puissance numérique supérieure, concentrées sur un point propice. Une défaite : chacun le sent, le lit sur le visage de l'autre. Nous avons essayé de reprendre Lemberg et avons dû nous regrouper devant Przemysl — la Galicie est définitivement perdue, aucun espoir de la reconquérir, aucun ! Alors qu'une victoire de Hindenburg en Prusse orientale démontre de façon flagrante que les Russes ne sont pas invincibles. Vienne tremble déjà devant un franchissement des Carpates. Toutes mes craintes se sont réalisées, c'est *nous* qui enlevons leurs atouts aux Allemands ! Vienne grouille soudain de gens qui voient noir. Ceux qui battaient la grosse caisse de l'enthousiasme sonnent à présent la chamade : je crains aussi que la ferveur de l'armée se soit évanouie. Les permissionnaires manifestent peu d'empressement à repartir ! Comment cela va-t-il finir ? J'ai causé avec Sil Vara [24] qui doit, lui aussi, être appelé sous les drapeaux, il est bouleversé, mais sincère, il *sait* qu'il n'est pas un héros. Nous sommes tous trop lucides, tous ! Plus que ne voudraient le faire croire la plupart, héroïques en paroles mais veules en pensée !

Lundi 14. La deuxième bataille de Lemberg semble avoir été plus meurtrière que la première — je crains que l'armée d'Auffenberg [25] ne soit restée en panne, du moins une partie du train. Les journaux sont largement censurés — la vérité continue à ne filtrer que goutte à goutte. A elles seules, ces précautions oratoires : « Les Russes vont sans doute annoncer une victoire écrasante » font peur. Et l'histoire de la terrifiante supériorité numérique, je n'y crois pas, nous devons avoir 1 million 1/2 à 2 millions d'hommes en Galicie. Notre armée doit bien être quelque part, bon Dieu ! Elle n'est pas en Serbie, au Monténégro nous sommes en infériorité numérique, alors où, où donc est-elle ? Les gens les plus paisibles sont saisis de rage contre nos diplomates de Kalksburg [26] qui étaient en poste à Varsovie, Moscou, Kiev et n'ont « rien » remarqué d'une mobilisation ! Plus un drapeau dans les rues, un frisson glacé parcourt la ville ! Et pourtant, elle aurait tant voulu exulter, elle en attendait tellement l'occasion ! Les drapeaux étaient déjà commandés, les lampions installés pour fêter la victoire, la première victoire, ou alors la chute de Belgrade ! De là-bas non plus, pas un mot ! Et rien, rien sur la grande, la décisive bataille devant Paris.

Mardi 15. Hugo Wolf m'écrit qu'il est hospitalisé, blessé, à Wiener Neustadt. Lui aussi ! Personne ne s'en sort indemne, des milliers et des milliers d'hommes ont dû se faire massacrer pour un plan de campagne erroné ! Comme on idolâtrait Hötzendorf, ses mots étaient cités comme paroles d'évangile ! Et Brudermann [27], qui a peut-être sacrifié 50 000 hommes et maintenant se défile — je pose la question : *que* faut-il à un officier pour se suicider ? Quand je pense à ce Julius Bachrach qui s'est logé une balle dans la tête parce qu'il s'était livré à des spéculations désastreuses — et il n'avait spéculé que sur des actions, pas sur des vies humaines !

Mercredi 16. Visite à Hugo Wolf : une balle dans la jambe, rien de sérieux. Lui aussi raconte de lamentables histoires sur les médecins qui restent loin du front, de sorte que, étant donné le nombre restreint de civières, les blessés attendent pendant des heures. Lui-même a été promené deux jours durant sur un chariot à ridelles en compagnie d'un lieutenant-colonel agonisant (une balle dans la vessie). Ils durent laisser en plan leur batterie, le feu était trop fort et notre propre artillerie décimée outre mesure par l'inutile témérité des officiers. En allant voir H.W., je rencontre de nombreux blessés : les uniformes en piteux état, pleins de terre, eux-mêmes sont blafards, à bout de forces, pour ainsi dire desséchés comme des gens qui reviennent des tropiques. Leur enthousiasme s'est évanoui, ils ont 10 jours de permission, puis ils retourneront au front. Une obéissance hébétée, voilà tout ce qui leur reste : chez ces ouvriers, ces paysans, la splendeur et la gloire, ce qui faisait *leur* bonheur a disparu, mais la discipline subsiste, intacte. Les pauvres gens ! Et pour qui, pour qui ! — Ensuite à Baden. Là aussi des histoires horribles, la petite ville est envahie par les blessés. Et toujours pas de nouvelles de la bataille de Paris ! Avec quelle avidité je l'attends : c'est un tournant !

Jeudi 17 sept. Rien de particulier, seule l'attente, l'oreille tendue vers la Marne ! Mais aucune réponse, aucune ! L'après-midi chez les Molo[28], bonne conversation avec Servaes au sujet de nos inquiétudes. Nous ressentons tous la même rancœur envers la Cour qui n'ouvre aucun de ses châteaux — Laxenburg, Lainz, Frohsdorf — aux soldats, alors qu'ils sont tous inoccupés !

Vendredi 18 sept. De meilleures nouvelles de France, toutes les attaques ont été repoussées, les Allemands préparent peu à peu l'offensive. Chez nous, le moral est systématiquement miné. Schönaich écrit dans la *NFP* un article où l'on peut lire cette formule épouvantable : « A Sadowa aussi, etc.[29] ». La défaite de Lemberg ne semble pas avoir été aussi terrible que le public se l'imagine, égaré qu'il est par la maladresse de nos officieux pour qui aucune potence ne serait assez haute. L'Italie aussi semble poser de nouveau des problèmes, on y a organisé des manifestations en faveur des « Italiens tombés au service de l'Autriche », sur quoi les gens ont essayé de se rassembler devant le consulat ! Je ne crois pas que San Giuliano[30] soit capable de tenir les Italiens, il ne cesse de brandir sa démission, de prétexter une maladie qui peut à tout moment avoir des conséquences politiques.

Samedi 19 sept. Pas de nouvelles d'importance. La bataille de France, qui fait rage depuis 10 jours déjà, progresse lentement, trop lentement au gré de notre exaltation ! Le soir, Schnitzler Ier, qui semble curieusement apathique face aux événements.

Dimanche 20. Causé avec Kammerloher, revenu en proie à un rhumatisme aigu. Il vitupère terriblement l'organisation. Le train est lamentable, ne suit pas, les officiers eux-mêmes n'ont pas assez de cartes, à plus forte raison les sous-officiers. Très intéressant, ce qu'il nous a raconté sur les Cosaques, qui seraient une lâche et misérable canaille : il a participé contre eux à une attaque de cavalerie, ils ont été piteusement battus. Il dit que l'armée vient seulement de découvrir comment se comporter devant l'ennemi : notre tactique, selon lui, est parfaitement dépassée, c'est une tactique de casse-cou. La trahison est effrayante, des meules de paille qui prennent feu, des moulins à vent qui se mettent en branle, des vaches qu'on emmène, tout cela décèle la présence de l'ennemi. Nous, par contre, nous ne savons pratiquement rien. C'est toujours la vieille et triste antienne : l'incapacité de nos fonctionnaires.

Lundi 21. La bataille de l'Aisne n'en finit pas. Avances et reculs incessants, le tout sous une pluie diluvienne : dans les tranchées, les hommes ont de l'eau jusqu'au nombril ! Quand cela va-t-il finir ? Je ne peux toujours pas travailler, je suis pour ainsi dire paralysé par le poids écrasant des événements, comme quelqu'un à côté de qui la foudre est tombée !

Mardi 22. Leonhard Adelt, du Q.G. de presse, est de retour pour quelques jours. Il raconte des histoires navrantes sur la démoralisation : le colonel H. et son adjoint ont fait venir leurs « fiancée » et épouse qu'ils entretiennent aux frais de l'État, et qui se montrent fort encombrantes. Lors du repli, le Q.G. de presse fut quasiment « oublié », le train de 400 hommes se sauva à grand-peine — le ton aussi est déplaisant : « Auffeles », c'est ainsi qu'on a baptisé le général victorieux ! Autres anomalies : Michel, qui est officier, est aussi correspondant de presse, sous un autre nom, pour la *Vossische Zeitung*. Voilà où en sont le relâchement et le manque de rigueur dans le respect des instructions — les journalistes hongrois font l'aller et retour pour rendre visite à leurs femmes, bien que personne n'ait le droit de quitter le Q.G. Personne n'est satisfait du commandement, on vitupère partout le train.

Mercredi 23. Pas de nouvelles d'importance jusqu'au soir : trois grands croiseurs anglais coulés par un sous-marin, 20 hommes contre 200 — un chef-d'œuvre d'héroïsme intelligent et audacieux ! Le commandant Weddingen est aujourd'hui un héros de l'Allemagne !

Jeudi 24. La cathédrale de Reims bombardée et endommagée par les Allemands — j'entends d'ici le cri de rage par lequel va répondre le monde cultivé — et néanmoins ce fut un piège, un piège des Français qui *voulaient* que l'Allemagne se compromette moralement, car ils n'ont pas encore trop réussi à lui nuire d'une autre manière. J'apprends aussi par le Dr Beliassay des choses peu réjouissantes à notre sujet : des protections en veux-tu, en voilà, partout l'impréparation. Il me cite une attaque menée par un régiment de la Territoriale composé uniquement d'hommes âgés, pas un seul officier d'active à leur tête, il a été lamentablement sacrifié. S'il n'y avait pas l'Allemagne, ce serait à désespérer !

Vendredi 25. On devient de plus en plus morose. Aujourd'hui, je suis tombé par hasard sur un numéro du *New York Herald*, édition parisienne, on peut y lire que la Chine a autorisé le passage des troupes de terre[31] et répondu avec insolence aux représentations de l'Allemagne. On y jubile aussi sur le retrait des Allemands, je n'en crois naturellement pas un mot, mais un petit quelque chose semble quand même être vrai ; en tout cas, pour les Allemands, il est maintenant dix fois plus difficile de prendre Paris qu'il y a un mois. Chez nous, le moral est complètement miné par le télégramme de Hötzendorf, tout le monde parle de l'entrée des Russes à Vienne, ragots aussi vains que le furent les hymnes du début. Ce qui n'empêche pas la *NFP* d'exulter à sa manière idiote

Samedi 26. Enfin un fort d'arrêt devant Verdun — peut-être que là-bas, cette interminable bataille va prendre tournure ! Chez nous, seulement un nouveau démenti entortillé d'informations « étrangères », dans lequel on évoque soudain plusieurs têtes de pont. On ne sait toujours rien de précis, mais les rues et les cafés de Vienne fourmillent de réfugiés galiciens qui apportent des nouvelles terrifiantes. L'acteur Neugebauer me raconte des histoires ahurissantes : venant de Riga, il fait à Varsovie l'expérience de l'impéritie de notre consulat qui veut l'expédier en Autriche par un pont qu'on a fait sauter (ce qu'à ma connaissance le premier enfant venu savait alors), fait prisonnier à Czestochowa, il est libéré par les Allemands. Puis blessé devant Belgrade — il parle des magnifiques préparatifs des Serbes, disposés en tirailleurs à chaque passage de pont, et de leur bravoure vraiment héroïque. Les affaires d'espionnage ont réellement été effroyables, on a d'ailleurs pendu des gens par milliers. Sur nos troupes, il ne tarit pas d'éloges, certes l'équipement laisse à désirer, notre cavalerie, trop lourdement chargée, a du mal à se déplacer. Il rapporte des choses admirables sur l'audace de nos patrouilles qui firent preuve d'un héroïsme inconcevable en se portant volontaires pour une mort certaine. — Schönbrunn. Danger !

Dimanche 27. La *NFP* publie soudain un éditorial adressé à la Roumanie : qu'elle refuse aux Russes le droit de passage qu'ils lui demandent — un coup de tonnerre, certes pas dans un ciel serein, je sentais depuis longtemps que quelque difficulté couvait là-bas, car les transports et les livraisons ont été coupés tout d'un coup, la Roumanie a bloqué l'approvisionnement en céréales. Ce serait le signal pour l'Italie. Plus que jamais j'ai le sentiment que nous sommes perdus et plus que jamais je tremble pour l'Allemagne. Impossible de s'imaginer ce qui arrivera si le roi est incapable de retenir son peuple. Le soir, sorti avec Wildgans, cet homme merveilleux, le seul d'entre nous qui ait le pouvoir d'exposer en public son être le plus intime : sa tragédie *Pauvreté*, que je viens de lire, en est le meilleur témoignage. Il est aussi le seul, en ces temps que nous vivons, à trouver la forme de pathos fondée sur le seul sentiment d'humanité qui, joint à la pitié, possède encore une certaine force

Lundi 28. Erwin Sternried, cet idéaliste doux et paisible, qui s'était porté volontaire, est tombé sous les ordres de Hindenburg — le premier dans mon entourage immédiat ! J'ai de la peine pour son frère qui l'aimait d'un amour si chaleureux et si admiratif — c'était un homme des plus agréables, qui contrastait avec la jeunesse d'aujourd'hui. A part cela, les nouvelles sont évasives : et nous avons tous un tel désir d'en finir !

Mardi 29. Les rapports avec la Roumanie menacent de tourner à la crise ! Il semble que les Russes ont évacué Czernowitz et ont offert la Bukovine en cadeau à la Roumanie. C'est terriblement tentant, d'où les manifestations et une semi-rébellion là-bas. Le roi ne cesse d'ajourner le Conseil des ministres pour cause de maladie [32], afin de reculer son choix jusqu'à ce que les choses soient tranchées à l'Est et à l'Ouest. En Italie aussi l'ambiance serait exécrable, les Autrichiens ont fait leurs valises et attendent l'ordre de partir d'un moment à l'autre. — Ici, à Vienne, les gens ne perçoivent toujours rien, ils se bercent d'optimisme par désespoir, tandis que Budapest, à ce que j'apprends, est saisi d'une agitation extrême car on sait maintenant que c'est eux, et non point nous, qui recevront les premiers coups.

Mercredi 30. Lu aujourd'hui quelques journaux américains, le *New York Herald* ; effrayante, la façon mensongère dont ils présentent la situation. L'Allemagne y est tout simplement l'*enemy*, ils dégagent une haine qui vous fait frémir. Comme les armes de l'Allemagne doivent redoubler de vigueur, contre les ennemis d'abord, et contre ses propres négligences diplomatiques ! Et la grandeur de la France, elle peut vraiment être fière de l'amour que lui porte le monde entier ! Être aimée à ce point compense bien des batailles perdues. Encore et toujours de nouveaux détails sur les horreurs : histoire de l'aveugle qui ne sait pas encore qu'il est aveugle et croit qu'il verra dès qu'on lui aura enlevé son bandeau. Ou bien les mouches, cet épouvantable fléau en Serbie, à l'hôpital on ne chasse que celles qui harcèlent les mourants, pour les autres on n'a pas le temps. Ou encore l'héroïsme, dicté par la peur, de ce blessé qui, pour échapper à l'opération, s'enfuit de l'hôpital de Przemysl sur ses béquilles. Un million d'hommes, ou presque, ont été anéantis à l'heure qu'il est. Comment cela peut-il continuer, comment cela va-t-il continuer ?

Jeudi 1er. Rien de nouveau. La bataille de l'Aisne dure déjà depuis 17 jours ! Les nerfs s'émoussent peu à peu. J'ai fait quelques vers pour une fresque sur la guerre : seront-ils bons ? Je suis en moi-même tellement écrasé par le poids de ces journées que je peux à peine respirer, à plus forte raison travailler. Et pourtant, il *faudra* commencer un jour

Vendredi 2. Les Russes semblent remporter dans les Carpates des succès plus importants que nous voulons bien le reconnaître, à tout le moins les communiqués sont-ils très vagues sur ce point.

Samedi 3. Les temps sont de plus en plus désespérants — nulle part rien de décisif, partout des projets et des ajournements. Seul Anvers va être déterminant.

Dimanche 4. Enfin la nouvelle que les Russes sont à Marmaros[33]. Il a fallu l'immense incurie autrichienne pour en arriver là. Leurs effectifs s'élèvent, paraît-il, à quelque 100 000 hommes — ce serait une catastrophe !

Lundi, le 5. Un événement ces jours-ci : l'envoi de Romain Rolland. Je découvre que la lettre que je lui ai adressée a été reprise dans la sienne, désormais historique, publiée par le *Journal de Genève*[34], je puis donc témoigner de son équité. Et de loin il pense à moi, m'envoie son second essai, magnifique — je les joins ici tous les deux. Il est important en cette époque d'avoir élevé la voix et pris position

Mardi 7 [= 6]. Le siège d'Anvers a commencé. Sans quoi rien de nouveau. Une chose que Romain Rolland évoque et qui m'a étonné : les hommes ne sont pas du tout las de la guerre, au contraire, on serait exaspéré que quelqu'un, à l'heure actuelle, parlât déjà de paix. Dans la vie publique non plus, pas une trace : que voulez-vous, la plupart des gens gagnent plus d'argent que jamais. Ce sont les assignats qui font ce miracle : mais cela va-t-il durer, voilà la question.

Mercredi 8 [= 7]. Le siège d'Anvers fait d'énormes progrès. On me demande un feuilleton : je l'écris volontiers et relis à cette occasion la superbe description de Schiller[35]

Jeudi 9 [= 8]. Bonnes nouvelles de Przemysl. Les assauts sont repoussés, le siège va être levé incessamment : un bon mois, ce mois de novembre [*sic*].

Vendredi 9. Anvers va tomber d'un moment à l'autre, on est déjà paré pour la fête.

Samedi 10. Anvers est tombé, Przemysl libéré. Mais notre joie ne peut être sans mélange : le roi Carol est mort, le seul en Roumanie qui contînt le mouvement. Il y a quinze jours encore, c'eût été une catastrophe, aujourd'hui ce n'est plus qu'une raison supplémentaire d'avoir peur

Dimanche 11. Rien de nouveau. Notre armée avance. Mais on a toujours le sentiment que les Russes effectuent un repli stratégique, parce que nous ne pouvons annoncer ni prisonniers ni capture de canons, comme après une véritable victoire.

Lundi 12. Berchtold[36] n'a pas de chance dans sa folie. Parallèle avec le roi Carol — San Giuliano est malade, il a déjà reçu l'extrême-onction. Notre seul recours en Italie ! Tout ce que nous avons obtenu au prix d'indicibles sacrifices peut être anéanti par le moindre geste de là-bas !

Mardi 13. Me suis installé à Baden[37]. J'emporte de bonnes nouvelles dans mes bagages : notre offensive progresse, celle des Allemands aussi.

Mercredi 14. Un peu travaillé. Bonnes nouvelles d'Allemagne. Ça grouille ici d'officiers en piteux état qui se livrent activement à la chasse aux filles — une certaine frivolité ne messied pas à cette petite ville. En outre, une foule d'ordonnances et de simples troupiers : on reconnaît immédiatement à leur teint blême ceux qui ont eu la dysenterie. Ils semblent complètement vidés de leur substance, desséchés, les pauvres. Leur uniforme n'est plus ce qu'il était quand ils sont partis, froissé, couvert de terre, c'est une pitié à voir.

Jeudi 15. Encore de bonnes nouvelles d'Allemagne — une source intarissable. Seule la bataille de l'Aisne dure encore — mais cette position tombera bien !

Vendredi 16. Lentement, très lentement, comme la grande aiguille d'une montre, mais presque avec la même régularité, les Allemands avancent. Cette attente est insupportable — et comme elle est affreuse pour les intéressés. Nous n'avons pas le droit de nous plaindre !

Samedi 17. Rien. Avance en Galicie, mais ce n'est pas une tempête qui emporterait tout sur son passage — une conquête pas à pas. Les comptes rendus sur l'assaut de Przemysl vous font froid dans le dos, les Russes morts étaient accrochés aux barbelés comme des araignées dans leur toile. Le massacre est effroyable. C'est maintenant qu'il faudrait des hommes qui mettent un terme à tout cela. Ce que Romain Rolland et moi tentons de faire dans notre correspondance pourrait servir d'exemple : le mot « Assez ! » doit être dit un jour, pourquoi pas aujourd'hui

Dimanche 18. L'appel sous les drapeaux des hommes de la Territoriale encore en réserve, celle à laquelle j'appartiens, a donné un coup de fouet à tout le monde. Les bien installés, qui ne connaissaient la guerre que par les journaux, ont été réveillés en sursaut ; elle se rapproche de plus en plus, ils comprennent enfin ce qu'est la « solidarité ». Quant à savoir ce que vaudra cette armée, c'est une autre histoire : le bel enthousiasme du début est à coup sûr retombé, la foudre a frappé dans trop de familles. Je suis incapable de quoi que ce soit, pour ainsi dire paralysé, une année perdue, et j'ai un impérieux besoin d'une activité qui s'imposerait à moi comme un devoir.

Lundi 19. Avance des Autrichiens en Galicie, pas aussi importante que je le souhaiterais : ce qui fut perdu par une grande [défaite] ne peut être reconquis que par une grande victoire. Et le repli des Russes m'est plus que suspect

Mardi 20. Négocié au sujet d'un train sanitaire, écrit à Romain Rolland, avec succès j'espère

Mercredi 21. Les choses avancent lentement, Ostende est prise, mais rien de déterminant. Je ne peux me débarrasser d'un sombre pressentiment, et le fait que les grandes décisions se fassent attendre risque de prolonger les combats à l'infini.

Jeudi 22. Chez Berta Zuckerkandl[38] qui partage tout à fait mes sentiments : mais que nous sommes peu à penser *sincèrement*. Je vois la plupart des gens chloroformés par la phraséologie, mais je récuse tout patriotisme qui ne se manifeste pas par des dons en argent ou en s'engageant à ses risques et périls, en exposant au danger « ses biens et son sang ». Les enthousiastes mentent de façon si lamentable, par calcul ou par inconscience, qu'il est parfois difficile de se contenir

Vendredi 23. L'offensive autrichienne s'émousse de plus en plus, elle semble de nouveau tourner à la défensive. Enfin, Przemysl est libre, un rempart est dressé pour plusieurs mois.

Samedi 24. On a déjà le sentiment que les attaques allemande et autrichienne n'ont eu aucune prise sur la cuirasse des Russes. Néanmoins, l'Allemagne est encore invaincue et le restera longtemps

Dimanche 25. Lu chez les Zoff[39]. Les discussions de rigueur. Rien de nouveau.

Lundi 26. Bernhard von Jacoby est tombé, encore un être cher, lumineux, joyeux ! Quelle perte ! Et tant d'autres ! C'est effroyable ! L'année dernière, sa femme a perdu son seul enfant, elle en était à moitié folle de désespoir. Impossible de s'imaginer ce qu'elle va devenir.

Mardi 27. Progrès en Belgique et en Galicie. Penser que là-bas, à Nieuport, je connais chaque pierre et chaque maison détruite en ce moment par les flammes. On souffre beaucoup plus quand on a des souvenirs sensoriels de toutes ces choses.

Mercredi 28. Rien d'importance. Après-midi à Baden, bel automne paisible et inconscient

Jeudi 29. Parlé à Gereth, qui revient de Hongr. Il avait 300 cas de choléra par jour, 75 décès, on se contentait de donner aux survivants les sacs et les fusils des morts, l'équipement étant insuffisant. Il ne pense pas non plus grand bien des officiers d'active, la plupart ont prétexté un « malaise » pour s'éclipser à l'arrivée du choléra. Au commandement aussi régnait le plus grand désordre. Chez les autres officiers également, le désir de retourner au front n'est plus, c'est visible, aussi ardent

Vendredi 30. Les combats menés par les Allemands progressent lentement, il est indubitable, par contre, qu'à Varsovie ils se replient devant les Russes. Repli qui, néanmoins, ne semble pas avoir été dangereux

Samedi 31. La nouvelle éclate comme une bombe : les navires de guerre turcs ont canonné des ports russes. Je ne peux partager l'allégresse générale, car je crains des complications dues à l'ingérence des autres États balkaniques. Je n'ose me réjouir de rien, de sombres pressentiments jettent leur ombre sur les plus beaux succès — à l'exception de ceux, vraiment héroïques, comme les exploits de l'*Emden*, qui sont inouïs.

Dimanche 1er nov. Toussaint. Après-midi et soirée chez Arthur Schnitzler. Il parle de Berlin, dit que l'ambiance y est plus grave et plus digne que jamais, presque tragique. Mais personne n'ose avancer une proposition ! Ah, posséder le pouvoir et l'énergie de dire ce que tous déjà ressentent !

Lundi 2 nov. La bataille de l'Yser — une vraie boucherie ! Quelle indicible torture, le *tempo* de cette guerre ! Nous en sortirons tous anéantis d'une manière ou d'une autre, parce que nous n'en aurons reçu ni vrais élans ni effondrements véritables. Ce va-et-vient, ce lent mouvement de masses gigantesques dépasse toute imagination, c'est pourquoi il paralyse au lieu de libérer.

Mardi 3. Une nouvelle épouvantable pour moi, pour moi seul : Verhaeren projette un livre contre l'Allemagne et sur la destruction de la Belgique. Je ne peux l'en empêcher et même, ce qui est le plus douloureux : je le comprends, je devrais même exiger qu'il le fasse. Mais cela pèse lourd à mon cœur : un mur ne va-t-il pas se dresser entre nous deux ?

Mercredi 4. Des nouvelles, mais pas bonnes. Le retrait se poursuit, Przemysl semble devoir être de nouveau encerclé, les Allemands effectuent, eux aussi, des mouvements de repli. Et l'hiver, de surcroît ! Personne ne sait comment cela va finir, quelques corps de troupe semblent déjà en train de se disloquer !

Jeudi 5. Rien d'importance ! Sur mer, l'attaque contre Yarmouth témoigne d'une grande audace et donnera du courage parce qu'elle détourne le regard du vrai danger.

Vendredi 6. A Baden, pour cette histoire d'hôpital, qui me paraît très sympathique[40] ; le sera-t-elle en réalité, c'est ce que l'avenir m'apprendra

Samedi 7. De nouveau à Baden. C'est affreux, on se croirait dans un roman, le médecin-inspecteur paralytique, un poivrot qui considère ma requête d'un air idiot, avec les yeux exorbités dont Maran[41] déshabille une fille, puis le regard éteint, sans comprendre de quoi il s'agit. Et c'est ça qui dirige des organismes chez nous, en Autriche. Tous ceux qui reviennent disent la même chose, se plaignent de l'épouvantable incurie dans tous les domaines. Effrayant

Dimanche 8. Tsing-Tao est tombé. Splendide mais démentiel, ce combat, allemand au sens le plus authentique. Nos nouvelles consistent en choses tues, mais on lit d'amères vérités entre les lignes.

Lundi 9. Une petite catastrophe dans ma vie privée : Verhaeren vient de publier un poème qui est sans doute la chose la plus stupide et la plus odieuse qu'on puisse imaginer[42]. Je suis sans défense là contre, je me demande : comment faire pour comprendre cela, bien que j'admette sa colère et sa rage. Mais ramasser par terre des mensonges aussi lamentables et leur conférer dans un poème la dureté de la pierre : je ne sais vraiment si j'aurai jamais le cœur de lui en parler.

Mardi 10. Toujours sous le coup de ce poème. Je n'ai pu faire autrement qu'écrire à R. Rolland, il fallait que je me soulage dans le sein d'un ami. Ici, personne ne me comprend. Ils sont incapables de ressentir cette volonté farouche d'être équitable *contre* les convictions qu'on s'est forgées. Ils s'enivrent de leur enthousiasme frelaté (mais se gardent de sacrifier leurs biens et leur sang). Je commence à les éviter.

Mercredi 11. De meilleures nouvelles de Serbie, de mauvaises de Galicie. Il semble qu'on soit décidé à en finir sur le front Sud pour lancer au printemps les troupes vers le Nord. Le soir, Hans Müller, qui s'emporte violemment — ou plus exactement me met en garde contre mon sens de la justice. Son argument (très sensé, mais inacceptable pour moi) : « Qui te dira merci ? » Pour couronner le tout arrive cette ganache de Leo Hirsch qui me dit avoir lu dans le *Daily Telegraph* un article de moi sur la situation désespérée à Vienne. Je suis catastrophé — à la grande joie de H.M. qui, évidemment, se demande pourquoi on a justement choisi *mon* nom, il faut que quelque chose ait transpiré. Je comprends que ce ne peut être qu'un travestissement de mon essai *Le Monde sans sommeil*, mais le fait que la calomnie court me taraude ferme. Je n'ai pas écrit un seul mot, mais je sais que cela va m'être attribué par des gens qui veulent démontrer à bon compte et à coups d'injures leur patriotisme

Jeudi 12. Acte solennel : je passe le conseil de révision pour entrer au dépôt de matériel du Train[43]. Cela se passe vite, compte tenu du retard de rigueur dans toutes les administrations autrichiennes. Apte au service ! Le Dr Steif est très fier, moi, je suis plutôt ennuyé d'être à 33 ans là où les autres sont à 18. En tout cas, le souhait de maman est exaucé.

Vendredi 13. Bonnes nouvelles de Serbie et d'Allemagne. On avance, quand bien même lentement. Après-midi à Baden.

Samedi 14. L'après-midi à Klosterneuburg où je suis saisi de terreur devant l'atmosphère dans laquelle je dois vivre, du moins pour quelque temps. Totalement abrutissante, un petit service assommant parmi des gens de basse qualité dans ce bureau sinistre, ennuyeux, des pièces surchauffées qui puent. Il sera peut-être important d'y avoir passé quelques jours pour [comprendre] l'aigreur et l'irascibilité de nos fonctionnaires. Ici aussi sévit le manque d'espace : je ferai tout mon possible pour éviter d'y effectuer mon service.

Dimanche 15. Diatribe écœurante de Wittmann contre Verhaeren dans la *NFP*. Écrit un article sur Suez. Les nouvelles, exceptionnellement, sont bonnes, victoire de Hindenburg sur les Russes, victoire de Potiorek[44], nous entrons à Valjevo. Seul ce que l'on entend en privé sur notre armée est déprimant : les maladies ont fait, surtout en Galicie, des ravages épouvantables et il y a peu d'espoir que cela s'améliore au printemps. Le manque de propreté est un allié terrible pour les épidémies, et ces énormes rassemblements de masses nous font craindre le pire. J'ai parlé avec le sous-lieutenant H. de la manière dont l'enthousiasme est réprimé chez nous, la plupart des volontaires, autrement dit les rares hommes qui *voulaient* se battre, sont encore à Vienne, obligés d'effectuer le service le plus ennuyeux du monde à la caserne, eux qui avaient la nostalgie de l'aventure. A présent, ce fastidieux travail de troufion a largement entamé leur enthousiasme, et ils n'ont plus le moindre souvenir de leur élan initial.

Lundi 16. Le succès en Serbie se dessine de plus en plus nettement, mais le front allemand semble marquer le pas à l'Ouest. Chez le vaguemestre, où l'on m'accueille aimablement. Je m'y plairais certes plus qu'à K[losterneuburg]. Espérons que la décision tombera bientôt.

Mardi 17. Quelle race que ces Viennois ! Un petit succès, et ils se déchaînent. De nouveau, des rumeurs folles : Belgrade serait prise, cinquante mille Serbes prisonniers — cette tendance puérile à se faire illusion, contre laquelle je lutte et enrage tant. Il n'y a, bien sûr, pas un mot de vrai là-dedans, mais le fait est très caractéristique.

Mercredi 18. Le feuilleton sur Suez a paru[45]. Bonnes nouvelles d'Allemagne, on dirait qu'il se prépare une grande victoire sur les Russes, certes uniquement pour les Allemands.

Jeudi 19. Chez le lieutenant-colonel Veltzé aux Archives de guerre. Accueil des plus aimables. Ginzkey me montre les dossiers de remise de décoration, chaque pièce a été dictée, corrigée et contresignée par l'Empereur. Personne ne l'aurait cru capable d'une telle puissance de travail. Je serais heureux si je pouvais venir ici, et cela semble presque sûr. La *NFP* publie une fantastique interview de Hindenburg.

Vendredi 20. Trebitsch me parle de sa rencontre avec Goldmann[46] qui raconte sur Hindenburg plus de choses qu'il n'y en a dans l'interview. Il s'est beaucoup plaint du Q.G. autrichien et nous rend responsables de l'échec devant Varsovie. Au Sud, en revanche, il semble qu'on avance. A Klost., j'apprends que se prépare un arrêté contre les volontaires, j'espère être en dehors de ces griefs. Le service y est typiquement autrichien, il vous grignote toute la journée sans que l'on fasse quoi que ce soit. A cela s'ajoute la morgue des officiers, et je suis exaspéré par des histoires d'hémorroïdes. Alfred passe le conseil de révision, mais j'espère qu'il est indispensable[47]

Samedi 21. Toujours dans l'attente de nouvelles de la bataille capitale en Pologne. La grande décision n'est pas encore tombée, elle *doit* tomber maintenant, car l'hiver est là. Les nuits glaciales, impossible de se représenter ce que ces pauvres gens ont à souffrir en ce moment. Herwied me raconte qu'au mois d'août ils sont partis avec leur fourrure, les dragons s'en sont débarrassés, naturellement. Elle va leur manquer aujourd'hui ! L'emprunt de guerre est boycotté par les Tchèques, une banque tch. de Vienne n'a même pas placardé l'affiche, quant à la Ziv. Banka, ce sont en majorité des souscriptions viennoises par l'intermédiaire d'hommes de paille. C'est pourquoi on craint tant chez nous la victoire des Russes.

Dimanche 22. Une lettre ineffablement belle de Romain Rolland balaie toute ma tristesse. De Verhaeren, il me dit de quel prix, sur le plan affectif, il a payé sa haine, combien il lutte pour rester quand même un *honnête homme**. Il me prodigue des consolations et m'exhorte au martyre de l'idée universelle. Peut-être ce sacrifice va-t-il, l'année prochaine, lui coûter sa patrie, mais il y aura toujours un refuge pour lui dans nos cœurs. J'avais presque les larmes aux yeux en lisant ses lignes, je me sentais petit, l'âme basse devant la noblesse de son sacrifice. Son être réunit tous les éléments de cette perfection à laquelle je tends, tout ce qui, en moi, est absorbé par les passions, et je considère sa seule existence comme un stimulant aux qualités que je peux posséder. Lui et F. pourraient peut-être me sauver de moi-même. Elle me l'a dit, d'ailleurs, avec sa clairvoyance instinctive, elle qui me connaît mieux que personne.

23-30 novembre. Une semaine sans ouvrir ce Journal. Je vais à l'exercice, me rends tous les jours à Klosterneuburg et je plonge dans les profondeurs d'un monde subalterne. Premier signe de l'état d'esprit autrichien : la perte de temps érigée au rang de système. Je dois attendre le lieutenant pendant des heures, je constate combien un seul adjudant (Bauer) peut vous humilier, la gaieté forcée de ces employés de bureau enfermés, leur existence abrutie, vide, dans des pièces surchauffées et mal aérées, les vies ratées, fripées, et en ces quelques heures je comprends beaucoup de choses. Le lieutenant aussi, stupide mais ayant le sens de l'équité et de l'élégance, un vrai personnage — je comprends maintenant comment des employés de bureau, comment un Balzac et d'autres sont devenus écrivains et créateurs. Il faut être lié aux hommes par la contrainte et non par le choix, ne pas effectuer soi-même celui-ci, mais se laisser caser par le hasard. C'est pourquoi l'année de service militaire exerce une influence capitale sur certains hommes. Et pourtant je suis content de n'y avoir jeté qu'un coup d'œil, je sens combien l'on peut s'aigrir dans ce milieu ! Penser à l'exemple de Grillparzer[48] ! Sur le plan politique, peu de changement, en Serbie, gros progrès peut-être décisifs, en Pologne russe la bataille se déroule sous des auspices favorables sans toutefois se transformer en victoire complète. Dans l'ensemble, je n'ose pas espérer une victoire, ce serait déjà une chance si la situation existante restait inchangée dans ses grandes lignes.

1er décembre. Présentation aux Archives de guerre. On m'a confié un travail vraiment très agréable dont je me réjouis. Non pas une tâche subalterne ou de second ordre, mais un vrai travail. Espérons que je réussirai ! Revêtu l'uniforme pour la première fois aujourd'hui — sentiment étrange, malgré tout ! On se sent un peu ridicule avec ce sabre quand on n'a pas à s'en servir.

2 décembre. On apprend la chute de Belgrade, pour l'anniversaire de l'Empereur. Nouvelle inattendue, elle suscite donc deux fois plus de joie, le texte de la dépêche est également remarquable. Félix Braun, qui assistait chez moi à la lecture de la pièce (excellente) de Victor [49], se précipite dans la rue pour contempler la joie des gens. Mais ce n'est plus comme au début, la voix du peuple est déjà trop voilée pour jubiler comme il faut. Le prix payé jusqu'ici est si élevé que l'on craint de payer encore plus cher de nouvelles conquêtes.

3 déc. Travaillé au bureau. Je lis beaucoup, et des choses très intéressantes. Puis une nouvelle : la femme de Petzold est morte. La pauvre ! Comme il nous fait de la peine, cet homme bon et paisible !

4 déc. La marche victorieuse en Serbie semble un peu marquer le pas, en revanche, au Nord, les Allemands font du bon travail. Cette perpétuelle alternance de hauts et de bas est l'aspect le plus épouvantable de la guerre, parce qu'elle menace de la prolonger à l'infini. Le discours du chancelier allemand a été magnifique quant au ton, mais maladroit dans sa tendance (visiblement, il a ménagé la France), déplaisant par sa volonté d'éviter jusqu'à la fin, une fin dictée par la nécessité, de prononcer un seul mot sur la paix. Je crois qu'en ce moment on se drape dans la rigueur et qu'on se fait quelque peu violence pour ne pas prononcer ce mot, par fausse pudeur. Ici, à Vienne, bien sûr, on ne comprend toujours pas la gravité de la situation : j'ai lu un ordre confidentiel destiné aux officiers, qui leur interdit une fréquentation trop assidue des cabarets, parce qu'il y règne une gaieté déplacée, et leur conseille d'éviter d'avoir à se soigner !

5 déc. Une lettre de Romain Rolland, qui s'excuse pour une lettre antérieure où il s'était mis en colère — et que je n'ai jamais reçue. Confisquée, apparemment ! On se fait sévère chez nous depuis que les Tchèques boycottent l'emprunt et pratiquent l'opposition à visage découvert. On ne peut leur en vouloir de ne pas s'enthousiasmer pour la cause de l'Autriche, alors qu'il apparaît clairement que c'est celle de l'Allemagne. Le tragique, dans l'histoire, c'est que les provinces fidèles à l'Empereur sont saignées de leurs meilleurs éléments tandis que les Tchèques vont redoubler de prospérité. A Vienne on ne sait pas grand-chose de tout cela : la plupart ne *veulent* pas le savoir

6 déc., dimanche. Lodz repris par les Allemands : un beau succès. Sans quoi, rien : commencé un poème à Tolstoï.

7 déc. Le travail du bureau me laisse peu de temps à moi. Feuilleté des revues artistiques, le soir, une splendide représentation d'*Iphigénie en Aulide*[50], l'une des plus grandioses que j'aie jamais vues.

8 déc. Mardi, jour férié[51], journée calme, nouvelles insignifiantes. Mis de l'ordre dans mes affaires et apprécié le silence. J'évite même les amis, je n'ai nulle envie de parler à des gens qui s'enivrent de sang et découvrent soudain leur patriotisme.

9 déc., mercredi. Bonnes nouvelles d'Allemagne : Lodz est pris. Ainsi une attaque contre le territoire du

Reich est écartée pour longtemps. Il semble que ç'ait été une victoire écrasante, mais évidemment — comme c'est toujours le cas contre la Russie — pas décisive. Moi, bien sûr, je ne peux que garder les yeux fixés vers le but ultime, et celui-ci a pour nom la paix, la paix ! Le soir, avec Hans Müller qui continue à délirer d'optimisme. Mais simplement en paroles !

10 déc., jeudi. Désagréables, tous ces télégrammes de Potiorek[52], ces doctorats *honoris causa*[53] avant que ne soit tombée la décision, tout aussi ridicule, la nomination au rang de feld-maréchal de l'archiduc Frédéric, *uniquement* pour faire pendant à Hindenburg, malheureusement il ne lui arrive pas à la cheville. Le soir, chez Schnitzler, bonne conversation. Sa surdité, hélas, s'est aggravée.

11 déc., vendredi. Deux lettres de Rolland où je décèle, à n'en pas douter, une certaine aigreur de ton. Il exige que nous « rompions le silence ». Que devons-nous, que pouvons-nous dire ? Rien ! En aucun cas, même si nous le voulions, car chaque mot serait — ô combien ! — déformé, mutilé, et à qui cela profiterait-il ? Il a des moments de passion qui font sa grandeur, mais constituent aussi un danger pour lui : il se *contraint* alors à retrouver son équilibre, et cet effort est peut-être la chose la plus indispensable à tout son être. Il est trop sensible, non par faiblesse, mais par dureté, il se fait violence. C'est pourquoi je ne peux lui en vouloir.

Samedi 12 déc. Silence en Serbie, il est question, en termes embarrassés, d'un regroupement. Cela nous irrite plus que la vérité crue. Pourquoi pas la clarté — on ne déchiffre que trop bien ces charades.

Dimanche 13 déc. A l'hôpital pour rendre visite à Amann[54], très humain, très lucide. Il raconte de belles choses, sans forfanterie. Il a lui-même été blessé en voulant aider un camarade. Je préfère ce genre de héros aux risque-tout !

Lundi 14. Mon sentiment qu'une catastrophe s'était produite en Serbie est confirmé : deux corps d'armée semblent avoir été dispersés, nous avons perdu dans la *déroute** 50 canons, du matériel, de l'argent. Valjevo a été repris — tous nos efforts ont piteusement échoué, et cela à cause de cet optimisme autrichien qui ignore la prévoyance et se fie au « Ça marchera bien ! ». Quand Vienne connaîtra l'ampleur de l'événement, elle émergera de son odieux esprit de jouissance — ce revirement que nous attendons tant, nous autres qui sommes à l'écoute de notre époque !

Mardi 15. La catastrophe a frappé comme la foudre : rien, jusqu'ici, n'a eu, même approximativement, un effet aussi atterrant que ce communiqué. Mais on ne découvre l'abîme de stupidité de notre service de presse qu'en confrontant les deux informations : le matin, il était dit « Valjevo évacué, offensive abandonnée, en revanche la prise de Belgrade est acquise ». Le soir, que dis-je, à midi : « Nous préférons évacuer Belgrade sans combat. » On nous annonce un succès et, avant que l'encre d'imprimerie soit sèche, nous quittons les lieux, et tout cela à un moment où l'on *devait* être au courant depuis longtemps. Le public est littéralement exaspéré. On voit encore dans les rues les affiches : « La capitale de la Serbie ennemie est entre nos mains. »

Mercredi 16. La consternation persiste. Des rumeurs de toutes sortes courent : des régiments russes seraient passés à l'attaque, les Serbes se seraient révoltés, on cherche la trahison partout, comme en France. D'Allemagne nous arrivent de bonnes nouvelles.

Jeudi 17. On annonce une grande victoire de Hindenburg. Berlin pavoise, le danger d'une invasion semble écarté pour l'hiver. Je passe la soirée chez Stiedry avec Prohaska, tous deux jouent admirablement Beethoven. Nous sommes heureux. Bien sûr, des chiffres commencent à filtrer de Serbie : 25 000 prisonniers, l'artillerie, mais surtout : la honte, la honte, la honte ! D'abord l'annonce de l'ultimatum, celle de la décision de Potiorek de terminer la campagne d'hiver. Pour en arriver là ! La vanité nationale autrichienne a reçu un coup mortel.

Vendredi 18. Nous attendons des précisions sur la victoire de Hindenburg. Elles se font désirer. Les journaux se contentent de chanter victoire sur tous les tons. Je n'ai plus envie de les lire. Mon service me procure de la joie, j'y suis plus au calme que partout ailleurs.

Samedi 19. Toujours pas de précisions. Adelt vient me voir du Q.G. de presse. Il est devenu un peu ironique, comme tous les sentimentaux qui se défendent contre eux-mêmes. Il n'a pas grand-chose à dire. Et puis : nous connaissons tous la guerre aussi bien que si nous y avions été. Elle est effroyable par sa durée et ennuyeuse, sur le plan artistique, par l'ampleur des événements. Au début, elle était bien partie, maintenant elle s'enlise dans l'interminable, un vrai roman allemand qui n'en finit pas.

Dimanche 20. Le « dimanche d'or »... Pas cette fois-ci. Tout est un peu assombri. On ne se réjouit même plus des victoires. Limanova, où nous avons remporté des succès, ce nom n'est même pas devenu populaire. La victoire allemande ne semble pas, elle non plus, avoir été aussi complète que nous l'espérions. Il lui manque avant tout les arguments palpables : les chiffres, et la preuve de l'anéantissement : la déroute.

Lundi 21. Visite de Gregori aux Archives [55]. Il respire, comme l'exige son devoir, la confiance et l'optimisme allemands. Moi, par contre, en bon nationaliste, je suis déprimé par l'attitude magnifique du parlement français. Ils ont toujours la phrase à la bouche, la belle phrase, mais dans les grandes occasions ils la chargent d'affectivité, la beauté alors s'harmonise avec la force. Je dois reconnaître que leur point de vue est le plus sûr, ils ne peuvent qu'aller de l'avant : les Allemands, à *mon* sentiment, ont déjà dépassé le zénith de leur succès il y a deux mois. Bien sûr, je suis encore loin de croire au crépuscule. L'immense absurdité du massacre m'épouvante. Et tout cela pour des phrases et des contre-vérités — du moins chez nous. Lu Tolstoï : il a mis dans la bouche de son Nicolas Stockmann ce que l'on peut dire de plus profond à ce sujet. Je suis entièrement de son côté.

Mardi 22. Rien d'important. Le soir, on nous annonce une action de la flotte autrichienne. Un sous-marin coulé [56], un dreadnought torpillé. Deux beaux exploits, en vérité. Mais quelle clameur dans les journaux. Chez nous, on veut obtenir le succès par de belles paroles au lieu de l'attendre ou d'y travailler

Mercredi 23. Préparatifs. Suis nommé caporal. Très bien, mais cela m'est hautement indifférent. Écrit à Romain Rolland, qui est à l'heure actuelle la cible d'attaques odieuses de la part des Français. Je l'aime de plus en plus.

Jeudi 24. Veille de Noël. Pas de nouvelles particulières. Étrange silence dans les rues, moins de lumières que d'habitude. Pensées effroyables : les hommes là-bas, sur le front : ne pas avoir su obtenir de haute lutte la paix, même pour cette soirée

Vendredi 25. Journaux épais. Dans ce fouillis, un très bel essai de Hofmannsthal sur le prince Eugène, et un autre de la Mildenburg [57] sur les problèmes sanitaires. Été à Baden, promené, respiré, le calme ! ! Bu enfin de nouveau un autre air !

Samedi 26. Réfléchi un peu sur moi-même. Je suis à présent si étrangement exclu, vraiment je n'ai aucun droit d'être du côté des Allemands, parce que je ne suis pas allemand à cent pour cent. Plus je me sonde, moins je me sens capable d'une adhésion franche et sans détour, y compris à l'héroïsme, car il a quelque chose de servile. L'idolâtrie impériale, p. ex., m'est insupportable, de même que la flatterie envers les princes, l'absence de sens démocratique qui se fait jour si terriblement, quel contraste avec la France et l'Angleterre ! Je ne peux parler de cela qu'avec de très rares personnes, tous sont obnubilés, abrutis par l'atmosphère belliqueuse — peut-être est-ce eux qui ont raison. Moi, ces événements ne me procurent qu'une douleur sourde à laquelle aucune joie ne se mêle

Dimanche 27. Lu dans un journal les magnifiques paroles de Goethe à Eckermann du 14 mars 1830, j'ai immédiatement recherché le passage[58] : je me suis senti plus léger. Chaque ligne était pour moi une détente, une confirmation de mon sentiment le plus obscur ; ce que Goethe dit des pacifiques et des belliqueux, mon âme le dit aussi au plus profond d'elle-même. Je veux accrocher cela au-dessus de mon bureau pour ne pas succomber au doute face à mes propres convictions. Promenade dans la clarté lumineuse de l'hiver, rencontres Pram[ergasse], et cette jeune femme friande d'aspirants, grotesque dans son exubérance. Curieux, ici, à une demi-heure de Vienne, les journaux, les nouvelles ne vous intéressent déjà plus. Ces dernières sont pessimistes ces derniers jours, l'avance en Galicie orientale a tourné à la défensive, à un déplorable retrait dans les Carpates.

Lundi 28. Nouvelles insignifiantes. Le soir, le Dr Steif m'annonce notre changement d'affectation. La plus éclatante violation du droit que l'on puisse imaginer, le pauvre va beaucoup en souffrir. Moi, cela me touche à peine mais m'irrite de façon désagréable et me fait passer une nuit blanche. Je ne suis que perpétuel conflit, toujours ennemi de moi-même, je déteste chaque jour et chaque heure. Mais je me suis promis de surmonter tout grâce au travail.

Mardi 29. Une lettre de Lissauer[59] pleine de bon sens, nous discutons par voie épistolaire. La situation militaire est toujours oppressante, difficile, je ne vois de progrès nulle part ni guère de possibilité de progrès. Je n'aperçois qu'un espace infini, un vide écrasant, torturant. Échapper à soi-même et au temps. Je vais me mettre demain au Dostoïevski[60].

Mercredi 30. Rien, rien. La grisaille des nouvelles dont la monotonie est en fonction inverse des titres accrocheurs des journaux du matin qui voudraient faire surgir des victoires à force de brailler. Avec cela, les cafés pleins à craquer, malgré les interdictions on trouve partout des cornets à la crème et des croissants, du kougelhopf, toujours un reflet d'allégresse sur cette misère sans nom plongée encore dans l'inconnu. Bien sûr, ils sont tous bourrés de billets de banque, les commandes ne manquent pas, alors ils ne s'aperçoivent de rien. Mais dans un an ! Certes, les cafés, ces palais pour fainéants, seront toujours pleins : maintenant encore, en pleine guerre, ils poussent comme des champignons

Jeudi 31. Triste fin d'année. Les rues, le soir, sont plus silencieuses que jamais. Le « chahut » est interdit : il n'y a d'ailleurs pas beaucoup de gens qui en auraient envie !

1ᵉʳ janvier 1915

Vendredi. Les optimistes baissent la tête : combien de fois avaient-ils juré que c'en serait fini à Noël ! Et l'on a le sentiment que, dans le meilleur des cas, nous n'en sommes qu'à mi-parcours : chacun soupçonne que cette guerre va s'étendre à perte de vue, à l'infini, on constate peu à peu son absurdité. Les braillards baissent le ton, d'Allemagne aussi je reçois des lettres, des Kaemmerer, où on lit que l'espoir s'affaiblit. L'idée de la grande paix triomphante s'est évanouie : il est certain aujourd'hui qu'elle sera un compromis, et un compromis au détriment de l'Autriche. Tous désespèrent de garder la Galicie, et en premier lieu ceux qui annexaient déjà Varsovie.

Samedi 2 janv. Je me suis ressaisi. Je ne fume plus, je travaille : j'ai enfin pris conscience de l'effrayante ineptie de ma nervosité : jour après jour, pas à pas, j'avance. Je vais surtout reprendre Dosto. Avec un sentiment d'équité raffermi, car j'ai appris en ces journées à comprendre la grandeur de Tolstoï.

Dimanche 3. Soirée Liliencron pour les travailleurs, dans un esprit antimilitariste, réussie je crois. Puis chez les Feld ; les nouvelles de la guerre sont *équivoques**, ça avance, ça recule péniblement. Encore un camarade d'école tombé, Frischauer[61] — c'est à cela que je reconnais le pourcentage des pertes.

Lundi 4. Travaillé à la nouvelle[62], mis de l'ordre. Je suis beaucoup plus calme et aurai bientôt réglé mes comptes avec la guerre. Je sais maintenant *combien* je la hais et que je n'y vois — ni ne veux y voir — aucune, mais aucune beauté. Aujourd'hui il faut se replier sur soi, c'est tout.

Mardi 5. Petites choses sans importance. Avec mon frère, mêmes histoires de violation de droit qu'avec le Dr Steif. Pour couronner le tout, cette affaire à l'Intendance[63] — l'*Arbeiter-Zeitung*, le seul bon journal viennois, aura de quoi se mettre sous la dent. C'est d'ailleurs là que j'ai lu l'essai de Spitteler, que j'ai trouvé tout à fait exemplaire[64] et dont je ne comprends pas pourquoi il agace tellement les Allemands. La neutralité est un spectacle irritant pour ceux qui sont plongés dans l'action. Pourquoi, demandé-je, chacun est-il à l'heure actuelle si avide de sympathie, a-t-il tant besoin de se conforter dans ce qu'il fait ? Si la conscience intime que cette nécessité est juste ne leur suffit pas, alors ils se désavouent eux-mêmes.

Mercredi 6. Jour férié. Qui lit encore les nouvelles ? Il est curieux de voir le regard différent que les gens jettent sur les journaux : on y perçoit de la lassitude. Et pourtant les journaux sont meilleurs. Je constate qu'avec le mois de janvier le mot « paix » devient une rubrique quotidienne, à cette nuance près que chaque État attribue cette intention à l'autre, comme naguère les cruautés et les infractions. Qu'ils *aient le droit* de le prononcer est, en soi, un signe. D'ailleurs, des rumeurs courent de tout côté selon lesquelles des négociations auraient été entamées et, de fait, la hausse des cours à Berlin en serait un symptôme. Mais la complexité du processus de paix est telle qu'elle exclut une action rapide : tout au plus a-t-on peut-être, de part et d'autre, tâté discrètement le terrain

Jeudi 7. Ici, à Vienne, je sens le malaise croître autour de moi. Et pas seulement dans le cercle de mes connaissances, cela transpire par tous les pores de la vie publique — mais c'est colmaté par les grands exploits et les pseudo-conquêtes. Typique pour l'Autriche, mon entretien d'aujourd'hui avec le Dr Glossy. Conseiller au gouvernement, Autrichien de vieille souche, éditeur de la grande revue autrichienne, il considère comme tout naturel l'abandon de la Galicie et du Trentin. Ainsi a évolué chez nous l'opinion publique, ainsi parlent les officiels. Essayez de confronter à cela l'*Oesterreichische Rundschau* d'il y a trois mois.

Vendredi 8. Rien de nouveau côté guerre. Petites nouvelles. L'offensive française ne semble percer nulle part, l'offensive allemande s'enlise dans la boue devant Varsovie, nous reculons lentement et nous traînons dans les Carpates. Sur la Serbie et sur Przemysl, pas un mot. Al. S. me rapporte des choses intéressantes sur Skoda : lui aussi vitupère. Et mon lieutenant-colonel vitupère le Q.G., les fonctionnaires, les ministres. L'atmosphère est chargée de suspicions et se libère en décharges violentes et non sans danger : plaintes et dénonciations anonymes. Et décrets de pleuvoir au ministère de la Guerre ! Je me demande si ce n'est pas la même chose en France ? !

Samedi 9. Pas grand-chose de nouveau : au fond, on ne le désire pas tellement. Stagnation des sentiments : je le constate sur moi-même qui, depuis quelques jours, ai repris le travail avec ardeur et progresse. Voici qui, peut-être, est plus effroyable que tous les phénomènes connus jusqu'ici : cette non-existence apparente de la guerre dans notre monde extérieur et intérieur, cet oubli chez tous ceux qui n'y prennent pas une part active. Elle n'est ressentie avec force que par ceux qui ont des soucis personnels, les autres se sont habitués à cette vie. Le nouveau pain sur les tables est peut-être ici, en ville, l'exhortation la plus efficace.

Dimanche 10. Me suis entièrement replié sur moi-même. Lettres, livres, Dostoïevski, travail, silence ! !

Lundi 11. L'offensive allemande progresse à l'Ouest. Mme Viertel, de retour de Neusalz, raconte des tas de choses : la rancœur des officiers contre le Q.G. semble ne plus connaître de bornes. Ils apportent jusque dans la guerre cette indifférence, cette veulerie typiques de notre régime, ce manque de sens de la responsabilité qui caractérise aussi notre travail, au bureau. Ce Bartsch qui empoche une solde de capitaine sans avoir — en temps de guerre ! — le sentiment qu'il doit faire quelque chose pour la mériter, le lieutenant-col. qui voulait aller à Belgrade dans le seul but d'y être décoré ; ou encore la croix du Mérite militaire, le seul ordre démocratique parce qu'il n'était pas hiérarchisé, voilà qu'on le divise en trois classes, la première est attribuée à Potiorek, la seconde... au ministre de la Guerre, qui se la met autour du cou, et *tous* les généraux présents à Vienne doivent se mettre en grande tenue et venir présenter leurs félicitations. *Pour ça*, on a le temps chez nous ! Bessemer, me parlant de sa caserne, me dit qu'on n'y fait *rien*, mais *rien*, on ne se presse pas, les volontaires jouent au tarot — à quoi bon, n'est-ce pas, c'est la guerre ! Quelques engagés y sont depuis le mois d'août et n'ont pas encore été au front ! Si l'on racontait cela à des Allemands !

Mardi 12. Je travaille régulièrement : le temps est redevenu une roue qui tourne paisiblement, certes sur un tout autre rythme ! Lu de magnifiques paroles de Möricke[65] à propos du lyrisme guerrier, paroles bienfaisantes. A l'Ouest, imposantes victoires allemandes qui traînent dans le ridicule les rodomontades des Français sur l'écrasement du militarisme germanique

Mercredi 13. Coup de tonnerre dans le ciel serein, la démission de Berchtold. On en tait les raisons, bien sûr — pourquoi ne pas laisser libre cours aux rumeurs les plus folles ? Pourquoi, en une époque aussi grave, parlerait-on pour une fois en toute franchise et liberté ? Les journaux sont atteints de la lèpre blanche de la censure, prière aux commentateurs de s'abstenir. L'avance allemande près de Soissons continue à porter ses fruits

Jeudi 14. Toujours pas de commentaires au sujet de Berchtold. Mais il semble que la Roumanie joue là-dedans son rôle, et dans un sens favorable cette fois-ci. Mille, cette immense canaille, fait dans l'*Adeverul*[66] une déclaration en faveur de l'Autriche — il a dû se produire quelque chose d'inouï, d'absolument insaisissable. Toujours de bonnes nouvelles d'Allemagne. Et un événement magnifique pour l'Autriche : un tremblement de terre en Italie, non loin de Rome. Or pas plus tard qu'hier, j'avais démontré dans mon travail comment le tremblement de terre en Calabre avait, à l'époque, sauvé Aehrental[67] pendant la crise : celui-ci est — malheureusement — moins important, bien qu'il ait coûté la vie à 30 000 personnes et que les dégâts matériels soient sans nul doute épouvantables. Un peu plus... et nous aurions été débarrassés de notre souci le plus lourd et le plus âpre.

Vendredi 15. Toujours dans le vague — incertitudes. Et on le sent... les choses importantes arrivent précisément en ces journées paisibles. C'est ce qu'en mer on appelle la bonace : le calme plat avant la tempête. Des rumeurs selon lesquelles le traité avec l'Italie expirerait ces jours-ci ont un semblant de crédibilité[68]. Ernst Hardt[69], avec qui je passe la soirée, me parle aussi dans ce sens. Un homme grave, sympathique, mais une très forte tendance à la présomption. Sa haine contre Hofmannsthal est bien étayée, l'histoire de Brahm et George, celle de Rilke sont également très fortes. Nous parlons jusque tard dans la nuit.

Samedi 16. Peu de nouvelles d'importance sur le plan politique, la victoire allemande à Soissons a remonté le moral : elle nargue mieux que tous les mots la grandiloquence française. Le soir, représentation de *Pauvreté* de Wildgans, qui me bouleverse à un point que je ne saurais dire. Sa force : extérioriser sans fausse honte le grand homme mûri et ses expériences. Cette pièce décrit sans aucun doute sa jeunesse.

Dimanche 17. Les critiques qui vous tapent sur l'épaule, et tout de suite cet immense dégoût en face d'une telle racaille. C'est effrayant d'appartenir à ce monde : ils continuent, en pleine guerre, à être jaloux et impudents

Lundi 18. Soucis domestiques par suite de l'histoire de mon frère. Travaillé au Dostoïevski. Sur le plan politique, l'ennui de toutes ces offensives noyées sous la pluie, l'esprit militaire embourbé dans les marais de Galicie. Les pauvres ! Nous sommes loin de les plaindre autant qu'ils le méritent.

Mardi 19. Travail, qui éloigne de moi bien des ennuis. A Vienne, morosité. Étrange conversation avec Mme Viertel — me confirmant, hélas, beaucoup de choses que je devinais sourdement chez elle. Il y a dans sa joie de vivre l'impatience de celle qui est marquée et que la mort talonne.

Mercredi 20. Les appels sous les drapeaux — accélérés par le conflit italien — ont accru les perturbations dans la vie des familles. On en a assez chez nous — et pas seulement chez les Français, comme on voudrait nous le faire croire, je pense que cette rancœur accumulée se libérera bientôt. La censure soulève déjà la colère — tous les journaux se rebellent contre elle, la *NFP* avec beaucoup d'habileté : elle vient de publier un article de Börne [70]. Je déplore moi-même la perte de trois lettres de R. Rolland qui ont été confisquées et, en tant que soldat, je n'ose protester. On est vraiment opprimé.

Jeudi 21. Au plan politique, il se passe d'étranges choses en coulisse. On prétend que l'Allemagne est favorable à la cession du Trentin et que l'empereur F.J. la refuse. Voilà l'explication de la mission extraordinaire allemande, de la visite au Q.G., de ces va-et-vient qui trahissent l'inquiétude et suscitent l'inquiétude. Je pressens la tragédie des Habsbourg qui se voient en rupture avec la pensée populaire ou ne devinent pas encore combien leurs intérêts privés sont éloignés de ceux des ethnies linguistiques. Tout le monde ici penche en faveur des cessions, sauf ce cercle restreint autour de l'Empereur — malheureusement la masse est impuissante et cette poignée de gens dispose de tout et de chacun. Une colère terrible couve chez nous et son explosion sera une véritable catastrophe — à moins que celle-ci ne vienne d'abord de l'extérieur. Le soir, à la conférence de Strunz — magnifique. Un des êtres les plus authentiques que l'on puisse trouver à Vienne.

Vendredi 22. Travaillé. Bonne conversation avec Bartsch. Dostoïevski.

Samedi 23. Les zeppelins au-dessus de l'Angleterre — tout à fait ce que j'attendais : maigre succès, les nerfs seuls ont été mis à l'épreuve dans le pays, la colère excitée. Mais pas de dégâts. On aura peut-être à s'en repentir amèrement.

Dimanche 24. Repos et travail. Une plage de silence. Une de ces journées où tout ce que l'on ressent est comme tamisé, peut-être en raison de la lassitude nerveuse.

Lundi 25. Continué Dostoïevski. Tout m'apparaît plus clairement. Fâcheuse, l'histoire d'Alfred, compliquée en plus par la malchance. J'essaie de causer avec Z., il lui est difficile d'intervenir, parce que tout se concentre dans une certaine direction. Je viens de prendre connaissance de la statistique des soldats tombés au front, 96 % sont des fantassins. Le reste se répartit entre les autres armes. Sur le plan de la guerre, peu de nouveauté. La bataille navale est présentée de façon tellement contradictoire par les communiqués allemand et anglais qu'il est impossible d'en tirer une conclusion quant à la victoire

Mardi 25 [= 26]. Tout le monde est préoccupé par la possibilité d'une intervention de la Roumanie et de l'Italie[71]. La soudaine autorisation accordée aux journaux de traiter ce sujet délicat a suggéré au public que la crise est sérieuse. Tout devrait, et doit sans doute, se décider avant le 15 février. En tout cas, nous serions, pour la première fois, capables d'une véritable haine si l'I. s'immisçait. Nous aurions des volontaires, car la perfidie des attaques exaspère même le citoyen le plus candide. Bien sûr... dans cette guerre, l'exaspération ne remplace pas les mitrailleuses !

Mercredi 26 [= 27]. Pas grand-chose de nouveau. A Vienne, le rythme de la vie est calme. On prête à peine attention aux éditions spéciales, tout suit son nouveau chemin. Typique, ce procès d'Ornstein, fabricant de chapeaux de dames, qui a obtenu des fournitures d'orge pour le fisc — une affaire analogue à la nôtre !

Jeudi 26 [= 28]. Je travaille, lentement, mais je progresse — au bureau aussi ce que je fais est utile. Dernière nouvelle : la proposition au sujet du film ; je vais l'accepter avec prudence. Ces choses-là sont quand même dangereuses

Vendredi 27 [= 29]. Nouveau signe de vie de Rolland. Mais la voie est coupée aux vraies lettres. J'aurais parfois envie d'écrire quelque chose — mais je me fais violence pour me l'interdire

Samedi 28 [= 30]. Chez Hirschfeld[72] — une soirée où nous sommes convenus de ne pas parler de la guerre ! Cela fait réellement du bien, encore que ce soit une contrainte. Qu'on le veuille ou non, les voies du cerveau vont dans cette direction, tout est lié à cela en ce moment — impossible d'y échapper. Ce va-et-vient incessant dans les nouvelles — nous tendons l'oreille beaucoup moins vers le théâtre de la guerre que vers la Ballplatz[73]. L'Italie et la Roumanie tiennent entre leurs mains notre destin — beaucoup d'indices semblent nous être défavorables, par exemple l'emprunt de 100 millions souscrit par la R. à Londres ! La politique du chantage y atteint au génie.

Dimanche 29 [= 31]. Une demi-année ces jours-ci. Étrange, cela paraît malgré tout rapide. Ici, on peut à peine se le représenter — à moins d'être lié à quelqu'un par l'amour ou la ferveur. Les gens supportent la situation avec passivité. Certes, ceux qui souffrent pour de bon, on ne les voit pas. Ils habitent les cavernes de l'ombre.

Lundi 30 [= 1ᵉʳ février]. Non, je ne note plus les communiqués. C'est un éternel va-et-vient, il n'en finit pas. Par là-dessus des rumeurs qui cherchent à tout précipiter, la guerre et la paix. Mais elles n'ont aucun pouvoir, elles ne rassurent plus personne.

Mardi 31 [= 2 février]. Il fait enfin un peu plus froid. Mais l'hiver est clément pour ceux de là-haut. Les cent mille hommes qu'on mobilise aujourd'hui vont y être expédiés jusqu'au dernier, fournée après fournée. La guerre — dépeupleuse de villes.

Mercredi 1ᵉʳ [= 3]. Je travaille, au bureau et chez moi. Je ne sens rien des jours qui passent, tout est d'une monotonie écrasante. L'affaire de mon frère est en bonne voie, espérons que ce sera définitif

Jeudi 2 [= 4]. Je ne peux pas noter grand-chose en ce moment. Je ne parle à personne, je vis enterré, et uniquement pour moi. Je remarque le même état d'esprit chez beaucoup de gens. Au début, on avait une envie folle d'être parmi les autres — aujourd'hui c'est la réaction, infiniment nécessaire

Vendredi 3 [= 5]. Rien

Samedi 4 [= 6]. On annonce le blocus de l'Angleterre par les sous-marins. Est-ce du bluff ou un danger — je ne crois *pas* à un blocus vraiment funeste à l'A. Les fameuses « surprises » se font toujours attendre avec un ensemble parfait, ici comme là. Étrange, les plus beaux épisodes, p. ex. la fuite de l'équipage de l'*Emden* sur le petit schooner *Ayesha* — un fabuleux exploit [74] — n'arrivent pas à enthousiasmer. Le typhus et la variole sont plus forts que l'héroïsme.

Dimanche 6 [= 7]. Un bel essai d'Ellen Key [75] en faveur de la paix. Mais encore trop discret, trop hésitant. Comme ces gens pourraient parler ! Vrai, il nous faudrait un Tolstoï ! Je viens de lire *La guerre russo-japonaise**

Lundi 7 [= 8]. Rien. Ou plutôt le traintrain quotidien. Il n'oppresse plus, mais il jette de l'ombre. A partir d'aujourd'hui la ville n'a plus que du pain de guerre. Enfin — quand les Gretzels manqueront, quelque chose bougera dans toute cette incurie.

Mardi 8 [= 9]. Une lettre de Romain Rolland, prudente mais chaleureuse. Il tient bon à Genève, fidèle à lui-même. Comme je l'aime ! Chez nous, des voix s'élèvent ici et là, mais on les étouffe sous les cris — Annette Kolb à Dresde [76]. Ce n'est que dans la satire — par exemple dans la *Schaubühne* [77] — que l'on perçoit le dégoût soulevé par ce patriotisme, qui vend pour 10 pfennigs des affiches « Dieu punisse l'Angleterre », et par les chants belliqueux de Hans Müller

Mercredi 9 [= 10]. Bien travaillé. Pas de nouvelles, tragique monotonie d'un ciel couvert sans éclairs, sans étoiles, sans tempête ni clarté, rien que des nuages, infiniment hauts mais compacts, grondant d'orage et immobiles, immobiles.

Jeudi 10 [= 11]. Pas grand-chose de particulier. Les nouvelles ne sont pas très variées. Kippenberg s'est annoncé pour dimanche : je suis heureux à l'avance de le voir — quiconque arrive d'Allemagne apporte, d'une façon ou d'une autre, une bonne nouvelle, et nous en avons bien besoin.

Vendredi 11 [= 12]. Travaillé, traintrain quotidien

Samedi 12 [= 13]. Première de Trebitsch [78]. Ce genre de choses me sont devenues physiquement insupportables. Je ne peux plus voir ces gens qui trouvent encore du plaisir au théâtre : cela m'inspire une sorte de terreur paralysante. T. est le seul à pouvoir prendre ça au sérieux : j'aurais honte d'ouvrir le bal en frac tandis que des milliers d'hommes gisent dans les tranchées glaciales. — Lu quelques beaux poèmes de Viertel

Dimanche 1 [= 14]. Bonnes nouvelles de Hindenburg. Pour la seconde fois, sa griffe s'est abattue sur les Russes près des terribles lacs de Mazurie. Il annonce 26 000 prisonniers, mais déclare qu'il poursuit son avance. Le soir, avec Kippenberg. C'est pour moi une agréable déception de voir que ces Allemands ne sont pas tous aussi friands de mort héroïque qu'on le dirait, vu de loin, au contraire ils aiment beaucoup la vie et encore plus la jouissance. Peut-être surestimons-nous un peu — voulons-nous surestimer — cet enthousiasme que nous leur prêtons. Il me raconte force détails qui me revigorent littéralement : par exemple, on a mis une classe en réserve, celle des jeunes gens de vingt ans, pour la jeter au dernier moment, matériel humain d'élite, dans le plateau de la balance

Lundi 14 [= 15]. Chez Kippenberg qui, avec sa rapidité à empoigner les choses, va faire la « Bibliothèque autrichienne »[79]. Comme ces hommes sont courageux ! Ils parlent et agissent comme si la guerre était finie, une question réglée. Victor nous quitte, il va à Berlin où va se fonder — maintenant ! — une importante revue

Mardi 15 [= 16]. Toujours des nouvelles victorieuses en provenance de Mazurie. Il y a déjà 50 000 prisonniers. En Allemagne, on se moque gentiment de Hindenburg : il ne saurait pas compter, dit-on, ou si mal que ses premiers chiffres sont au-dessous de la réalité. Et il continue à multiplier

Mercredi 16 [= 17]. Aujourd'hui, visite de Kippenberg, Schnitzler, Wassermann. Journées critiques sur le plan politique. On annonce le blocus sous-marin, personne ne peut en prévoir les conséquences, mais cette seule annonce doit avoir un effet paralysant sur l'Angleterre. Je m'imagine mal l'homme qui, s'il n'y est pas contraint, se hasarderait sur les mers anglaises infestées de mines et surveillées de tout côté par les périscopes. Les marins demandent déjà une augmentation, le prix des comestibles monte, et cette seule pression fait — enfin ! — sentir à l'Angleterre que nous sommes en guerre. Jusque-là ils se contentaient de le lire dans leurs journaux. Malheureusement il y a le revers de la médaille : l'Italie, où le parlement est convoqué, et avec qui nous négocions. A nous, simples mortels, on ne souffle mot de tout cela, là-haut dans la constellation Burian-Tisza[80], on va décider si nous allons nous mettre à dos un terrible ennemi ou céder le Trentin qui, organiquement, n'a rien à voir avec nous. Nous sommes le seul pays européen sans parlement[81], nous vivons pratiquement en état d'esclavage sans qu'on aperçoive quelque part trace de rébellion. Au demeurant, l'esprit d'autodétermination est paralysé par les mitrailleuses — nulle part les peuples opprimés n'ont pris conscience d'eux-mêmes, nulle part l'authentique volonté des nations ne possède ne fût-ce que l'ombre d'un pouvoir. Et personne n'a l'air d'en souffrir.

Jeudi 17 [= 18]. On en est déjà à 65 000 prisonniers, bonnes nouvelles aussi de Bukovine. Mais nos regards se tournent à l'heure actuelle vers l'Italie. L'atmosphère est peuplée de rumeurs, une inquiétude vous ronge au fond de vous-même face à l'opacité dans laquelle baignent les décisions

Vendredi 18 [= 19] février. Jour de gloire pour l'histoire universelle. Début du blocus sous-marin et séance au parlement italien. Une date que les écoliers, peut-être, apprendront un jour. Et nous, nous allons et venons, travaillons, jouons aux échecs, discutons, agissons, on ne sent pas passer le souffle de l'histoire universelle. Je l'ai toujours su — mais je n'ai jamais ressenti comme aujourd'hui le caractère *rétrospectif* de tous les événements d'importance. Comme il est rare de vivre un instant historique — même à présent, en pleine bataille —, presque toujours on ne voit que son ombre.

Samedi 19 [= 20] février. Maigres nouvelles de la Chambre italienne. Enfin... le gouvernement a voté l'ajournement, il semble que d'ultimes et décisives négociations soient en cours. Quoi qu'il en soit, ils s'arment à tous crins — à preuve les achats de chevaux et les interdictions d'exporter — nous aussi avons entassé à la frontière d'énormes quantités de matériel. Ce n'est pas pour rien qu'on mobilise sans arrêt chez nous — même mon frère, le pauvre, a été appelé, affecté au service sanitaire. Cet épouvantable gaspillage en hommes. Chair à canons. Je ne crois pas à une solution pacifique, j'ai trop peur de l'entêtement des hautes sphères qui ne connaissent que les intérêts de la monarchie — y en a-t-il d'ailleurs d'autres chez nous ? Impossible de prévoir une fin à tout cela

Dimanche 20 [= 21]. Progrès en Galicie depuis la reconquête de Czernowitz. Progrès lents, certes, mais les hommes paraissent terriblement épuisés. J'ai repris mon poème sur Tolstoï, et cette fois avec toute mon énergie.

Lundi 21 [= 22]. Enfin la victoire de Hindenburg dans toute son ampleur : cent mille prisonniers, 150 canons, et nous en annonçons de notre côté 40 000. On ne peut se défendre d'un grand enthousiasme, ni de l'orgueil d'être allemand. C'est une réussite inouïe sur le plan stratégique, et doublement invraisemblable parce qu'elle se produit pour la deuxième fois et presque au même endroit — ce doublé doit conférer à Hindenburg l'auréole de légende qui pare si bien son personnage. Une grande date dans l'histoire guerrière de l'Allemagne, une date pour l'éternité, une véritable bataille de Cannes !

Mardi 22 [= 23]. Lettre d'Ellen Key, qui me fait grand plaisir. Elle me promet de continuer à agir pour la cause commune. Je ne comprends pas les indifférents, ils sont apathiques, inertes — comment *pourraient-ils* se remuer.

Mercredi 23 [= 24]. Travaillé à mon poème sur Tolstoï, il avance bien. Petites nouvelles de la guerre

— vrai, seule une grande comme celle que nous a value Hindenburg peut aujourd'hui vous galvaniser et vous apporter une certaine joie. Reçu aujourd'hui l'édition anglaise de mon *Verhaeren* — comme j'en aurais été heureux en temps de paix !

Jeudi 24 [= 25]. Travaillé, j'avance lentement. Curieux silence autour des combats pour Stanislau. Nouvelle victoire de Hindenburg devant Prasicz[82]. Typique qu'ici, dans les hautes sphères, règne une sorte de mauvaise humeur contre H. En pleine guerre, on est jaloux. Tous ces lauriers étaient destinés à Hötzendorf.

Vendredi 25 [= 26]. Des nouvelles inquiétudes à propos de l'Italie. La ville, l'empire entier sont maintenant au courant des exigences, des négociations, l'atmosphère en Italie serait devenue absolument irrespirable pour les Allemands, il est tragique de penser à la manière pitoyable dont sont traités ceux qui, par amour idolâtre, incompréhensible pour moi, ont des années durant milité en faveur de ce [pays]. L'Italie sans Allemands — un non-sens inouï !

Samedi 26 [= 27]. Au Nord, Hindenburg ne semble pas avoir de chance, les [communiqués] de l'état-major de Pétersbourg se sont volatilisés soudain. Dans les Dardanelles aussi le combat est, apparemment, plus préoccupant qu'on n'est enclin à le reconnaître.

Dimanche 27 [= 28]. Le soir, avec Schnitzler, l'un des très rares hommes restés lucides. Une joie de causer avec lui

Lundi 28 [= 1er mars]. On dirait que l'attaque dans les Dardanelles est le prélude à une action d'envergure. Et toujours l'Italie. Quant au peuple, il est bâillonné, exclu, nous n'avons pas de parlement, pas de censure raisonnable — un troupeau de moutons que l'on conduit à l'abattoir. Otto Bade est tombé, déchiqueté par une grenade. Et il lui a fallu vivre encore 24 heures, si l'on peut appeler cela vivre

Mardi 1er [= 2]. L'échec des Allemands se confirme. Il n'est pas grave. La guerre se décide sans doute dans le cabinet de l'Empereur, et c'est Tisza qui tire les ficelles : les neutres ont l'arme en main. En Amérique, un tournant semble enfin s'esquisser, bien que je ne croie pas à une intervention énergique contre les brimades subies par l'Angleterre. Il semble que les forts extérieurs des Dardanelles soient détruits, ce qui, à coup sûr, provoque à Berlin une grande consternation. Chez nous, les gens ne voient pas plus loin que le bout de leur nez, ils ont les yeux fixés sur la frontière — sans soupçonner où tombent les véritables décisions. La bataille des Carpates semble enfouie dans la neige. Ce doit être l'épreuve la plus cruelle jamais infligée à des hommes.

Mercredi 2 [= 3]. Je lis *Guerre et paix* de Tolstoï — un évangile pour notre temps. Au fond, tout y est dit, l'égoïsme illimité des intéressés et le fait que ceux qui, justement, sont au pouvoir ou plongés dans l'action ne pensent pas à l'ensemble, au but, mais à eux-mêmes. Tolstoï ne se laisse troubler par rien, son anti-idéalisme, né d'un pur besoin de vérité, est insurpassable. Lire ses œuvres, à l'heure actuelle, est littéralement un devoir pour chacun de nous. — Les nouvelles de la guerre sont incertaines, petit effritement d'hommes sans grands événements.

Jeudi 3 [= 4]. On appelle sous les drapeaux les hommes de 37 à 42 ans : nouvelle panique dans le peuple. Tout laisse présager que la guerre va durer longtemps et que nos rapports avec l'Italie ne sont pas des meilleurs. En outre, après la tournure que viennent de prendre les événements, on dirait que la Grèce veut se rallier, elle bouge depuis le siège des Dardanelles. Ici, les angoisses sont moins suscitées par les faits eux-mêmes que par les éventualités du hasard. L'isolement intellectuel de l'Allemagne est effroyable, sans exemple. Sous Napoléon, les Français récoltaient encore l'amour porté à la Révolution, le respect pour leurs écrivains, leur langue, mais l'Allemagne est si profondément haïe que l'on ne peut se défendre d'un sentiment d'effroi. Quand Bahr m'écrit que l'Europe renaîtra, il se trompe — des décennies ne suffiront pas pour reconstruire ce qu'auront détruit quelques diplomates stupides.

Vendredi 5. Une lettre de Rolland m'a de nouveau été volée par la censure. J'en hurlerais de rage, on est sans défense contre la stupidité de quelques officiers qui ont échappé au front en se planquant bien au chaud dans un bureau. Mais comme ses paroles sont réconfortantes. A ce que j'apprends, il se serait réconcilié avec Hauptmann — où trouver de nos jours quelqu'un de sa trempe ! Les nouvelles, sans intérêt. Tout le monde est tellement épuisé par l'attente, a tellement renoncé à l'espoir d'une fin vraiment *bonne* — les optimistes eux-mêmes en attendent une médiocre —, que peu à peu la voix de la raison peut se faire entendre. On ne radote plus sur une paix séparée avec la France, puis avec la Russie, on sait, à cette heure, que le salut viendra de l'épuisement. De fait, c'est Hindenburg qui a vu juste lorsqu'il a dit que l'essentiel était d'avoir les nerfs plus solides que l'adversaire.

Samedi 6. Je travaille maintenant les propositions de citation. Nombreux aspects importants et précieux, y compris sur le plan psychologique. Du front, peu de nouvelles, les attaques dans les Dardanelles semblent être menées avec méthode. Curieuses, et signes d'incertitude croissante, les petites frictions entre l'Allemagne et l'Autriche, on les perçoit jusque dans le bavardage des gens et elles viennent certainement d'en haut. Je n'en veux pour preuve que l'accumulation des actions « visibles » destinées à renforcer la fraternité d'armes. En Italie, toujours pas de solution. Quant au blocus sous-marin de l'Angleterre, il a depuis longtemps démontré qu'il était ce que j'avais prévu : du bluff. Il a créé la confusion, suscité de fausses mesures aussi bien que des désertions, des difficultés comme la hausse de certains prix, mais dans l'ensemble aucun but n'a été atteint, ni les transports de troupes n'ont été stoppés ni le commerce étranglé. On a des haut-le-cœur à relire les journaux.

Dimanche 7. L'affaire grecque paraît un peu en meilleure voie, à en juger par le conflit entre le roi et Vénizélos[83]. Sans quoi, ça continue à stagner. Oh, connaître une grande et pure joie — depuis combien de temps n'en a-t-on plus joui !

Lundi 8. La voici, la joie. On n'ose pas encore l'éprouver, mais je la pressens dans toutes les fibres de mon être. Aujourd'hui, tard dans la soirée, on m'informe de source très autorisée que le Conseil des ministres a amené l'Empereur à prendre une décision. Le Trentin serait cédé. Pourvu que cela se confirme. On respirerait plus librement enfin, enfin !

Mardi 9. Aucune certitude. Mais les cours ont, paraît-il, fait un bond. Et la Bourse a du *flair**

Mercredi 10. Confirmation dans les journaux allemands — les pourparlers battent leur plein. La rumeur propage des détails : l'Allemagne nous dédommagerait financièrement. L'empereur d'Allemagne et le pape seraient intervenus, et leurs efforts unis ont obtenu l'impossible. Par contre, mauvaises nouvelles de Galicie où l'on n'avance pas, malgré le mal que l'on se donne, Przemysl ne pourra sans doute plus tenir que quelques semaines. Si tous les indices ne trompent pas, fin avril sera la dernière limite.

Jeudi 11. Encore une bonne nouvelle. A la suite de ma plainte, la direction des Postes me promet de laisser passer, désormais, mes lettres à Romain Rolland. Espérons qu'elle tiendra sa promesse, c'est pour moi un besoin de recevoir de temps à autre un mot de lui. L'affaire italienne est sans aucun doute en bonne voie. Ici, à Vienne, il n'y a personne qui soit hostile à la cession, dans tout l'Empire non plus, je crois.

Vendredi 12. Je travaille activement à deux grands poèmes, au bureau aussi beaucoup de travail. L'atmosphère s'est allégée, c'est partout perceptible : l'Italie constituait notre plus grave souci, car la Roumanie est matée jusqu'à la fin, ainsi que la Bulgarie. Tous sentent que l'heure n'est pas venue d'un règlement de compte définitif. On peut encore se tromper. Certes, les journaux français sont simplement odieux : ils traitent encore, à la Napoléon, les États comme des postes avancés destinés à défendre la grandeur de la France. A eux de donner leur sang, et Joffre récoltera les lauriers de la victoire. Mais on a, je crois, vu clair dans leur jeu et, pour l'instant, ils n'ont pas grande chance.

Samedi 13. Lu un nouveau pamphlet, abominable, de Verhaeren [84] : je suis fermement décidé à rompre avec lui. Le poème, passe encore, sous le coup de l'émotion et de l'exaspération du début : mais ces épanchements dans les *Annales* sont parfaitement odieux. Je ne me vois pas discutant de nouveau avec lui.

Dimanche 14. Rien de particulier. On n'avance ni ne recule. Mais, chose étrange, jamais je n'ai senti le temps filer aussi vite, se fuir lui-même avec autant de célérité. Et moi qui pensais qu'un mois durerait une éternité. La faculté d'adaptation de l'organisme, tant sur le plan de l'individu que sur celui de l'État, aura été pour moi la plus grande révélation de cette guerre.

Lundi 15. Rien de nouveau. Seules les prémices du printemps dans l'air. Voilà encore un soulagement : ne plus ressentir aussi fort les souffrances corporelles. Mais il faut rappeler aux gens qu'ils devront, plus tard, raconter *en toute franchise* : un livre, une brochure contre la divinisation de la guerre me préoccupe[85]. Ainsi qu'une collection de *bons* documents sur cette époque. Mais quand, quand tout cela ?

Mardi 16. Travaillé. Les nouvelles des Dardanelles sont meilleures. Mais au Nord, c'est l'immobilisme.

Mercredi 17. Les rumeurs se multiplient selon lesquelles la situation à Przemysl serait délicate, notre approvisionnement insuffisant, le 1er avril est l'ultime délai donné par Kusmanek[86]. Le scorbut y règne par suite d'une trop grande consommation de conserves

Jeudi 18. Reçu une lettre de Rolland accompagnée d'un merveilleux article que je traduis sur-le-champ pour la *NFP*[87]. Cet homme représente pour moi, en ces journées, ce qu'il y a de plus beau et de plus émouvant, je suis heureux qu'il reçoive enfin une lettre de moi. Le soir, rendu visite à Sil Vara, à l'hôpital. L'un des rares êtres qui soient restés lucides et avec qui je puisse causer. A l'hôpital même, éprouvé de nouveau dans mon corps un sentiment d'horreur à voir ces pauvres gens, vieux et malades, que l'on réexpédie au front, tandis que les patriotes restent ici et se laissent aduler. Et tout ça pour la « patrie », comme si une femme et quatre enfants ne constituaient pas plus une patrie que toutes les frontières et les langues du monde ! Ah, ils sont rares, ceux qui comprennent cela, combien la plupart sont déformés par l'éducation !

Vendredi 19. Terreur mortelle en apercevant le pavé blanc dans le journal. J'ai été tourmenté toute la matinée, je croyais qu'il s'agissait de l'article de Romain Rolland que j'ai traduit. Mais non, ce n'était qu'un article contre la stupide ordonnance sur le pain — immédiatement abrogée — qui avait plongé la ville dans la panique. Tout d'un coup, sans qu'on nous prévînt, le pain avait disparu, les gens s'amassaient devant les boulangeries — soudain s'était dressé au-dessus de l'écœurante sensiblerie viennoise le spectre gigantesque de la famine. Et les gens que les mobilisations avaient déjà amplement alarmés, les très honorables autorités ont réussi à les mettre vraiment en rage. Je crois que la longanimité finira par une explosion en Autriche. Le patriotisme est depuis longtemps au diable, c'est au tour de la faim de faire son œuvre. Messieurs les optimistes ont rempoché leurs flûtes

Samedi 20. Je suis inquiet de ne pas recevoir de lettre de Rolland, la poste ne tiendrait-elle pas sa parole ? Je vais faire mon possible pour m'en assurer. On annonce un succès dans les Dardanelles, trois cuirassés coulés, c'est beaucoup, mais je crois que lorsque les Anglais s'y mettent, ils ne lâchent plus prise. La *Vossische Zeitung* publie des mensonges typiques sur une rébellion au Soudan : dommage qu'en Allemagne aussi on se livre au « bourrage de crâne ».

Dimanche 21. En Allemagne, l'emprunt a rapporté 7 milliards, c'est énorme. Quant à nous, nous... La situation à Przemysl est lamentable, comme me le raconte aujourd'hui la perspicace Berta Zuckerkandl ; elle aussi est au courant pour le 1er avril. Après comme avant, je crois à la catastrophe. Mais ce serait une honte dans notre histoire, comme à Ulm[88], de n'avoir pu ravitailler au-delà de quatre mois la forteresse la plus puissante — un rempart qui aurait résisté pendant des années. Peut-être la contre-attaque, en faveur de laquelle me semblent témoigner bon nombre de préparatifs, réussira-t-elle en dernière heure, personnellement je n'y crois pas.

Lundi 22. Journée à marquer d'une pierre noire ! Le soir, un coup de tonnerre : Przemysl est tombé ! Une ignominie sans égale : à cause de la faim, de l'incurie. Tout le monde attend la démission de Hötzendorf. Du coup, la situation s'est assombrie. Je crois à une fin rapide.

Mardi 23. Vienne est accablée. Représentations annulées, salles de théâtre vides. L'humeur joyeuse a soudain reçu un choc. Et tout cela sous un soleil qui rayonne comme pour se moquer de nous, le printemps dans les rues, qui exige allégresse et robes multicolores.

Mercredi 24. Une lettre magnifique de Rolland. Souffle venu du monde, baume de la bonté sur la tristesse. Je considère cette lettre comme un arc-en-ciel dans un ciel sombre. Lui en serai-je jamais assez reconnaissant

Ces derniers jours, conversations avec Lissauer et Carl Hauptmann[89]. Deux jours à Vienne ont suffi pour leur briser l'échine. Pour moi, c'est fait depuis longtemps.

Jeudi 25. Je sens, à divers indices, que l'Allemagne nous a retiré sa sympathie. Le premier, ce sont les responsabilités qu'on se jette mutuellement à la tête, les reproches que l'on se fait. Les deux États, c'est clair, ont commis des fautes, à Lemberg comme à Paris la campagne a depuis longtemps échoué, le reste n'est qu'un épilogue confus. En ville, et même peut-être en Allemagne, tout le monde sent plus ou moins qu'une décision est tombée. Et beaucoup n'ont plus qu'un désir : en finir, vite, à n'importe quel prix. Étonnant, ce que les gens osent dire maintenant dans le tramway ; elle n'est pas sans justesse, la plaisanterie : Qu'est-ce que la haute trahison ? Réponse : C'est quand deux Viennois discutent ensemble. Soudain tous, les clercs, les intellectuels veulent « se réfugier » en Allemagne, s'y réorganiser, les Salten et consorts. — L'article de Rolland a enfin paru dans la *Presse*.

Vendredi 26. J'ai oublié de noter cette soirée chez Trebitsch avec Miss Blyth, qui était à Przemysl, elle nous a raconté qu'après le premier siège personne ne croyait à un second et que le ravitaillement n'a été renouvelé qu'en dernière minute. A Vienne, on suppose des malversations. Et tout est démoli, la belle confiance s'est évanouie, même la bataille des Carpates n'éveille plus aucun espoir. Je considère comme exclu que la guerre puisse durer plus de trois mois dans une telle ambiance, nous allons nous effondrer, ou alors nous aurons à Vienne des rébellions qui, naturellement, se tourneront contre les Juifs. D'ailleurs, les chrétiens-sociaux déploient ces temps-ci une étrange agressivité — ou bien ils se sentent très sûrs, ou alors pas sûrs du tout, quoi qu'il en soit, les partis cherchent à tirer profit de la guerre. C'est le pays qui en fera les frais, et ces histoires de papier-monnaie semblent présager une catastrophe telle que l'histoire n'en a jamais connu.

Samedi 27. Je travaille à l'essai sur la Pologne et la Belgique[90]. Au bureau aussi, grande fébrilité — certes, rien à voir avec l'altruisme. Mais je ne veux rien en dire pour l'instant. Curieux comme tout à coup ils se sont mis à l'unisson, ceux-là mêmes qui, voici quelques semaines, n'en finissaient pas de vomir sur l'Italie, aujourd'hui ils lui donneraient le monde entier. Que le peuple est sot, et comme les journaux s'y entendent à lui bourrer le crâne. Ils ont tous proféré les mêmes absurdités sans se rendre compte qu'on les leur avait soufflées. Il n'y a déjà plus d'esprits indépendants, on les voit disparaître, comme atteints de la peste, dans les mouvements de masse. Nous sommes soumis à la suggestion du pessimisme, mais celui-ci aussi, les Viennois le transforment en un allègre « Maintenant, tout est égal », de même qu'ils disaient naguère : « Nous vaincrons parce que nous devons vaincre » et agissaient en conséquence

Dimanche 28. Dans les Carpates, ça traîne, à l'Ouest non plus la situation des Allemands n'est pas, semble-t-il, des plus brillantes. Du moins les jubilations de la victoire nous sont-elles épargnées. Le soir, je vais à la conférence de Lissauer et y fais la connaissance de quelques personnes sympathiques.

Lundi 29. Une lettre de Rolland dans laquelle il me demande des nouvelles d'une certaine Mme Furtmüller. Or, magie du hasard, elle était hier parmi les gens dont j'ai parlé, et aujourd'hui je la rencontre à la *Passion selon saint Mathieu.* J'échange quelques mots avec elle, c'est une femme simple et modeste. Étrange, tous les gens qui gravitent autour de Rolland ont un signe secret. Lu aujourd'hui le *Journal d'un bourgeois* d'Ohnet [91] — cela m'a terriblement déprimé. Si les Français cultivés sont vraiment atteints d'une crédulité aussi pathologique, il n'y a rien à espérer pour des années. Quel effort va être nécessaire ! En fait, ils considèrent les Allemands comme des fauves — alors qu'ils ne sont que trop apprivoisés, beaucoup, beaucoup trop ! Quand donc ce peuple va-t-il échapper à l'autorité, à la propagande qui lui serine la haine de l'Angleterre et de Hiddekk [?], quand donc va-t-il se rebeller contre ces crétins de diplomates et contre Guillaume, le dilettante qu'aujourd'hui on vénère à genoux ? Peuple égaré en dépit de sa grandeur, aussi longtemps qu'il ne saura pas s'administrer lui-même.

Mardi 30. L'éternelle bataille des Carpates. J'apprends à l'instant que le jeune Karrag est tombé — sa mère avait été lui rendre visite au front. Rumeurs aussi au sujet de Neugebauer. Et avec tout ça un Feld et une douzaine d'autres ne cessent de débiter des sornettes sur la beauté, la sainteté, la splendeur de la guerre. Mais je me moque d'eux comme ils le méritent. Le soir, je lis la conférence de Petzold à sa place.

Mercredi 31. Aucun changement sur les fronts. Je sais seulement que chez nous, les hôpitaux sont évacués de toute urgence, parce qu'on attend de nouveaux arrivés de Hongrie. Personne, personne, personne ne croit à la victoire, même les journaux sont totalement résignés. Chaque être lucide sait ce que je savais dès le premier jour — depuis la déclaration de guerre de l'Angleterre : que la victoire est impossible. Et la certitude de la défaite était avérée depuis Lemberg.

A présent, tout le monde la pressent, la souhaite presque

Jeudi 1er avril. Avec Kubin [92], qui me raconte beaucoup de choses. Un homme sympathique, lucide, il caractérise admirablement le ridicule des adeptes de Stefan George qui ont souhaité et prédit cette guerre. Lui aussi partage tout à fait mes opinions. Départ de mes parents pour Merano. J'étais pour, sans réserve, je suis certain que nous n'oserons pas affronter l'Italie.

Vendredi 2 avril. Les nouvelles sont ternes. Au-delà de leur horizon, je lis toute la tristesse des dix années à venir pour le monde germanique. Ils ne se relèveront pas de longtemps d'un tel coup, non, pas de longtemps. Le soir, Lucka et Hans Müller, ils ont mis tous les deux une sourdine à leur enthousiasme. *Maintenant*, maintenant, j'ai envie, *moi*, de quelqu'un qui respire l'espérance. Quoique je sache, au plus profond de moi-même, que tout ce qui arrive à l'Autriche est pour son bien.

Samedi 3. Obtenu une permission, nommé chef de section, été à Baden. Revoir enfin à quoi ressemble un arbre et, au-dessus de lui, le ciel pur. Mais entre-temps sont arrivés un nombre affolant de blessés : aujourd'hui, il n'est pas permis d'oublier.

Dimanche 4. Dimanche de Pâques ! D'abord les journaux, puis des promenades sans fin, je suis si heureux de respirer pour une fois, d'être hors du carcan. Mon article sur la Pologne a paru. Travaillé un peu, et puis : le divertissement de rigueur. Le soir, causé avec Gereth, qui arrive de la bataille des Carpates. Il dit que notre armée est remarquablement équipée à présent, qu'une percée des Russes est presque exclue. Et les faits lui donnent raison. Le front est peut-être un peu décalé, mais il tient, il tient bon. Et je crois qu'il ne faut s'attendre qu'à une ou deux grandes batailles sur les flancs droit et gauche, à part cela il ne fait aucun doute que partout la pugnacité des peuples est anéantie

Lundi 5. Un peu travaillé, un peu seulement, le printemps est *plus fort que vous*. Cette fois-ci, je l'ai vu, de mes yeux vu : le matin, les bourgeons encore fermés, à midi, un léger duvet de verdure sur chaque sépale. Et le silence, le silence !

Mardi 6. Avec Hilde Coste[93], que je rencontre par hasard, et Lissauer, qui vient me rendre visite. Un monomane sympathique d'une vanité ridicule, mais d'une ingénuité désarmante. Il fait une cour assidue à Mme von W.[94]. Et le plus curieux, c'est que la politique lui est devenue parfaitement indifférente, le seul sujet qui l'intéresse est l'a. et ses effets

Mercredi 7. Promenades d'adieu, retour à Vienne où je trouve un grand nombre de lettres, entre autres une, magnifique, de Rolland. Nouvelles : l'U 29 est coulé. Les Anglais avaient raison, presque chaque navire de commerce coûte un sous-marin, et c'est *trop* cher payé. Le blocus était du bluff, je l'ai toujours su, du moins l'ai-je pressenti. C'est ce genre d'évidences qui ébranlent le plus la crédibilité de l'Allemagne. Et peut-être est-ce bien ainsi : aujourd'hui encore, ce sont eux qui sont le plus hostiles à la paix, car, la Belgique évacuée, tout pourrait être réglé. Mais à coup sûr ils ne le veulent pas encore, alors que ce serait la seule solution

Jeudi 8. Rien de marquant. Le front semble tenir, tant à l'Est qu'à l'Ouest. Mais rien de tout cela ne pèse dans la balance, mai et juin vont, je crois, donner au tableau sa touche définitive. Entre-temps, l'impatience générale, la même question sur toutes les lèvres : quand cela va-t-il finir ?

Vendredi 9. Des tas de choses sans importance. Journées vides, pleines de tension intérieure. Je suis toujours fatigué le soir. Mes nerfs n'ont aucun ressort, je le sens surtout dans le travail. Lu aujourd'hui le roman de Bartsch en manuscrit[95] : extraordinaire. Ici, la guerre a été retournée comme un gant : de l'intérieur, elle semble être une surface d'ombre tranchant sur le contour lumineux des événements.

Samedi 10. Travaillé. Chez Hélène Scholz[96], qui a gardé de bons rapports avec les Bruxellois. Le soir, à la première de Csokor[97], je rencontre Viertel. Il raconte merveilleusement. Je n'oublierai jamais le retrait de la Kolubara[98] : arrivé sur la grand-route, il voit le train fuir à toute allure. Sa haine contre la guerre, contre l'absurde et l'injustice est fondée. Il est beau, son mot : l'infanterie fait la guerre, nous, nous y assistons. C'est la clé de bien des choses.

Dimanche 11. Chez Berta Zuckerkandl. L'après-midi, visite à Schnitzler. Sa femme — j'y allais en fait à cause de l'histoire abjecte Thimig-Rosenbaum[99] — nous avait discrètement priés de lui demander de nous lire ses pièces en un acte. Cet homme admirable est devenu méfiant à l'extrême, il ne croit plus en lui, il se ronge, tout en restant pleinement conscient de sa puissance créatrice. Or ses petites pièces sont d'une qualité extraordinaire. Son univers restreint de naguère, ses anciens motifs, mais plus ramassés que jamais. Surtout les deux premières, des chefs-d'œuvre. Belle et riche soirée !

Lundi 12. Tourné et retourné le vieux poids de l'attente, bien que mes deux épaules soient endolories. Viertel nous a de nouveau raconté des histoires magnifiques, c'est un des hommes les plus lucides que je connaisse : si tous sentaient comme lui, étaient aussi intimement sincères, ce serait bien. Avec cela, nerveux, une élocution fébrile. Ceux qui arrivent de là-bas présentent tous l'une ou l'autre particularité : ou bien ils ont reçu un coup sur la tête, ou bien ils parlent, ils parlent avec cette fébrile prolixité. Le soir, à la *Presse* pour l'affaire Rosenbaum. Je continue à être l'homme à tout faire du cœur. Je ne pense pas d'ailleurs que ce soit par bonté : ce n'est que la volonté, mi-consciente, mi-inconsciente, d'être fidèle.

Mardi 13. Travaillé. Mais pas assez pour ne pas sentir le poids du monde. Une lettre de Rolland, sur un ton polémique au sujet de la Belgique. Le soir, avec F., elle m'apprend la passion que lui porte Lissauer, nouvelle étonnante. Ses intentions sont sérieuses, elle perçoit avec une certaine irritation le contraste avec moi

Mercredi 14. J'ai oublié de noter : depuis trois jours, nous avons à Vienne des cartes de pain ; dans nos milieux, les gens protestent, par paresse et nonchalance. Dans le bas peuple, il y a, paraît-il, une sorte de révolte. On parle de boulangeries prises d'assaut. Nous autres, en effet, qui mangeons de la viande et des légumes, cela ne nous prive pas, mais ceux qui se nourrissent de lard et de saucisse s'en rendent compte. A cela s'ajoute l'enchérissement épouvantable de la vie. La viande devient une denrée précieuse, tous les produits d'alimentation ont augmenté : impossible d'en voir la fin. Je crains que le mécontentement ne prenne des proportions terribles par suite de ces phénomènes palpables. A présent, oui, *chacun* ressent la guerre, jusqu'alors certains pouvaient l'oublier. Mais voilà que sa griffe pénètre dans chaque maison, à tout instant on sent sa meurtrissure. Le soir, Viertel et Wildgans, bonnes conversations.

Jeudi 15. Les événements sur le front, monotone. Un néant meurtrier de quelques mètres, chaque pouce payé de sept vies humaines. L'après-midi, chez M. von Sachs, où se trouvent la comtesse Coudenhove et quelques autres aristocrates. Je deviens agressif sans le vouloir. Je devrais éviter la société, je déteste trop les mensonges.

Vendredi 16. Rien de particulier. La bataille des Carpates semble avoir provisoirement touché son terme sans résultat positif, ni d'un côté, ni de l'autre. L'air bruit de rumeurs de paix avec la Russie, mais cela repose sans doute sur le fait que l'on prend ses désirs pour des réalités, et aussi que rien ne s'est passé, depuis des semaines, à la frontière de la Prusse orientale

Samedi 17. Maintenant, maintenant seulement, après tant de jours, les autorités fournissent une justification à la chute de Przemysl, stupide comme tout ce qui se fait en haut lieu. La raison invoquée : on ne voulait pas inquiéter la Russie en ravitaillant la forteresse en temps de paix. Quelle délicatesse vraiment envers un pays qui s'arme depuis des mois. Et puis, qu'est-ce qu'une forteresse à la frontière, sinon une menace ?

Dimanche 19 [= 18]. On annonce la mobilisation des hommes de 42 à 50 ans. Cela va faire du vilain, j'en suis sûr. Personne ne s'attendait à une telle ponction dans le peuple. J'attends seulement que l'impatience, la colère se manifestent. Le dégoût de la guerre est — enfin — général, espérons qu'il en va de même dans les autres pays

Lundi 20 [= 19]. Rien d'importance. Travaillé un peu

Mardi 20. Problèmes personnels. L'histoire Lissauer est une catastrophe. Avec toute la violence dont il est capable, il s'est jeté sur F., qui ne sait pas — ou ne veut pas — se défendre. Il a l'intention de l'épouser, il l'assiège, la presse, la tourmente. L'issue est imprévisible parce que F. ne semble pas voir cela d'un trop mauvais œil

Mercredi 21. Cette scène, ce soir, est inoubliable. D'abord rencontre de L. dans la rue, son attente sous le porche. Et le tragique, c'est que j'en suis moi-même bouleversé, car il est tout simplement en éruption, un vrai volcan. Il a des palpitations, des envies de suicide. Il veut réussir par la force, et sa volonté est puissante

Jeudi 22. Vécu aujourd'hui la scène entre le prince Muischkine et Rogojine. Il est venu tout de suite, au reçu de ma lettre. Indescriptible, la façon dont il m'a tendu la main et m'a dit d'une voix étranglée qu'il permettrait... Étrange. Je lui cède en tout. La loi de mon existence est de ne rien retenir, de ne rien désirer, de n'attraper que ce qui vient à moi, ce qui reste à moi. Mais cette fois, ça ne m'est pas facile.

Vendredi 23. Travaillé au feuilleton sur Mahler[100], victoire allemande — inattendue — à Ypres. Mais rien, rien de tout cela ne me donne des ailes. Je suis malade au-dedans de moi, mes nerfs craquent. Et c'est la même chose pour tous ceux que je rencontre. Le lien qui nous unit exerce quand même sur nous un pouvoir inouï.

Samedi 24. Corrections. Puis lu ce petit livre qu'un vieux colonel a dédié à son fils tombé au champ d'honneur. Inoubliable, la scène où celui-ci lègue à l'École militaire cet uniforme sur le dos duquel le prince héritier a tracé quelques lignes, et à un ami le sabre que son père porta lors de trois campagnes. Et elle est écrite avec une telle maladresse, cette histoire de 11 semaines de sous-lieutenance, qu'elle en est dix fois plus émouvante

Dimanche 25. Mon feuilleton sur M. a paru. Été à Baden. Étrange, la scène avec L. Il me tombe dessus en m'assurant qu'il ne veut pas jouer les Brackenburg[101], tout en lui n'est que vanité, vanité blessée d'avoir été éconduit et, comme pour chacun de ses sentiments, il cherche à la spiritualiser et à la justifier par des arguments. Ce faisant, il est souvent complètement perdu, un vrai monomane. Curieux : un égoïsme individuel a refoulé l'égoïsme de masse, c'est-à-dire le patriotisme, il ne lit même plus les derniers communiqués. La victoire d'Ypres (non décisive, mais tout de même démonstration de force non négligeable) le laisse indifférent.

Lundi 26. Une bonne lettre de Schnitzler, le soir, concert Rosé. Et soudain, surgissant je ne sais pourquoi entre deux sonates, la vision d'Ypres en proie aux assauts. La sœur de Mahler m'invite chez elle, elle n'a pas un trait de commun avec son frère, tout en elle est mou, flasque, seul dans l'œil un reflet de gris

Mardi 27. Rien d'importance. Chez nous — on s'en aperçoit à de nombreux signes — se prépare quelque part dans le Nord une grande offensive. On le devine aux mouvements de troupes. Étrange comme tout filtre, comme chaque mot arrive dans la moindre ruelle, porté par un vent de passion. On sait qu'on est au bord de la rupture avec l'Italie, on sait que le régiment de la Territoriale pragoise doit être dissous, on sait que l'on veut faire ravaler à Auffenberg ses déclarations un peu trop bruyantes à propos de quelques archiducs. Au début, ces rumeurs étaient absurdes. Aujourd'hui on a, pour ainsi dire, acquis la technique de la rumeur, on sait distinguer la vraie de la fausse, de même qu'on apprend, dans le commerce, à avoir le coup d'œil. Une lassitude hébétée règne parmi les gens, mais la situation dure depuis si longtemps que toute volonté de résistance a été brisée. Nous avons tous les nerfs malades. Le soir, *Le Chant de la terre*.

Mercredi 28. Rien de particulier, un peu de travail et beaucoup de fatigue. Les communiqués émanant du front, si favorables soient-ils, vous laissent froid. Un seul événement a eu ici un vaste retentissement : le torpillage du *Léon Gambetta* — on va marquer le coup, en France. C'est tragique à dire, mais il faut que la guerre coûte encore plus de vies humaines, afin que la population prenne plus fortement conscience de cette folie. Que l'offensive prévue dans les Flandres se fasse attendre, et se fasse attendre aussi longtemps, voilà qui fera son effet à Paris. Ils vont bien exiger un jour de voir concrétisées sur une carte ces conquêtes qu'on leur annonce sans répit. Chez eux, la dépression se manifeste aussi vite que l'enthousiasme.

Jeudi 29. Rien de nouveau. Notre offensive se fait désirer. L'affaire Auffenberg a été rendue publique aujourd'hui [102] — quelle honte de clouer ainsi au pilori le vainqueur de Zamosc. Tout le monde ici est de son côté — ce ne sera pas un nouveau Benedek [103]. Soirée avec Eva.

Vendredi 30. Offensive allemande contre Riga, inattendue, comme surgie du sol. On dirait que le printemps leur a donné des ailes, ils foncent à droite et à gauche. Le bombardement de Dunkerque est, lui aussi, un coup de maître : il y a au moins trente kilomètres entre cette ville et leurs positions. Si tout cela pouvait avoir une influence sur la situation générale.

Je viens de noircir tout un cahier, 9 mois se sont écoulés, impossible de voir le commencement de la fin. Cela durera-t-il encore le temps d'un Journal entier — ni moi ni personne ne le souhaite. Et personne n'est là pour se jeter devant la roue qui tourne

JOURNAL DE
L'ANNÉE DE GUERRE 1915

Deuxième cahier

1er mai 1915 - 24 février 1916

Samedi 1er mai. Deuxième cahier — inattendu, cela me fait peur. La tension ne s'est pas relâchée depuis le premier jour : même indécision sur l'attitude de l'Italie qu'à l'époque sur celle de l'Angleterre. Le sentiment s'insurge contre l'effroyable et l'on ne peut néanmoins subir celui-ci en faisant abstraction de la sensibilité : cela m'a miné outre mesure, miné je suis par les désirs (fébriles et parfois fanatiques). Mes rêves en savent quelque chose. Péripétie : je suis pour la première fois de garde aux Archives de guerre. Du matin au soir. J'étais sûr que j'allais pouvoir travailler — c'est alors qu'un incendie éclate, tout au moins quelque fumée nous le fait-il croire. Agitation, tension, responsabilités — si j'avais quitté mon poste, j'aurais pu en avoir pour 10 ans. Il ne s'est rien passé de grave, mais c'en était fini du travail, seule la tension. Le soir, avec Eva C., si enjouée, elle m'a fait vraiment du bien

Dimanche 2. Rien. Je suis tellement fatigué que j'ai passé l'après-midi, de 3 à 8 heures, à dormir comme une souche. Mes nerfs sont des cordes sur lesquelles on a trop joué, elles s'effilochent, se déchirent de part en part au moindre effort.

Lundi 3 mai. Le soir, soudain, nouvelle qu'une grande victoire s'ébaucherait. La percée à Gorlice[1] a réussi, profonde avance dans les positions ennemies. Le communiqué est riche d'espoirs. Les Allemands attaquent en même temps à Ypres et à Riga, immense surprise dans tous les coins.

Mardi 4 mai. Les communiqués sonnent haut, les rumeurs sonnent plus haut encore. Elles jaillissent de partout, les gens ne se contentent pas d'une belle vérité. Parce qu'ils attendent la fin, ils veulent croire, croire, croire. Toute la religiosité qui, dans l'homme moderne, s'était ratatinée, explose, se précipite vers ce but, on fait crédit tantôt à celui-ci, tantôt à celui-là, on happe le vent et on attrape ce qu'il apporte

Mercredi 5 mai. Cette fois, les rumeurs sont d'une précision hallucinante, 165 000 hommes, 464 canons, 7 trains sanitaires, 39 avions — ces chiffres nous sont communiqués par un huissier du ministère de la Guerre, ils sont tellement précis qu'on y croit, qu'on est obligé d'y croire — mais voilà qu'arrive le communiqué, il donne le chiffre de 40 000 et balaie les rumeurs en termes crus. Elles errent dans le vague, a dit Ovide, mais elles sont bien là, fermes, brandissant des chiffres, tout autres que ce que l'on avait pu imaginer. Qui les suscite ? Impossible de le savoir. Le désir aurait ce pouvoir, mais qui leur confère cette forme précise, ces contours accusés ? On serait tenté de croire : une mauvaise intention. Quoi qu'il en soit, le succès semble être de taille, c'est surtout un chef-d'œuvre de stratégie. Certes, les états-majors se sont querellés à ce sujet « en présence du Comm. en chef l'archiduc Frédéric sous la direction de S. Excellence Mackensen », disait le communiqué allemand, sur quoi nous portons Conrad aux nues [2].

Jeudi 6 mai. Les rues sont pavoisées de toutes les couleurs que le printemps illumine. Il y a longtemps qu'on n'a pas vu cela, c'est presque nouveau pour le cœur oublieux. Et les hommes, ces inconstants, ont repris espoir. 50 000 prisonniers, les Allemands devant Riga — et le plus important : l'armée des Beskides [3] est prise en tenaille, nous pouvons escompter l'avoir liquidée — une tête de l'hydre serait tranchée.

Mais à nous, en Autriche, est refusée toute joie sans mélange. A l'heure actuelle, précisément, l'Italie est en ébullition. Le discours de d'Annunzio [4] est une menace pour notre pays, les journaux ont eu le front de voir une « impudence » dans le fait que nous ayons expédié un navire de guerre français au fond de l'Adriatique. Nous payons l'outrecuidance de Tisza, ce fou enivré de pouvoir, qui a saccagé Berchtold. Étrange, on se prononce contre la haine individuelle et l'on se rend bien compte que c'est de la folie. Néanmoins je ne pourrai plus jamais regarder un Italien en face. Ils nous ont fait trop souffrir avec leur perfidie, leur art du mensonge qui affuble leur brigandage de motifs nobles. La haine que leur portera l'Allemagne durera des siècles : ce qu'ils font, c'est de la pure démence. Et le tragique, c'est qu'on en viendrait à bout si la Roumanie n'était pas là pour achever le cadavre. Il est affreux de se dire que tout cela est la faute de l'Empereur et de Tisza.

Mais Vienne, la candide, ne se doute encore de rien — elle continue à s'amuser

Vendredi 7. Haute tension. Toutes les bonnes nouvelles qui arrivent d'ici et de là sont sans intérêt à côté de cette dernière, ultime décision. Je n'ai qu'un sentiment, qu'une pensée : le ciel peut à tout instant s'écrouler sur nos têtes. Le soir, chez Ernst Benedikt : eux aussi attendent l'effondrement. On a tergiversé 8 jours de trop pour faire des concessions, et maintenant le peuple là-bas est déchaîné : personne ne pourra endiguer ce flot.

Samedi 8. Je n'ai pas dormi. Je vois la chute, plus épouvantable que jamais. Je sais que personne au monde ne demandera grâce pour l'Allemagne, qu'elle va être piétinée à mort. Car on connaît maintenant sa puissance. On sait qu'elle renaîtra dans cinquante ans avec une énergie démoniaque, c'est pourquoi il faut lui briser l'échine pour toujours. Ajoutons à cela la catastrophe du *Lusitania*, qui lui attire la haine du monde entier, en particulier de l'Amérique : cette façon brutale de faire la guerre est tout simplement de la démence. Mais l'armée règne sur tout dans ce pays, sur tout, on perçoit dans les commentaires des journaux combien la « jubilation » soulevée par ce succès leur reste dans la gorge. Je suis assailli par les images de ce qui va venir, je sais trop que la catastrophe est inévitable pour pouvoir en douter. Il y a encore ici des bavards qui ne voient pas que la Roumanie et la Bulgarie vont se jeter sur leur proie comme des charognards. La chanson des Nibelungen s'accomplit, la chanson de la Fin des Nibelungen. Je ne crois pas que l'on puisse parer le coup, pas un homme d'État n'est capable aujourd'hui de remonter ce courant

Dimanche 9. A Baden, où le merveilleux paysage vous permet de ne rien ressentir pendant quelques minutes, d'oublier pour quelques secondes, mais quelques secondes seulement. Nos journaux n'ont toujours pas le droit de dire un mot, on n'en parle qu'en cercle réduit. Mais les journaux allemands, eux, sont d'une clarté terrifiante, ils se contentent de noter que les relations diplomatiques ne sont pas encore rompues... seulement que... il ne manque plus grand-chose pour que le conflit éclate. Il ne semble guère possible de détourner le cours des événements. Je me défends de haïr à ce point, mais la *manière* dont les Italiens tirent sur la corde est sans doute la plus odieuse qui soit : ils accusent l'Allemagne de trahison pour... oui, pour quoi, on l'ignore, mais on accuse. Allemands et Autrichiens ont déjà quitté le pays par milliers — ce pays que l'Allemagne a tant aimé depuis des siècles, presque plus que sa propre âme.

Lundi 10. Aujourd'hui, les journaux ont enfin le droit d'écrire et la foudre est tombée sur la population. Tout le monde à présent est disposé à tout donner, ceux-là mêmes qui, voici quelques semaines, refusaient le Trentin à coups de radotages, cèdent Trieste et le reste. Bien sûr, ils ajoutent qu'il faudra le reprendre dans quelques années, mais ils continuent à jaser sur la raclée qu'on va administrer aux Italiens. Je ne savais pas à quel point la masse est stupide, partout, en tout lieu, elle rumine sans réfléchir ce qu'on lui a dit. Il ne reste plus qu'un refuge : l'élite. Mon dégoût des gens a crû jusqu'à prendre des proportions indicibles : je les évite tous

Mardi 11. On continue à espérer chez nous, parce qu'on *veut* espérer, et l'on nous dore la pilule en raison de l'emprunt de guerre. Personnellement, je considère la situation comme irréversible, je connais trop les Italiens, leur soif fanfaronne de gloriole pour une cause sans péril. En comparaison, la victoire en Galicie est devenue légère comme une plume, on crie en vain les éditions spéciales dans les rues. Le plus étonnant dans l'affaire, c'est l'impassibilité du public. Les programmes des théâtres de ces jours-ci resteront un monument d'opprobre pour Vienne : *On ne vit qu'une fois, Lui et elle, Comme autrefois en mai, Sur l'ordre de la duchesse* — opérettes et frivolités.

Mercredi 12. Causé aujourd'hui avec les officiers, au bureau. Mon lieutenant-colonel s'est contenté de dire : « Chapeau bas et prions. » Pour lui, la situation se résume dans cette formule. Les journaux reflètent les incertitudes de ceux qui ne sont pas au courant. Quelques mains portent le destin de l'Europe. On ne devrait pas y penser, mais on est obligé de le faire heure après heure. Avant-hier, j'ai vu des trains de camions descendre sur Baden, à la file, j'apprends aujourd'hui que Villach est évacué en tant que zone d'étape principale. Trieste l'est depuis longtemps. Il faudrait un miracle pour abolir tout cela, et je ne crois plus aux miracles. Depuis plusieurs jours il est interdit aux navires « neutres », donc aux nôtres, de quitter les ports italiens. Le tout sera au premier chef une catastrophe matérielle sans égale : mon imagination est à court pour me la représenter.

Jeudi 13. Un soupçon de détente. Giolitti a resurgi de ses profondeurs et a été reçu par le roi [5]. Son valet d'armes, Cirmeni, a porté le grand coup : il a rendu publiques les concessions autrichiennes. Cela semble avoir fait impression, à tout le moins les partisans de la paix ont-ils un point de ralliement dans la personne de celui qui a organisé la guerre de Libye et conquis une grande province à l'Italie. On peut reprendre un très léger espoir, très léger certes

Vendredi 14. Le ministère Salandra démissionne[6], mettant au jour la querelle intestine en Italie, il apparaît que bon nombre de gens renâclent, sans oser l'avouer jusqu'ici. Chez nous le moral est remonté en flèche, d'autant plus que les nouvelles des victoires remportées au Nord sont riches de promesses, les villes se rendent l'une après l'autre, et l'on n'ose imaginer ce que cela aurait donné si Przemysl avait tenu

Samedi 15. La folie furieuse paraît régner en Italie, les deux partis menacent de déclencher une révolution. J'ai causé avec le Dr N. — nous avons reconnu là les deux puissances originelles, franc-maçonnerie contre jésuites, mais ces derniers, cette fois, sont les alliés des radicaux-socialistes. Les deux partis — socialisme et catholicisme — qui, dans tous les pays, ont été laminés par la guerre, se sont réveillés de leur léthargie, certes la jeunesse d'Italie travaille pour eux, et elle a un pouvoir infini. D'Annunzio comme porte-parole, de l'autre côté le pape qui aurait même menacé — et aurait surtout réussi, grâce à sa mise en demeure apostolique, à faire accepter par notre empereur le principe d'une abdication. Là-bas, les extrêmes se donnent la main et il y a en eux un certain dynamisme. Mais la roue tourne déjà, ils doivent redoubler d'efforts pour enrayer son élan. Les vrais héros, aujourd'hui, ce sont des gens comme Cirmeni, Bertolini et Giolitti[7].

Aujourd'hui, une scène affreuse dans le tramway. Un soldat monte dans la voiture, appuyé sur une béquille, traînant une jambe, l'autre n'est qu'un morceau d'étoffe grise et vide qui flotte, un terrible néant. Tout le monde garde un silence respectueux. Seule une femme, soudain, qui ne connaît pas cet homme, éclate en sanglots déchirants, on la comprend et néanmoins tout le monde a peur. Je n'oublierai jamais cela.

Dimanche 16. Situation indécise en Italie. Marcora, Carcano ont refusé, tous redoutent la responsabilité. A présent, c'est noir ou blanc, Sonnino ou Carcano[8]. Encore cinq jours d'attente et de torture — c'est à peine supportable ! Aujourd'hui, l'affaire Auffenberg, l'interpellation a été lue au parlement hongrois, ça a l'air d'un vrai complot moyenâgeux. Le système Benedek[9] est resté parfaitement intact, nous sommes toujours gangrenés par l'Espagne. Mais dans ce cas, le parlement est intervenu et a, espérons-le, crevé un abcès empoisonné par la crasse morale habsbourgeoise. Trois jours auparavant, il avait été fait baron, et voilà qu'on lui redemande son brevet — l'ombre de Benedek surgit, ainsi que l'épisode de l'archiduc Albrecht[10].

Le soir tard, une première nouvelle, mauvaise, très mauvaise : la démission de Salandra est refusée. Ce qui, si je sais lire, signifie la guerre. Il faut attendre jusqu'à demain

Lundi 17. Aucun doute, c'est la guerre. Se bercer d'illusions serait un crime : l'Entente a vaincu, comme toujours sur le terrain diplomatique. Salandra, Sonnino restent, les partisans de la neutralité tremblent pour leur vie, il n'est plus question de compromis, de cession de territoires, ils veulent la guerre. Tout cela à cause de l'orgueil de Tisza qui n'était pas d'accord avec la politique quand même conciliante de Berchtold. Mais ici, les ânes l'admirent encore pour sa « tenue », de même qu'ils ont admiré celle de S.M.[11]. Ils sont incurables, ils ne sentent pas, toujours pas, que nous sommes au bord de *la* catastrophe pour l'Allemagne, qui ne pourra être expiée que par l'édification de la république. Car lorsqu'une nation a été entraînée aussi loin, lorsqu'on a si odieusement fait violence à son âme, sa colère doit finir par faire sauter une soupape, et j'espère que ce sera dans le bon sens. A côté de cela, les victoires en Galicie sont un jeu d'enfant, le front allemand de l'Ouest chancelle de façon inquiétante — je prévois un effondrement. Je pense à cette tragédie sur Jérémie que j'ai toujours eu envie d'écrire[12].

Mardi 18. Enfin — alors que la guerre avec l'I. est inévitable —, Tisza a parlé, hypocrite, patelin. On a fait des propositions, non point par faiblesse, mais par pure humanité. Il n'y a que chez nous que l'on peut se permettre de présenter à un parlement des inepties pareilles. Curieux, les théâtres continuent à jouer, les gens ne savent pas, ou *ne veulent pas savoir* ce qui les attend

Mercredi 19. Paralysante, l'attente qui pèse sur la ville. A la Bourse, toujours des crétins qui espèrent. Discussion avec Specht[13], le pauvre croit encore à la victoire et à la neutralité étrangère

Jeudi 20. Séance à la Chambre, à Rome. Qui va encore espérer ! Les journaux n'apportent aucune certitude, mais l'absence de Giolitti est déterminante. Quelques jours à peine pour se préparer
Tard dans la nuit, le communiqué. Exultation sans fin pour d'Annunzio. Il l'a atteinte, l'*alta cima*, il est monté plus haut que Victor Hugo, plus haut que jamais un contemporain n'est monté dans l'État. Et cela va coûter la vie à 100 000 hommes !

Vendredi 21. Maintenant, on daigne nous expliquer, à nous, enfants bien sages, ce que nous aurions dû céder. C'est-à-dire que les Berlinois ont le droit de nous l'expliquer, nos journaux, eux, portent leur muselière, même *en ce moment*, à cette heure, partout des mots caviardés et biffés. De cet opprobre il faudra un jour rendre compte. Jusqu'à la dernière seconde, on joue avec des hommes qui versent leur sang — et personne n'a le courage de se révolter. On a laissé suspendue au-dessus de la tête des gens la déclaration de guerre — un miracle si on les met un jour au courant

Samedi 22. Certitude absolue qu'il y aura la guerre — seuls quelques-uns ne *veulent* toujours pas y croire, par peur des réalités. L'atmosphère oppressante, mais pas accablante. En guise d'attente... la paralysie. Si nous pouvions être plus avancés — on croyait en avoir fini et ça ne fait que commencer

Dimanche 23, Pentecôte. Service d'inspection du matin jusque tard dans la soirée. Quand je sors, éditions spéciales, déclaration de guerre de l'Italie. Aucun affolement — les gens reviennent d'excursion, le temps est en effet d'une beauté diabolique, mais tard dans la nuit arrivent par les fenêtres quelques éruptions isolées d'enthousiasme éthylique : « A bas les macaronis ! » Les mêmes intonations que naguère quand il s'agissait de la Serbie. La masse a la mémoire courte.

Lundi 24. Les journaux se déchaînent, le soir, manifestations patriotiques (sur commande). Dans l'ensemble, le calme — on ne peut plus rien exiger de nos nerfs. Le cerveau n'est plus capable de capter autre chose que la peur concrète — les Russes devant Vienne, le conseil de révision, la disette de viande. Le reste, ils ne le saisissent plus.

Mardi 25. Dans les Carpates, grande victoire devant Przemysl. Quelle joie c'eût été, naguère ! L'intérêt pour les *phases* du conflit a disparu, l'esprit n'envisage plus que les résultats, et ceux-ci ne sont que le fruit de suppositions. Les succès de notre flotte impressionnants eux aussi, même si, en fin de compte, ils ne sont que spectaculaires (à noter le style lamentable du communiqué).

Mercredi 26. Les bonnes nouvelles isolées se confirment, mais tout cela coule comme de l'eau. Intérieurement, une sensation de rigidité — immobilité au-delà de la crainte et de l'espoir, l'équilibre de Spinoza. Par ailleurs, de nouveau travaillé pour moi, c'est bon signe !

Jeudi 27. Les nouvelles isolées sont toujours favorables : encore un navire de ligne coulé devant les Dardanelles. Avant la déclaration de guerre de l'Italie, cet événement aurait eu une influence libératrice, aujourd'hui il donne plutôt l'impression de prolonger [le conflit]. La léthargie de la souffrance est générale, elle présente des symptômes physiques, fatigue du corps, somnolence, une douce torpeur. Quel immense événement ne faudrait-il pas pour nous secouer et nous tirer de cet état !

Vendredi 28. Premières nouvelles de la guerre au Sud : tendancieuses, présentant les Italiens comme des lâches, ce que je trouve très maladroit. Sans doute pour nous bourrer le crâne. Odieuses, les menées de la populace intellectuelle contre d'Annunzio, alors que tous ces plumitifs réunis ne lui arrivent pas à la cheville.

Samedi 29. Baden. Repos. De l'air et de la verdure. Un reflet d'autrefois.

Dimanche 30. Avec Petzold — qui me présente sa fiancée. Je ne peux m'empêcher de penser à Hamlet : les semelles ne sont pas encore usées sur lesquelles il suivit le cercueil de sa femme. Mais il y a beau temps que j'ai désappris de faire de la morale. — La guerre, telle une touffeur sur ma journée, invisible mais oppressante.

Lundi 31. Inspection de 8 à 8. Beaucoup lu, me suis concentré

Mardi 1er juin. Ébauché *Jérémie*. O temps, ô énergie, rien que ces seules choses — ou tout au moins la dernière, car elle contraint le temps à venir à elle.

Mercredi 2 juin. Récapitulons : 300 000 prisonniers en mai ! Énorme — mais pas décisif. Hier, longtemps causé avec Karl Larsen [14] — comme il fait du bien, le moindre souffle d'air venu du dehors dans notre existence d'enfermés ! Ici, on nous traite en écoliers. On n'a toujours pas daigné présenter au peuple, qui a peut-être envoyé un demi-million des siens à la mort, le traité qui liait la Triplice. On continue à n'être reçu en audience que par des comtes et des barons, alors que nous devrions avoir depuis longtemps un ministère de coalition. Mais notre peuple trouve cela naturel — ç'a toujours été comme ça, donc... Ce « donc » est toujours un signe de déclin.

Jeudi 3 juin. Phénomène à enregistrer pour les époques futures : le peuple, la masse n'apprend jamais rien. On serait en droit de penser que les gens auraient compris au bout de 10 mois de guerre. Mais rien n'a changé depuis le début, les mêmes rumeurs accueillies avec la même crédulité irresponsable. Tout le monde murmure soudain qu'on négocie avec la Serbie, que Pasic est à Vienne [15]. Motif : l'intervention de l'Italie et la totale passivité de la Serbie sur la Drina. Je présume qu'ils n'attendent que l'instant propice, en outre ils ont déjà mis la main sur l'Albanie. C'est un non-sens démentiel, mais les gens jurent que Pasic est à Vienne. On ne finit jamais d'apprendre. — A midi, des cris de joie : Przemysl est pris. La ville exulte. Le soir, retraite aux flambeaux et sérénade devant le ministère de la Guerre. Ce n'est pas tant le succès militaire que le fait de pouvoir de nouveau prononcer en Autriche le nom de Przemysl, la tache est effacée. Si l'incertitude suscitée par le comportement de l'Italie ne nous était pas tombée dessus, on se livrerait à des orgies. Aujourd'hui, c'est l'ivresse d'un soir, les drapeaux flottent au vent et les lumières étincellent.

Vendredi 4. Pas encore des détails sur P. Apparemment, les Russes se sont esquivés. Ils semblent avoir aussi sauvé leur artillerie

Samedi 5. Progrès en Galicie, aucune nouvelle des autres fronts. Il fait très chaud, canicule, pas de pluie — l'autre extrême ! A Baden, je me remémore le jour que nous étions assis dans le parc et que nous apprîmes la nouvelle de l'assassinat de François-Ferdinand. La musique avait cessé de jouer — elle joue de nouveau... parmi les mutilés, les malades, dans un univers de malheur. J'envie aux gens leur gaieté, leur pouvoir de passer devant les événements, en spectateurs.

Dimanche 6. A Vöslau, travaillé un peu. Chiffres énormes au mois de mai — 300 000 Russes —, c'est plus que lors de la guerre russo-japonaise. Mais les choses ont pris, depuis, une autre dimension ! Ce qui alors était déterminant n'est plus qu'un épisode. — Beaucoup promené. Le drame prend forme.

Lundi 7. Au bureau, travail monotone, absurde et frustrant. Ginzkey s'en va : comme j'aimerais l'accompagner ! Une lettre de Rolland à laquelle est joint un poème de Van Eeden [16] — signe d'amitié venu de mondes perdus

Mardi 8. Monotonie de la réalité. Conversation dramatique avec Alice S. Comme les destins soudain gagnent tous en profondeur !

Mercredi 9. Des ennuis au bureau ! Insuffisances, lassitude. Les succès en Galicie — Stanislau — ne calment pas la fièvre intérieure

Jeudi 10. Mon Journal meurt du poids qui m'oppresse. Je suis toute la journée fatigué — fatigué de tout. Le drame est bien mûri en moi, mais je ne trouve pas la force. Je reste couché à rêver la moitié de la journée, peut-être est-ce l'inaction qui engendre l'inaction, surtout en ce moment. Au Nord, on annonce des victoires, mais je sais qu'elles coûtent cher. Et n'amèneront pas de longtemps la fin

Vendredi 11. Rien d'importance.

Samedi 12. Avec Adelt, qui me parle beaucoup du front du Nord, des rivalités qui continuent à exister, même maintenant. Le sentiment de solidarité, comme tout sentiment fort, ne connaît que de brèves phases de tension, l'égoïsme intérieur, lui, est toujours latent et revient, tel un élastique, à son point de départ. Tous les livres nous l'ont appris et néanmoins nous ne le croyons pas. Devant Przemysl, ces rivalités nous ont coûté bon nombre de vies humaines — il fallait que le 10ᵉ corps le prenne *à tout prix**, et il a attaqué le fort avant que celui-ci ne fût mûr pour l'attaque.

Dimanche 13. Travaillé un peu, livres, calme. Je suis devenu un parfait outsider et je ne le regrette pas.

Lundi 14. Lettre de Rolland ; pleine de bonté et d'espérance. Quel bonheur de l'avoir, ce consolateur !

Mardi 15. Visite de Hans Müller. Il a été déclaré bon pour le service, mais ce patriote tremble de la double peur de devoir servir et de ne pas être un héros. Lamentable, le spectacle que nous offrent les hommes, ils vivent tout en extérieur et sont creux à l'intérieur. Voilà les porte-parole de notre époque. L'ultime leçon, à rabâcher : ne fréquenter que les meilleurs, le reste n'est qu'avilissement. Et préserver sa solitude, travailler. Peut-être jouer avec les femmes. Mais pas de « fréquentations ». Solitude, solitude ! L'apprendre. Je sens qu'il est grand temps.

Mercredi 16. Rien. Les journaux, vides et creux. Apparemment, ils sont dégoûtés des mots, comme moi au bureau.

Jeudi 17. Un peu avancé dans mon travail. Mais pas encore pris tout mon élan. Je vais m'y mettre la semaine prochaine. Peut-être louerai-je une chambre quelque part. Chez moi, les obstacles, les contrecoups, les réactions d'ici et de là. Et puis : en ce moment je déteste mon appartement, il respire le passé et le moisi. Huit jours en plein air, et je serais guéri. Seules joies : une lettre de Zech [17] et une de Guilbeaux. Comme cela fait du bien de voir une écriture française en ces journées, un mot venu de là-bas vous paraît sept fois plus fraternel. Il est resté inflexible, ainsi que quelques rares êtres, semble-t-il. Mais combien rares ! De Bazalgette, on n'aurait plus de nouvelles depuis des semaines, ce serait épouvantable s'il lui était arrivé quelque chose, à lui surtout.

Vendredi 18. La chose commence à se mettre en ordre, à se clarifier. Les contours m'apparaissent nettement. Sur le plan politique, situation toujours favorable à l'Est, avance vers Lemberg. Mais je ne décèle rien de décisif.

Samedi 19. Promu adjudant — je ressens cela comme une ironie. L'après-midi, à Baden.

Dimanche 20. Je me suis plongé dans ma pièce et, depuis, le monde extérieur me fait moins mal, depuis, je suis justifié à mes propres yeux. C'est la seule fuite possible, puisque les pays et les villes sont interdits. Lettres de Guilbeaux — magnifique dans son amitié et inchangé dans ses sentiments.

Lundi 21. Rien d'importance. Le soir, chez le Conseiller aulique Zuckerkandl avec Schnitzler, à qui sa surdité permet un merveilleux approfondissement de sa vie intérieure. On ne peut pas ne pas l'aimer, il y a en lui une telle bonté latente que sa grande intelligence n'entrave pas.

Mardi 22. Rien de particulier jusqu'au soir. Puis tout à coup un mouvement, ce mouvement souterrain, sans raison, mystérieusement déclenché par un invisible je-ne-sais-quoi, cette trombe qui jaillit de la matière morte, et soudain le drapeau lentement déployé sur l'hôtel de ville : Lemberg est tombé. Et voilà une houle qui passe sur la ville. — Gaieté, jubilation, on dirait que tout est fini et que la paix va se faire demain. Mais on accorde de bon cœur cette joie aux pauvres gens, ils l'attendent depuis si longtemps, avec une telle avidité !

Mercredi 23. Vienne est la ville de la fête, cela se voit. Comme les drapeaux font bel effet dans la clarté de l'air, comme la verdure accroît l'allégresse, exalte les couleurs. Et comme la gaieté convient aux êtres, aux jeunes filles qui, vêtues de blanc, voltigent de-ci, de-là, comme des papillons. Et soucis de se dissiper à la première véritable victoire : à présent, pour ces gens comme pour les hâbleurs, tout est gagné, les Russes sont « anéantis », la Pologne est à nous, tout, tout est fini. On ne sait si l'on doit les envier ou avoir pitié d'eux. Le soir, vastes défilés aux lampions avec drapeaux, des centaines de milliers de voix entonnent l'hymne impérial sur le Ring et, pour la première fois, la « goguette » a une certaine grandeur. Ce sont justement les pauvres, les plus pauvres qui ont besoin de cette consolation puérile, lumières et bougies, ce miroitement sans consistance. Ce sont quand même les premiers jours où il est officiellement permis de faire la fête à Vienne.

Jeudi 24. Deuxième jour de réjouissances. Cérémonie impériale à Schönbrunn, le soir, nouvelle retraite aux flambeaux. Beauté inoubliable de l'hôtel de ville. Mais en même temps on écoute, on se demande s'il y a de bonnes raisons à cette joie. Je ne peux me réjouir stupidement, comme les autres — cette façon de se faire illusion m'est étrangère. Entre-temps, travaux préliminaires pour *Jérémie*, bien que l'ambiance ne s'y prête pas

Vendredi 25. Rien d'importance. Étonnante, la résistance acharnée au Sud ! Pendant un mois les Italiens n'ont rien entrepris, même leur flotte est en sommeil. Intéressante aussi, cette trêve (conclue peut-être en secret) avec la Serbie qui marche sur l'Albanie. On commence à enfoncer un coin entre les Alliés, il pénètre de plus en plus profond et peut-être va-t-il faire sauter le tronc.

Samedi 26. Inspection, donc pas travaillé — toujours dérangé. Rédigé seulement l'appel pour le service social de l'armée. Le soir, parti pour St Pölten afin de profiter de ma permission.

Dimanche 27. Parti tôt pour Turnitz. Passé devant le camp de prisonniers russes, tous de magnifiques gaillards qui travaillent, ils construisent — pour eux-mêmes ou leurs successeurs — leur maison. J'ai ressenti une joie fort peu patriotique à les voir aussi en forme. Puis, dans un admirable paysage, le Gstettenhof, ancienne propriété de Toni Schläger, où j'habite dans des conditions splendides et primitives. La seule chose effrayante, c'est l'absence d'hommes dans tout le pays. Dans un petit village, un vieillard vieux comme Mathusalem, le regard idiot, la pipe à la bouche — voilà le seul mâle que j'aie vu, sans quoi un désert épouvantable. En revanche, la nature pure et vierge, impassible et inconsciente.

Lundi 28. Je travaille bien. Même la pluie ne me gêne pas. Réconfortant de savoir qu'elle profite à la moisson.

Mardi 29. Continué à travailler, terminé l'ébauche du premier acte et du prélude. Si je pouvais conserver cet élan ! une permission, et je serais sauvé. Rentré le soir. Bonne nouvelle de la guerre — Halicz[1] est pris, les Italiens ont été repoussés.

Mercredi 30. Jour de travail, triste, désespérant. Alfred est rappelé sous les drapeaux — épouvantable de voir qu'ici aussi tout se vide.

Jeudi 1er juillet. L'épisode entamé le soir de la victoire de Lemberg mené à bonne fin avec virtuosité, ma pièce progresse intérieurement. L'ambiance de fête est vite retombée, les ragots imbéciles à propos d'une paix séparée ont fait long feu. Les gens sont trop bêtes pour saisir le tragique de la situation, et, en même temps, trop sensés — ils s'y dérobent et s'enivrent de phrases : les Russes font la révolution, les Français sont las de la guerre, les Anglais n'ont plus d'argent — vieille antienne que l'on pourrait tout aussi bien jouer sur nos instruments.

Vendredi 2. A Schönbrunn, ce sentiment bien connu d'un danger insolite. Un peu travaillé, quant aux nouvelles, elles sont quelconques. Je deviens de plus en plus solitaire, les hommes ne fatiguent plus qu'ils ne me stimulent.

Samedi 3. Le travail me fait vraiment du bien — c'est comme un bain d'eau ferrugineuse contre ce léger chagrin qui s'insinue, cette lassitude intérieure qui me tourmente. J'ai abordé là comme il faut, et avec audace, un grand problème — quelque confusion dans les personnages secondaires, pas assez fondés, je suis gêné par une certaine monotonie dans la gradation. Peut-être trouverai-je le joint. Au Sud, on annonce de durs combats

Dimanche 4. Les contours du second acte sont clairs, j'attaque le troisième. Soirée avec des amis.

Lundi 5. Les journaux annoncent l'issue victorieuse de la bataille de Gorizia. Il est difficile de ne pas s'en réjouir. A l'Italie je ne peux témoigner de pitié. Le seul peuple qui fasse une guerre inutile, il la fait par gloriole et en s'en glorifiant. Celui qui les frappe frappe tout ce qu'il y a de sale dans la guerre, son pathos menteur, son arrogance sacrilège.

Mardi 6. Bel article d'Adelt. L'un des très rares hommes qui se sont révélés dans cette guerre. Je continue à travailler lentement, un espoir perce à l'horizon : celui de pouvoir fuir en Galicie pour deux semaines.

Mercredi 7. La paix fut-elle jamais aussi pauvre en événements que l'est cette guerre ? Avances, retraites, deux mille prisonniers de ce côté-ci ou de ce côté-là, mille morts — cela ne touche guère plus l'âme. Nous sommes endurcis, sauf sur un point : la paix, qui nous libérera. Un soupir sur toutes les lèvres : « Combien de temps ça va encore durer ? » Naguère, les gens s'interrogeaient sur le but, aujourd'hui, uniquement sur la fin.

Jeudi 8. Le soir, nouvelle triomphale : un croiseur italien a été torpillé — nouvelle qui camoufle bien un revers à Krasnik. Mais les maisons ne pavoisent plus. Dans chacune d'elles, dans chaque pièce, une détresse — Lemberg fut le dernier espoir, peut-être encore Varsovie. Le lendemain, tout retombe et rentre en soi-même. — En Allemagne, des pourparlers souterrains de nature politique semblent se dérouler entre les partis au sujet de la paix. Les socialistes sont pour une solution rapide et peu coûteuse, les autres pour la victoire à n'importe quel prix. La paix, on pourrait l'acheter sur-le-champ avec la Belgique. Le peuple, lui, est exclu — il n'est là que pour donner son sang, être l'enclume sur laquelle frappent les sept marteaux de l'ennemi.

Vendredi 9. Histoire désagréable d'exemption de service militaire de la part des Juifs. Des rabbins ont établi plus de 2 000 faux certificats de candidature au rabbinat, et l'on a découvert le pot aux roses. Ce genre d'affaires compromet les exploits de dizaines de milliers d'hommes sur le front. Travaillé un peu. Il faut que le troisième acte soit terminé cette semaine.

Samedi 10. Mon voyage en Galicie est de plus en plus probable. Je m'en réjouis beaucoup à l'avance, avec réserve toutefois. Enfin une porte de sortie pour échapper à la monotonie des faits qui, vus de près, sont si terribles, vus de loin si mathématiques, si concevables qu'ils tuent l'esprit et paralysent les sens — alors qu'ils sont pure affaire de sens.

Dimanche 11. Baden — repos — travaillé un peu. Petit à petit, je retrouve mon calme

Lundi 12. Mon voyage en Galicie est décidé. Malheureusement à l'instant précis où le sort de mon frère se décide — et il me faudra être loin. Mais j'ai appris ceci : ne pas laisser passer une occasion qui ne se représentera plus. Il y a trop longtemps que je souffre de ce sentiment d'être en dehors, de ce désir de connaître le pays dont chaque ville, chaque village sont vivants en notre mémoire, sans vivre néanmoins, ne sont que des noms, des concepts, des mots morts, informes. Cela va être fatigant et d'un maigre profit, mais il faut que je le voie : mes yeux sont las de l'univers viennois.

Mardi 13. Va-et-vient à cause de mon passeport. Encore rien en fin d'après-midi, puis inspection. L'agitation m'empêche de travailler.

Mercredi 14. Derniers préparatifs. Je pars ce soir pour Cracovie !

Intercalé ici, le *Voyage en Galicie*
jusqu'au *26 juillet* 1915.

14 juillet, dans la soirée. Le départ ! Quel spectacle dès qu'on pénètre dans la gare du Nord. Une foule de réfugiés, de pauvres Juifs polonais avec femmes et nourrissons, le tout baigné de cette étrange et pénétrante odeur de la misère et plongé dans le chaos de la fuite. C'est le revers de la victoire de Lemberg, l'impression est fantastique. Le ver de terre qui, après l'averse, remonte à la surface et va chercher sa nourriture.

Rien que des compartiments de troisième classe. Ici aussi une odeur que l'on n'oubliera pas. Odeur d'hôpital, de lysol, tout y est. Des bancs nus comme des châlits, quelques officiers, et puis la masse confuse. Car ici déjà commence la tragédie de l'Autriche. Comme ils sont désemparés, ces braves garçons qui ne savent plus parler, ils attendent, animaux dociles prêts à se laisser enfermer dans n'importe quel enclos. L'obéissance ici, à l'opposé de l'obéissance allemande, est inconsciente, elle n'est qu'instinct et discipline. Ce sont pour la majorité des Slaves méridionaux. L'un d'eux, qui veut aller à Tetschen, est monté dans le train de Teschen [18]. On essaie de le lui expliquer, il dévisage les gens d'un air épouvanté comme s'il avait commis un crime, mais il ne comprend rien de rien. On le fait descendre, ses traits enfantins prennent une expression d'indicible peur, comme s'il avait fait quelque chose de mal. A Floridsdorf on l'expédiera peut-être à la gare du Nord-Ouest et peut-être y restera-t-il sans manger, sans rien. Dès la première heure, un destin.

15 juillet, jeudi. Au petit matin, Mährisch-Ostrau. Je ne savais pas encore où nous étions, mais j'avais flairé l'odeur du charbon. Le même sol gras qu'en Belgique, la même surface trouble et presque déserte, et puis les silhouettes des portiques de chargement. Des milliers de wagons ici et à Oderberg, il semble qu'on y ait installé un centre de triage important. C'est le genre d'organisation qui me fascine le plus, parce qu'elle est la plus mystérieuse : il est plus facile de comprendre les masses que le problème de leur déplacement. A Oderberg soudain, scandale dans notre wagon : un commandant prussien vitupère avec une morgue incroyable le personnel de la gare, mi-effrayé, mi-moqueur, parce qu'on lui a indiqué le mauvais quai. Il continue à s'indigner alors qu'il est depuis longtemps installé dans le wagon : nos officiers saluent, se taisent, échangent des sourires. Impression pénible. Mais deux heures plus tard, à Auschwitz, un groupe de soldats allemands attend d'être embarqué. Admirablement équipés, fourbis, au garde-à-vous comme sur un champ de manœuvres, on perçoit avec admiration l'avers de cette morgue, si déplaisante tout à l'heure. Admiration que l'on ressent doublement parce que ici — nous sommes à un kilomètre de la frontière — l'univers allemand pénètre dans l'univers polonais. Crasseuses, pieds nus, les femmes gardent leurs vaches, les couleurs bariolées des paysans slaves ont fait place aux habits citadins sales, sans éclat ni caractère. Le pays, vide, désert, monotone — il suffit de l'avoir vu une seule fois pour comprendre la tristesse des chants populaires slaves. A une gare monte un vieil officier, à cheveux blancs, de la Légion polonaise, il ressemble à Job avec sa barbe ondoyante. Toute une communauté s'est rassemblée pour prendre congé de lui. Ils s'inclinent servilement devant le patriarche, une vraie scène de l'Ancien Testament.

Le chemin de fer est, lui aussi, admirable. Les trains de charbon se succèdent sans arrêt, les gares sont vastes, l'animation ne cesse pas. Des trains postaux militaires et des transports de troupes, la locomotive haut le pied va et vient sans arrêt. Pour moi, cet énorme déplacement de marchandises, cette organisation des transports a quelque chose d'enivrant. Et sur tout cela on veille, pour protéger l'armée et son ravitaillement on mobilise une armée. Par contre, dans les gares, rien à se mettre sous la dent, rien à boire. Tout s'en va, tout part vers la foule invisible, ces millions d'hommes dont le nombre, vu d'ici, impressionne peut-être plus que vu de l'arrière.

Arrivée ponctuelle à Cracovie, à 10 h 1/2. J'ai une heure pour visiter la ville, je prends une de ces petites voitures polonaises bon marché et je me laisse voiturer. La ville, magnifique, a du caractère. On perçoit la puissance du Moyen Age, ici aussi curieuse analogie avec les villes belges, surtout la Ringplatz avec l'église Notre-Dame et sa merveilleuse dissymétrie (et les statues de Veit Stoss [19]). Et puis cette atmosphère particulière du catholicisme slave, plus proche de l'italien, comme à Salzbourg et à Prague, que de l'espagnol, comme à Vienne et dans les Flandres. Le château des Jagellon, imposant dans son orgueilleuse majesté. L'élément autrichien n'a pu s'imposer nulle part, dans l'ensemble cela donne plutôt l'impression d'une république polonaise. Que Cracovie soit aujourd'hui une place forte, je n'en vois nulle trace, ni à l'arrivée ni au départ, et néanmoins, près de Wieliczka, à portée de main, on aperçoit les collines d'où l'on bombardait les Russes à partir des ouvrages avancés. On ne verrait pas non plus trace de la guerre si la bibliothèque et l'hôpital n'arboraient le drapeau de la Croix-Rouge, si sur chaque quai, à chaque pont n'étincelait la baïonnette d'un soldat de la Territoriale. Sans quoi tout est intact, le mélange de pauvre population paysanne qui erre dans les rues, craintive et comme effarouchée, et de Juifs polonais en cafetan noir est particulièrement typique. Aux alentours, les champs sont bien cultivés, la guerre est peut-être plus lointaine qu'à Vienne où sévit la fièvre des nouvelles, où se font les affaires en rapport avec l'époque, tandis qu'ici ne semble s'effectuer que le petit troc quotidien. La forteresse a bien protégé le vieux cœur de la ville.

Continué sur Tarnow avec des retards infinis. Dans le compartiment, bonne conversation avec les officiers qui me montrent beaucoup de choses ; exactement ce que je désirais voir le plus afin de me faire une idée exacte de la situation. Le paysage, magnifique. Les céréales sont hautes, luxuriantes, les femmes y travaillent vêtues de couleurs pimpantes. Des enfants pieds nus nous lancent des cris joyeux. Dominant la belle verdure des forêts, de petites églises dressent leurs croix claires, partout le calme et presque l'allégresse. Nous voici à Wieliczka, extrême limite de l'avance russe, c'est fini depuis longtemps, là où nous sommes, c'était partout la guerre. Mais les voies sont propres, brillantes comme si on ne les avait jamais fait sauter, les maisonnettes des gardes-barrière étincellent dans la splendeur de leurs tuiles neuves, et les six fils du télégraphe ont un éclat de cuivre. Tout a disparu, plus une trace. Si, une de temps à autre, mais il faut apprendre à la reconnaître. Une mare ronde près de la voie, dans laquelle un gaillard au large sourire abreuve sa vache : c'est un trou d'obus, celui-ci est tombé à deux mètres des rails. Parfois un trait blanc : le tracé d'une tranchée. Et dans le bois, un arbre éclaté, comme touché par la foudre : encore un obus. Ailleurs, couché, désemparé sur le talus comme un cadavre qui aurait dégringolé, un wagon en miettes. Sans quoi, rien. Aucune trace de la guerre.

Mais elle nous accompagne, nous précède, nous côtoie, nous affronte, sans cesse ni répit. Nous sommes flanqués de trains interminables, chacun, comme le nôtre, comporte au moins cinquante wagons, ceux qui sont vides sont encore plus longs, ces rails étincelants voient défiler d'immenses pèlerinages. Notre train est plein de permissionnaires qui vont moissonner, on entend chanter par toutes les fenêtres. Et l'on finit par bien comprendre leur puérilité, la puérilité slave de ces hommes mûrs. Assis sur les marchepieds, ils laissent pendre leurs jambes, à chaque arrêt ils se précipitent sur le quai pour acheter à des petites filles aux pieds nus des sucreries, des friandises. Qu'une paysanne ait apporté dans un chariot des biscuits et des gâteaux au fromage blanc, les voilà à se les disputer comme des enfants. Le train peut siffler, les camarades les appeler, il faut qu'ils aient d'abord leurs gâteaux au fromage, et de courir, la bouche pleine, après le train en marche sous le regard indigné d'un officier allemand dans le compartiment voisin. Et le train n'est pas encore arrêté que les voilà de nouveau dehors devant les friandises. Et toujours, toujours à chanter entre-temps.

On n'en finit pas de faire halte, une demi-heure à chaque gare, souvent aussi en plein champ. Mais cela ne me déplaît pas. Car à côté de nous, inlassablement, des trains pleins de soldats. Puis un train sanitaire allemand, de Hambourg, cinquante voitures éblouissantes, les draps blancs, sans un pli, on aurait presque envie de s'y coucher. Les infirmiers, la pipe à la bouche, assis sur les marchepieds, nous regardent en souriant, visiblement heureux de n'avoir pas encore embarqué de souffrances, de détresses. Mais ils se dirigent vers cet « avant » qui vous attire comme un aimant, que l'on devine, devine de plus en plus fort, comme une terrible et prodigieuse puissance. Puis des plates-formes chargées de pontons. On leur demande d'où ils viennent : de France. Ils sont partis dimanche, ils sont immobilisés ici depuis 6 heures du matin et ne peuvent poursuivre leur route, ils doivent d'abord laisser passer les trains chargés de bœufs mugissants, la nourriture des hommes, et les autres trains aux wagons scellés, la nourriture des canons. Puis un convoi transportant de la cavalerie bavaroise. D'où venez-vous ? Ils montrent leurs dents en riant : de France ! Et de fait, je remarque soudain les wagons belges, dans lesquels j'ai si souvent voyagé, on peut y lire « Zeebrugge » et « Courtrai ». On me montre un cheval arabe blanc qu'ils ont capturé à Lille. Chaque fois que nous rencontrons un tel train, des cris de joie s'échangent de part et d'autre. « Huurah ! », les Bavarois, « Servus ! », les Autrichiens. Ils chantent et exultent, à chacune de ces rencontres c'est une onde de jubilation qui monte dans les airs. Magnifique, la façon dont elle explose à la moindre étincelle, cette solidarité du destin. Et voilà un convoi de prisonniers russes : la joie alors monte comme une fusée. Les Russes eux-mêmes rient, comme si cette allégresse n'était destinée qu'à eux seuls.

Notre voyage est devenu peu à peu une attente, immobilisme et attente. A 7 heures, nous avons été dépassés par l'express parti de Cravovie à 5 heures, alors que nous, nous sommes partis à 11 heures 48. Je change de wagon et m'installe à dessein parmi les Allemands. Ces garçons ont déjà été en France, dans les Carpates, en Galicie, mais nulle trace de fatigue chez eux. J'examine leur équipement, il est remarquable, mais peut-être trop bon, je veux dire trop lourd. Ils le reconnaissent eux-mêmes. Ils racontent d'une façon merveilleuse, avec une extrême simplicité, et de bon cœur, cela se voit, il y a notamment des détails que je n'oublierai jamais. Je suis heureux de voyager dans un train militaire et non en automobile, ce n'est qu'ainsi, de l'intérieur, que l'on sent le corps vivant, la planification d'une telle organisation et les obstacles auxquels elle se heurte. Une force dirige le tout, et on ne la sent que lorsqu'elle vous touche de près. Je suis immobilisé depuis trois heures, j'ai appris ce que c'est que d'avoir faim (je n'ose pas exhiber mon petit saucisson devant une centaine d'affamés) et je suis heureux d'être au milieu d'une collectivité

La nuit tombe, nous ne bougeons toujours pas, coincés entre des trains. Chacun prend conscience, et moi aussi, que cette vague subit une poussée vers le haut, que nous débouchons dans une violente offensive et que nous la ressentons avant même que le monde en ait connaissance. Maintenant seulement je perçois l'ampleur d'une telle progression, je sais comment ordres et télégrammes se transforment en actes, la bataille elle-même, comparée à l'énormité des préparatifs, n'est que l'aspect mineur. On ne peut soupçonner cela chez soi, il faut l'avoir vu.

La nuit, nous franchissons le pont réparé sur le Dunajec. Ici, le sol vient d'être affermi par le destin. Enfin, à 10 heures, Tarnow. Le grouillement des réfugiés, pas de porteurs, pas de voitures. Je traîne ma valise à travers la ville jusqu'à mon hôtel (fort sale) qui se baptise « City » et se donne des airs civilisés à coups de petits détails. Mais l'effroyable délabrement en dit plus long que l'inscription en français.

Vendredi 16. Le matin, premier coup d'œil de ma fenêtre : la maison d'en face n'a pas une vitre intacte, les stores sont sortis de leur cadre. Je descends : au coin, tout le premier étage d'une maison a été soufflé ; on dirait que de cette béance, comme d'une énorme pupille noire, la guerre vous dévisage. Les boutiques, surtout les juives, sont barricadées : la terreur ne semble pas encore passée, la ville serait déserte, n'étaient les nombreux soldats. Je vais d'abord me présenter au poste de commandement, dans un café, je fais la connaissance d'un aspirant qui m'aide à prendre des photos, bien que le temps ne s'y prête pas. La ville elle-même offre le spectacle de la pauvreté, quelques maisons bombardées, mais la (très vieille) place du Marché est animée. Magnifiques types slaves, comme gravés dans le bois, au milieu des Juifs affairés et infiniment misérables, les deux peuples offrent le contraste le plus violent, seule les unit leur piété. Un prêtre passe en voiture pour porter l'extrême-onction : toute la population tombe à genoux sur la chaussée sale, et prie. Ou bien, à un coin de rue : des paysannes passent devant une église. Elles s'arrêtent à chaque mendiante et lui coupent une tranche du pain qu'elles portent dans leur panier. Envers les soldats autrichiens, les Polonais ont une attitude plutôt hostile, tandis que les Juifs se découvrent respectueusement. Ils sont remarquables, ces Juifs, parce qu'on les voit se livrer à des occupations inhabituelles, cochers, âniers, hommes de peine. Étrange aussi, le ghetto, sale, chaque cabane est aussi noire qu'un cercueil. J'y jette un brandon en demandant à un commissionnaire qui m'aborde — « Puis-je faire quelque chose pour Monsieur, je peux lui procurer n'importe quoi » (il veut dire une fille, naturellement) — en lui demandant, donc, des cocardes russes, que j'ai promises à S. Il me conduit sur-le-champ dans une de ces maisons du ghetto, chez un tailleur qui me dit avoir jeté tout ce qui venait des « goyim ». Il en interroge d'autres, en un clin d'œil un millier de Juifs à Tarnow savent que je désire une cocarde russe, tout le monde cherche, tout le monde est en émoi. Je dois à cette quête d'avoir vu un intérieur du ghetto.

A midi, malgré la pluie, suis allé au *Sacré Cœur** de Splitoska Gura, que nos mortiers ont touché. Le chemin, à travers champs, passe sur un pont militaire — le pont de Linz, ainsi l'ont baptisé nos pionniers, et ils peuvent en être fiers car, du seul point de vue esthétique, ces pièces de bois clair sont tout simplement ravissantes dans leur coquette architecture. Je passe devant des maisons bombardées, devant d'autres dont on a transformé les fenêtres en portes afin qu'elles puissent servir d'écuries. De meubles, pas trace évidemment, ils ont tous été volés par les paysans et par les Russes. Le sol est jonché de profonds trous d'obus à moitié affouillés par la pluie. Au *Sacré Cœur*, il ne reste que sœur Grimmenstein. La pièce où des officiers russes et des filles dansaient lorsqu'une bombe tomba soudain. Ils sautèrent du premier étage par les fenêtres, une deuxième, une troisième bombe réduisirent le reste en poussière. Plus de 500 personnes trouvèrent la mort. Le pauvre bâtiment est complètement mutilé, et l'on s'est encore battu pour lui, à preuve la fosse commune au bord de la route, bouleversante avec ses croix de bois improvisées. La religieuse me montre l'ogive et les éclats de l'obus, chacun d'eux, assez gros pour tuer un homme, est la scorie d'une effroyable incandescence. Elle me raconte beaucoup de détails sur les Russes — en général ils étaient très corrects, mais ils se sont honteusement acharnés sur les portraits de l'Empereur et les emblèmes catholiques.

Après le déjeuner, j'ai de la chance. Une automobile stationne devant le café Loby, où se concentre la vie « intellectuelle » de Tarnow parce qu'on y peut lire deux journaux viennois — une automobile ! Je me renseigne, j'apprends qu'elle va à Debica, je me présente au lieutenant qui, au vu de mon ordre de mission, se déclare très aimablement disposé à m'emmener, mais dans deux heures seulement — ce seront les seules heures de repos que je m'accorde depuis le début de mon voyage. Je découvre enfin la route galicienne, elle fait honneur à sa déplorable réputation. Le mauvais temps l'a transformée en une bouillie, mi-café, mi-chocolat, et le passage de la voiture fait jaillir de véritables vagues. Nous longeons des maisons détruites, des charognes dont il ne reste que le squelette blanchi, des bâtiments mutilés dont une aile a été emportée par une bombe, un balcon arraché, ils penchent, voûtés comme des estropiés. Partout aussi des vestiges de tranchées, en partie déjà absorbées par la terre, et de temps à autre une mélancolique croix de bois. Debica lui-même est à faire peur, le pont sur la Wisloka a été détruit, il s'est effondré, épouvantablement disloqué. Ses parties métalliques tordues comme par un poing gigantesque, les rails du chemin de fer pendent dans le vide comme des fils. La gare a brûlé, il ne reste que des pans de murs d'où surgit par dérision quelque ustensile, un tuyau de poêle ou une étagère de cuisine. L'agglomération elle-même affreusement saccagée, on peut compter les maisons que l'incendie a épargnées. Ici aussi les gens sont complètement affolés par l'horreur, ils ont fui ou habitent dans des abris lamentables. C'est une scène de Grimmelshausen [20].

De Debica, je continue avec le train sur Jaroslav. Voyage de nuit encore, et prodigieux, de nouveau, de par cette activité qui ne cesse pas une minute. Sur le front, l'horloge universelle ne sonne que de temps à autre, massive et éclatante, l'écho en passe sur les pays, mais ici, à l'arrière, les rouages fonctionnent jour et nuit sans arrêt, jamais. J'aimerais décrire cette scène : la nuit, quelque part en Pologne russe, quelqu'un dans un wagon entonne soudain un chant de son pays ; tous ses camarades l'accompagnent, les autres écoutent. C'est la Styrie ou le Banat qui chante entre Rzezwo et Jaroslav. Ils chantent pour se donner du cœur, ils chantent par ennui ou pour rester éveillés, mais ils chantent, sans désemparer. Il y a si longtemps qu'ils sont en route, ils ont attendu, ils ont couché dans des gares, on les a réveillés en sursaut, les voilà qui montent en titubant dans le wagon avec leurs lourds fusils, ils se pressent l'un contre l'autre et s'endorment. Partout on les voit ainsi somnoler, dans les salles d'attente, sur des bancs, sur des valises, alors qu'ils ont tellement soif d'air et de liberté. Ils sont comme les chevaux qui piaffent dans les wagons, avides de grand air. L'un d'eux raconte avec enthousiasme que, ces jours derniers, on leur a permis de voyager sur un train de charbon où, en bons montagnards, ils se sont livrés à des escalades. L'étrange, c'est que tous ces hommes — y compris les Allemands — ignorent où on les emmène, s'ils vont se trouver face à l'ennemi dans une heure ou dans quinze jours. Mais ils font confiance, pour les menues choses comme pour l'ensemble. Qui pourrait décrire ces nuits dans l'obscurité, au-dehors la Galicie, dedans un espace exigu éclairé par la flamme vacillante d'une lampe à pétrole. Et l'un de parler d'Ypres, l'autre, un chef de train autrichien, était avec les mortiers devant Maubeuge, Verdun et Anvers, à présent devant Przemysl. Comme le monde est devenu grand pour eux, et ils échangent cette richesse nuit après nuit : un échange intellectuel sans pareil. Et puis ces wagons avec l'inscription *La dépêche de Toulouse**, et ceux-là, ici, devant Lancuk, qui témoignent du labeur de l'Allemagne accompli là-bas, à mille kilomètres de distance et, quelque part dans l'invisible, la puissance de l'esprit qui coordonne tout cela, enregistre ce fantassin en train de boire un verre de thé à la buvette, emporte, dans le wagon belge d'à côté, ses lettres vers Stettin et en rapporte pour lui, d'Allemagne, des cigares, des bottes, des gâteaux et des brodequins, tout l'outillage de la terre. Tout ce qui peut servir à quelque chose afflue, enfermé dans ces parallélépipèdes de métal et de bois pour lui construire, là où il se trouve, un monde avec ses journaux et le petit superflu quotidien. Je pourrais rouler ainsi pendant cent nuits, sans me lasser de voir et d'entendre.

Enfin, à 1 heure du matin, Jaroslav. La gare, un quadrilatère entouré de murs, creux à l'intérieur comme un arbre millénaire frappé par la foudre. Seule une écorce de chaux noircie et éclatée. Naturellement, personne pour vous accueillir dans la ville vidée par la peur. Je dois traîner ma valise pendant une demi-heure jusqu'à l'hôtel Warsowie où — c'est le meilleur hôtel de la ville — on me donne la chambre la plus crasseuse que j'aie jamais vue. Le linge de literie, les serviettes, pas changés, pas même lavés depuis des semaines — l'hôtelier le reconnaît d'ailleurs lui-même. Tout le monde est mobilisé, dit-il pour s'excuser. Nous n'avons pas de savon, Monsieur, pas de femmes, personne. Une fois de plus, je me couche tout habillé — je suis à peine au lit qu'on frappe à la porte. Une Excellence vient d'arriver avec son fils, est-ce que je consens à partager ma chambre ? C'est un noble polonais qui veut aller voir son domaine détruit. Naturellement, je ne peux qu'acquiescer — les sentiments de solidarité sont plus puissants ici — et je dors tout habillé sur le canapé. J'entends encore dans la rue le défilé interminable de la cavalerie allemande — apparemment direction Rawaruska-Lublin. Ce sont ceux-là mêmes que j'ai rencontrés avant-hier. Ils chevauchent, ils chevauchent, j'entends jusque dans mon sommeil le claquement monotone des sabots.

Samedi 17. C'est le matin que je m'aperçois *combien* l'hôtel est sale. Le service est des plus étranges, le propriétaire est un Juif insolent marqué de petite vérole, des prisonniers russes font le ménage (ils ont un sourire aimable et comme reconnaissant pour chaque officier autrichien), et puis des individus crasseux, pieds nus, qui vous couperaient l'appétit. La ville même, à moitié déserte, tout est réquisitionné, les chevaux, les domestiques, les denrées alimentaires, tout, tout. Rien pour dormir, rien à manger, rien à acheter — une misère pire que la vraie misère prolétarienne. Et là, en pleine crasse, le miracle foudroyant de l'organisation allemande. Ils ont l'administration en main — des panneaux clairs, lisibles, indiquent tout, même à l'esprit le plus rudimentaire. Les officiers — tous ceux qui sont de passage — ont droit à une salle à manger propre, bien tenue, une oasis dans ce trou misérable, les blessés sont dirigés sur des centres de rassemblement. Des inscriptions en gros caractères : Ne buvez pas d'eau, risque de dysenterie et de choléra. N'utilisez que de l'eau bouillie. Et de fait, des récipients *ad hoc* sont installés. Un autre avertissement : Évitez les femmes, elles sont toutes atteintes de maladies vénériennes, pensez à votre protection et à vous garder pour la patrie. Les Russes sont dressés pour des travaux de toute sorte, ils puisent de l'eau, nettoient les rues, construisent des ponts. Merveilleux bienfait que cette précision, surtout ici, dans ce délabrement polonais. Elle est passée jusque dans chaque individu, un exemple : je demande à un Juif à quelle distance se trouve le San. Il me répond : « Heu, p'têt' bien une demi-heure. » Je pose la question au poste de commandement de l'étape. On l'ignore. J'interroge un soldat allemand. Réponse : « Ce doit être à peu près à 1 200-1 500 mètres. »

Je descends donc vers le San, dans la canicule matinale, pour voir les champs de bataille. Le San, comme la Wisloka, est bien trop minable pour mériter son renom européen : un petit ruisseau terreux, sale, aux berges plates plantées de joncs. Il est franchi par un magnifique pont militaire décoré de drapeaux et baptisé (par nos pionniers) « Pont Mackensen ». Je passe de l'autre côté. Tout le paysage est quadrillé de varices laissées par les tranchées mais, autour d'elles, la chair épanouie des champs jaunes. Bon nombre de tranchées sont déjà comblées. Le coquelicot y fleurit comme du sang, des vrilles les recouvrent d'un tendre réseau. Dans quelques années, ce sera un chemin campagnard, un écoulement pour la pluie, et le champ sera d'autant plus florissant qu'il aura reçu ce précieux engrais. Les abris bétonnés sont des celliers magnifiquement carrelés où les provisions seront au frais. Le petit bois voisin a été durement touché par les projectiles, il est, lui aussi, sillonné de tranchées, mais les troncs résistent encore. Çà et là, une petite tombe dont l'encadrement est fait de bossettes en béton. « A nos valeureux camarades du 73e Régiment d'infanterie. » J'erre longtemps parmi ces tombes. Des débris de cartouches jonchent le sol, ainsi que de nombreuses boîtes de conserve avec des indications en caractères cyrilliques, et, parmi tout cela, les lambeaux d'un journal français. Je lis : « *Visite du roi George** » ... « *Grande victoire des Russes** ». Il remonte au mois de janvier, ce journal voyageur !

Retour à Jaroslav, à la gare. Rien à se mettre sous la dent nulle part. J'y suis resté longtemps, à écrire et à causer avec des soldats allemands. Ils sont splendides, tous, la seule chose qui me déplaît chez eux, c'est qu'ils ont toujours envie d'une bière, leurs officiers ont un verre de vin rouge devant eux, et, au café, réclament à grands cris du *schnaps*. C'est leur éternel refrain, indigne de leur puissance.

Je ne veux pas attendre plus longtemps. Un convoi du train hongrois, uniquement des plates-formes, va à Przemysl. J'y saute. Un hussard me donne un sac de farine et une couverture, me voici admirablement installé en plein air, à moi le paysage et la liberté, un wagon panoramique suisse ne peut m'offrir mieux. Ce serait mon idéal, de voyager toujours ainsi. J'éprouve le sentiment de jouissance que vous procure un ordre de mission en blanc : tout vous est permis, aucune restriction, aucune limite. Parmi les milliers d'enchaînés, je suis libre.

Le voyage présente un intérêt immense. C'est ici qu'on a chargé trois fois contre Przemysl, toute la région est un champ de bataille. Jusqu'à la voie, les entonnoirs ronds des obus, les rides des tranchées, le talus lui-même n'est qu'une seule et unique position. Et partout des tombes : une croix coiffée d'un casque à pointe, çà et là un wagon renversé, les roues en l'air, tel un immense scarabée noir retourné. Les maisons, au milieu de tout cela, intactes et insouciantes, des enfants se balancent entre les arbres en fleurs. Les positions se font de plus en plus imposantes, bétonnées et camouflées : nous approchons apparemment de Przemysl, de la ceinture extérieure. A Zurawno, elles sont devenues des redoutes gigantesques. Et là jaillit, du pays plat et monotone, un petit cercle de collines. La ceinture de Przemysl, aux fortifications invisibles.

Rien ne vous donnerait à penser qu'on s'approche de l'une des plus formidables forteresses du monde, devant laquelle 100 000 hommes sont tombés ces derniers mois. Ce que l'on aperçoit, ce sont des hauteurs recouvertes d'une pelouse verte, aux formes quelque peu artificielles si l'on y regarde de plus près. Un cadre de verdure tendre bordée de maisons riantes et, derrière, une petite ville avec ses vieux clochers, enfouie au sein des collines. Une idylle vraiment, vue de loin, la ville la plus paisible, la plus sympathique.

Mais le train a ralenti. Il doit franchir le nouveau pont, l'ancien est coupé par le milieu, ses éléments se sont effondrés dans les profondeurs : premier signe de la présence de la guerre. Nous entrons en gare, sur le bâtiment flotte, victorieux, le drapeau noir et jaune. Mais sur les quais les inscriptions sont encore en russe. En face de la gare, l'hôtel et café Stieber, le centre de l'animation, qui n'est qu'un vaste mess d'officiers. Aujourd'hui il est déjà historique — c'est d'ailleurs le café de province typiquement autrichien, à demi élégant, où l'on tue le temps en lisant les journaux et en jouant au billard. Impossible d'obtenir de la bière, en général les Russes ont rigoureusement respecté l'interdiction de l'alcool. Il leur arriva souvent d'offrir, à la sauvette, 10 roubles pour une bouteille, mais seuls les plus audacieux se hasardaient à la leur vendre. Les rues pleines de soldats et de Juifs, beaucoup de demi-monde aussi. Je ne peux sortir du périmètre de la forteresse, cela exigerait des autorisations circonstanciées et, comme me l'a dit le lieutenant M., il n'y a plus rien à voir — on a fait disparaître toute trace de destruction. La ville elle-même est ennuyeuse. L'étonnant, c'est son étendue. De nombreux Juifs en haut-de-forme — le sabbat commence — s'inclinent devant vous. Ce sont les seuls qui restent vraiment fidèles à l'Autriche. A part cela, rien de très intéressant, les choses les plus célèbres sont — comme dans l'existence en général — ce que j'ai vu jusqu'à maintenant de plus ennuyeux en Galicie. La soldatesque gâte les villes et leur confère une sorte d'atmosphère monotone qui les rend insupportables — à moins qu'elles ne leur opposent un puissant contrepoids intrinsèque, comme Cracovie. Rien ici ne dénote l'héroïsme, nulle part on ne peut trouver meilleur témoignage de l'invisibilité de la guerre moderne. Pas une seule maison endommagée dans cette ville qu'on s'est si âprement disputée, pas une vitre brisée : seule la faim, sans doute, a rappelé aux habitants qu'ils étaient en état de siège.

Dimanche 18. Départ de Przemysl, mais avec combien de difficultés ! On m'envoie d'une gare à l'autre, les gens sont de mauvaise humeur à force de trop travailler et de supporter des responsabilités. L'absence de certitude entrave toutes les dispositions, personne ne sait ce qui va se passer dans l'heure qui vient. Je réussis enfin à me joindre à un train d'artillerie allemand où, sur l'ordre du lieutenant, les adjudants m'offrent volontiers une place. Ils viennent de la frontière serbe ! Ce n'est que longtemps après la guerre qu'on comprendra le mystère grandiose de l'organisation allemande, cette répartition des forces sur le territoire de l'Europe. Ceux-là venaient de Verdun, ceux-ci viennent de Semlin. Entre-temps, une autre vague reflue, mais partout l'ordre et le calcul. Le convoi passe sur des ponts que l'on a fait sauter, longe d'innombrables tranchées, cicatrices anciennes ou récentes dans la terre paisible et fertile. Et parmi elles, des tombes. A Mosciska, on perçoit littéralement la bataille tant les trous d'obus sont proches l'un de l'autre.

Arrêts et attentes interminables jusqu'à l'arrivée à Grodek. Des Ruthènes en costume blanc des dimanches attendent à la gare, nous dévisageant sans aménité. Une Juive à la mine rusée se faufile avec un panier pansu : elle vend de l'eau-de-vie à des prix prohibitifs — 6 couronnes le litre. Mais il n'y a rien à boire, la langue vous colle au palais. Heureusement que les soldats ont de l'imagination. Ils disposent quatre briques, enlèvent quelques lattes à une clôture et bientôt pétille un feu sur lequel ils font leur café. Discipline : personne ne boit l'eau des fontaines, ils attendent patiemment dans la canicule que le café bouille, puis chacun emplit sa gourde. On a vite fait aussi de préparer quelques œufs sur le plat. Les Ruthènes contemplent la scène comme si c'était de la sorcellerie. Et l'on repart lentement sur des ponts démolis, d'arrêt en arrêt. Nous roulons déjà depuis quinze heures, alors que quatre auraient dû suffire. Mais quel langage éloquent parlent les champs autour de Grodek, ce village à moitié détruit par les attaques ! Des tombes, des tombes, des croix de bois à perte de vue (simples pour les nôtres, doubles pour les Russes). Le réseau des tranchées est de plus en plus dense, on distingue nettement les plus récentes de celles de l'an passé, car ces dernières sont cicatrisées, des céréales y poussent déjà. On voit de tout ici, voies de contournement, ponts de bois, ponts à traverses, un monde d'efforts en faveur de la ville vers laquelle nous roulons lentement.

La nuit tombe, et nous sommes encore loin. Nous attendons, nous attendons. Il n'est pas question de dormir : qui vous réveillerait ? Il n'y a pas d'employés. Les Allemands se sont harnachés, mais ils ne savent pas quand ils doivent descendre. Incertitude, l'éternelle incertitude, le tragique des soldats. D'autres trains ont déchargé à Grodek, des centaines de prisonniers russes ont dû aider à amener sur la rampe les canons qui, dans bien peu de temps, cracheront la mort sur leurs frères. Ce train-là doit continuer sur Lemberg. Ils voudraient faire un peu de cuisine, mais personne ne sait si c'est le moment : les aiguilles des signaux n'indiquent pas les heures, elles mesurent le temps à coups d'éternités.

Enfin, à minuit, le reflet lumineux de la ville. A moitié morts de soif, nous la fixons du regard. Pas un signe. Nous restons là pendant des heures. Enfin, vers 4 heures du matin, après 20 heures de trajet, nous nous arrêtons. Non point à la gare. Quelque part dans la gare de marchandises, au milieu d'un dédale de voies. Personne pour vous dire quoi que ce soit. Personne qui parle allemand. Heureusement, l'aube dispense une lumière blême. J'empoigne ma valise et me rends, clopin-clopant, jusqu'à la gare. Elle a été fort malmenée par les Russes. Au poste de commandement, tout dort. Je traîne ma valise à travers le hall écroulé. Là — Dieu la bénisse ! — une voiture. Dans l'air frais et piquant du matin, je roule, à travers de larges rues, vers un hôtel. Le premier est plein, le deuxième a une chambre libre. Et après tant de fatigues, je dors

Lundi 19. Aujourd'hui, ai commencé par visiter la ville. Elle est imposante, pas du tout provinciale, vraie capitale d'un empire imaginaire où l'on sent la présence d'une culture intellectuelle. Les inscriptions en russe sont en train de disparaître, partout des portraits de l'Empereur. Et le plus vif empressement envers qui porte l'uniforme autrichien. Je soulève l'indignation en m'enquérant de souvenirs russes. Personne n'admet en avoir possédé. La répulsion, bien que d'ordre politique, est dictée par un sentiment sincère. Du haut de la colline, on a une vue d'ensemble, aucune destruction, la paix règne. L'approvisionnement des magasins date encore du temps des Russes, seuls les cigares manquent. Tout le monde en a une envie folle, mais on n'en trouverait pas pour de l'or. La gare est la seule à avoir été touchée — certes pas autant qu'on l'a prétendu. Les dépôts ont été incendiés, on a fait sauter deux halls latéraux, la façade et le grand hall, eux, ont été épargnés — non point par bonté d'âme, mais par manque de temps, font remarquer les gens d'ici.

Étrange, comme les événements sont lointains. Nous sommes à 40 kilomètres du front et nous ne savons rien. Les journaux remontent à huit jours, pas de communiqués, pas de nouvelles, on vit sur la lune. Et néanmoins on les sent proches, ces événements : l'armée veille sur la ville, on emmène des détenus, autos pleines d'officiers qui sillonnent les rues sans arrêt, transports de prisonniers, un dépôt de l'armée. La population, elle, est insouciante. Ils semblent avoir beaucoup gagné au change.

L'organisation sans égale des Allemands. Eux seuls ont installé des panneaux indicateurs qui vous permettent de vous orienter sur-le-champ. Les bureaux autrichiens, eux, sont introuvables. Je dépense 20 couronnes en voiture à la recherche du service automobiles, sans succès. Si j'étais allemand, j'aurais tout sous la main, parc d'automobiles, hôpital, buvette, mess d'officiers, consulat. Admirable : ce résultat a été obtenu en quelques heures.

Je cherche toujours des traces de la guerre et n'en trouve pas. Seule l'obscurité, qui se fait très tôt dans les rues, est étrange pour une ville aussi imposante. Le soir, on ne voit que des uniformes. Et la lueur des autos et des colonnes témoigne que ce n'est ici qu'une halte dans l'immense mouvement

Mardi 20. Encore beaucoup vu, beaucoup parlé, tenté beaucoup de choses. Le ghetto commercial, d'une pauvreté indescriptible, mais dans la joie à présent. Les gens viennent de vivre une période d'angoisse sans pareille — on les ramassait dans les rues pour les expédier au travail ou en exil. Le succulent caviar russe vous dédommage de la famine. Le reste de mon temps est consacré à des démarches quant à la poursuite de mon voyage. Personne ne sait quoi que ce soit, les dispositions varient d'heure en heure, rien n'est certain, toute prévision est ridicule. Ce n'est qu'un vaste mouvement, on n'arrive pas à se faire donner une heure d'arrivée, de départ, nous sommes pris dans un flot, le sol se dérobe sous vos pas. Aujourd'hui, la vie mondaine de la ville est noyée par la pluie : un peu d'eau tombant du ciel métamorphose sur-le-champ la beauté de la Galicie en une boue irrémédiable.

J'aurais presque obtenu une automobile pour Stryj, mais... « presque », justement. Rien n'est centralisé ici, personne ne sait où se trouve le service automobiles, les officiers se sont établis dans les cafés, conclusion : j'apprends avec une heure de retard le départ de l'express. Mais je n'ai pas à le regretter. A 6 heures, on me dit à la gare qu'un train sanitaire va partir. Le wagon de service est fermé, mais j'en ai assez d'attendre, d'aller et venir, de poser mes éternelles questions, je monte, au risque de devoir faire le trajet jusqu'à Stryj sur le marchepied et sous la pluie. Le train est sur le point de partir, voilà qu'arrive, flageolant sur ses jambes, un aspirant. Le blanc de son œil est jaune, il peut à peine avancer tant il est épuisé. « Ce train va-t-il en Hongrie ? » me demande-t-il. Je trahis le secret (on m'avait dit que j'étais le seul à pouvoir le prendre). Le pauvre garçon ne se sent plus de joie, il grimpe, image vivante de la détresse. Professeur dans une école technique de Budapest, au front depuis le premier jour, il a attrapé une maladie des reins, il est à bout de forces. Il parle de la guerre avec des accents de terreur qui m'effraient. Sortant juste d'une bataille, il a encore l'épouvante dans le sang. Mais la pensée qu'il a maintenant l'occasion de partir pour la Hongrie le ragaillardit. A Lemberg, on voulait le garder, mais il ne pouvait supporter l'idée de rester un jour de plus en Galicie. Plutôt la plate-forme, battue par la pluie, d'un train sanitaire qu'un lit à l'hôpital de campagne de Lemberg.

Nous n'avons pas à rester longtemps dehors. Le surveillant du train nous introduit dans le wagon, avec les malades. Ce sont tous des blessés graves, la plupart Hongrois. Ils sont huit par wagon, une veilleuse brûle au plafond, par la fenêtre à coulisse ouverte défile un paysage étranger. Tous parlent. L'aspirant, des combats dans les Carpates — des détails épouvantables —, l'infirmier, un paysan de Transylvanie, de leurs trains. Au début, cela avait été un vrai chaos, et puis le comble de l'horreur, en février, quand étaient arrivées les victimes du gel dont on devait découper les bottes avec un couteau, ils ne sentaient rien quand la lame dérapait — ce n'était plus qu'un bloc de glace. Et les soldats — ils montraient leurs blessures. Il y a infiniment de souffrances dans un tel train où l'on est étendu côte à côte, ou bien les uns au-dessus des autres, et dans le wagon voisin un homme est près de mourir. Il a reçu une balle dans la vessie, son visage est déjà tout blanc : on va le débarquer à la prochaine gare.

La seule beauté de cette époque : la camaraderie. L'infirmier cède son lit au malheureux aspirant, je lui donne à manger, nous le réconfortons. Le pauvre garçon aux nerfs brisés pleure de gratitude. Il ne cesse de répéter que, de sa vie, il ne m'oubliera jamais, parce que je l'ai aidé. Nous le couchons, les malades gardent le silence, il s'endort bientôt, le train avance en ferraillant. Moi seul, le néophyte, je ressens l'ampleur de cette souffrance qui traverse le sommeil, je reste éveillé et compatis douloureusement.

Le major adjoint me salue et m'emmène dans son compartiment. Il m'apprend beaucoup de choses. Lui aussi est las, et il se désole d'être devenu tellement insensible à tout. Au début il était bouleversé, maintenant il s'ennuie. Il m'emmène faire sa tournée vespérale. Je passe devant 100 hommes anéantis. Par lui, j'apprends un fragment du destin de chacun d'eux, d'un geste il me fait comprendre que 3 sont condamnés : ils ne passeront pas la semaine. Nous causons beaucoup dans cette odeur moite d'iodoforme : sans s'en rendre compte, il s'ouvre à moi. Ces hommes des trains sanitaires vivent dans une éternelle solitude : on est avec eux comme en visite dans une ferme éloignée de toute vie. Lui aussi souffre de cette incertitude qui n'en finit pas, le plus terrible de cette guerre : ne pouvoir jamais atteindre son but, être soudain propulsé plus loin par une force étrangère située à une distance et une hauteur infinies

Arrivée à Sambor après minuit par une pluie diluvienne. Le train pour Drohobycz ne part qu'à 3 h 1/2. Je n'ai pas le courage de réveiller l'aspirant : je dépose près de son oreiller mes biscuits, mon chocolat. Il a encore 20 heures de voyage devant lui. Je m'étends dans le premier wagon vide venu : ici on apprend vite à faire un bref somme.

Mercredi 21. Comme on ne m'a pas réveillé, je me suis levé à 5 h 1/2. De train, aucune trace. Il n'arrivera pas — ce qui ne s'avère d'ailleurs qu'au dernier moment — avant 11 h 1/2. Il me faut passer tout ce temps dans la gare, je ne peux même pas aller jeter un coup d'œil sur la ville. Mais les gares, de nos jours, offrent d'imposants tableaux de guerre. Un train de Hongrois paré de fanions et d'un drapeau qui flotte au vent. Ils chantent sur un ton rude et sauvage, mais le rythme y est. Sur la locomotive, un gamin de douze ans en uniforme bleu. Joyeux luron, marmiton, garçon à tout faire, un vrai sport pour tous ces régiments. Ici et là, quelques *Deutschmeister*[21] de la section de mitr., allègres, le virginia à la bouche comme sur les tableaux de Schliessmann. Je découvre deux compagnons d'infortune, un officier de la Légion ukrainienne et un commissaire aux armées. J'apprends bon nombre de choses sur le plan politique, entre autres sur le système d'espionnage russe. On arrête beaucoup de gens à Lemberg en ce moment, car les Russes ont laissé des hommes de confiance, on ramasse des otages dans les agglomérations ruthènes. Bien des détails intéressants aussi. On se remet à rouler à travers les champs de bataille sur des ponts sautés, six positions en forme d'étoile à huit branches, on s'étonne quand on aperçoit un champ sans ces lignes en dents de scie. Tard dans l'après-midi, Drohobycz[22]. L'entrée est une rue villageoise d'une saleté indescriptible. Des enfants nus, des vieillards crasseux, des femmes à l'allure orientale habitent ces cabanes. A la gare, des Juifs ont de petites voitures qui prennent les passagers. « Encore une place libre pour quinze kreuzers » (tout le monde compte encore en kreuzers). Enfin la ville, une bourgade qui s'est agrandie, quelques villas d'une extrême élégance : les propriétaires de mines. Étranges, ces palais dans la crasse, donnant directement sur une rue qui est à la fois dépôt d'ordures, water-closet et marché. La Ringplatz, dont un tiers a été incendié par les Russes, les boutiques complètement pillées. Ils se sont vraiment déchaînés ici, pour venger un général capturé par une patrouille hongroise. La population, déprimée. Ils n'ont rien, pas de commerces, pas de magasins, les riches ont fui ou ont été déportés : la vraie tragédie de l'invasion.

L'après-midi, je prends une petite voiture pour aller à Boryslav. Soudain, à la lisière d'une forêt, surgissent de la plaine des tours rondes, tels des champignons gris, et des centaines de petites tours, comme en Birmanie. De loin, c'est un spectacle unique, stupéfiant. Boryslav est un Klondike du Vieux Monde, un village de chercheurs d'or. Cabanes en bois serrées l'une contre l'autre, qui tiennent debout à force de crasse, parmi elles une petite église ruthène en bois, un ravissant octogone. Et la crasse à n'en plus finir. Des réservoirs, quelques-uns seulement sont détruits, les noires tours de forage sont reconstruites : comme à Lemberg, seul le temps a manqué aux Russes pour mener leurs desseins à terme. La corruption a également joué un rôle important. Là aussi un luxe inattendu dans les écuries d'Augias. Les orthodoxes et les Pravoslaves étrangement mêlés [23], au demeurant toute cette colonie est le produit d'un fantastique caprice de la terre.

Retour à Drohobycz. Et de nouveau la vieille histoire : j'attends le train. Chacun vous donne un renseignement différent. Amusants, les Juifs de la Territoriale de Drohobycz, quinquagénaires armés d'une pique, comme dans une opérette. J'attends jusqu'à 8 heures. J'attends jusqu'à 9 heures. Jusqu'à 10 heures. Je finis par m'adresser au lieutenant avec une certaine énergie, il devient désagréable, me demande mon nom et le but de mon voyage. C'est alors qu'il me reconnaît : nous avons participé à un séminaire à l'université ; nous dînons ensemble — et voilà un nouveau destin qui se révèle à moi dans ce qu'il me raconte —, je dors dans sa cabane près de la gare. Je n'ai jamais logé dans des conditions aussi bizarres. Le soir, des nouvelles concernant la grande offensive en Russie : ce sont les troupes que j'ai vues, le mouvement que j'ai perçu. Mon pressentiment ne m'a pas trompé

Jeudi 22. Même comédie qu'hier soir. J'attends de 6 à 7 le train de Stryj, de 7 à 8, de 8 à 9, de 9 à 10, de 10 à 11. Il finit par arriver. De nouveau, zone de combats. Les tranchées succèdent aux tranchées. Mais voici une forêt, vaste camouflage de verdure pour un dédale de fossés, un labyrinthe de positions. On ne pourrait s'imaginer que ceci fut l'enjeu d'une attaque, mais les arbres portent témoignage : ils sont fendus par des projectiles lourds, comme si le ciel leur était tombé dessus. La gare de Stryj n'est pas aussi noircie, ne ressemble pas autant à une tête de mort que celle de D. Quant à la petite ville, elle est propre, sereine et pavoisée. Ce sont des Allemands qui l'ont prise, cela se voit, c'est une étape allemande, on s'en aperçoit avec plaisir : les journaux sont vendus au prix du port, partout l'ordre et la discipline. Ici aussi une foule de prisonniers russes en uniformes impeccables, allègres. Nos soldats les traitent en amis. Aussi sont-ils tous joyeux et rient-ils à pleines dents blanches. Ils n'aiment pas les Polonais, personne ici n'aime les Polonais, je ne peux m'empêcher de penser à la formule des Français : « Mourir pour la Pologne, d'accord, mais y vivre, jamais ! » Les Allemands gardent leurs distances avec eux [...]. Mais nos bonnes pâtes de soldats partagent leur repas et on échange des plaisanteries.

Départ dans la soirée. Je revois encore les tombes et la petite ville, puis en route pour les Carpates. J'en aperçois les approches avant qu'il ne fasse noir : belles collines boisées sans escarpements, aimable paysage qui, aujourd'hui, sorti de l'hiver, ne trahit rien des effroyables luttes. Les cols ne sont pas d'étroits défilés, comme le voudraient les stéréotypes de notre imagination, mais de moelleux vallonnement sillonnés de belles routes. Vestiges de combats. On n'y fait presque plus attention. Lentement le train gravit la côte, s'enfonce dans la nuit.

Lundi 26. Retour de Budapest. Les affaires de mon frère. Au bureau, permission. Ce n'est que maintenant que toute la fatigue se manifeste.

Mardi 27. Je me mets au travail après avoir dormi tout mon soûl. Une lettre de Romain Rolland, dans laquelle il m'annonce qu'il renonce à son activité[24]. Lui aussi n'en peut plus. Chaque tentative de communication a perdu son sens, c'est une sorte de suicide psychique. Il coule entre les peuples un fleuve de sang que les mots ne réussiront plus à franchir. Je rédige à présent mon Journal.

Mercredi 28. Les Allemands non loin de Varsovie, les Italiens repoussés sans merci sur l'Isonzo — un énorme coup de pouce à la balance du destin. Impossible de prévoir ce que les suivants vont apporter — nul n'aurait pu prévoir ce raz de marée, je l'ai sentie venir, cette vague, et c'est un étrange sentiment de penser que les pontons que j'ai rencontrés au cours de mon voyage flottent peut-être maintenant sur la Vistule.

Jeudi 29. Travaillé, dicté. L'histoire de mon frère m'empêche de jouir de ma liberté. Nos troupes devant Lublin.

Vendredi 30. Rédigé mon Journal, terminé l'esquisse du troisième acte. Il faut progresser maintenant, tout n'est pas clair. Ici, le moral des gens a soudain viré de 180°, tout le monde est sûr de la victoire — la chute des cours en France, l'inaction sur le front occidental le confirment, d'ailleurs. Et l'on ne voit pas de possibilité d'écraser l'Allemagne. Le calme est revenu en Roumanie, malgré les efforts de l'Entente une sorte de trêve a été conclue avec la Serbie, que la Russie a vendue à l'Italie et à la Bulgarie. On a simplement voulu leur enlever ce qu'ils avaient scellé de leur sang — d'où leur colère et leur peu d'empressement à se sacrifier pour une politique russophile. Elle serait importante, cette trêve qui s'est faite au vu et au su de tous, et qui n'est camouflée sommairement que par quelques démonstrations aériennes. Cela va être un véritable roque, cette nouvelle guerre avec l'Italie : naguère nous couvrions la frontière méridionale et opérions contre la Serbie, maintenant c'est l'inverse, voilà certes le plus étrange tournant de la guerre mondiale

Samedi 31. Lublin est pris — une place où nous avions échoué il y a un an. Là était notre frontière, la voici franchie. Mais je ne peux arriver à m'en réjouir — je n'y vois qu'une prolongation de la guerre, pas de fin, pas de fin ! Au contraire !

Dimanche 1er août. Comme toujours à Baden. Anniversaire de mon retour de Belgique, je me le vois rappelé par la dame avec qui j'ai fait le voyage, dans le même train. Étranges, ces rencontres. Étrange aussi — et confondant pour mes dons de prophète — que l'on continue à jouir allègrement de l'air et de la lumière, que tout ici respire le plaisir, qu'après une année de folie le monde ne soit pas encore sorti de ses gonds, que l'Autriche soit victorieuse (pour le moment du moins — je n'ose toujours pas y croire). On devrait se réjouir de cette constance si elle n'était justement pas garante que la guerre peut se prolonger encore. Jamais l'humanité n'a exigé un tel sacrifice de l'individu, autrefois c'était la tâche de mercenaires — maintenant chaque être est arraché à son existence. Le sang coule de mille blessures, mais nul sursaut de révolte ne s'est encore produit pour balayer cette détresse.

Lundi 2 août. Les gens portent à la guerre une sorte d'intérêt sportif qui m'écœure. Ils parient sur la date de la chute de Varsovie (de fait, elle paraît imminente), ils jonglent de loin avec les événements comme s'il s'agissait d'un jeu. Moi, une mort — comme celle d'Ehrenbaum-Degele [25] — me rend mélancolique et anéantit toute envie de me réjouir avec les autres. Et puis, avons-*nous* le droit de dire « nous » ? Je n'en suis pas capable.

Mardi 3 août. Bonnes nouvelles de Russie — à l'Ouest, rien. Cette inactivité des Français est la terrible reconnaissance de la supériorité allemande — ou alors cela cache des préparatifs d'envergure. Je crois que la première éventualité est la bonne. La guerre entre déjà dans l'automne — chacun se ménage pour le coup ultime. Sacrifier un grand nombre de munitions et un petit nombre d'hommes est devenu la maxime de tous les peuples, pas encore assez la nôtre, peut-être.

Mercredi 4. J'avais aujourd'hui rendez-vous dans un café avec une dame en deuil, et je l'attendais. Soudain, levant les yeux pour regarder autour de moi, j'ai remarqué le nombre de gens qui sont en noir. Il est terrible de penser que ceci se retrouve partout en Europe.

Jeudi 5. Bonnes nouvelles encore, encore et toujours. Jamais rien de plus grandiose n'a été élaboré et exécuté que cette avance allemande. Qu'on le veuille ou non, on est obligé d'admirer cette réussite — même les ennemis le reconnaissent en grinçant des dents. Soit dit en passant, lu dans le manuscrit le nouveau roman de Rolland [26] — un livre inutile, parce que au-dessous du niveau de son auteur. Lui aussi est las, le pauvre ! Il ne se bat plus, il s'est détaché ! Première nouvelle de Varsovie !

Vendredi 6. Le coup de tonnerre ! Varsovie et Iwangorod sont tombés ! Anniversaire retentissant de la déclaration de guerre, le plus spectaculaire qu'on pût imaginer. La ville retrouve son animation, certes ce n'est plus la jubilation qui suivit Lemberg. On est trop las, même pour manifester la joie. Seuls les drapeaux,

pleins d'allégresse, multicolores, flottent au vent.
— Épisode Hans M[üller] !

Samedi 7. Baden ! Viola Neumann me raconte admirablement le temps où elle fut infirmière, et son typhus — elle était déjà aux portes de la mort ! Pour des êtres réellement tentés par l'aventure, la guerre est une libération — elle le ressent aussi et veut y retourner. Inoubliables, les épisodes du prisonnier russe, de l'infirmière frivole, du voyage, et de l'ambiance dans les coulisses de la mort (l'homme-serpent qui s'exhibe devant les *Deutschmeister*). Ici, Varsovie n'a pas enivré les gens au même degré que Lemberg. Mais l'Allemagne se sent garantie contre toute intrusion : quoi de plus merveilleux que ce vieux monsieur qui vient d'acheter une place à une fenêtre de Munich pour assister à l'entrée des troupes victorieuses ? Le renouveau de la confiance est très puissant aussi chez nous. Personnellement, il ne m'est pas possible de la partager — je crains que cela ne dure

Dimanche 8. Travaillé. Avec Viola N., qui me raconte encore beaucoup de choses, entre autres sur les Juifs de là-haut, des histoires pas très réjouissantes. Aucun sens de la solidarité — on ne se sent lié qu'à sa famille ; amour de la santé, mais non point l'amour, libre et serein, de la vie. Elle a tout à fait raison sur ce point. Parlé avec elle de bon nombre de choses sensées. Le soir, devant un verre de vin, nous retrouvons notre gaieté.

Lundi 9. Progrès sur le front. Le moral des gens a complètement évolué. Personne ne veut plus rien entreprendre sans être sûr d'en tirer profit, on réclame maintenant la Pologne, la Courlande et la Belgique, et des dommages de guerre — une chance que nos adversaires soient trop entêtés pour proposer une paix convenable, ces victoires en Russie nous ont tellement tourné la tête que nous la refuserions. Épouvantable, qu'il faille encore patienter des mois pour parvenir à cette lassitude qui est la première condition de la bonne volonté. Le ton impudent qu'adoptent en ce moment les politiciens français est insupportable. Ils espèrent toujours dans les Balkans et, de fait, leurs offres semblent avoir produit une forte impression, mais la décision est chaque jour rendue plus ardue par les victoires allemandes, et l'exemple de l'Italie les incite à la plus extrême prudence. Le mystère de l'attitude serbe ne sera éclairci que dans bien des années : pour l'instant, c'est l'énigme de la politique. S'il intervient entre eux et nous une trêve — une entente —, nous leur servons de moyen de chantage, ou alors ils restent dans l'expectative. A coup sûr le chapitre le plus étrange de la guerre mondiale

Mardi 10. Tensions, agitation ! N'est-il point infâme que toute l'Europe épie en tremblant les petits parlements, que nous flattions et flagornions les négociateurs, gens parfois fort douteux ? Nous en aurons honte — individuellement et collectivement ! Encore un être cher tombé, Ehrenbaum-Degele, le poète. Zech lui a consacré un splendide article nécrologique

Mercredi 11. Victoires, victoires ! L'avance continue en Pologne, lente, un vrai rouleau compresseur. Et à l'Ouest, l'impuissance. Je me suis interdit de persifler les peuples, mais la jactance de ces gens dépasse les bornes. Eux qui chantaient déjà victoire, proclamant qu'ils allaient écraser et envahir l'Allemagne, ils continuent à lancer leurs cocoricos et à proclamer que l'offensive allemande a échoué, alors qu'ils ne font, à chaque mot, qu'éveiller des illusions désormais irréalisables. Pour nous aussi cela a un côté enivrant, je le sens moi-même, on est poussé à outrer son jugement, mais il faut savoir se défendre contre ses propres sentiments. Et surtout : je me réserve pour une joie, pour la dernière joie du dernier jour.

Jeudi 12. Un peu travaillé. Je n'arrive pas à achever quoi que ce soit. Je prête trop l'oreille à ce qui se passe au-dehors, il y a en moi trop d'attente, d'impatience, bien que la raison me dise que l'instant est à la modération. Mais le cri : « Édition spéciale ! » vous arrache à vous-même, vous empêche de vous concentrer et vous jette, que vous le vouliez ou non, dans une tension à laquelle il est impossible d'échapper.

Vendredi 13. Écrasante, cette avance allemande. Elle a un je-ne-sais-quoi de grandiose et de mélancolique, telle une machine de précision chaque rouage se met en marche au moment voulu. Il semble que les Russes manquent de munitions et sacrifient des hommes afin de gagner du temps pour la retraite et constituer une barrière de protection. Dans les Balkans, mouvement incertain consécutif aux propositions de l'Entente. Sa diplomatie accomplit un travail remarquable, mais les armes allemandes lui ont fait perdre son atout. L'Entente ne peut plus taper sur la table, même ses promesses ont perdu en crédibilité. Toutefois, son habileté, renforcée par le peu de popularité dont jouit l'Allemagne, peut encore provoquer des surprises.

Samedi 14. Parti le soir pour Baden. Travaillé à *Jérémie*, et puis les activités d'autrefois. Bonne conversation avec Viola Neumann.

Dimanche 15. Hugo Wolf parle beaucoup de Budapest. Le rôle joué par les Hongrois dans cette guerre est odieux : ils empochent les succès des peuples qu'ils ont asservis et les portent au compte des Magyars, ce qui n'empêche pas le pays d'être livré à l'oppression et à la corruption. Mais ils savent admirablement jouer les héros. Odieux, ce peuple !

Lundi 16. On avance sur Kowno. Et quand les Allemands s'annoncent quelque part, ils ne se font pas attendre : ils nous ont appris cet optimisme. La réserve qu'ils ont témoignée est un exemple éclatant pour tous les temps — le contraste le plus magnifique que l'on puisse imaginer avec la jactance de chaque individu pris en particulier. Jamais on ne fut aussi fier de parler l'allemand : je suis moi-même saisi par cette exaltation, bien que je me sois juré de ne pas me laisser influencer par les succès ni abattre par les insuccès.

Mardi 17. Travaillé, au bureau et chez moi. Pas grand-chose de nouveau. Et pourtant on le sent venir

Mercredi 18. Anniversaire de l'Empereur. Des drapeaux partout. Je suis de garde aux écuries. Et l'après-midi, la nouvelle : Kowno est tombé. Un cadeau digne de ce 85e anniversaire arrive à une heure de légende. Quasi incroyable qu'il ait été donné à un homme, à un seul homme, une aussi large part d'histoire. En face de lui, on ressent parfois comme un frémissement dynastique, une vague de respect, tel un afflux sanguin, parce qu'en lui s'est concentré tant de destin, de même qu'on admire un arbre qui a vu des hommes s'épanouir et mourir, et continue, de ses racines et de sa cime, à fleurir par-delà les temps.

Jeudi 19. Déjà s'annonce du nouveau : Nowogeorgiewsk. L'ambiance a complètement changé. Personne ne pense plus à céder un pouce du terrain conquis, tout le monde se déchaîne contre les compromis qui seraient aujourd'hui la libération. Je ne crois pas à une nouvelle Pologne, parce que l'Allemagne ne rendra jamais ce qu'elle en possède, et nous n'aurons pas la tranquillité avant que l'ensemble organique ne se soit reconstitué. Mais le succès est un terrible magicien, même pour les plus lucides. Je crains la jalousie des dieux.

Vendredi 20. Nowogeorgiewsk nous vaut 85 000 prisonniers, Kowno 20 000, et tous deux plus de 1 000 canons. Voilà qui pèse visiblement sur la Roumanie. Un autre ton aussi dans le discours du chancelier allemand : un ton d'airain, ferme, inébranlable. Plus question de rester sur la défensive, mais : il faut que ça plie ou que ça casse. Et le passage : « Nous avons désappris de faire du sentiment » est mémorable.

Samedi 21. Magnifique discours de Helfferich[27]. Bien sûr, il est facile de parler en de telles périodes où à chaque mot répond, comme en écho, un acte. Mais la joie n'est pas sans mélange : le torpillage de l'*Arabic*[28] — des Américains parmi les victimes. Voilà, à n'en pas douter, une démonstration de cette « attitude inamicale », objet des menaces de Wilson. Est-ce maladresse ou intention, il est difficile de le dire, quoi qu'il en soit c'est un nouveau motif d'inquiétude, une tension des plus dangereuses, qui amoindrit le poids des victoires allemandes. Nouvelle injection de camphre pour la France, où l'espoir de la victoire a subi de sérieux accrocs, ce qui se manifeste surtout par une vive irritabilité du parlement et encourage des pays comme la Roumanie.

Dimanche 22. L'attitude de la presse allemande, dans son ensemble, dénote le plus grand embarras à propos de l'affaire de l'*Arabic*. Quelques maladroites tentatives de justification, mais fort tièdes, purement *pro forma* — il va falloir, dirait-on, faire amende honorable. La lassitude est trop grande pour qu'on se livre à de pathétiques chasses à courre, et une majorité d'Allemands semblent d'ailleurs hostiles à la guerre sous-marine, qui leur a valu plus de haine que d'avantages. — A Vienne, depuis des jours, mauvais temps, qui souligne encore plus le vide de la cité. Autrefois, malgré l'ambiance plus sombre, Vienne était plus peuplée, plus animée, plus vivante même en sa mauvaise humeur qu'aujourd'hui en son abandon. Les hommes deviennent une rareté, on est tellement habitué à les voir en uniforme que le civil doit, pour ainsi dire, s'excuser. Le soir, bonnes nouvelles de l'avance allemande en Russie, dont personne ne sait encore jusqu'où elle ira, mais qui en tout cas a déclenché dans la conduite de la guerre un revirement sans pareil.

Lundi 23. Les troupes allemandes et autrichiennes sont devant Brest-Litowsk, et tout semble indiquer qu'il ne va pas falloir attendre longtemps pour que la ville soit évacuée. Dans l'art d'enlever les places fortes, les Allemands sont uniques, et leur façon de les investir met du baume sur notre cicatrice purulente : Przemysl. C'est déjà un titre de gloire que d'avoir résisté aussi longtemps, et bientôt — les gens ont la mémoire courte et ont oublié leurs sentiments d'hier — on le célébrera. En ce qui me concerne, ces événements n'agissent plus en profondeur. Je suis trop las d'attendre la fin et incapable de me laisser galvaniser chaque fois. C'est d'ailleurs, dirait-on, le cas de la plupart des gens, les grands sentiments sont usés jusqu'à la corde, il n'est resté dans les âmes qu'une masse de morosité et d'indolence.

Mardi 24. Brest-Litowsk tombé, la dernière place forte russe est évacuée. Des succès partout, la déclaration de guerre de l'Italie à la Turquie a été un coup pour rien, dans les Balkans rien ne bouge, rien ne se décide — et néanmoins, ici, aucune allégresse. En Allemagne peut-être, mais pas chez nous, on n'est pas aussi avide de conquêtes, cela n'est pas dans notre nature, c'est tellement insensé et inutile que nous regrettons presque la situation antérieure, qui laissait présager une fin plus rapide. C'est que l'Allemagne et l'Autriche ont des âmes tout à fait différentes.

Mercredi 25. Brest-Litowsk entre nos mains, et toutefois l'on n'exulte pas. Même les journaux finissent par ne plus savoir que dire. Personne ne peut, personne ne veut continuer. Les gens disent d'un air hébété : « Ça va durer encore un an. » Nul ne demande : « Si nous sommes vainqueurs, qu'allons-nous en retirer ? », mais uniquement : « A quand la paix ? »

Jeudi 26. Avancé quelque peu dans mon travail, mais par à-coups, très, très lentement. Il me manque l'élan, l'homogénéité, la passion qui ne sait s'interrompre. Mais je le vois — presque tous sont déroutés par l'époque. *Exe. a. trois.* [29]

Vendredi 27. Corrigé l'essai sur la Galicie [30], puis parti pour Baden. Comme cela fait du bien, une promenade ! C'est loin maintenant. Jamais je n'ai autant désiré vivre tout à fait à la campagne. Je le ferai dès que la guerre sera finie

Samedi 28. Fini d'ébaucher le quatrième acte, ensuite avec Viola Neumann, qui m'intéresse beaucoup : elle est toute en polarité, douceur et force, pudeur et franchise, audace inouïe et réserve féminine. Une nature à la Dostoïevski, qui jouit pleinement de la vie quand celle-ci est la plus dangereuse. Le soir, fête dans le parc, où les gens font preuve d'une sensualité vraiment cynique. Non plus un jeu ou un simple divertissement de société, comme d'habitude, mais une éruption. On sent qu'ils se sont dominés pendant un an, ils n'en peuvent plus. Et ils ne *veulent* plus. C'est aussi mon cas ; je suis écrasé par cette faculté que j'ai de projeter ma pensée dans le lointain. Il faut que je m'éprouve de nouveau moi-même — par-delà le temps, qui demande trop et offre trop peu. Même la pitié commence à perdre son côté tragique, elle fait partie du traintrain quotidien, l'éclopé devient la règle, et le malheureux, l'évidence. Un être solide et serein connaissant le bonheur et l'optimisme semble un miracle remontant à une époque lointaine.

Dimanche 29. Les communiqués des journaux sont aussi insignifiants que possible. Me suis baigné à Vöslau, épisodes à Baden avec X.V. et la petite D. Je veux cette journée, cette seule journée par semaine entièrement à moi, je l'exige du monde et de Dieu.

Lundi 30. Le bureau — encore une histoire. Je n'en peux plus. Mon cerveau s'est vidé, le travail m'écœure parce que je n'en vois pas la nécessité. Celui que j'accomplissais auparavant avait au moins une apparence de sens, l'actuel est vide et ne sert que des buts privés. Et il me répugne tellement que je suis incapable de faire quoi que ce soit pour moi. A la maison non plus, ou guère. L'après-midi, avec Herbert Eulenberg, il a grossi, a oublié son enthousiasme pro-allemand et adhère à des associations contre la guerre. Encore un qui aurait mieux fait de se taire durant tout ce temps ! Du point de vue personnel, il est parfaitement inintéressant. Je ne crois pas aux génies qui prennent de la graisse.

Mardi 31. Mon essai sur la Galicie a paru. Démarches dans les ministères et les bureaux pour obtenir du matériel statistique. En Allemagne paraît chaque jour dans les journaux ce qu'il faut ici passer des heures à grappiller. A part cela, lassitude infinie.

Mercredi 1er sept. Plus un mot de Rolland. Je présume qu'il est rentré en France pour montrer qu'il n'a peur de personne. Là-bas, paraît-il, l'atmosphère continue à être démentielle — certes, la guerre est plus facile pour eux que pour nous. Ils sont bien ravitaillés, ne sont pas exposés aux fatigues, peu aux combats, ils sont souvent relevés — ils ignorent l'aspect dramatique des attaques brusquées. C'est plutôt une accalmie, un combat semblable au siège de Leipzig par Wallenstein [31], on épargne le plus souvent l'individu, tandis qu'en Allemagne chacun va, doit aller jusqu'au bout de ses forces. C'est pourquoi je crains que nous ne soyons les premiers à donner des signes d'épuisement

Jeudi 2 sept. Il paraît sans cesse de nouvelles publications sur les responsabilités dans le déclenchement de la guerre. Il s'avère que les négociations entre l'Allemagne et l'Angleterre autorisaient tous les espoirs et qu'un débat public devant les parlements aurait abouti à coup sûr. Mais la diplomatie secrète a tout gâché — c'est à juste titre qu'on raconte l'histoire du cheval, du bœuf et de l'âne qui se disputent au sujet de leur part respective du butin. Par ailleurs, l'esprit de conciliation dont les Allemands font preuve avec l'Amérique a fait naître un soupçon d'espoir[32].

Vendredi 3. Les gens ne parlent plus du tout de la guerre — *seulement* de la paix ! C'est l'éternelle question que se posent chaque jour et chaque nuit des millions d'êtres, tous les peuples sont depuis longtemps unanimes dans cette volonté, mais elle n'aboutit pas encore. Certes : du point de vue de Sirius, il est peut-être bon que le calice s'emplisse à ras bord et que l'on perde pour des décennies et des générations le goût du militarisme. Mais ne va-t-on pas fausser ce sentiment dès la fin de la guerre ? Est-ce que je ne vois pas comment presque tous déjà renient l'hier pour ne voir que le présent ? Qui est appelé et ne peut se défiler méprise les embusqués, qui, hier encore — Eulenberg —, écrivait des vers de mirliton, joue l'apôtre de la paix. Et ceux qui, au front, gémissent et pleurent, deviendront des béni-oui-oui et des chantres de la « Grande Époque ». Cette pensée ne cesse de me tarauder, il faudrait presque souhaiter que tous les peuples soient mis à genoux ; si cruel que puisse être ce souhait, c'est peut-être la meilleure solution.

Samedi 4. Travaillé, puis parti pour Baden. Pluie, pluie — l'avoine est perdue, ainsi qu'une bonne partie des pommes de terre. A quoi bon, dans ces conditions, 10 000 prisonniers russes de plus ! J'apprends avec épouvante dans quel état déplorable se trouve déjà notre matériel de guerre prétendument bon pour le service, et j'envie les éternels vive-la-joie.

Dimanche 5. Repos, promenades, cinéma, épisodes

Lundi 6. Feld, personnage de comédie — le matamore patriotique qui a honte de ne pas être appelé (et *in petto* s'en réjouit outre mesure). Comme cela est, chez la plupart, indissolublement lié à la vanité — tout, même le véritable héroïsme, est en grande partie une forme d'amour-propre, une vertu négative — la volonté de se faire valoir plutôt que de valoir. Il faudrait décrire cela un jour. Le passage en conseil de révision des hommes de 43 à 50 ans a encore secoué violemment la ville, la hargne et les calculs mesquins font florès, chacun veut expédier d'abord l'autre, les vieux, les jeunes, et les jeunes, les vieux ! En outre, cet épouvantail psychique : le second conseil de révision. Tout cela me laisse indifférent : je ne redoute jamais l'inconnu. Je suis dépourvu de toute curiosité métaphysique, entièrement ancré dans le présent. Mais l'hystérie actuelle, ces questions et ces épouvantes ! Et ce sont ceux-là mêmes qui s'enthousiasmaient aussi longtemps qu'ils se croyaient en sûreté

Mardi 7. Cassian au bureau — aujourd'hui, apparition de Hans M., le plus grand braillard belliqueux, radicalement guéri de ses opinions après 15 jours de dressage. Tous ces messieurs ne considèrent la guerre que comme une affaire personnelle, dès qu'ils sont eux-mêmes exposés au danger ils effacent rapidement le fard patriotique qui enflammait leurs joues. La ferveur belliqueuse n'est d'ailleurs plus de mode dans les feuilletons, on fait à présent dans l'amour de l'humanité. — Le torpillage de l'*Hesperian*, encore une absurdité de la part des Allemands[33]. On a presque l'impression (vu objectivement) qu'ils *cherchent* le conflit.

Mercredi 8. Jour de fête. Comme j'en jouis ! Je me fais l'impression d'être redevenu un écolier. C'est lamentable, cette dépendance dans laquelle on est retombé — mais c'est le revers du miracle, de l'organisation. Vue de l'extérieur, elle est magnifique, du dedans, elle n'est que contrainte et brutalité.

Jeudi 9. Rien. Le désert. Le vide. L'indifférence. Je n'en ai pas honte, elle est devenue un phénomène de masse, comme naguère l'enthousiasme

Vendredi 10. Il semble que là-haut, en Galicie, tout ne marche pas au mieux. On a appris à lire et à interpréter les dépêches. Mais dans les Balkans, bien des choses se préparent. Le courrier et les télégrammes pour l'Allemagne sont interrompus. Apparemment on peut compter sur la Bulgarie, mais il est non moins sûr que l'Entente, elle, peut compter sur la Roumanie. Voici revenue la grande tension du début.

Samedi 11. A Vienne, les rumeurs se sont réveillées. On les croyait enterrées. Mais dès qu'un indice apparaît quelque part, elles poussent comme des asperges. Chacun vous raconte en détail le plan d'attaque contre la Serbie. La percée doit avoir lieu près de Negotin. Mais j'ai l'impression que, là-haut, nous avons essuyé un revers cuisant

Dimanche 12. Baden, pause, repos. Peu travaillé, hélas. Les temps vous tourmentent par trop. On ne participe pas autant, c'est vrai — par contre on est horriblement fatigué de toute l'exaltation de naguère.

Lundi 13. Les rumeurs de nouveau se déchaînent. Un capitaine 8 fois décoré nous raconte que nos troupes ont déjà pénétré en Serbie, mais qu'on ne l'annonce pas. Toujours cette forme primitive des désirs qu'on prend pour des réalités — la répétition rigoureusement exacte de ce qui s'est passé voici un an. Les gens n'apprendront jamais rien. On devrait pourtant savoir une chose : le plus dangereux, ce sont les semi-officiels, les gens que l'on connaît au ministère.

Mardi 14. Signes de tempête. La Bulgarie arme — au sujet de la Roumanie nous gardons un silence total. Quelque chose, je ne sais quoi, va éclater — l'heure de l'histoire universelle sonne, la bataille des Dardanelles est devenue une course entre les nations, elles luttent comme des désespérées pour la clé de la mer Noire. Qu'il sera dramatique, un jour, le récit de tout cela, qu'il est terrible de le vivre !

Mercredi 15. Rumeurs, inquiétude, incertitude. La défaite de Tarnopol a été assez sérieuse, les Russes font état de 40 000 prisonniers. Nombre peu important au regard de nos chiffres, mais qui pèse d'un certain poids au regard de nos pertes

Jeudi 16. Le bureau m'oppresse. De huit jours, pas écrit une seule ligne pour moi

Vendredi 17. Rien ! Lassitude !

Samedi 18. Parti pour Baden. Un peu de repos. Lu une attaque contre Hesse, à cause de sa modération[34] — voilà que les plumitifs crachent leur venin sur les âmes les plus nobles. Conversation dramatique avec Alice, puis avec Viola. Les gens ressentent plus que jamais la profondeur de leur malheur.

Dimanche 19. Frondaison automnale des arbres ! Froidure ! Le matin, l'hiver lève sa main blanche ! On frissonne rien qu'à se le représenter. L'après-midi, la nouvelle : Vilna est tombée ! Enfin un mot réconfortant !

Lundi 20. Enfin la nouvelle : on passe à l'offensive en Serbie. C'est ce qui ressort de la note qui provoque une poussée de fièvre. Car cette fois il *faut* que ça réussisse, il y a trop de choses en jeu, il y va de notre prestige. La percée *doit*, dès qu'elle sera amorcée, conduire rapidement au but. Mais les Serbes le savent aussi. Cette fois, c'est une affaire de vie ou de mort, jusqu'à l'anéantissement !

Mardi 21. Nouveau blocage. Aussi nos émotions changent-elles de couleur sur-le-champ. Là-haut, en Volhynie, nous avons joué de malchance, nous nous heurtons au contraire à une sérieuse contre-attaque. Les Russes annoncent plusieurs milliers de prisonniers parmi les nôtres. Même l'encerclement de l'armée russe ne se passe pas, dirait-on, comme se l'imaginent les petits stratèges ignares de nos journaux. Et en Serbie, rien ne bouge. Ce n'était qu'un violent coup de semonce destiné à réveiller la Bulgarie. Il y a ainsi des séries de jours, c'est le cas aujourd'hui, où l'effervescence retombe. Mais ce que l'on perçoit, à n'en pas douter, ce sont des règlements de compte, des décisions. La terrible équation des forces va lentement se résoudre : je me rappelle encore combien, à l'école, nous étions excités quand on allait nous donner nos notes. Cette excitation, le monde entier en est maintenant la proie. A côté de cela, d'incessantes rumeurs de paix de toutes nuances.

Mercredi 22. La Bulgarie mobilise. Il serait presque souhaitable qu'un plus grand nombre d'hommes soient entraînés dans cette guerre, afin qu'on en finisse avec cet épouvantable tourment. Chaque jour qui passe nous fait progresser d'un pas dans l'inconnu, mais c'est toujours un nouveau pas. Un orage menace le monde. Que demain arrive la pire monstruosité, elle n'étonnera plus personne. L'intérieur est déjà entièrement calciné par la brûlure de l'attente. Fini, le travail pour moi. Je suis incapable de lire ces jours-ci, tellement je suis bouleversé.

Jeudi 23. En réponse à la Bulgarie... la Grèce arme, la Roumanie s'agite. Un phénomène à noter pour les temps à venir, la façon dont la toupie démentielle de la guerre emporte tout dans son tourbillon. Des nouvelles, aucune n'est sûre. Au Nord, avec Hindenburg, la situation est bloquée, il semble que les Russes aient échappé à la tenaille, en Serbie c'est l'immobilité, ainsi qu'à l'Ouest et en Italie. Mais ce calme est plus épouvantable que des faits, parce qu'il est lourd de menaces.

Vendredi 24. Rien de particulier. Tensions de toutes parts. Le feld-maréchal Mackensen est venu à Vienne, visite presque ostentatoire, il a continué sur Budapest. La déclaration publique que l'on va attaquer la Serbie me paraît suspecte : en général, on met plus de discrétion à préparer les surprises. Il est visible que cela doit constituer une pression sur la Grèce, qui vient de mobiliser, et un avertissement à la Roumanie.

Samedi 25. Escalade gigantesque. Les Français et les Anglais ont déclenché leur offensive. Le combat sur *tous* les fronts à la fois ! Des Dardanelles à la Baltique, à la mer du Nord et aux Alpes. Épouvantable à imaginer : chaque jour coûte la vie à d'innombrables êtres, et cependant : le monde, semble-t-il, veut enfin savoir une fois pour toutes où il en est. Il y a du règlement de compte définitif dans cet effort immense et désespéré. Nous revivons l'agitation des premiers jours : espérons que le cercle va se refermer.

Dimanche 26. Un communiqué en provenance d'Allemagne nous fait froid dans le dos. Bombardement pendant 70 heures, recul de deux divisions qui doivent abandonner d'importantes installations fixes. Si nous n'avions pas une confiance aussi illimitée dans la véracité de ces communiqués et dans l'armée allemande, nous aurions peur. Mais ainsi, ce n'est qu'une légère frayeur, une tension qui tourne à l'insomnie. On perçoit une vibration dans l'air : histoire universelle, décision de portée universelle en ces journées. Un frisson de terreur arrive jusqu'à vous et c'est avec un frisson qu'on l'éprouve. Les deux semaines à venir... elles vont, je crois, donner sa forme au monde. Peut-être verra-t-on alors se dessiner les contours d'une paix possible. Peut-être !

Lundi 27. En France, la crise semble être surmontée. Mais on ne peut toujours pas respirer librement. L'atmosphère est chargée de décisions comme d'électricité orageuse.

Mardi 28. Toujours rien de précis. Mais la rumeur déjà se fraie son chemin : à l'Ouest, la grande attaque a été repoussée, bien qu'au prix de lourdes pertes. De Bulgarie, rien que du vague.

Mercredi 29. Journées fébriles. Tout à fait comme au début. On attend d'heure en heure, on dirait que le télégraphe des Balkans, d'habitude si bavard, est coupé. Mon travail, fini, emporté par le flot des événements, parti en poussière, perdu.

Jeudi 30. Quelque chose semble aller de travers. Apparemment, la Bulgarie et nous devions attaquer de concert la Serbie, mais le retrait de l'armée de Linsingen [35] l'a empêché. La défaite de Tarnopol a peut-être été un fragment du destin dans la guerre mondiale.

Vendredi 1ᵉʳ. Toujours aucune clarté. L'attitude de la Grèce se fait de plus en plus menaçante. Quelle torture, et comme cela vous use les nerfs ! C'est intolérable.

Samedi 2. On attend à chaque heure un débarquement à Salonique. La Bulgarie ne se décide pas. Terrible, terrible, ce moment ! La boîte de Pandore est ouverte.

Dimanche 3. Je voudrais n'y plus penser, j'y suis toutefois contraint. On se sent oppressé, on cherche sa respiration. Quand je vois la Suisse, sur une carte, cela me déchire le cœur.

Lundi 4. Ça continue, ça continue, ça n'en finit pas. La blessure ne se cicatrise ni se se rouvre. Elle tiraille. Journées épouvantables. Si l'on pouvait devenir indifférent ! Comme j'envie les autres, les égoïstes. Soirée avec Adelt, à qui son poste donne des motifs de se plaindre. Lui, dont le rôle est de fabriquer l'opinion qu'il faut avoir sur la guerre, déteste celle-ci plus que ses auditeurs, à qui il doit la servir garnie d'anecdotes.

Vendredi [= Mardi] 5. Rien. Promenade. Travaillé un peu

Mercredi 6. Vénizélos est tombé, la Bulgarie est menacée par un ultimatum — enfin des décisions. Effrayant, cet incendie qui s'étend, mais il vaut peut-être mieux que le feu qui couve sous la cendre.

Jeudi 7. L'ambiance des premiers jours revient avec son agitation. Chaque heure apporte une nouvelle, la dernière arrivée convainc la précédente d'inexactitude. Étranges, nos services d'information : on télégraphie de Berlin à nos journaux que le *Times* de Londres annonce de Salonique... c'est ainsi que nous autres, qui sommes les plus proches, sommes renseignés, ce qui, naturellement, justifie notre méfiance. La rigueur de la censure a soulevé un vaste mécontentement, elle n'empêche pas que tout le monde soit au courant de la fuite de Masaryk à Londres, où il a accepté une chaire. Cet homme loyal et juste me fait de la peine

Vendredi 8. La situation se complique de plus en plus. La Bulgarie est prête, la Grèce semble favorable aux empires centraux — une tension telle qu'on n'en a jamais connu. Du côté de la France on voit s'effondrer lentement la confiance maintenue à coups d'injections de camphre. Les clameurs se modèrent peu à peu. Mais c'est justement le coup de fouet donné à la haine qui rend un revirement impossible. Ici et là les gens parlent de paix, même des hommes aussi sensés que le Conseiller aulique Frankfurter pensent qu'il n'y en a plus que pour quelques mois, mais c'est plus fort que moi, je ne peux croire que l'Angleterre déposera les armes. — Pour ma part, je suis de nouveau perdu. Cette tension vous use les nerfs, je n'arrive pas à travailler pour mon compte. J'aurais besoin de huit jours de repos dans la nature. Mais qui n'en aurait pas besoin ? Il faudrait pouvoir calculer le coefficient d'usure de l'être humain pour avoir un jugement sur son endurance, et les calculs qu'on a faits jusqu'ici sont au-dessous de la vérité. Le plus étonnant, c'est la force de résistance de l'individu comme de la masse, la faculté de s'adapter aux nécessités de l'heure. Et cette faculté est immense. Même quand elle détruit, il faut encore adorer la nature.

Samedi 9. Inquiétude, impatience, la Bulgarie hésite, tandis que Belgrade tombe. Nous le savons déjà, mais personne ne chante victoire. La terreur de naguère pèse encore sur nos épaules. Si nous en avons alors fait trop, nous en faisons maintenant trop peu. Pas de drapeaux. Pas de manifestations, pas d'articles pathétiques. Les gens relèvent à peine la nouvelle. Curieux, comme la haine contre les Serbes s'est évanouie, et même, depuis l'intervention des Italiens, elle s'est transformée en une espèce de sympathie. Un Serbe sera reçu chez nous avec respect : ils se sont trop bien défendus. En vérité, Vienne ignore la haine, elle est seulement assoiffée de plaisirs, heureuse de vivre. Même la guerre ne nous a pas assez endurcis. Elle n'a rien changé, mais rien du tout : les choses restent ce qu'elles étaient.

Dimanche 10. Il faudrait des pages et des pages pour décrire l'étrangeté de ce temps : le plus curieux est à coup sûr le pouvoir d'adaptation. 4 millions d'hommes sont au front, d'innombrables personnes ont perdu de proches parents, mais les théâtres et les concerts font salle comble, le commerce marche à merveille. Il apparaît que les grands sentiments ne provoquent que de brèves tensions. Tel un élastique, la sensibilité des gens revient à son point de départ : la petitesse. Je suis un des rares fous qui pensent à l'ensemble : sans quoi, chacun s'est assuré une place lucrative, tant sur le plan moral que sur le plan littéraire et matériel. Je ne peux comprendre qu'au bout d'une année, malgré la hausse démentielle des prix, les gens soient *moins éprouvés* par la guerre qu'il y a un an. Elle leur collait alors aux épaules, ils avaient peur de voir les Russes à Vienne, à présent, au lieu d'être anéantis par sa durée, ils s'amusent et ignorent délibérément l'histoire universelle, tandis qu'en Serbie et en Italie des milliers d'hommes perdent leur sang.

Lundi 11. La Bulgarie passe à l'offensive, la Grèce ne pipe mot, consternation manifeste chez ceux de l'Entente : Constantinople leur échappe et nous, nous sommes enfin soulagés d'un poids.

Mardi 12. Des masses d'événements, mais nous les ignorons et ne les percevons pas dans leur ensemble. Quoi qu'il en soit : depuis le mois de mai, la grande offensive en Galicie, il s'est passé chez nous quelque chose d'énorme qu'il ne sera pas facile de contrebalancer. D'où, peut-être, le calme des gens, que je ne m'explique pas. Comme nous nous l'imaginions autrement, le monde en guerre !

Mercredi 13. Rien d'importance. Un beau concert, quelques heures de détente grâce à l'automne et à la musique.

Jeudi 14. Les Bulgares sont passés à l'attaque, nous tâchons d'aller à leur rencontre. Pour les Serbes, l'heure héroïque a sonné. Personne parmi nous ne ressent plus de haine contre eux — au contraire, de la compassion.

Vendredi 15. Je suis un peu plus attiré par le travail, mais je ne cesse de ressentir le poids maudit des interruptions. Et puis je suis si fatigué, épuisé

Samedi 16. C'est affolant, ce qui se passe à la maison. Cette lutte avec M. à cause du départ. On ment, on se querelle, on s'agrippe. Et ce refus de comprendre l'époque et sa détresse. Peut-être François-J[oseph] est-il lui aussi comme cela. On ne peut avoir une idée de l'histoire universelle qu'en recourant à de telles analogies avec la vie privée.

Dimanche 17. On avance. Rapidement. Les Bulgares débordent les Serbes, ils ont des forces fraîches, bien reposées, comme celles que nous avons perdues — ainsi que les Serbes — il y a un an. L'époque a de la grandeur. On attaque partout avec la plus extrême violence, en Russie nous semblons avoir moins de chance. Ici, les gens sont hébétés. Nous n'avons plus assez de ressort pour nous réjouir des victoires. Effroyable, cette habitude que l'on prend de la guerre. Tout le monde demande à tout le monde : « Quand croyez-vous que la paix se fera ? » Et personne ne connaît la réponse, on n'a que des désirs.

Lundi 18. Les Bulgares poursuivent leur attaque. Ils ont déjà coupé les voies ferrées serbes, le nerf du mouvement est neutralisé. Forte tension — mais sans l'allégresse qui accompagne le succès.

Mardi 19. Une bonne lettre de Rolland. Le moral est d'ailleurs au beau fixe. On ne pense pas toujours à la même chose, c'est une chance. Je lis beaucoup, et uniquement de bons livres. Certes : en ce qui concerne le travail, la situation est déplorable, il n'en est plus question.

Mercredi 20. Succès sur le front Sud, le combat commence sur l'Isonzo. Lettres noires écrites avec du sang, dont on devrait se réjouir. Je n'en suis pas capable.

Jeudi 21. On dirait que c'est le commencement du *Finis Serbiae*. La Roumanie et la Grèce, elles, sont aux aguets. Situation épouvantable. A faire craquer les nerfs. L'aspect torturant de ces événements, les plus effroyables qu'on ait jamais connus, c'est que leur durée les rend à la fois atroces et ennuyeux.

Vendredi 23 [= 22]. Rien d'importance. Le soir, au concert Richard Strauss. Certes, sa musique est trop affaire de nerfs pour vous porter. Elle n'est pas faite pour vous soulager et vous faire oublier.

Samedi 24 [= 23]. La tragédie serbe, le naufrage d'un peuple, pendant qu'ici nous nous efforçons de faire de la littérature. Une épopée grandiose, gigantesque, qui n'a guère sa pareille dans l'histoire universelle, absorbant en dix ans plus de choses qu'une nation n'en accueille durant des décennies. Des proportions littéralement shakespeariennes : nous y voyons tout trop petit, trop minuscule. La compassion à leur égard est générale, même chez nous, alors que la haine de l'Italie a conservé toute sa vigueur durant tous ces mois.

Dimanche 25 [= 24]. Me suis remis au travail. Sur le plan politique, les événements sont monotones. Ils m'ennuient tout en me préoccupant

Lundi 26 [= 25]. Rien !

Mardi 27 [= 26]. Toutes sortes de progrès, peu nets, sauf en Serbie. Personne ne croit à une paix prochaine, mais ceux qui arrivent de Berlin déclarent que tout sera fini à Noël. L'Allemagne a toujours ses mots de passe pour modeler l'opinion publique — discipline partout, y compris dans la pensée.

Mercredi 28 [= 27]. Rappel pour hier : le quatuor Rosé, Beethoven. Je vis encore aujourd'hui sur cette impression. La musique fait tomber de moi la suie du politique, le noir dépôt des événements.

Jeudi 29 [= 28]. Rien d'essentiel. C'est-à-dire que, tandis que j'écris cela, les combats les plus sanglants de tous les temps se déchaînent sur les trois frontières. Mais on est si blasé qu'on ose leur coller l'étiquette : « Rien à signaler ».

Vendredi 30 [= 29]. Nouvelle maladresse des Allemands : ils ont fait une martyre en fusillant à Bruxelles Miss Edith Cavell, prétendument espionne. Une histoire pénible et peu claire. On s'en aperçoit à la manière dont les Allemands se justifient, ainsi qu'à l'indignation sans bornes du monde entier ; dix ans de cachot auraient été une peine largement suffisante

Samedi, dimanche, lundi. (Toussaint) à Baden. Repos, promenades. Seule nouvelle : la chute de Kragujevac, mais on ne pavoise plus. Nous sommes fatigués

Mardi 2 nov. Je viens d'apprendre que Johann Kern a été tué. Un vrai brave — un desperado, bien sûr, qui avait dilapidé sa fortune — mais un homme qui aimait la guerre parce qu'elle lui permettait de reconquérir la position qu'il avait perdue dans la société. Il était encore blessé lorsqu'il est parti. Mais ce sont ces gens-là qui vivent d'ambitions. Ces derniers temps, au demeurant, violents combats. La grande offensive italienne, quoique repoussée, a coûté bien des vies humaines

Mercredi 3. Rien d'importance. Les troupes bulgares ont déjà effectué leur liaison avec l'armée et sont à proximité de Nisch.

Jeudi 4. Travaillé un peu. Attaques contre Hesse, parce que les Teutons ne le trouvent pas assez teuton. Sa réponse est belle, mesurée. Il croit, écrit-il, que cette guerre l'aura vieilli de dix ans. Il n'est pas le seul.

Vendredi 5. Rien d'essentiel. C'est-à-dire... toujours avec cette effroyable *reservatio*

Samedi 6. Nisch est tombé — un puissant bond en avant. Ainsi les projets de l'Entente sont-ils presque à coup sûr contrecarrés, quant à la Grèce et à la Roumanie, elles sont neutralisées pour longtemps. C'est toujours un gage supplémentaire entre les mains des empires centraux

Dimanche 7. Travaillé, mais lentement, si pauvrement. Un vol d'ailes brisées.

Lundi 8. Je ne poursuis ce Journal que par la force de l'habitude. Car la monotonie de ces journées, sur le plan intellectuel, est écrasante. Tout le monde est devenu augure, chacun fixe les yeux sur un point d'où il espère voir surgir un petit nuage de paix. Le moindre frémissement, la moindre parole prononcée dans un parlement quelconque sont commentés, tournés et retournés jusqu'à ce qu'une lueur d'espoir brille sur l'une des arêtes. Les gens sont incapables de *comprendre* que la situation puisse se prolonger à l'infini. On voit combien il est atrocement difficile de vivre sans espoir. Si l'on apercevait ne fût-ce qu'un point lumineux à l'orifice du puits dans lequel notre culture a sombré tout entière, on pourrait de nouveau entreprendre quelque chose. La tension à laquelle sont soumis nos soldats est, paraît-il, épouvantable, toutes les lettres sont unanimes sur ce point. Ceux qui jetaient de l'huile sur le feu sont démasqués à fond : ils radotent maintenant d'humanité

Mardi 9. Une lettre de Rolland. A part cela, rien de réconfortant à la ronde

Mercredi 10. Rien. Quelques milliers de prisonniers, quelques centaines de kilomètres carrés. Mais cela ne fait pas avancer l'affaire d'un pouce.

Jeudi 11. Au parlement anglais, très beau discours d'un isolé sur la paix [36]. Avec quelle avidité il est capté par des millions d'oreilles. Mais il n'y a pas cent voix pour lui répondre.

Vendredi 12. Un nouveau signe que l'Allemagne veut libérer la Belgique : elle l'impose mensuellement de 40 millions de francs. On n'agit pas ainsi quand on a l'intention de rester. Mais hélas, on dirait que cette fois, c'est le vaincu qui ne veut pas lâcher le vainqueur. L'Allemagne désire la paix, cela crève les yeux, mais l'Entente, non. Il est pourtant clair que nous supportons la plus grande part de souffrance, du moins l'Autriche.

Samedi 13. Rien. Les journaux, odieux, et néanmoins on les avale tout brûlants.

Dimanche 14. Le soir, chez Schnitzler, où je rencontre également Barnowski. Comme certaines gens, surtout du monde du théâtre, ont le pouvoir de rester affectivement en dehors ! Certains d'entre eux sont si profondément plongés dans *leur* univers que le monde extérieur n'existe pas pour eux. D'habitude, cela fait d'eux des sots, à présent, des heureux.

Lundi 15. Avec Egon Erwin Kisch [37], qui me raconte des histoires de guerre bouleversantes sur le plan humain, surtout les humiliations. Elles sont effrayantes, et rien ne pourra les réparer. Et tous, tous, tous, avec une fatigue mortelle dans le cœur. Que des régiments aient pu un jour traverser la ville en exultant et en chantant, voilà qui semble un rêve ! Oui, ce n'est plus qu'un rêve !

Mardi 16. Rien. Rumeurs de plus en plus précises sur la chute de Gorizia

Mercredi 17. Bien travaillé. Terminé l'ébauche d'un nouvel acte.

Jeudi 18. Le travail a bien avancé. Je me raccroche au bon temps. N'est-ce pas le seul refuge ? Quel dommage que la sensualité et la paresse me barrent si souvent le chemin qui y mène ! Quel dommage !

Vendredi 19. Travail, travail — je suis enfin en plein dedans. Désormais, il s'agit de tenir bon, de ne pas lâcher !

Samedi 20. Surprise ! Un recueil de poèmes venu de France, de P.J. Jouve, dédicacé : « *Fraternellement** [38] ». Impossible d'exprimer ce que j'ai ressenti. Une musique, voilà ce que ce fut, je ne sais quel bruissement, quelle merveille, le chant d'un battement d'ailes tombant des cieux. Les vers eux-mêmes ne sont pas tellement beaux, mais cette pensée, cette intention, ce message d'amitié !

Dimanche 21. Inspection. Travail. Lecture.

Lundi 22. La catastrophe serbe s'accélère. Les voici refoulés jusqu'au Champ des Merles [39] où un jour, déjà, s'est effondré un grand empire serbe. L'action a été préparée avec une précision ahurissante, elle se déroule comme un exercice d'arithmétique, tandis que l'expédition de l'Entente est encore en suspens, désemparée, menacée sur ses avants — sur ses arrières aussi, d'ailleurs. Néanmoins, je ne peux m'imaginer tout à fait une « victoire » de l'Allemagne. La précipitation qu'ils apportent à vouloir en finir a vraiment, parfois, un côté inquiétant. Jamais l'heure ne fut plus propice à une paix acceptable des deux côtés, maintenant que des chocs décisifs sont attendus à l'Est comme à l'Ouest

Mardi 23. L'attaque se poursuit. Le récit de Schmidtbonn [40] que je viens de lire exprime bien tout le tragique de ce pays. D'une telle campagne dans la boue et la neige, l'histoire n'offre pas d'exemple

Mercredi 24. Travaillé

Jeudi. Rien d'importance. La grande machine continue à tourner, comme une meule elle tourne sur place. Un sang toujours neuf afflue par les écluses

Vendredi 26. Du nouveau dans la ville : le *Kaiser* vient à Vienne, on change des ministres. Les événements importants sont toujours connus à l'avance, ils transpirent par des voies mystérieuses.

Samedi 27. Goûter d'enfants avant mon anniversaire [41]. Quelques heures claires

Dimanche 28. Anniversaire. 34 ans ! C'est beaucoup, et c'est peu. En tout cas, cela oblige. Le plus beau souhait fut celui d'un ami : que je célèbre le prochain anniversaire dans la paix. L'après-midi, Félix a lu sa tragédie, *Tantale*[42], un chef-d'œuvre, généreux, humain et d'une perfection de langue à vous rendre jaloux. Notre enthousiasme était sincère, j'ai pu lui conseiller quelques modifications raisonnables. Mais dans l'ensemble, c'est superbe. Ce fut l'un de mes plus beaux moments durant cette guerre

29, lundi. Le *Kaiser* Guillaume est à Vienne, mais invisible. Le soir seulement, un communiqué (accompagné d'un menu français) sans indication sur la poursuite du voyage. Le tout dans le plus grand secret, il est clair qu'on veut camoufler cette visite.

30, mardi. Travaillé. Rien d'importance

Du 1er au 8 décembre. Je n'ai rien noté pendant quelques jours parce que je suis sérieusement occupé par ma pièce. Les travaux préparatoires seront bientôt pratiquement terminés, le scénario est clair, il ne manque plus que le coup de fouet nécessaire pour me mettre au travail. Intérieurement, je suis sûr de mon fait, la seule question est de savoir comment je vais en venir à bout sur le plan stylistique. Je veux commencer pour de bon le 1er janvier, peut-être quatre mois me suffiront-ils pour en finir. Mais l'incertitude de la vie, à l'extérieur, pèse d'un poids tellement lourd sur mes épaules que j'ignore si j'y parviendrai. Ma position à Vienne me semble assurée pour l'instant, bien que la foudre, ici, tombe toujours d'un ciel serein. La situation politique se complique de plus en plus. Nous nous trouvons face à un problème absolument paradoxal : à chaque victoire qu'elle remporte, l'Allemagne perd de plus en plus courage parce que le résultat tant désiré : des pourparlers de paix, ne se manifeste pas à l'horizon. Ou bien l'Entente s'hypnotise elle-même, ou bien c'est la conséquence des faits (qu'il nous est impossible de percevoir en leur ensemble), bref, il est certain qu'ils sont, eux les vaincus, moins las, moins découragés que les autres, que nous — c'est, étrangement, le cas de l'Italie. L'intervention de la Bulgarie, si bienfaisante fût-elle, n'a eu aucune influence décisive, ni même — dans la mesure où nous pouvons en juger — n'a accéléré le cours des événements. La Chambre italienne a déçu l'attente du public, elle s'est montrée ferme, une paix séparée est hors de question pour un temps imprévisible, nulle part un espoir. Notre enthousiasme a peu à peu fait place à une sorte de paralysie. L'horreur est sans pareille

10 décembre, vendredi. Progrès quotidiens en Serbie. Personne ne se réjouit plus de contempler cette atroce agonie. En Grèce, situation tendue, prête à basculer.

11 décembre, samedi. Reçu le livre de Rolland[43], un vrai réconfort pour l'âme. Lui aussi a perdu tout espoir face à ce monde déchaîné.

Dimanche 12. Promenades. Vraiment très longues, j'en ai bien profité.

Lundi 13 décembre. Le discours du chancelier du *Reich* a été pour nous tous une grande déception. Polémique, incertain, sans chaleur, bourré de précautions, insatisfaisant, agaçant. En écho, des manifestations devant le *Reichstag* en faveur de la paix. Et déjà quarante voix contre le budget. Le prolétariat s'agite. Je le sais par Hoffmann, et d'ailleurs par tous ceux qui viennent d'Allemagne. Il n'y a que chez nous que rien ne bouge, ou presque. Nous avons bien un procès Kramarz, mais très discret[44]. On ne sent aucunement l'existence d'un peuple, d'une justice, d'un État — c'est à peu près ainsi que l'on vivait en France à l'époque de Louis XIV. Les gens ne témoignent que de la mauvaise humeur, nul ne pense à se révolter.

Mardi 14 déc. Quatuor Rosé. Au milieu de cette splendide œuvre tardive, l'adagio de l'opus 125[45], je sens sourdre une question : comment est-il possible que dans le monde où existe une telle splendeur, en ce moment, à cette heure précise des hommes se déchirent à coups d'obus ? Question sans réponse. Tandis que résonnaient les sons divins, cela était pour moi plus insaisissable que la mort même.

Mercredi 15 déc. Nouvelle lettre de Rolland, bonne et fraternelle. Ah, s'élever à une telle perfection de l'âme — quel but ! Travaillé à Gottfried Keller[46]

Jeudi 16. Travaillé sur Oberdan, pour le bureau[47], et beaucoup pour moi.

Vendredi 17. Indescriptible, l'état des choses actuel, impossible à faire comprendre aux générations futures. Épuisement absolu de tout côté, indifférence chez chacun, l'idéal, la solidarité se relâchent — et néanmoins, par inertie, on persiste dans la souffrance. Ce sont les responsables qui redoutent la fin, elle ne satisfera personne, car nul dédommagement ne pourra compenser les sacrifices. Même passivité froide chez les spectateurs, en Suisse, en Scandinavie — chacun ne pense qu'à soi. On ne peut s'affranchir de la terre que pour quelques secondes, on ne peut renoncer à son moi en faveur de la communauté que pour quelques instants. Puis on rechute. L'humanité s'est repliée sur elle-même, elle ne réagit qu'en tant qu'individu. Pitié, indignation se sont attiédies, il ne subsiste que l'élémentaire, l'instinct originel, la peur pour sa propre existence, l'ombre obscure du sentiment le plus noble, l'amour de la vie. Les hommes sont à présent plus sincères qu'ils ne le furent autrefois dans leur « beauté » ! Que n'a-t-on appris sur la psychologie des masses. Mais à quel prix, à quel prix !

Samedi 18. Tout le monde aujourd'hui déteste les journaux. Dans une certaine mesure, on se venge par cette haine des espoirs qu'ils ont fait naître, c'est l'impression de malaise qui succède à l'absorption de drogues. Et puis : ils sont plus précis maintenant, plus sincères, aussi les trouve-t-on ennuyeux.

Dimanche 19. Avec Oskar Fried[48], dont l'assurance forcenée, et qu'il confesse allégrement, a quelque chose de fascinant. « Laissez-moi encore parler de moi 10 minutes, vous savez bien que rien d'autre ne m'intéresse. » Quel personnage ! Tout lui est profit, il ne dédaigne rien de ce qui peut servir son art. Il va voir les journalistes, flatte les rédacteurs, mais il ne recherche ni l'argent ni la renommée au sens vulgaire. Sa vanité va jusqu'à l'exhibitionnisme (il me reçoit nu comme un ver !), avec cela, comme chez tous les ambitieux, nul érotisme parce qu'il est auto-érotique. Rappelle fortement Lissauer par ses manières de Berlinois. Mais la volonté est là, l'énergie, la discipline — une certitude patiente d'atteindre 70 ans, et en bonne santé. Magnifique, la façon dont, à Budapest, il se fait donner en deux jours une nouvelle estrade, et dont il réussit à obtenir tout ce qu'il veut vraiment. Je lui dis : « Nous devons être impatients pour les autres, non pour nous-mêmes. » Cela devient un sujet inépuisable, en particulier l'attitude de Mahler, son baptême[49]. Je suis tout revigoré par un tel homme qui, pour son art, se rue vers les murs, la tête la première, se fait des bosses mais finit par passer à travers

Lundi 20. L'après-midi, visite de Fried, Stiedry, Specht, Stefan[50]. Bonnes conversations animées. Seul l'art vous réconforte en ces temps de détresse.

Mardi 21. Ces journées qui précèdent Noël sont un vrai tourbillon, d'autant plus que mon domestique est malade. Je n'arrive pas à faire quoi que ce soit.

Mercredi 22. Quelque part sur les fronts il se passe toujours quelque chose, on le perçoit à peine. Une pression seulement, un poids. Là-bas, les hommes sont dévorés par un ennui incommensurable, ils sont indiciblement las.

Jeudi 23. Courses en ville, étrangement animée. Par de telles journées, c'est toujours la même chose. Le vide est balayé. Mais à y regarder de plus près, il est rare de voir un homme jeune, de belle prestance, en civil. Une vraie curiosité. On ne s'en rendra compte que lorsqu'ils reviendront

24. Veille de Noël. Inspection. Écrit des lettres, le grand nettoyage avant la fin de l'année.

25, 26. Jours de Noël. Calmes et contraints. Sur le plan militaire, la situation est mille fois meilleure que l'an dernier, ce serait presque à faire la fête, mais combien plus dispos étaient les gens alors. Aujourd'hui, la détresse se fait durement sentir dans de nombreux ménages, au front surtout, la tension est trop lourde. Je sors à peine. Je n'éprouve aucune satisfaction à voir ces gens dans leur traintrain, et encore moins dans leur écœurante allégresse. Visite de Rilke. Sa tragédie à Paris [51] !

27, lundi. Rien. Les péripéties militaires ne comptent plus, n'est-ce pas. En Angleterre, le spectre du service obligatoire, un événement historique, peut-être plus favorable à la paix que toutes les batailles. Mais que sait-on, de loin ?

28, mardi. 70e anniversaire de papa. En cercle restreint, sans émotion, sans beauté aucune. On ressentait combien nous sommes coupés de notre monde. Peut-être serai-je ainsi un jour. On peut être déçu par les humains. Je comprends parfois ce vieil homme, bien que je n'aie nulle envie de devenir comme lui.

29, 30. Mal aux dents. Un abcès. Je suis couché, je ne sens plus que moi et ma dent. Petite opération.

31, St Sylvestre calme, sans festivités. Naturellement, les gens sont dans la rue. A Vienne, on regarderait la fin du monde comme un spectacle. Éternelle et divine frivolité, ahurissant j'm'en-fichisme en pleine guerre, peut-être cela vaut-il mieux que de prendre au tragique cette farce, aussi longtemps du moins qu'elle ne vous brûle pas les doigts.

1er, samedi. Nouvel An. La petite fête, c'est que je suis libre jusqu'au 6. Je travaille à ma pièce, aussi bien et autant que je peux. Des envies de poème aussi. Advienne que pourra, il faut que je travaille. Voilà ma tâche essentielle pour l'année. Ici, nous n'avons plus de ressort. A Berlin, paraît-il, le revirement prend des proportions quasi tragiques. C'est comme un coureur qui va toucher au but, il a une large avance sur ses concurrents, mais il sent la crampe lui monter à la gorge, il tremble de crainte qu'une hémorragie ne le gagne de vitesse. Voilà ce que ressentent les Allemands oppressés, ligotés. Personne n'est capable d'imaginer la fin, tout cela est bien trop violent.

2, dimanche. Travail et silence. Comme il est agréable de disposer de soi. Pour la première fois depuis longtemps je me sens être moi-même, profondément, totalement

3, lundi. Travail. Perturbé, certes, par le dentiste. Cette douleur me pénètre jusqu'au nerf de la vie. Rien que la perspective m'accable.

4, mardi. Travail, travail. Oh, pouvoir faire ce que je voudrais. Être libre, disponible, entièrement libre ! Impossible à imaginer !

5, mercredi. Fait toutes sortes de choses. Beaucoup lu. J'ai ainsi écarté le monde. Aucune de ces éternelles discussions qui ne font que vous paralyser. Quand je parle, c'est uniquement pour voir clair, c'est mon seul but. Lettre de Rolland, bonne et lucide comme toujours.

Jeudi 6. Fête des Rois. Dernier jour de liberté, ressenti et apprécié comme tel. Demain je retourne à l'armée !

Vendredi 7. Travail. Conversations. Dentiste. Petite vie mesquine. Que passe, que passe le temps. Maintenant, c'est à mon tour de réconforter les autres. Je vis mon Jérémie ! Si je pouvais seulement l'écrire !

Samedi 8. Soirée avec Lia Rosen[52]. Un miracle de détachement du monde, une tragédie de quatre sous. Elle me parle beaucoup de Rilke

Dimanche 9. Dicté (Heine)[53]. Rien d'important dans le monde.

Lundi 10. Rien. Le dentiste, c'est tout.

Mardi 11. Travaillé un peu. Une lettre de Jouve, pleine de bonté et de fraternité. Comme j'ai parfois la nostalgie de la France — malgré tout !

Mercredi 12. Le soir, le *Requiem* de Mozart. Puis lu longtemps sa biographie — c'est ce qu'il faudrait toujours faire après chaque grande interprétation. Toujours revenir à l'homme. On apprend beaucoup de lui. Et le soir — telle la foudre tombant d'un ciel serein : la prise du Lovcen, l'invincible[54]. Le premier exploit purement autrichien, un coup de poing à l'Italie, mais surtout un signe de puissance militaire, car nos lignes sont attaquées simultanément par les Russes au Nord et par les Italiens au Sud. Tout découragé qu'on soit par la situation d'ensemble, on peut admirer ici, en toute liberté et sans réserve. Mais les gens ont désappris de faire la fête. Plus personne n'en est capable. Tout de même, un rayon de soleil sur le moral nuageux

Jeudi 13. Travaillé. Chez Viola, beaucoup de gens, perdu mon temps en futilités.

Vendredi 14. Prise de Cetinje. Enfin des drapeaux sur les toits, de nouveau. Voilà qui fait du bien — ne serait-ce que par sens de l'équité, car c'était le siège de la mégalomanie, la plaie purulente de la prétention et de la suffisance. Les hommes qui courent à leur perte vont enfin se retourner contre leurs guides, contre leurs rois — c'est mon espoir, qui s'affermit de jour en jour.

Samedi 15. Visite de Mme von Hattingberg[55] et d'amis. Soirée calme. Je reste de préférence chez moi, à présent. Les querelles continuent dans la famille, mais elles me laissent froid.

Dimanche 16. Travail, courses. Bien sûr, pas le vrai travail, le travail passionné. Je suis un peu trop surmené pour me livrer à une activité homogène. — Dans la matinée, arrivée soudaine de Rilke. Il est complètement anéanti par le service[56]. Il peut à peine parler. Pour lui, c'est une résurgence de ses années d'enfance. « Cela a déjà détruit ma vie une fois, j'ai cru m'en être relevé et voilà que cela me retombe dessus. » Il n'est pas bien traité, ses protections lui ont nui, parce que venues de trop haut. J'aime tellement son calme visage souffrant, pas beau, certes, mais touchant comme celui d'un doux animal. Son regard est si grave et si paisible, ses paroles d'une si merveilleuse simplicité. Il souffre beaucoup de la guerre, plus peut-être que nous tous. Il semble que ses manuscrits soient définitivement perdus.

Lundi 17. Inspection. Et au même moment, la nouvelle tombe que le Monténégro a mis bas les armes et engage des pourparlers de paix. Pour la première fois on entend le mot « paix », il a une sonorité miraculeuse. Pour la première fois on ose espérer qu'à partir de cet événement on parviendra à un accord général. Un seul mot suffit à embellir la journée.

Mardi 18. Enfin les maisons pavoisent de nouveau. Le sentiment général est que l'Italie doit jouer un rôle quelconque dans cette capitulation, que nous ne sommes qu'au début d'une grande action en faveur de la paix. L'impatience est mère de l'espoir, le désir réalise les souhaits les plus audacieux. La ville est pleine de rumeurs. Moi-même je n'ose y croire.

Mercredi 19. Toujours rien de certain. Mais l'inquiétude d'un bout à l'autre. Nouvelle visite de Rilke. Si on pouvait lui venir en aide

Jeudi 20. Tout ne paraît pas tellement clair au Monténégro. Peut-être nous a-t-on trompés, en tout cas la capitulation s'effectue très lentement

Vendredi 21. Des communiqués en provenance de l'étranger présentent, eux aussi, la reddition du Monténégro comme une ruse de guerre. Mais l'essentiel, c'est que là-bas, les troupes ont avancé sans verser une goutte de sang, que les ports sont occupés. Aujourd'hui, mon domestique, Josef, a été appelé sous les drapeaux, un vieil homme malade aux cheveux blancs. C'était affreux de le voir partir.

Samedi 22. Le moral de la population est effrayant. On pressent qu'on n'en finira jamais, aucune victoire ne peut convaincre que la fin approche, au contraire, chacune d'elles déchaîne une nouvelle colère chez l'adversaire. En Allemagne, les gens sont complètement abattus. On ne voit aucun avantage à tirer des petits avantages et l'impression d'être ligoté devient peu à peu angoissante.

Dimanche 23. A Baden avec Schnitzler. Belle journée. Nous avons évoqué de nombreux sujets d'ordre très personnel. Il traverse actuellement une mauvaise passe, sa production stagne, et il s'en rend compte.

Lundi 24. Prise de Scutari par les Autrichiens. Personne ne s'en réjouit parce que cela multiplie les étapes. Ici, c'est la crise. La troupe me réclame[57]. Énervement et contre-attaque

Mardi 25. Chez nous, tout le monde est nerveux. Nous essayons de faire de notre mieux. Hans M. va à Canossa. Cela suffira-t-il ? Une phase importante de mon existence. Le soir, quatuor Rosé, je plonge pour tout oublier.

Mercredi 26. Hans M. semble avoir gagné. Il a incité le capitaine à une démarche qui, espérons-le, aboutira. Rainer M. Rilke est maintenant chez nous, je peux le réconforter en lui apprenant que Rolland a pu sauver une partie de ses manuscrits.

Jeudi 27. Progrès en Albanie. Mais cela exige l'établissement de nouvelles étapes. Nous nous saignons en hommes. Mon domestique a été appelé sous les drapeaux, je ne le vois même plus une heure. Une fois entré là-dedans, on est perdu, englouti. Le soir, chez Messchaert[58], puis discussion avec Feld. Je me laisse toujours entraîner

Vendredi 28. Entendu des conversations. Tout le monde est monté contre tout le monde, on s'affronte les uns les autres. Les paroles prononcées au parlement hongrois ont exaspéré l'opinion publique. Il est clair que les Hongrois ne s'intéressent plus tellement à la guerre depuis qu'ils ont atteint leur but personnel, la Serbie. Et puis le procès Kramarz — il nous manque la cohésion intérieure, et ce n'est certainement pas la guerre qui la suscitera. Soirée en tête-à-tête avec moi-même. Essayé de travailler

Samedi 29. Avec le mois se terminent les séances chez le dentiste, qui m'empêchaient de travailler, se termine aussi, espérons-le, cette histoire de mobilisation. Le soir, retourné chez Messchaert, ce fut splendide !

Dimanche 30. Journée passée à fainéanter. La situation politique prend des proportions intolérables. Ce qui est déjà sûr aujourd'hui, c'est que tous les États européens seront les vaincus, l'Amérique et le Japon, les vainqueurs. Mais cette terrible évidence, que personne ne veut s'avouer, fait que ces semaines sont une torture. De plus, cette haine croissante dans mon entourage. Je n'ose plus aller chez mon coiffeur : depuis qu'il a été appelé sous les drapeaux, sa femme me lance des regards que je ne puis supporter, brûlants de haine et de jalousie, même des amis comme Resb. [?] — eux qui naguère n'avaient que le volontariat à la bouche, semblent complètement transformés depuis qu'ils sont mobilisés. L'air est chargé de mauvais instincts et, tel un écornifleur qui voit approcher l'addition, chacun pense à celle-ci avec terreur et remet sans cesse à plus tard.

Lundi 31. Travaillé un peu. Le soir, au théâtre pour la première fois, été voir la pièce de Sil Vara[59]. C'est tout simplement insupportable et je ne comprends pas ce phénomène effrayant : que soir après soir les théâtres et les cinémas affichent « complet ». Chacun de ces spectateurs doit bien avoir des parents, des amis au front, et par ailleurs, ce n'est qu'un cercle restreint qui peut chaque jour s'offrir ces places coûteuses. Dans cette guerre, les gens me sont devenus de plus en plus étrangers, de plus en plus incompréhensibles

Mardi, 1er févr. Des zeppelins au-dessus de Paris ! J'en suis arrivé au point d'approuver même cela, car c'est là-bas que l'ardeur belliqueuse est la plus forte. Que des « innocents » soient touchés, je ne le comprends pas. Pour moi, tous sont innocents, qu'ils portent ou non des armes

Mercredi, 2 févr. Jour de congé. J'en jouis pleinement et le passe de façon animale, à dormir et à ne rien faire. Aucun élan pour travailler.

Jeudi 3. Je discute souvent avec Rilke maintenant. Ses idées sur la Belgique s'harmonisent avec les miennes, à lui aussi ce début a fait perdre tout enthousiasme. C'est un homme qui, pour travailler, s'est retranché de l'existence, il ne peut œuvrer qu'en renonçant, durant ces semaines, à parler, à écrire des lettres, à rencontrer des gens. Voilà sans doute la raison de son divorce. Il s'est décidé, s'est à demi sacrifié pour coïncider tout à fait avec l'autre moitié. Or il n'y a pas de solution intermédiaire dans ces problèmes cruciaux, comme dans d'autres domaines extrêmes. Sur le plan humain, je l'aime beaucoup à cause de cette homogénéité. Touchante, sa peur qu'on l'oblige, chez nous, à écrire sur la guerre — sa conscience professionnelle est d'une perfection exemplaire

Vendredi 4. Dentiste, ensuite plus rien ne sera possible. Les rumeurs traversent la ville comme de noirs corbeaux. La Roumanie et l'Amérique !

Samedi 5. L'obscurité s'amasse. Notre histoire de mobilisation, qui semblait réglée, s'assombrit de nouveau. Mais je ne suis plus capable d'avoir peur, mes nerfs se sont totalement émoussés, je n'ai plus aucune vigueur dans mes sentiments personnels. Tout s'est usé durant cette période, et il faudra des mois pour amasser de nouvelles réserves.

Dimanche 6. Mon vieil article sur l'Amérique vient de paraître, sans nom d'auteur, heureusement[60]. Ces choses-là ne me disent plus rien.

Lundi 7. Notre affaire, aux Archives, s'est réglée favorablement, du moins dans la mesure où l'on peut affirmer de telles choses par les temps qui courent. Pour moi, c'est une nouvelle incitation au travail, bien que je ne sois plus du tout sûr de mes nerfs. En tout cas, j'ai commencé à dicter ma nouvelle[61]

Mardi 8. Sur le plan politique, peu de chose, ou rien du tout. Et pour le moral, cette inaction, précisément, est pire qu'une défaite. C'est du poison pour les nerfs. Car une catastrophe vous tonifie, stimule la résistance, tandis que cet état de torpeur est une menace quotidienne et torturante. Personne n'a plus envie de lire les journaux, au front, les soldats meurent d'ennui, ce qui faisait la grandeur et la séduction de la guerre, ce flot qui vous emportait, s'enlise dans une existence végétative de troglodyte. De fait, cela aggrave de plus en plus la situation en Allemagne, tout le monde est d'accord pour reconnaître que la situation de l'Autriche est paradisiaque à côté de celle du *Reich*. Bien sûr — nous avons atteint notre but dans cette guerre, notre but national : la Pologne et la Serbie, il ne nous reste qu'à le tenir ferme, tandis que les victoires de l'Allemagne ne lui ont rien apporté de positif. — Soirée avec Leo Greiner[62] qui a combattu comme lieutenant au Doberdo — le seul poète autrichien qui soit allé au feu.

Mercredi 9. Des tas de choses et rien. Les jours passent.

Jeudi 10. Travaillé.

Vendredi 11. Inspection. Poursuivi mon travail. Mais comme je sais peu tirer parti de ces longues heures ! Tout s'effrite dans ma main.

Samedi 12. L'histoire américaine semble réglée. Mais les nouvelles sont tellement fragmentaires. Du fait que nous ne lisons pas régulièrement la presse étrangère, nous sommes pétris de méfiance, c'est naturel. Nous ne voyons que la face brillante, cela fait penser aux pommes à l'étalage, dont le côté véreux est dissimulé par le papier d'emballage.

Dimanche 13. Comme j'apprécie les dimanches. Je les passe à fainéanter, mais je profite de la liberté ! Peut-être la contrainte m'était-elle nécessaire. Mais elle dure trop longtemps. Tout dure trop longtemps

Lundi 14. Visite de Marg[it] St[einer], qui m'avait envoyé de beaux poèmes. Étrange comme les êtres se confient à moi, spontanément et de bon cœur ! Elle me raconte sa vie — depuis le pensionnat jusqu'à son mariage avec un officier qui la surveille jalousement sans rien lui donner en échange, avec qui elle vit à la campagne dans une solitude effrayante, à tel point qu'une affection pulmonaire fut la bienvenue, qui lui permit de passer quelques mois à Montreux ; cette guerre aussi est pour elle un bienfait, grâce à l'absence de son mari. Je ne sais pas si elle en profite, je ne le crois pas, mais elle se retrouve elle-même dans la solitude qu'elle ressent comme une chose merveilleuse. Quelle masse de désir dans ces paisibles vies bourgeoises, et quelle outrecuidance dans la mienne quand je découvre combien peu ont les autres, alors que je prodigue sans compter. Cela m'a bouleversé !

Mardi 15. Chez nous, c'est la comédie. Le roi de Bulgarie a rendu ce soir visite aux Archives, énorme affluence pour le saluer, car avec ces rois Midas toute poignée de main se change en décoration. Magnifique manœuvre du lieutenant-col. Paldeis qui, pour éloigner Schönthal, lui dit que sa tante l'a appelé trois fois au téléphone, sur quoi l'on a fait entrer le roi dans la salle de projection par une porte dérobée, les autres, déçus, durent se contenter de regarder par le guichet, irrités, ulcérés et, finalement, pris d'une véritable rage lorsqu'on prit congé du roi avec force compliments sans qu'ils eussent eu l'occasion de l'approcher. *Difficile est, satiram non scribere*[63].

Mercredi 16. Dicté *La Tour de Babel* pour la revue genevoise à laquelle Rolland m'a fait inviter à collaborer [64]. Je crois que l'article est réussi. A la maison, toutes sortes d'histoires qui font perdre du temps et vous irritent. Aujourd'hui, Josef, mon brave domestique, est parti pour Troppau, il a été déclaré apte au service non armé en campagne, ce qui est quand même une chance. J'espère que ce garçon avisé saura s'y retrouver.

Jeudi 17. Fini de dicter la nouvelle. Je veux désormais m'occuper de mon seul univers, l'autre, l'extérieur, me devient chaque jour plus incompréhensible. Nous allons au-devant d'un indicible appauvrissement de l'Europe, alors que tous les États en guerre regorgent d'argent. Les théâtres, les restaurants sont pleins, archipleins, une jouissance qui a quelque chose de contraint parce que lui manque la joie sereine. Pour ma part, je ne sors presque plus, je n'en rapporte que du dégoût.

Vendredi 18. Du théâtre de la guerre, nouvelle désagréable : les Russes ont pris Erzurum, la principale place forte des Turcs. C'est le premier succès complet depuis longtemps, et il témoigne combien est dangereuse la réorganisation des troupes tsaristes. Bientôt va se déclencher sur tous les fronts le massacre le plus inouï. Les indices s'accumulent de jour en jour. — Travaillé de nouveau pour moi, pas assez, mais je suis si las et paresseux que la plus petite chose suffit à mon bonheur.

Samedi 19. Rien d'importance. Ma nouvelle est terminée et ne demande plus qu'à être peaufinée.

Dimanche 20. Hans Margulies revient du front. Curieux, comme les gens maintenant n'ont plus grand-chose à dire. Idem avec Steif. Ou bien peut-être savons-nous déjà tout ce qu'ils auraient à nous dire. Les correspondants de guerre nous ont renseignés en long et en large

Lundi 21. Rappel : samedi, visite de Rilke. Pendant des heures. Nous avons beaucoup discuté, je comprends mieux maintenant ses intentions. Il voulait (après sa période musicale) modeler d'après la réalité. Tout, n'importe quoi. Il s'imposait des tâches. Exemples : *Le Carrousel, La Panthère*. A présent, il ne veut plus créer que sous la dictée d'une vision intérieure, mais avec la même intensité. C'est pourquoi il renonce aux voyages. Avec quelle ferveur il a contemplé mes manuscrits, d'ailleurs il est ouvert à tout. Pour lui, il n'existe pas de choses indifférentes, il attache à chacune d'elles une égale importance, c'est lui qui décide de ses propres valeurs, il assimile tout

Mardi 22. Avec Schnitzler chez Mme la Conseillère aulique Z.[65]. Nous avons malgré tout parlé de la guerre. On ne peut s'empêcher d'aborder ce problème, on n'en finit jamais.

Mercredi 23. Nouvelles d'Allemagne : de sérieux soucis de ravitaillement et de la mauvaise humeur. Je crois que pèse l'imminence de l'orage qui, à l'Ouest, gronde chaque jour plus fort

Jeudi 24. A l'Ouest, on s'agite. En même temps, on avance sur Durazzo. Et au beau milieu de tout cela, le discours atterrant d'Asquith[66]. Sa froideur, son intransigeance sont épouvantables, épouvantable aussi de camper sur ses positions avec cette fermeté d'airain, comme si l'on n'était pas en guerre depuis 18 mois et comme si les Allemands n'étaient pas en France et en Belgique.

JOURNAL DE SUISSE

13 novembre 1917 - février 1918

Mardi 14 [= 13] novembre. Le matin, départ d'Innsbruck, avec retard, naturellement, retard qui nous est annoncé dans le train comme inévitable. Inquiétude avant le passage de la frontière. Mais pas question de romantisme. L'ambiance pleine de mystère des courriers et des diplomates a fait place aux criailleries des confectionneurs et des voyageurs de commerce juifs, le contrôle est retardé de deux heures, qui me permettent de visiter Feldkirch, ville admirable aux multiples clochers. Ensuite la cérémonie — rapide pour moi, moins pour quelques dames. Et nous franchissons la frontière dans un wagon à peine éclairé par le tremblotement d'une lampe à pétrole — le seul wagon qui va de Feldkirch à Buchs. Là où les express se précipitaient en cascade, la circulation entre les deux pays ne se fait plus qu'au compte-gouttes. A Buchs, plus de correspondance — je dois passer la nuit dans un hôtel minable aux marches qui craquent et où les gens sont stupides — mais la princesse et sa suite sont dans la même situation. On se croirait au temps des diligences, quand un essieu s'était brisé. En revanche, la nourriture est abondante — mais ce grand sentiment de liberté est comme écrasé par tant d'heures de voyage et d'attente

Mercredi 15 [= 14] nov. Quitté Buchs de bonne heure pour Zurich. Beau trajet le long de montagnes embrumées et du Wallensee, intéressante conversation avec le Dr Kunwald, un esprit européen, qui raconte ses aventures au Brésil pendant la guerre et son étrange traversée. A midi, Zurich, au charmant hôtel de l'Épée, à la fois neuf et vieillot. Après déjeuner, Lothar vient me chercher[1]. Nous allons au consulat, puis à l'exposition des Impressionnistes. Une richesse inoubliable, une plénitude de vigueur picturale qui n'a guère d'égale. Puis au café Odéon, le foyer des réfractaires, des révolutionnaires, des déserteurs. On y trouve Trog, un brave Helvète ennuyeux, quelques Allemands pangermanistes, mais qui ont déjà rabattu de leur superbe, Paul Ilg, qui me plaît beaucoup en dépit de son laconisme, Wolfgang Heine et Wedekind[2]. Heine, bénin professeur de social-démocratie, tiède, prudent. Je l'apostrophe au sujet du traitement infligé à Liebknecht[3]. Il se dérobe, prétend qu'« à l'époque ils auraient essayé de... », « fait des représentations » — bref aucune rigueur, aucun dynamisme. Impression pénible. Dîner avec Wedekind et Ehrenstein[4]. Wedekind parle beaucoup du Zurich d'autrefois — celui d'aujourd'hui présente des analogies avec celui de 1848, alors qu'il était, *nolens volens*, une capitale mondiale de l'esprit[5]. Aujourd'hui encore c'est plutôt *nolens* — pas seulement à cause des cartes de pain, mais aussi parce que la ville est artificiellement surpeuplée et en état de haute tension. A cela s'ajoutent la cherté de la vie et la crainte d'être finalement entraîné dans la tourmente. Ehrenstein me raconte encore beaucoup de choses. Surtout l'histoire de ce *frère* qui semble absolument fantastique, comme tout ce qui se passe ici.

Jeudi 16 [= 15] novembre. Matinée en ville. Les magasins regorgeant de marchandises, presque provocants pour nos yeux désaccoutumés, mais que ces choses superficielles ont, au fond, peu d'importance. A midi, une conversation avec les Giustiniani nous ramène à Vienne, je rencontre ensuite au café Leonhard Frank[6]. Un visage à la Savonarole avec un soupçon de Kainz, dur, fanatique, les yeux de verre froids, impitoyables, d'un peintre, une voix que l'excitation fait balbutier. Une méchanceté à arêtes vives, l'orgueil du fanatique intégral. Il parle de son livre, il veut le faire éditer en Allemagne pour hâter la révolution qu'il attend avec ardeur depuis 4 ans. Haine aveugle de l'Allemagne, borné mais productif. Je lui promets ma visite pour demain. Aujourd'hui encore chez Rubiner[7], qui me plaît beaucoup. Je fais front contre l'intransigeance des pacifistes de café zurichois qui (bien à l'abri) trouvent que les autres, « là-bas », n'en font pas assez. Il comprend la différence qui existe entre leur absence de soucis et la détresse morale des autres. Il reconnaît également que la cause ne suscite aucune solidarité, mais que chacun ne fait que se pousser. Conversations très importantes et décisives sur différents problèmes. C'est un être vraiment dévoué, il sacrifie ses derniers sous pour la revue[8]. Je m'oppose à leur haine implacable. Heureusement, c'est un homme à qui l'on peut parler. Important, ce qu'il me dit de Rolland, qui souffre du manque de tact des Allemands : ils viennent voir le « frère universel »... au profit de leurs idées. Belle pensée aussi : la France a une tradition de révolte intellectuelle, tandis que l'Allemagne ne fait que la chercher. — Ensuite à la représentation de *Schloss Wetterstein* de Wedekind. Pièce poussiéreuse, simpliste — prétentieuse, ratée, et lui-même, en tant qu'acteur, lamentable. Une véritable gifle pour l'époque que je sens vibrer en moi d'une façon si puissante depuis ces quelques heures.

Vendredi 17 [= 16] nov. Matinée avec Oskar Fried, qui habite dans notre hôtel. Il est las, d'une tristesse profonde, son impertinence et sa gaminerie l'ont quitté. Il a perdu tout ressort. Tellement déçu par l'échec de la tentative de paix en août[9] qu'il en est paralysé. Étrange : ce que l'on considère de loin comme la liberté, en Suisse, a un tout autre aspect quand on est sur place. Ils sont pour ainsi dire perchés sur la pointe d'un clocher, isolés, détachés, en quelque sorte perdus. C'est aussi une prison, ce petit morceau de terre. Une existence à la Robinson dans la vie intellectuelle. Été chez Reucker[10] au théâtre. Promesses vagues, aucun engagement. De fait, je suis peu capable de convaincre. Puis chez Leonhard Frank. Conversation plus qu'animée qui tourne à l'aigre et à la grossièreté. Il réclame la révolution, je lui réponds que je méprise cette attitude qui exige le sacrifice des autres, car une telle révolution se ferait au prix du sang. Je pose la question : qu'est-ce qui lui importe le plus, la paix immédiate sans la victoire qu'il revendique (révolution en A., renversement du régime), ou la victoire de ses idées au bout de trois ans de guerre ? Il préfère encore 3 ans de guerre. Je me rebiffe contre cet autoritarisme. Nous nous emportons. Je lui demande ce qu'il fait, ce qu'il sacrifie, quel danger il court. Il me rétorque qu'il prépare la rév. Je lui objecte qu'il est dans la même position que les bellicistes qui, pour leurs idées, veulent eux aussi la guerre, la mort des autres. Il me couvre de sarcasmes parce que je mets la vie au-dessus de l'esprit. A quoi je réponds que je n'ai qu'elle à sacrifier. Je lui demande pourquoi il ne va pas lui-même en Allemagne. Je suis écœuré par cette haine aveugle qui ne court aucun risque, par ce fanatisme déchaîné contre des idées, et pourtant j'admire énormément ce qu'il écrit. Mais sa démence lui fait perdre toute mesure, il accuse « les Viennois » de veulerie, ce que je repousse comme une généralisation par trop simpliste. Je découvre tout à coup l'irréalité de ce fanatisme confortable, qui est à l'heure actuelle une bonne affaire et, malgré sa sincérité, danse sur un mensonge. Nous nous séparons assez ulcérés, il y a peu de chances que nous reprenions cette conversation. Ils sont tous battus par F. Adler, l'action et l'esprit [11]. Faire bande à part, je le sais maintenant, est une trahison ; ces révolutionnaires, ces inflexibles du café Odéon à Zurich, voilà l'un des plus tristes chapitres de la guerre mondiale. Leur régler leur compte est un devoir. — Ensuite avec Fried, mon agitation se calme, puis avec Korrodi et Kesser [12]. Nous discutons du nerf de tout cela : un manque de tact (des hommes d'action qui impriment Suarès en guise de démonstration de pacifisme) aussi lamentable que celui de la propagande. Kesser me fournit une bonne comparaison pour ces gens de la propagande qui parlent sans cesse comme les paralytiques sans se préoccuper de savoir si ce qu'ils disent intéresse les autres. Le soir, je passe cinq heures avec Fritz von Unruh [13]. Il a gagné en virilité, au premier coup d'œil il a l'air presque florissant, mais son système nerveux est gravement atteint. Après vingt-deux semaines de lit il peut à peine marcher, il porte des gants à cause de la suppuration.

De cinq frères, il est le seul qui soit encore à peu près valide. Admirable, dans sa conversation, sa sévérité envers tout ce qui est médiocre (Rathenau, Hauptmann !). Il a vécu des moments épouvantables, la Belgique, la Marne, Verdun, la Russie. Il a tout consigné dans 6 cahiers de Journal intime, s'ils sont un jour publiés, ce sera le document le plus écrasant sur la guerre. Nous nous comprenons donc à fond. Lui aussi sait que la vie est l'essentiel, le bien unique et suprême, et que l'unique et suprême péché contre l'esprit est d'y attenter. De son expérience la plus profonde il ne lui reste qu'une chose : cette vie, qui par miracle échappa à cent enfers. L'héroïsme dont il fit montre pour prendre des notes alors qu'il était épuisé à en mourir par les combats est un sacrifice qui servira de modèle aux temps futurs. Moi que seul l'homme authentique bouleverse, je suis saisi d'une ardente émotion en contemplant ses yeux résolus, cernés de noir, et, comme il y a 10 ans au Tiergarten, à Berlin, nous nous sentons unis au-delà de tout. Comme toute vie spirituelle gagne en infinie simplicité en de tels instants (grâce à la vérité) — un miracle que l'on ne cesse de vivre dans l'extase.

Samedi 18 [= 17] nov. Le matin, travaillé : écrit et téléphoné ; heureuse nouvelle de Rolland. Ses lettres brûlent toujours de la flamme ardente de l'amitié. Ensuite, courses, à la bibliothèque, chez le marchand de livres anciens qui se révèle être une vieille connaissance de la Piazza di Spagna à Rome. C'est ainsi qu'on perçoit le ressac du monde d'autrefois. A midi, avec Wedekind qui était venu me voir à l'hôtel, l'après-midi, petite cure de solitude dont j'ai déjà grand besoin. Je lis les journaux et revues au *Museumsverein* : de magnifiques lettres de Baudelaire, le *Corriere della Sera* remontant aux journées d'horreur. Sur quoi Lothar vient me chercher pour aller au Cercle de lecture de Hottingen. Un pêle-mêle barbu de messieurs assis à des tables servies, au milieu desquels Wedekind lit des extraits de ses œuvres dans une ambiance à la fois attentive et marécageuse. Je perçois clairement le ridicule qu'il y a à se produire ici, par bonheur personne ne vient m'aborder. La rétivité, la grossièreté, le manque de courtoisie et de tact de ces Suisses me sont insupportables : bien sûr, on ne désire pas être accueilli d'emblée à bras ouverts, mais on attend au moins, dans une conversation, le déclic qui vous donnera du courage. Je comprends parfaitement la prudence hostile des gens d'ici : ils ont été trop souvent abusés par le manque de tact germanique, mais ces mentalités visqueuses me coupent le souffle. J'ai découvert avec terreur l'étroitesse d'esprit de ce pays, cette sphère de pygmées, cette approche de l'art par trop encombrée de culture personnelle et de notions du devoir, cette nation de pingres, ces associations de petits-bourgeois où des hommes comme Wiegand[14] jouent un rôle de premier plan ! Je comprends que dans ce cercle de grincheux, où de braves rimailleurs se lisent mutuellement leurs produits, le vent de l'Europe fasse l'effet d'un dangereux courant d'air — mais quelle honte pour nous de descendre dans de tels bas-fonds. Je suis heureux que ma fierté m'empêche de faire un seul pas à la rencontre de ces gaillards au cœur dur. Je ne veux pas me rabaisser : je m'étrangle de dégoût. Le soir, avec Mme Albert[15] devant les reflets de la Limmat : tristesse infinie, désarroi sur ce clocher de l'Europe vers lequel monte une mer de sang. Vraiment, ni le chocolat ni les bottes en cuir ne m'empêcheront de ressentir ce pays comme une épreuve

Dimanche 19 [= 18] nov. Le matin, travaillé, puis avec Rubiner, accessible malgré son extrémisme. Il m'explique leur maximalisme : exiger le plus possible pour susciter la terreur. Une simple révolution n'effraie pas la bourgeoisie, au contraire, elle la souhaite : mais il faut en annoncer une devant laquelle elle reculerait d'épouvante. Certes, il est difficile ici d'être conséquent sur le plan personnel. Je l'interroge sur leurs conditions matérielles d'existence. Il me répond : réduction au minimum, y compris pour les chefs. Mais je suis impitoyable et lui demande comment ceux-ci peuvent atteindre leur plein développement tant sur le plan personnel que culturel. Je discute avec lui des dangers. Hier a éclaté ici une mutinerie dans les usines de munition, elle a fait 4 morts et de nombreux blessés : les Suisses en ont assez des étrangers qui apportent la rébellion dans leur pays, l'expulsion des indésirables est dans l'air. Quoi qu'il en soit : Rubiner est animé par une puissante volonté de justice qui fait défaut aux fanatiques. A midi, chez Lothar, au-dessus de la ville, on peut voir en un vaste demi-cercle les lointains du lac cernés par la montagne. Lui-même est un pauvre diable un peu fou, en proie aux soucis, fantasque, confus, brave homme — elle, une vieille femme un peu indiscrète, mais bien gentille elle aussi — assez portée sur la chose ! Je les accompagne chez des gens ennuyeux — cela m'a quand même permis de jeter un coup d'œil dans une famille suisse — le soir enfin, repos. Un bon dîner, et je rentre chez moi de joyeuse humeur : l'insouciance des petites choses, être libéré des mesquineries, voilà qui est infiniment agréable

Lundi 20 [= 19] nov. Le matin, courses et autres babioles de ce genre, à midi, avec Ehrenstein chez Charlot Strasser et sa femme [16]. Elle est russe, lui, suisse, tous deux possèdent cette agréable ouverture d'esprit de l'Européen. Il semble s'être porté garant pour tous les cas difficiles, je pourrais donc recourir à lui aussi bien qu'à l'avocat du Dr P.R. Ensuite, toujours en hâte — la hâte devient la substance de la journée, mais elle a ici quelque chose de bien plus noble et plus pur qu'à Vienne — chez Fritz von Unruh, dans le petit logement qu'il occupe près d'Ergas. Il me lit des passages de son ouvrage interdit, *Avant la décision* ; auparavant il nous avait raconté cette épouvantable histoire de fosse commune piétinée par les lourdes bottes de grenadiers qui tassaient les morts pour faire de la place. L'œuvre, elle, est grandiose dans le défilé flamboyant des images, géniale par son pouvoir visionnaire, l'approche du sujet est d'une profondeur humaine immémoriale — le style est parfois splendide, parfois étouffé par l'emphase. Comme tout sentiment vaste qui déborde, cela baigne parfois dans le flou. Mais certaines scènes, par exemple ce crucifix cloué dans la tranchée, contre lequel un homme pisse, la borne sur laquelle, à la lueur d'une allumette, on aperçoit la face du Christ, les deux voitures qui avancent et reculent, le chaos de la fin, ces scènes sont d'une beauté démoniaque. De même l'appel aux mères dans l'autre ouvrage — du reste, cette connaissance de toute chose, et cette connaissance dans la passion. Quand il lit, son œil s'illumine d'une extase intérieure et sa voix, si douce d'habitude, tonne — un tonnerre qui écrase chaque ligne. Cette extase d'ailleurs confère à celui qu'elle possède, plus qu'à l'artiste, les traits que nous admirons et vénérons chez le poète. Le soir, il nous parle beaucoup de sa vie, de ses années à l'école des cadets, de sa période de peintre, de Reinhardt et de Rathenau — il persifle admirablement la vanité et la servilité de ce dernier. Notre conversation est empreinte d'une puissante ambiance d'amitié et de cordialité : au fond, je n'aime rien tant que l'homme pur et qui cependant possède la connaissance (Leonhard !)

Mardi 21 [= 20]. Le matin, à l'hôtel, causé avec Van der Velde [17]. Il me parle tout de suite de Zech : il serait de notoriété publique que sa lettre est un faux, composé à l'instigation du Q.G. Et le plus ennuyeux, c'est qu'on aurait cru me reconnaître dans une allusion. J'oppose sur-le-champ et avec la dernière énergie un démenti formel et le prie de démentir à son tour que j'aie quoi que ce soit à voir avec Zech. Puis avec Scheffler, Cassirer et Durieux [18]. Je leur donne mon avis sur les prises de position peu franches, afin d'effacer le moindre doute quant à ma propre indépendance. Il est pénible que Fried soit, lui aussi, mêlé à cette affaire — en vérité je devrais éviter Berne. Sans quoi, appris bon nombre de détails intéressants sur les personnages les plus divers. [*Quatre lignes barrées.*] L'après-midi, chez Mme Albert, ses tableaux sont très intéressants, sans plus, mais il leur manque ce je-ne-sais-quoi de démonique qui, seul, m'attire chez un artiste. Elle-même, en revanche, est un être ardent, hystérique, malade aussi sans doute, handicapée par sa claudication, mais d'une énergie qui vous subjugue. Son visage est trop blême et, par moments, malgré quelque trait méchant, d'une remarquable beauté de ménade. Elle me lit (admirablement) des poèmes de Rilke, la plupart adressés à elle, qu'elle possède dans un précieux exemplaire manuscrit. Beaucoup sont magnifiques (surtout celui sur les cloches). On perçoit le profond mystère de cet homme apparemment froid et impersonnel parce qu'il dissimule toujours ce qu'il a de plus personnel, n'en fait pas étalage sous forme littéraire, mais le laisse pour ainsi dire dans l'ombre de sa vie. Parfois seulement, quand on pénètre dans ces êtres qui lui sont proches, on sent qu'il y a enfoui le plus précieux de son existence et l'on devine la façon dont, en même temps, cet artiste, en apparence des plus ménagers de sa personne, se prodigue. Il est à coup sûr l'un de ces derniers et très rares hommes qui ont un style de vie à eux et interprètent le mot, l'essence du poète dans un sens intime, amplifié, et qui, se voilant, se livrant et se masquant, se donnent et se refusent à la fois. Sa sublime conception de la mission du poète trouve aussi toute sa puissance oratoire dans ce dialogue inédit *(Sur le jeune poète)* qu'elle nous lit. On y découvre une vaste connaissance, et l'abstraction la plus profonde y est rendue avec une plasticité étonnante — je ne me souviens que de cette phrase fantastique : « Qu'adviendrait-il dans l'âme de ce jeune être si quelque part existait une certitude [19] ? » Cela explique que la véritable essence du poète est enfermée dans l'éternelle relativité des images, des mots et des valeurs, et comme Mme Albert nous lit maintenant les puissants poèmes du *Livre d'heures*, il m'apparaît clairement que pour lui la création trouve son sens non pas dans l'acte de fixer, mais dans celui de comparer. Il n'approfondit pas en pénétrant, mais il amplifie le monde en le variant, et le monde, chez lui, coule à flots mêlés, l'exploit du poète consistant à les démêler grâce aux formes plastiques qu'il leur donne. Pour la deuxième fois ces jours-ci, je reconnais le pouvoir de la création poétique ; avec gratitude, je fais de cette expérience la pierre de touche de ma disponibilité affective. — Le soir, avec Paul Zifferer qui parle beaucoup de son voyage. Curieux comme ces feuilletonistes exagèrent la réalité par besoin de lui donner une tournure piquante. Naturellement, il a été poursuivi par des espions, ses lettres ont été lues, ses valises fracturées, il se prend pour un mystérieux émissaire. Il est amusant d'écouter ce genre d'histoires, on court facilement le danger de les croire, bien qu'on soit à chaque instant en mesure de se convaincre du contraire.

Mercredi 22 [= 21] nov. Perdu ma matinée à téléphoner, à écrire, à bavarder. Envie de partir. Fait mes bagages, et en route pour Berne, où j'arrive tard dans la soirée. Juste un bref coup d'œil sur les rues à arcades qui marient étrangement la ville de province surannée au luxe des boutiques modernes.

Jeudi 23 [= 22] nov. Le matin, fait un tour en ville. Ville curieuse, une sorte de presqu'île qui s'avance dans l'Aar, une langue de terre couverte de maisons encastrées l'une dans l'autre, plus grotesques que belles. Des hauteurs aussi, on n'a qu'un point de vue, pas de panorama, on cherche en vain un édifice qui retienne l'attention. Après déjeuner, chez Hermann Hesse. Il habite, à une heure de la ville, une simple et vieille petite ferme sans le moindre confort. Sa chambre consiste presque uniquement en livres, le mobilier, parcimonieux et presque pauvre. Les traits de son visage se sont accusés, visage à demi enfantin, mais néanmoins de vieil érudit raffiné, une tête à la Holbein, allemande, rigoureuse, intelligente. Il parle avec l'accent suisse. Deux minutes nous suffisent pour que nous nous retrouvions. Il me dit qu'il a (comme moi) étudié tous les aspects du service obligatoire sous l'angle de la conscience, non sous celui de l'utilité. Lui aussi est hostile à l'opinion publique, à lui aussi le battage que l'on fait donne la nausée. Écœuré par les bavardages, méfiant envers bon nombre de ses anciens amis, il vit complètement retiré. Pour se consoler, il s'est mis à la peinture : il m'offre une très jolie aquarelle. Curieux, comme nous tombons d'accord dans tous nos jugements (Dehmel, Rolland) : avec certains esprits d'élite, je n'ai plus jamais de différend. Apparemment, quand on a atteint une certaine hauteur morale, tous perçoivent la même évidence. Il suffit de l'atteindre. Longue conversation sur l'art contemporain. Il est frappé par la simultanéité de ses manifestations — il la compare à un phénomène naturel, je la lui explique comme un phénomène culturel, un signe de l'accélération de la communication moderne. De même, toutes les modes se propagent plus vite aujourd'hui, il n'existe plus de province en ce sens. Je me sens toujours en accord profond avec un homme en quête de justice et je prends congé dans une ambiance d'émotion et d'amitié. Ensuite, au café avec Van der Velde. Il est dans une situation délicate, étant donné qu'il appartient aux deux pays, ses sympathies rejoignent celles de tous ceux qui voient clair. Sa finesse me fait vraiment du bien : il possède cette délicatesse qui fait défaut à presque tous les Allemands, même les meilleurs. Le soir, avec Fried : il est morose, mélancolique, il a perdu son rayonnement. De fait : souffrir ne lui va pas, il le reconnaît lui-même. Son exemple me montre ce que la guerre fait des hommes qui n'ont pas trouvé le salut dans le travail

Vendredi 23 nov. Quitté Berne de bonne heure, voyagé avec le jeune Jacob Feldner — R. dit de lui : « *trop jeune et un peu compromettant** », et c'est l'impression qu'il m'a donnée. Imprudence touchante par honnêteté intrinsèque — et avec un jeune Bavarois qui me plaît bien et a beaucoup à raconter sur nos amis. Il semble que le petit groupe de Genève concentre une forte dose d'idéalisme vivant, plus que son homologue de Berne. Je suis très heureux de les connaître de plus près. Deux heures à Lausanne, la vue sur le lac gênée par le brouillard, la ville manque de grandeur. De timides tentatives de constructions monumentales sont noyées dans un fouillis de maisons style banlieue parisienne. Ce micmac rappelle la province française — à ceci près que la cathédrale manque de majesté. Quant aux gens, ils sont du type latin — on est à mille lieues de la balourdise aux joues rouges des Bernois et des Zurichois. Parfois, le physique des gens suffit à vous faire comprendre la haine que certaines ethnies se portent mutuellement, haine d'autant plus forte qu'elles sont voisines l'une de l'autre. Suivi la Riviera : il faut lui donner ce nom, bien que des montagnes surmontent de leur splendeur le lac miroitant et que le paysage fasse, par bien des points, plutôt penser à Merano. Mais quand même : ces maisons toutes de blanc crépies qui s'alignent sur la rive comme un collier de perles, Vevey, Territet, Montreux, pour ne former qu'une agglomération (comme Ostende et ses *environs**, Nice et Monte Carlo), et puis cette ambiance d'oisiveté, de jouissance, confèrent à un tel univers une mystérieuse teinte de luxe que je n'apprécie pas beaucoup d'habitude, mais qui, en ce moment, vous donne une impression de grandiose et de fantastique. A Villeneuve, l'hôtel Byron, sympathique, luxueux sans ostentation et surtout, dirait-on, fort négligé. Je monte tout de suite dans ma chambre et n'en bouge pas jusqu'au dîner : de mon balcon, la vue s'étend sur le château de Chillon, le lac en son entier, et embrasse encore les lumières étagées sur toute la rive. Je sens que je pourrais bien travailler ici. Que n'ai-je le temps, et le calme intérieur ! Au dîner, je vois Rolland. Il passe, ne me reconnaît que parce que je le salue — sur son désir, en effet, je suis venu sans m'annoncer. « *Je peux [être] maintenant à vous**. » Son visage n'a guère changé, il est un peu plus plein, ce n'est que de très près qu'on aperçoit les nombreuses et fines petites rides, les yeux toujours aussi rayonnants de bonté dans la douceur de leur bleu qui a parfois, quand même, des reflets d'acier. Et cette élocution toute en délicatesse et en clarté, que l'on ne trouve jamais chez un Allemand ; de loin, son habit noir haut boutonné le fait ressembler à un clergyman anglais, lui donne presque un air sévère, mais de près, on sent combien il doit se défendre contre lui-même et se maîtriser pour ne pas déborder de bonté. Il vient nous rejoindre après dîner. Nous causons avec quelque prudence, à cause des gens. Ce qu'il dit n'est pas fait pour nous réconforter, il décrit la France plus ferme que jamais et décidée à suivre son gouvernement. La minorité intellectuelle est, sur le plan du droit, plus résolue que la nôtre, mais sans énergie. Nous estimons tous les deux que le plus grand crime de cette guerre est l'oppression de la parole : voilà la faute commune de tout militarisme et des intellectuels qui ont laissé faire. Je lui expose l'étrangeté de notre position, lui dis que nos idées correspondent à présent point par point aux idées officielles et que cela nous plonge dans une singulière contradiction : tout accommodants que nous soyons, nous sommes contraints de poursuivre la guerre. Notre conversation n'atteint pas sa pleine intensité : il y a beaucoup trop de questions à poser, sur les hommes, les collègues, les livres. R. me dit à son tour combien il a admiré *Jérémie*, me parle de ses difficultés, mais sans les exagérer ni en tirer gloire : il n'est pas allé à Paris, il est simplement allé chercher son père de l'autre côté de la frontière. Il est touchant de le voir, jour après jour, au sein de sa famille, tout quinquagénaire qu'il soit, et je vois là un témoignage de cette admirable bonté qui a réussi à émouvoir et à bouleverser l'Europe entière. Le soir, resté longtemps sur mon balcon à contempler ce merveilleux paysage fait de douceur et de bonheur qui réunit tout ce qui trouve sa plénitude dans le miroir de la beauté. Le lac et la nuit, le reflet des lumières des hôtels de luxe, la blancheur des neiges éternelles au clair de lune, le silence et les étoiles, la douce senteur de neige d'un air qui ne pique pas. Chillon scintille devant ma fenêtre comme un bloc de marbre. Inoubliables, ces *vedute* dans le soir !

Samedi 24 nov. Le matin, promenade, quelques préparatifs pour le travail. Ébauché en mon for intérieur un poème, *Polyphème* — le paysage est presque trop beau et vous empêche de vous concentrer. Après déjeuner, conversation avec R. A propos de Verhaeren, au début de la guerre on a trouvé sur un soldat une photographie de lui dédicacée — on a pensé que c'était moi qui la lui avais donnée. Il m'apprend aussi qu'un essai a paru sur moi en pleine guerre : il semble que les jeunes Français, malgré leur hostilité envers celle-ci, aient conservé toute leur énergie nationale. Leurs idées, leurs points de vue sont plus clairs, ils ne sont pas, comme les nôtres, soumis à des fluctuations. Vildrac, qui a couru les plus grands périls, ne peut rien publier, Romains, futé, n'a exposé ni sa vie ni ses idées. Néanmoins, Rolland a raison de poser la question : Pourquoi tous vos auteurs n'écrivent-ils pas sur la guerre ? Pourquoi cette réserve ? Toujours (il a raison) cette contradiction : pendant 4 semaines ils ont *tous* écrit, et maintenant, personne. De fait, je ne trouve, chez Schnitzler, Rilke, Hofmannsthal, pas trace de l'époque. Et n'est-ce pas la mort que de vivre à l'écart d'une telle époque ? Quoi qu'il en soit : nos conversations se déroulent dans le vestibule, toujours entourées de certaines précautions. Nous n'abordons pas les problèmes humains ni les aspects les plus personnels — retenus tous deux par une sorte de pudeur. Mais je savais que cette discussion profonde et franche devait venir. Le soir — j'avais passé l'après-midi à flâner à travers Montreux, ville commerçante de style typiquement Riviera —, il m'invita à venir prendre quelques livres chez lui. Nous y parlâmes à cœur ouvert. Son logement, une entrée et une chambre à coucher, respire, même ici dans cet hôtel luxueux, la simplicité monacale de sa vie d'autrefois. Une table étroite, des valises et des livres. Aucun tableau, rien qui rappelle l'hôtel ni la ville. Il est resté fidèle au vieux secret de son existence : ne pas dormir plus de 5 à 6 heures. Il gagne ainsi énormément de temps. Certes : il se promène peu, s'use peu physiquement, même quand il discute sa voix est basse, son corps est toujours au repos : il ne se donne qu'en esprit, dans la passion spirituelle, et peut-être aussi dans la musique. Le piano, dans sa chambre, lui procure parfois quelque consolation, dit-il ; pendant les deux premières années de la guerre, il n'a vécu que pour ces choses. Comme il a travaillé ! Un roman est en chantier, et une comédie[20] — il a besoin de se libérer de la constante *impression douloureuse** de l'œuvre épique en se réfugiant dans la comédie, laquelle, bien sûr, naîtra aussi dans la douleur. De plus, un Journal intime, *La guerre*, commencé dès le premier jour, constituera l'un des documents les plus précieux de l'humanité, et puis des lettres à destination du monde entier, des lettres et des livres. Les visiteurs, évidemment, se sont faits rares, il ne répond pas au téléphone, ne reçoit personne qu'il n'ait invité, et d'ailleurs... *on a peur de se compromettre en parlant avec lui**. Il n'a aucune crainte de ne pouvoir rentrer en France, mais il ne veut pas s'y fixer. Ce qu'il veut, c'est agir, avoir de l'espace, reconstruire, unir ! Nous parlons beaucoup, comme autrefois, de l'Allemagne et de la France. Sa peur au sujet de celle-ci ne concerne pas tant le côté matériel que spirituel. Pour le moment, la situation y est excellente, les étrangers apportent de l'argent, les *sovereigns* affluent, tout le monde s'enrichit, mais il voit le Français disparaître — cette puissante infiltration que l'on ressentait déjà terriblement à Paris avant la guerre. Il ne pense plus qu'à l'anéantissement de l'Europe — comme il l'a exprimé de façon magistrale dans son appel *Aux peuples assassinés* —, à cette destruction du sentiment. Nous nous entendons à merveille sur ces points et sommes d'accord dans la certitude qu'il nous sera impossible de nous préserver si nous cédons ne fût-ce que d'un pouce à la propagande officielle. Il partage mes soupçons vis-à-vis de certains et, tous deux, nous jugeons la valeur des hommes en fonction des sacrifices qu'ils ont consentis ou qu'ils consentent. Bien que tout phénomène ait son homologue ici et là — l'anglophobie d'un côté, de l'autre la méfiance envers l'A. —, l'idée démocratique semble raffermir l'attachement de l'individu à la nation. Même les œuvres littéraires — Barbusse, Duhamel — sont nées tout entières de l'esprit de la démocratie, tandis qu'en Allemagne l'expérience est toujours celle d'un individu isolé. C'est ce que chez nous, officiellement, on ne peut comprendre. Nous évoquons aussi l'Amérique. R. considère Wilson comme un faible, il fait allusion au fossé profond qui, là-bas, sépare les idéaux des intérêts matériels. Tout cela est bien mieux dissimulé que chez nous, certes, l'isolationnisme moral et personnel semble être terrible. Un seul mot dans un journal neutre (exemple : Arcos) suffit pour mettre son auteur au ban de la société, et je ne puis qu'admirer avec gratitude le courage de R. qui me reçoit avec une telle confiance, bien que compromis par tout le monde, et surtout par ses amis. Il trouve des paroles émouvantes pour dire la confiance absolue qu'il me porte : dans cette pièce exiguë, comme naguère dans sa chambre parisienne, je ressens la merveilleuse pudeur de cette amitié qui rougit à chaque mot prononcé ! Comme il accueille l'idée d'aider les prisonniers, tout en se demandant si cette intervention ne pourrait être nuisible : c'est toujours au cœur de l'humain que vise son amour de l'humanité. Je suis toujours profondément ému après chaque rencontre.

Dimanche 25 nov. Le matin, je rencontre R. qui se rend à la poste. Et voici l'explication de la curieuse réserve qu'il gardait sur sa famille : la dame qui est en visite chez lui est la femme du ministre français Cruppi, et il hésitait à me faire faire sa connaissance (bien qu'elle le souhaite), de peur que cela ne m'attire quelque désagrément dans mon pays. Voilà jusqu'où va sa *délicatesse**. De nouveau, nous parlons beaucoup de la souffrance des nations : son regard s'attendrit quand il aborde ce sujet épouvantable. Des revues qu'il me donne m'ouvrent des horizons nouveaux sur la détermination avec laquelle il mène le combat contre le nationalisme, et en dépit de quelles attaques ! Il me présente à sa sœur, qui est en train de lire *Jérémie* et trouve de très belles paroles pour m'en parler. L'après-midi, de bonne humeur, j'écris pour Guilbeaux un grand poème, *Polyphème* : j'y mets toute l'intensité de mon sentiment, même si, du point de vue artistique, l'expression n'est pas des plus fortes. Dans l'atmosphère d'ici, je retrouve cette concentration intérieure que j'avais perdue depuis longtemps et je comprends à combien de petits détails isolés on se heurte le cerveau à Vienne. Le soir, nouvelle et longue conversation avec R. Nous partons toujours d'un prétexte extérieur, la littérature, pour arriver peu à peu au cœur des choses — par une sorte de pudeur secrète. R. parle de Suarès, de Claudel, nous finissons par Renan. R. pense qu'à la fin de sa vie celui-ci n'aurait pas fait preuve d'une bien grande résistance. Sa vanité, telle celle de Spitteler (en qui il voit un génie, qu'il vénère [21]), l'aurait empêché de rester tout à fait lucide. Il évoque ensuite sa propre position. Je suis d'avis qu'il a dû être soutenu par l'autorité que lui conférait son œuvre, par ce sentiment que des centaines de personnes avaient les yeux fixés sur lui et réglaient leur conduite sur la sienne. R. me répond qu'elle est instinctive, cette révolte contre l'opinion publique, elle remonte à son arrivée à Paris, il avait alors 16 ans. Elle a éclaté en lui sur-le-champ : le succès n'est venu que de l'opposition suscitée par son essai *Au-dessus de la mêlée*. Le devoir de chaque être est de s'interroger au plus profond de lui-même. Et il est tragique qu'en Allemagne il ne se soit alors trouvé personne pour se rebeller. Il porte une très grande estime à Dehmel en dépit de son erreur [22] — ce qui est beau, c'est cette capacité que possède Rolland de percevoir pleinement la valeur malgré l'antagonisme intellectuel. L'harmonie de sa parole est parfaite, son regard chaud, plein, pénétrant, vous ouvre merveilleusement à vous-même. Je me sens toujours libéré après une conversation avec lui : je partage son opinion, selon laquelle l'important n'est pas l'héroïsme, la révolution, mais uniquement de préserver sa lucidité et son unité intérieures, d'être en accord avec sa conscience, de s'affranchir de toutes les tendances et de tous les préjugés du temps et des peuples. Et je crois avec lui que ce n'est pas la force extérieure, mais celle, intérieure, de l'ultime résistance

Lundi 26. Longuement lu *Les Tablettes*[23] et autres revues éditées par de jeunes Français, et je perçois de plus en plus fort la crise de conscience. La présence d'un homme comme Rolland, la sérénité intérieure de la réflexion vous obligent enfin à aller en toute logique au fond des choses et à en tirer les conséquences. Il me répugne de me dérober en prétendant qu'aujourd'hui seul un « non » franc et inflexible constituerait une aide efficace. Aurai-je le même courage à Vienne ? Devenir réfractaire est du dernier lamentable si cela ne s'accompagne pas d'une profession de foi. C'est stérile, lâche et mesquin. Cela ne sert à rien, mais vous protège, c'est tout. Je crois que je ne passerais au refus catégorique que si j'étais obligé de servir les armes à la main. Je vais rédiger à ce sujet un mémorandum que je remettrai à R. afin qu'il puisse être publié si je devais avoir des difficultés[24]. Il ne faut plus de sacrifices inutiles aujourd'hui. Mais il est temps d'entreprendre quelque chose. Quand on a la chance de jouir de la confiance de tels hommes, on n'a pas le droit de la trahir. Je sens combien la liberté extérieure développe en moi de façon bienfaisante la liberté intérieure : hier, j'ai écrit un poème, *Polyphème*, aujourd'hui je vais adresser une lettre ouverte à mes frères français[25]. Après le déjeuner, R. nous invite dans sa chambre. Il n'est visiblement pas recommandé de parler trop ouvertement ensemble devant les gens : il faut éviter à tout prix l'apparence de l'intimité. Nous retrouvons sa sœur avec qui j'ai une discussion amicale, j'évoque mon propre cas. R. ne cherche en rien à m'influencer, il veut que chacun agisse selon sa conscience, et il est persuadé que ce que je fais est bien. Il aime les jeunes Français à cause des dangers qu'ils courent (G. reçoit des menaces tous les jours[26]), et sa méfiance envers les jeunes Allemands est fondée sur la question qu'ils posent : « *Quand allez-vous enfin vous compromettre** ? » Là non plus la chose n'est pas sans danger : les Suisses redoutent beaucoup une invasion d'un certain côté, et R. s'inquiète de savoir où il pourrait mettre en sûreté ses papiers, surtout son *Journal de guerre*. Il raconte la magnifique histoire de cet instituteur que l'on vient prendre à son école pour le fusiller et qui trouve le temps d'écrire au tableau le dogme de la fraternité. Il cite le cas de Chateaubriant qui refuse de passer officier et veut, après la guerre, acheter une ferme qu'il exploitera avec ses compagnons de lutte. Il évoque aussi l'un des meilleurs compositeurs, Albéric Magnard, que les Allemands ont plaqué contre un mur et fusillé, parce qu'un coup de feu serait parti de ses fenêtres ; sur quoi ils brûlèrent tous ses manuscrits. De politique, nous n'avons pas encore dit un mot, nous n'avons parlé que de l'homme. Il ne perd pas une seule minute à s'interroger sur la victoire, seule préoccupation de l'autre côté de la frontière, il n'est passionné que par le facteur humain, par la résistance de l'individu, où qu'il se trouve, contre la masse. Jamais une sensibilité collective, qui est toujours stérile. Il nous montre son nécessaire de voyage musical : une série de minces cahiers contenant des partitions de vieux airs italiens qu'il aime et qu'il emporte partout avec lui, sa main se pose avec tendresse sur le piano. La merveilleuse discrétion de son existence, *son regard enveloppant** lui confèrent un grand mystère d'amour et de bonté : il est vraiment, pour reprendre les si belles paroles de Jouve, « *plus qu'un homme, il est un symbole** ». — L'après-midi, travaillé. Lettre aux amis français. Je me sens infiniment libre dans cette atmosphère intellectuelle et, malgré leur longueur, les journées sont trop courtes

Mardi 27. Travaillé. A midi, merveilleuse rencontre avec R. Sa tristesse de nous voir partir jeudi nous émeut : il regrette que notre visite ait coïncidé avec celle de Mme Cruppi. Elle a perdu son deuxième fils à la guerre et R., dans son infinie bonté, se sent tenu de l'assister. Sans quoi, nous dit-il, nous l'aurions trouvé entièrement seul. Mais comme ces journées sont riches ! Nous ne parlons jamais de la guerre, de la victoire, des possibilités extérieures. Il nous explique pourquoi il ne poursuit pas sa série des grands hommes [27]. Il pense que ce serait mentir que de les présenter comme exemplaires. Car le grand homme ne peut jamais être un modèle pour les autres. La moitié des souffrances qu'il endure les écraserait, parce qu'ils ne disposent pas de cette soupape qu'est le pouvoir d'amplifier. Et puis, toutes les formes morales acquièrent chez lui une autre valeur. C'est pourquoi il ne veut rien changer à son Tolstoï, bien qu'il pense, comme moi, que c'est aujourd'hui précisément que nous découvrons l'actualité, le côté prophétique de sa pensée. Le sens de la justice s'est tellement affermi chez Rolland qu'il refuse à présent la biographie, plus ou moins fondée sur une carence. Nous parlons alors des portraits, il dit qu'il n'en existe aucun de lui (sauf une photographie prise immédiatement après sa maladie). Cela nous amène aux peintres, les peintres modernes qui ne prennent dans un visage que ce qui les intéresse, sans rendre justice à l'ensemble. Car le problème de la justice est au centre de sa vision du monde. Il me raconte encore qu'il y a bien des années, dans cet hôtel, il a vu Victor Hugo pour la première fois : il est animé par une belle allégresse, là où les autres ne connaissent que l'ironie. Nous nous rendons dans sa chambre. Il nous joue de vieux airs allemands et italiens, du Debussy aussi : son amour embrasse tant de choses. Lors de ses déplacements, il emporte beaucoup de partitions, il en connaît également bon nombre par cœur. Il parle de ses cours, nous évoquons l'arrogance des musicologues, et d'ailleurs cet éloignement de nombreux artistes qui se réfugient dans l'insuffisance. Il a une très belle formule : ils veulent tous commencer par la dernière œuvre de Beethoven. Ils sont tous minés par la peur affreuse d'être simples, de *se* donner au lieu de donner de l'art. Comme exemple *a contrario*, il me montre la musique composée par Paul Dupin sur *Jean-Christo-*

phe. C'est un petit cheminot qui, à cause de ses prises de position dans l'affaire Dreyfus, a été muté dans un trou en Bretagne ; il n'a jamais entendu une symphonie mais, nuit et jour, il pense en musique, même quand il se penche sur les roues d'une locomotive il note des thèmes, et ses camarades, qui l'aiment bien, le protègent. Cette musique est d'une profondeur merveilleuse, elle pénètre l'œuvre de part en part. J'aimerais faire quelque chose pour lui — mais surtout pour Rolland, je veux un jour écrire sur lui. Un livre. Il me raconte qu'une femme, qui le connaît depuis 20 ans, en a terminé un et qu'elle a une peur bleue qu'il paraisse maintenant, en pleine guerre. Voilà comme on le hait, voilà comme on le craint (à Genève, il a été attaqué physiquement). Le croira-t-on dans 20 ans, le croira-t-on dans 5 ans ? — Après chaque conversation avec lui je travaille admirablement. Terminé mon essai. Puis au vieux château de Chillon, et à Montreux. Comme les journées sont belles, comme elles sont longues ici.

Mercredi 28 nov. Un anniversaire, le 36e, célébré enfin en paix. Le matin, rédigé ce « testament de la conscience » que je laisse en dépôt à Rolland pour le cas extrême, mais auquel je suis fermement résolu. Après déjeuner, merveilleuse conversation avec R. Nous parlons de ses œuvres, du drame écrit en 1903, qu'il ne veut pas faire rééditer[28], puis des temps qui courent. Il a tellement souffert, me dit-il, durant les deux premières années, qu'il voulait mourir. Rien ne pouvait le soulager, pas même la musique. Il n'a pas touché à un clavier, il ne s'y remet que maintenant et se plonge à fond dans son élément bien-aimé. Chaque victoire, d'un côté ou de l'autre, était pour lui un tourment, chaque défaite, un deuil — il a plus souffert de loin, précise-t-il, que s'il avait été sur place. Séparé de tous ses amis, aucun n'osait l'approcher, il sait encore rendre justice à ses ennemis : son éloge de Léon Daudet me remplit de stupéfaction. Nous allons dans sa chambre. Il évoque ses projets d'avenir. Il veut entreprendre une œuvre collective avec de très rares amis, traitant des nations au-delà de toute idée de patrie, un ouvrage qui ne vise aucun but réel, qui soit à l'écart de la politique. Mais uniquement avec ces rares amis sûrs et éprouvés. Comme je suis heureux qu'il me range parmi eux ! Au fond, l'évolution ne consiste pour lui qu'à tuer les mensonges qui se sont incrustés : il me dit combien il fut effrayé d'en trouver autant de vivants en lui au début de la guerre. Maintenant il voit partout le mythe, le mensonge là où il ne les décelait pas auparavant : dans l'histoire, dans les livres, chez ses amis. Et voici son idée : dénoncer en commun ces impostures qui cernent l'humanité. Faire que chacun s'ouvre plus à sa propre vérité. Il sait quelle tâche écrasante cela représente. Qu'il faut s'y sacrifier. Il avait été atterré, le jour de son cinquantième anniversaire, d'avoir fait tant de choses vaines. *Mais tout de même, comme la vie est belle**! Que ne reste-t-il pas à faire, combien de livres à lire, d'expériences à accumuler. Il s'enquiert sans cesse de nouveaux ouvrages, sa soif infinie de connaissance n'a pas de bornes. Ce qui ne l'empêche pas de travailler toute la journée, il ne sort jamais, en souvenir de la lettre de Tolstoï il répond à tous ceux qui demandent de l'aide. Oh, quelle capacité d'amour : pour la Russie surtout, le pays du sacrifice. Il est d'accord avec moi, c'est peut-être là-bas que Beethoven renaîtra. Et de me raconter l'histoire de ce millionnaire qui lui a rendu visite et qui, avide de reconnaissance, envoyait de l'argent à tous les emprisonnés. Lui-même est au-delà de ce stade, il sait qu'il faut agir pour l'amour de l'acte. Je suis ému par cette existence qui, entièrement ployée vers l'intérieur, en quête des seuls hommes, en quête des seuls livres, embrasse le monde entier. Quand je le considère en train de parler, son regard chaleureux tourné vers vous comme à l'écoute, la douceur de son élocution, je suis bouleversé au tréfonds de moi-même. Et je suis fier de moi parce qu'il me fait confiance et aime tant mon œuvre (il m'a reparlé aujourd'hui de la scène du cachot dans *Jérémie*). Il reçoit la visite d'Hélène Stöcker[29], je vais à Montreux où le soleil s'éteint en d'infinis miroitements, des nuages argentés enveloppent les pics baignés de rose. En rentrant à l'hôtel, je vois, de l'extérieur, R. dans une chambre en conversation avec Mme C. Comme ce spectacle m'émeut : de loin, je sais combien de bonté se cache sous cette discrétion. Chaque minute passée avec lui est inoubliable, restera à jamais gravée en moi.

Jeudi 29. Mme C. est partie de bonne heure. Le matin, R. nous invite dans sa chambre. Sa sœur est également présente. Je comprends sa réserve : tout Français qui pénètre en Suisse doit signer au préalable un papier dans lequel il s'engage à ne pas rencontrer de pacifistes ni, surtout, de ressortissants des pays ennemis. Je reconnais donc l'ampleur du sacrifice de ces gens qui osent passer outre, et cela juste au moment où Clemenceau vient d'instaurer la terreur. Je parle longuement avec R. de la possibilité de son retour. Aucun des grands Français qui ont un nom et un rang n'est de son côté : tous se sont détournés. Peut-être essaierait-on d'atteindre en sa personne le cerveau du mouvement pacifiste, saisirait-on ses papiers. Il ne craint pas pour lui-même, mais pour sa parole, qui serait désormais enterrée pour toujours. Cette répression de la liberté de pensée en France — nous évoquons le cas d'Hélène Brion, que tous les deux connaissent — est un de ses plus grands tourments. Ce qu'il y a de français en lui est profondément blessé par le fait que la France est soumise à des étrangers, à des idées étrangères, que, sinon son pays, du moins la liberté qu'il incarnait à ses yeux est menacée. Il broie du noir. Nous sentons tous qu'une des parties les plus critiques de l'histoire universelle est en train de se jouer, que c'est l'heure ou jamais que « quelque chose » arrive, et nous autres, qui refusons et l'acte d'autrui et la victoire d'aucune idée, sommes bouleversés au plus intime de nous-mêmes. Comme nous prenons congé l'un de l'autre, il se contente de dire : « Au revoir dans des temps meilleurs. » Et nous savons que cette époque est la plus effroyable que nous avons subie et que nous subirons. Regarder encore une fois intensément son beau regard grave et plein d'amour. De beaux jours pour moi s'achèvent. Je sais qu'ils ne reviendront pas de sitôt. — Je vais à Genève. Passe la soirée avec Guilbeaux. Il est rajeuni, énergique, mais enjoué et animé. Les bolcheviks sont aussi sa victoire. A sa conférence, je fais la connaissance de Jouve, dont le visage tout en finesse et en ferveur m'émeut sur-le-champ. Puis Masereel[30] : un homme massif et doux, beau regard grave derrière ses lunettes. Comme Verhaeren, il porte le costume de velours des ouvriers. Il me séduit au premier coup d'œil. Avec Dreyfus[31] de la *Revue franco-allemande*, nous allons au café. Guilbeaux nous raconte des choses incroyables sur les bolcheviks, la réunion jusqu'à 2 heures du matin à la Maison du peuple de Berne. La traversée de l'Allemagne en wagon plombé. Le retour de Trotski libéré des prisons anglaises. Dreyfus, de retour de Paris (de Paris...), évoque ce commandant anglais qui a loué son appartement pour un an. Nous sommes très gais. Une bonne soirée entre camarades

Vendredi 30. Le matin, avec Baudouin. Homme doux, insignifiant. La lettre de Verhaeren est, heureusement, authentique. Puis à l'*Agence des Prisonniers**. Je rédige un long article sur ce sujet[32]. L'après-midi, chez Jouve. Notre accord est parfait. Nous nous appuyons sur une philosophie, celle de Rolland, celle de Tolstoï. Un après-midi entre vrais camarades dans sa petite chambre avec Masereel, puis Rosika Schwimmer[33], Mme Gobart. La bonne atmosphère d'antan. Admirable, ce qu'il dit de Rolland. Nous sommes tous deux contre les excès des maximalistes d'ici. Ces cinq heures de conversation ont fini par me fatiguer. Mais j'ai eu des nouvelles de vieux amis et perçu la confiance des nouveaux. Très intéressant, Masereel, le déserteur belge. A qui on a saccagé sa propriété. Mais il dit : ce n'étaient pas les Prussiens, c'était la guerre. Comme ces hommes ont le sens de la justice. Comme ils sont grands ! Fraternels. Je me suis rarement senti aussi à l'aise. O journées parisiennes qui revivent dans ce logement minuscule. Le soir, avec Rosika Schwimmer. Elle nous parle beaucoup de Van Eeden et de Lloyd George. O quelle pâture pour le cœur ici.

Samedi 1er déc. Le matin, une lettre impudente de Rubiner, puérile, hystérique, en réponse à la mienne qui était toute spontanéité et franchise. Vrai, il faut que j'apprenne à me dominer et à ne pas me fier à des gens dont on sent qu'ils ne font pas partie de votre monde. Ma réponse est mesurée et, je crois, bonne. L'hostilité perfide et acharnée de ces gens dangereux, Sch. et Fr., me rendra intenable le séjour à Zurich. Je n'ai aucune envie de lutter avec eux parce que je ne peux les combattre à visage découvert. Si l'on n'était pas pieds et poings liés ! — Je vais à la Croix-Rouge, ensuite chez le brave et affable Dr Ferrière. Il me donne de nombreux détails que je raconterai. Puis chez Guilbeaux. Lui aussi est dur, acharné, mais humain. Ce n'est pas un littérateur puéril. J'accompagne Le Maguet — un homme simple, mais très avenant — chez Debrit. Celui-ci a du bon sens, de la fougue, des dons, il n'est pas enfermé dans le communisme comme les deux autres. Discuter ensuite avec Masereel est un bain de fraîcheur. Il est mesuré, raisonnable. Oh, nous qui nous taisons, pourquoi nous taire ainsi ? Pourquoi laissons-nous la parole aux maniaques, aux furieux ! Et le meilleur enfin, l'heure du soir, seul, repos, réflexion, détente !

Dimanche 2 décembre. Le matin, chez Masereel ; il me plaît beaucoup, en fait il me plaît d'heure en heure davantage. Comme il sait rire ! Une bonne face flamande qui rayonne d'énergie, et la conscience de celle-ci donne à sa sérénité toute sa plénitude. Mais la véritable surprise m'attend chez lui. Son atelier, son logement, une mansarde dans une ferme croulante en pleine ville, avec un jardin à l'abandon. Une maison de prolétaire, et précisément à Genève qui a gardé une certaine touche de rusticité. Je vois ses œuvres et je suis impres-

sionné comme je ne l'ai pas été depuis longtemps. La série de *La Ville*, cent cinquante dessins en noir et blanc, est une des choses les plus prodigieuses que j'aie jamais vues. Toute la ville, mais vraiment dans son intégralité, avec son dynamisme monstrueux, sa vitesse, sa vulgarité sous un millier de formes. Une vibration inouïe. L'homme aussi y est une masse : sans physionomie. Pas de visages individuels. Il n'est que classe sociale, costume, élément d'un conglomérat.
— Quel trait ! Et tout cela comme dicté par le hasard. On n'y trouve pas *un* style : le Japon, Hokusaï, le cubisme, l'expressionnisme y sont assimilés, tout en coulant de source, de la même manière que le trait jaillit, libre et sûr. Les autres dessins, paysages, gravures sur bois (aucune couleur) sont d'une technique aussi puissante. Mais ici, dans ce tableau de la ville, on perçoit l'infinité du regard qui dévore et digère chaque mouvement. Cet homme massif et silencieux a, derrière ses lunettes malicieusement remontées sur le front, une puissance que peu de gens au monde possèdent. Un destin étrange : né à Blankenberghe, une forte proportion de sang allemand dans les veines, 28 ans, à demi réfractaire, s'est enfui avec un faux certificat, vit ici avec sa femme (sensiblement plus âgée) et leur fille. Guilbeaux l'a découvert à Paris quand il était à l'*Assiette* qui venait de lui refuser un de ses dessins. Il s'est installé ici, c'est un excellent camarade. Touchant, ce qu'il me raconte de Verhaeren : ce sentiment que l'on avait qu'il se tourmentait, les derniers temps. Causer avec lui fait beaucoup de bien. Sans être un intellectuel, c'est un homme avisé qui, en artiste, possède un sens aigu de la justice. L'après-midi, à travers le beau paysage qui, après la chute de neige, offre une vue pour ainsi dire figée dans la glace, je vais chez Baudouin. Tout près de la frontière française ! Il ne m'intéresse pas beaucoup, aussi peu que M. Mais m'intéresse d'autant plus la lettre, qu'ils n'ont pas sur eux, et que je veux voir enfin. Qu'elle existe, le numéro de décembre 1916 en témoigne sans équivoque : le fait y est attesté. Petits-bourgeois peu intéressants qui font dans

la poésie, B., lui, ne manque pas de talent. Ensuite chez Birjukov[34]. Trois quarts d'heure de marche dans l'obscurité. Puis une villa, nous pénétrons... dans la cuisine. Jouve est déjà là, avec des amis, Birjukov vêtu à la Tolstoï. Bottes à l'écuyère, blouse serrée par une ceinture, face grise et barbue. Un homme bon. Femme et enfants dans la même pièce. Toute une pièce. Sur tous les murs. Dans des caisses et des tiroirs[35]. Nous avons fait le tour. Il ne nous a pas quittés. Soudain, le regard se fige : puis de nouveau bienveillant. Ce visage. Il y en eut qui ressemblaient à Whitman, d'autres à Rodin. Tous les grands. Et sur un tabouret. Son masque. Sa main. La main levée signifiait de nouveau le monde. Des manuscrits. Nous partons tard dans la nuit. Resté longtemps avec Guilbeaux. Il me raconte beaucoup de choses. Et la plus belle, un nouveau geste de Romain R. : il donne *Jean-Christophe* à *Demain* ! Combien ce signe touche et fait du bien.

Lundi 3 déc. Au petit matin, voyage de Genève à Berne. Là, je vais à l'ambassade où l'on me témoigne une affabilité extrême, puis chez Van der Velde. Je ne comprends pas très bien sa situation. Il insiste sur son indépendance, et je le crois, néanmoins que tout cela est compliqué, comme le permis et le défendu se heurtent dans la conscience ! Je ne vois personne d'autre, je poursuis mon voyage, travaillant sur mes notes pour cette étude sur la Croix-Rouge qui m'intéresse beaucoup.

Mardi 4 déc. Zurich est un tourbillon. Travail et conversations, Cassirer, Lothar. Tout le monde apporte sa petite pierre à la grande mosaïque. Que Leonhard F. ait touché une avance de 9 000 francs pour ses nouvelles contre la guerre[36] prouve quand même que l'on peut tirer profit de ce genre de conjonctures (tout en se moquant du *bourgeois**). De R., contre qui Ehrenstein, lui aussi, me met en garde, pas trace, heureusement. Je suis heureux de ne pas voir ces gens-là. L'après-midi, chez Korrodi : ici aussi je sens l'action de forces contraires. Mais le cahier de D. est néanmoins faisable. Certes, à condition qu'on me laisse du temps. Le soir, conférence de Rosika Schwimmer. Remarquable par l'équilibre entre le spirituel et l'affectif, mesurée et claire. Claire pour tout le monde, de haut en bas. Elle m'impressionne extraordinairement par sa véhémence. Je l'accompagne ensuite chez une famille à demi russe : visite de minuit. On acquiert facilement ces habitudes.

Mercredi 5 déc. Le matin, Cercle de lecture, mis tout en ordre. L'après-midi, dicté la visite à Birjukov. Lettres, réglé quelques affaires. Soirée assez calme, je me repose enfin.

Jeudi 6 déc. Encore travaillé, lettres, traduction de Rolland. Le soir, chez Charlot Strasser, sa conversation est agréable

Vendredi 7 déc. Départ de F., la douane lui fait des ennuis [37]. Travaillé. Conversations avec Cassirer qui m'éclairent sur bien des choses : la propagande, Rascher [38], les 9 000 francs d'honoraires de Frank le révolutionnaire, l'homosexualité de toute la bande bernoise (Unruh aussi, hélas !). A midi, Ehrenstein, le soir, Rosika Schwimmer

Samedi 8. Continué à travailler. Tout l'essai sur la Croix-Rouge. Visite de Bérau. Le soir, avec Hochdorf [39] et Horner, le rédacteur en chef de la *Zürcher Post*. La *Neue Zürcher Zeitung* publie une réponse de Heine à une interview de moi : voltes et virevoltes dans le vide. Et une merveilleuse, affectueuse lettre de Rolland, qui m'apprend, entre autres, qu'il a écrit pour le *Coenobium* une recension de *Jérémie*.

Dimanche 9. Resté longtemps chez moi, beaucoup travaillé. Je devrais voir un tas de gens, mais je n'en ai vraiment pas envie. A l'hôtel déjà, on perd un temps fou en conversations avec Cassirer, elles sont d'ailleurs du plus haut intérêt. Le professeur Gaul est avec lui, Van der Velde aussi, pour une journée. Les beaux Cézanne, Van Gogh, Renoir chez le représentant de la propagande artistique allemande en Suisse ! On en apprend beaucoup sur les coulisses. Surtout les mystérieux dessous des nominations (Bruxelles est, au même titre que Berne, entièrement entre les mains des homosexuels) et l'on devine l'extension épouvantable que cet état de choses a prise ces dernières années. Ici aussi, à Zurich, on est frappé par le fait que tout le cercle l'est aussi (Seippel[40], Unruh, H.), ils semblent tenir toutes les ficelles grâce à cette franc-maçonnerie. Vrai, celle-ci ne serait pas sans importance si l'on voulait écrire une histoire de la germanité.

Lundi 10 déc. Le matin, visite à Reucker. Il temporise, mais est de plus en plus disposé à accepter. Il semble bien que la chose se fera. Le soir, avec Ehrenstein et d'autres : je vois plus de gens que je ne le voudrais. Ce qui me manque d'ailleurs, durant tout ce voyage, ce sont les livres. En acheter, je n'en ai pas envie, car je ne pourrais pas les emporter, et lire le journal m'accable. Et puis, je ne peux me débarrasser d'une certaine lassitude depuis que je suis de retour. Apparemment, mes nerfs soumis longtemps à dure épreuve commencent à réagir. Si j'ai une permission, j'aimerais à tout prix aller passer 15 jours ou un mois à la montagne, ou dans un lieu calme, pour travailler enfin. L'incertitude de l'existence se prolonge. Et le discours de Wilson m'a précipité dans un abîme. — L'après-midi, chez le Conseiller au gouvernement Wettstein. Un homme de bon sens, d'action aussi, semble-t-il. Sur le plan politique, entièrement acquis à l'Allemagne, mais quand même : selon lui, une déclaration franche de celle-ci au sujet de la Belgique serait une nécessité absolue.

Mardi 11 déc. Des tas de lettres. Rien de définitif, car les jours à venir sont perdus pour le travail. L'après-midi, chez Faesi à Zollikon[41]. J'aime énormément cet homme fin, distingué, ainsi que sa femme, sympathique et pleine de bon sens. Le milieu aussi est séduisant, comme partout ici en Suisse : sans cette intrusion importune de la modernité, qui est tellement déplaisante chez nous. Rien de ces nouveautés à la mode. Un certain calme et une grâce en toute chose. L'environnement est, lui aussi, ravissant. A une certaine distance du lac. Le soir, à la gare pour y attendre Jouve et Masereel, un peu inquiet, parce que Jouve voulait se décommander à cause d'un rhume. Je fais les cent pas sans m'ennuyer — les gares me passionnent toujours — et je suis heureux de les voir arriver tous les deux. Nous avons ensuite une bonne conversation à l'hôtel.

Mercredi 12. Longues conversations. Nous devons rester beaucoup chez nous, nous nous entretenons de façon remarquable avec Cassirer, qui fournit à Jouve des aperçus étonnants sur l'Allemagne. Puis promenade avec Masereel. C'est un homme tellement merveilleux, j'aime par-dessus tout la manière grave et silencieuse dont il écoute. Rarement j'ai attendu autant d'un être. — Avec Frank, qui se fait particulièrement aimable. Le soir, lecture publique[42], assistance moyenne, mais attentive. Effrayant, ce cons. gén.[43] qui nous attend, se fait présenter Jouve et le félicite. Quel préjudice ils nous causent ! Quels risques ne font-ils pas courir aux autres ! Oui, j'ai peur de ce filet qui nous enserre, lourd et léger à la fois. *Le piège éternel**. Ensuite, conversation avec Seippel, qui est venu, Hochdorf, Faesi, Steinberg[44], Yvan Goll et quelques autres membres de cette société bigarrée. Je suis heureux que c'en soit fini.

Jeudi 13. Nous sommes empêtrés dans un écheveau inextricable de rendez-vous. Conversations du matin au soir. Je ne trouve de temps à autre mon salut qu'en faisant une promenade avec Masereel, le sage, il me semble alors que je découvre seulement la ville. Il a de magnifiques yeux clairs et le cœur ouvert. Rarement homme me fut aussi sympathique. Entre Rubiner et moi s'ébauche aussi une sorte de réconciliation. Nous tenons un important *cénacle** et décidons de lancer un manifeste. Nous allons nous y mettre dans les jours à venir. Aujourd'hui, je suis trop fatigué. Mais nous avons causé avec C. jusque tard dans la nuit.

Vendredi 14. Je suis un peu trop fatigué pour supporter tout cela. Pourparlers avec Rascher, avec Reucker, dîner brillant chez Cassirer (qui raconte de fabuleuses histoires militaires, celles des premiers malades et celle du général). Entretien véhément : on en revient sans cesse à la question de savoir comment surmonter ce militarisme allemand, par la rébellion ou en se laissant vaincre provisoirement. On n'en trouve pas la fin. Le soir, je fais grève et reste chez moi avec M. Les journaux publient des critiques extrêmement chaleureuses.

Samedi 15. Occupé toute la journée à rattraper du courrier en retard. A midi, chez M. von Manzig. Très aimable, mais ennuyeux. Le soir, lecture de *La Métam. du comédien*[45]. Fort sympathique. Günd est très bon. Je suis salué par Reinhart, de Winterthur[46], de qui j'ai rencontré le frère aux Indes. Curieux, ces millionnaires rustiques qui labourent de fond en comble la littérature, fidèlement, gravement, connaissent tout, comprennent tout, au demeurant d'une lourdeur candide. Soirée réussie — je me réjouis à l'avance de pouvoir expédier demain le reste de mon courrier et de mes affaires afin de me remettre au travail

Dimanche 16. En ai fini avec le courrier. Mis à jour mon Journal. Après le déjeuner, chez le Dr Trog. Belle ambiance authentique, fabuleux tableaux de Hodler. Bonnes conversations. Le soir, longue promenade. Détente, réflexion.

Lundi 17. Les nouvelles de Vienne sont toujours inquiétantes. Aucune clarté, jamais, aucune certitude. A midi, chez Busoni. Il est splendide dans sa sérénité souveraine. Le Maître intégral ! Accueillant, bienveillant, un grand esprit et une passion absolue pour l'art. Aujourd'hui, sévère : il parle sans indulgence de Rolland (tout en admirant sans réserve son caractère). Son portrait par Boccioni[47] (tout en couleurs ardentes et déjà au-delà du cubisme) est l'expression fidèle de cet aspect pathétique et néanmoins sensible. Il me témoigne une cordialité passionnée, sa femme est admirable. Un jeune Allemand, Bruno Götz[48], et aussi une Mme Simon, de Varsovie, docteur en musicologie (elle me plaît moins, je n'aime pas la dureté de ses jugements). Mais lui, avec son rire clair qui n'exclut pas une profonde mélancolie, m'attire très fort : il est tellement expansif qu'il lui faut toujours du monde autour de lui. Et puis, il témoigne dans ses sentiments un magnifique cosmopolitisme : il raconte qu'un élève lui a présenté ses « condoléances » lors de la défaite italienne, et ce qu'il lui a répondu. A lui aussi l'exil a été profitable : il n'a jamais, dit-il, autant travaillé que maintenant. J'aimerais un jour faire de lui le héros d'un roman ou d'une nouvelle : la bonté en personne, un peu maniéré de par sa virtuosité, une nature authentique, le geste un tantinet trop vif. — Ensuite, promenade avec Bruno Götz. Un réfugié lui aussi, fin, sensé, agréable. Le soir, Lothar et le peintre von Koppay. Voilà encore un type humain qu'il faut connaître : un élégant, un boyard presque, mais de bon teint et de bon vernis, distingué jusqu'au bout des ongles, pénétré de ce savoir-vivre que vous confère la fréquentation, pendant 30 ans, de la plus haute aristocratie de tous les pays. Avant la guerre, il avait un atelier à Londres et un autre à New York. On ne peut se faire une idée de la vie que mènent ces gens ni des sommes qu'ils gagnent. Il est très sympathique, très bien élevé, un peu niais et banal, mais il maîtrise le *small talk*. Je suis persuadé que les Anglais le trouvent *charming*, d'autant plus qu'il a à son actif 10 rois et 7 000 princesses. Ici, il s'occupe à portraiturer toute l'ambassade de Berne (ah, on n'a aucune idée de la carrière qu'ils peuvent faire, ces Hans Müller de la peinture) — j'ai trouvé un rare intérêt à rencontrer au moins une fois ce type d'homme

Mardi 18. Le matin, travail, coupé le plus souvent de lettres, dicté, discuté, tout cela, à vrai dire, avec lassitude. Je devrais être débarrassé de ces choses, mais chaque jour en apporte de nouvelles, à présent la traduction de Rolland[49], et puis aucune rigueur dans l'organisation de mon existence. Je suis plus ou moins à bout de nerfs, ils ont perdu leur dynamisme. Peut-être vais-je aller bientôt à Lucerne ou autre part pour travailler pendant 15 jours. Le soir, avec Reinhart au concert Busoni. Splendide au-delà de toute mesure, vraiment insurpassable : cette légèreté, cette grâce dans la puissance. Contempler la souplesse de ses gestes, qui n'ont toutefois rien de féminin, est pour moi une volupté. Et puis entendre de la musique, pleinement, pour de bon — c'était la première fois depuis des semaines ! Il faut que je le décrive : un homme intégral[50]. Ensuite, comme nous voulions nous en aller, un charivari dans toutes les langues. La tour de Babel croulant dans la Bahnhofstrasse de Zurich : Saccharoff[51] et deux peintres russes, Clothilde van Derp, Bianca Segantini, l'Alsacien Goll, de jeunes Polonais et Français, un pêle-mêle de langues ! Et tous de descendre la rue illuminée, bras dessus, bras dessous, riant et chahutant dans *toutes* les langues. Instant inoubliable ! Voilà ce que le monde devrait voir. Je finis par me lasser de ce tourbillon et je m'esquive discrètement

Mercredi 19. Traduit Rolland, lettres. Aujourd'hui, pour une fois, je me repose des gens. Suis entièrement à moi.

Jeudi 20. Chez Mme Albert. Elle va malheureusement très mal — sa solitude me bouleverse intensément. Personne pour s'occuper d'elle. J'en éprouve comme un remords. Moi, ma journée se passe en correspondance et en broutilles, avec des êtres et des choses. Nouvelle rencontre avec L. Frank qui s'accroche à moi à présent, parce qu'il voudrait que je m'entremette en sa faveur auprès de Cassirer, que je vois d'ailleurs très souvent, c'est un personnage à part, hardi, insouciant et roué à la fois. Mais très sensé. Quelles précautions ne nous fait-il pas prendre quand nous discutons : on n'en finit jamais d'apprendre — activité de l'espionne dans la maison. L'agence de presse qui surveille ses propres membres et entrave leur liberté de mouvement. Une lettre de Rolland, magnifique, comme tout ce qui vient de lui. Le soir, nouvelle visite à Reucker, conversation étoffée, définitive, au sujet de *Jérémie*. Je suis prêt à couper 4 actes — je vendrais mon âme pour la liberté

Vendredi 21. Le matin, lettres. L'inquiétude commence à se manifester. Je ne me sens plus libre. A midi, visite d'Oskar Fried. Lui aussi est plongé dans les humeurs noires. Tous, nous ne voyons plus que la démence en face de nous, alors que nous aspirons à la raison. Je fais la connaissance de deux Espagnols, le *marques* Pelroso et Vegas. Ahurissant, ce que P. raconte de Paris, d'où il arrive : le zeppelin gris aluminium, monstre merveilleux posé devant les Invalides, les Américains qui, en la compagnie de cocottes, parcourent la ville en auto à fond de train, et à la campagne, les innombrables femmes en deuil. Le soir, chez Goll et Mme Claire Studer[52], une ravissante jeune femme ; Mme Werefkin, l'artiste peintre russe, vient se joindre à nous. Une créature magnifique, vivante, étincelante, elle raconte des souvenirs inoubliables sur son enfance et son pays (l'histoire de la fille enceinte qui lui sert de modèle et qui lui baisa les pieds, son entrée en Allemagne, elle Russe, en pleine guerre, croyant de bonne foi qu'il ne lui arriverait rien), nous avons une excellente conversation, il y a quand même ici des gens merveilleux

Samedi 22. Voyage à Berne. Dans le train, je lis Suarès. Puis chez Heresi, charmant, il me promet tout son appui. Si Vienne agit, cela sera facile. Tout est mis en marche. L'après-midi, chez Hesse. C'est bon d'être en sa compagnie. Il est si lucide, si solide. Magnifique, son activité pendant trois ans de réels sacrifices. Et cela sans lâcher son œuvre, à laquelle il s'accroche de toutes ses forces. Le soir, retour, je lis le beau livre de Welti[53] qu'il m'a donné.

Dimanche 23. Passé à faire toutes sortes de choses, temps perdu. J'ai à régler tellement de questions inutiles. Ah ! ces périodes de « transition », huit jours avant la décision. Si l'on pouvait seulement les sauter. Tout le reste serait facile, irait de soi. Et néanmoins, pas une journée sans que quelque événement vous stimule. Ce que Steinthal raconte est quand même très curieux : sa propre histoire avec Hülsen[54]

Lundi 24. Retourné chez Mme Albert. Tout y est plus sinistre, plus triste que jamais. Je lui lis des poèmes de Louise Labé. Elle, d'habitude si insatisfaite, m'en est infiniment reconnaissante. Elle parle beaucoup de Rilke. De sa dureté, de sa vanité mesquine tournée vers l'extérieur. De son aristocratomanie. De ses faiblesses. Quelque part, derrière toute son admiration, elle sourit de lui, comme toutes les femmes dès qu'elles ont « connu » un homme. Le mot est impropre : elles commencent par le connaître. Une pauvre, maigre fête de Noël. Le soir, je reste (exprès) seul, mais pas pour longtemps. Arrive par hasard Hochdorf accompagné d'amis, dont l'un, le peintre Kornhas, a un visage qui me plaît beaucoup. Tendre nature d'Allemagne du Sud, mais l'œil gris est grave et pénétrant. Nous avons une excellente conversation, il me demande de poser pour une esquisse. J'accepte volontiers parce que son regard me plaît.

Mardi 25. Le matin, chez Werefkin. Un Alsacien et un Russe sont également présents. Les tableaux de W., d'un *énorme* intérêt. Des orgies de couleurs, mais pleines de flamme et de vie, fantastiques au-delà de toute mesure et cependant somptueuses comme des fleurs de rêve tropicales, bien que russes jusqu'au tréfonds de leur être ! Elle-même, cette femme à moitié vieillie, alerte, pétillante de vie et de bonté. Elle nous raconte qu'elle est allée en Allemagne avec son passeport russe et, dans l'agitation générale, personne n'a remarqué sa nationalité. Et bon nombre d'histoires de ce genre. On pourrait faire des études pour ce roman sur les exilés. Et les déboires de l'Alsacien, que les patriotes avaient traîné à la police parce qu'il ne parlait pas assez bien le français. Ensuite, chez Kornhas. Il a un sens du paysage exceptionnel. Ses premières toiles rappellent Segantini, mais il a maintenant trouvé sa propre manière. Je crois qu'en lui se forme un paysagiste de première grandeur. Curieuse aussi, son existence. Après être tombé amoureux d'une jeune Anglaise à St Blasien, il sombre dans la neurasthénie, passe deux ans dans un asile d'aliénés, gagne ensuite l'Engadine, gère un hôtel, devient conservateur du musée Segantini, retourne enfin à la peinture. Et si ouvert, si confiant. Une nature d'une simplicité fascinante, la simplicité franche et loyale de l'Allemand du Sud

Mercredi 26. Travail. Inquiétude. Chez Korrodi. Bonne conversation. Vu les tableaux de Kornhas chez Scheller. Le soir, grand branle-bas de Noël à l'hôtel. La Durieux est ravissante en conteuse, puis en chanteuse de cabaret. Tout l'hôtel ne forme plus qu'une grande famille

Jeudi 27. La décision semble devoir être favorable[55]. Des nouvelles aussi de la *Neue Freie Presse*. Chez Kornhas ; le portrait est presque terminé. Le soir, avec Ehrenstein.

Vendredi 28. Lettre de Rolland. Comme toujours, une très grande joie pour moi. Travaux préparatoires, l'après-midi, portrait, toutes sortes de gens. L'inquiétude, à présent, vient autant de l'extérieur que de l'intérieur. J'ai une nostalgie infinie de l'Engadine et suis fermement résolu à y aller — quoi qu'il arrive ! Aujourd'hui, conversation téléphonique avec Berne, qui m'autorise à rester, du moins jusqu'à ce que la décision soit tombée. Mais à mon avis, elle ne peut être que favorable. Sinon... je ne crois pas que je me soumettrais maintenant.

Samedi 29. Travaillé. Chez Mme Albert. Tragique et inoubliable, son isolement et, si peu que je l'aime, d'autant plus puissant est sur moi l'impact de son malheur et de sa gratitude. Après déjeuner, je pose pour Kornhas, cet homme qui a gardé un merveilleux esprit d'enfance, pétri d'une douceur que dissimule sa rudesse. Totalement esclave de sa femme dans un admirable esprit de candeur et de spontanéité. L'histoire de ses fiançailles rompues. Sauvagerie des instincts obscurcie par une profonde mélancolie. Puis chez Seippel. Un vieil imbécile, indécis, mou, indolent. Sans *valeur** personnelle, sans art ni énergie authentiques. Le soir, à la pièce de Reinhart [56]. Aucun talent, mais de la bonne volonté. Vide, en somme. Nous nous retrouvons ensuite avec le Dr Hunziker [57]. Sécheresse intérieure de tous ces gens.

Dimanche 30. Petits travaux. Et toujours cette inquiétude au sujet de la décision qui ne vient pas. L'après-midi, Ehrenstein, ensuite chez le Dr Bodmer. Bonne conversation. Portrait, sur quoi, avec Hochdorf, je vais dans le charmant petit bistrot valaisan. La journée est toujours brève, et jamais remplie

Lundi 31. Chez Mme Albert, qui doit être opérée aujourd'hui ! Soirée de la Saint-Sylvestre, chahut à l'hôtel à grand renfort de plaisanteries et de pétulance. Je n'ai pas le cœur d'y participer, l'arête me reste dans la gorge. Chaque mot me tiraille et me déchire

Mardi 1er [janvier 1918]. Oh, jours de fête ! Avec Frank et Grümbach, qui rapporte beaucoup de choses importantes. Puis le portrait, presque terminé. Travaillé à mes feuilletons, ils sont quand même un frein puissant. Je devrais aller voir Mme Albert. Mais je n'en ai pas le courage. Cela me coupe chaque fois mon après-midi, et j'ai besoin de chacune de mes heures pour moi-même. Il ne m'est presque plus possible de travailler avec ardeur : mes nerfs sont en plus mauvais état que je ne le croyais. Le cauchemar, si épouvantable, doit d'abord disparaître. J'ai besoin d'un terrain solide sous les pieds. Mais il y a plus ou moins ces discussions dans l'air : on n'en finira pas. Jamais !

Mercredi 2. Travaillé avec une certaine ardeur. Le portrait est terminé. Visite à Mme Albert, qui a une mine effrayante, mais elle est animée d'une admirable vitalité. J'ai à peine le temps de faire une promenade, tellement je suis ligoté. Le soir, entraîné par les autres à la Braconnière : la chose la plus terrible que la « propagande allemande » ait jamais pu inventer. Ces choses-là devraient être stigmatisées au grand jour. Chez moi, perdu beaucoup de temps en conversations

Jeudi 3. Il semble que tout marche comme il faut dans mon affaire. Télégramme de la *NFP*. J'ai bien du pain sur la planche avec mes propres projets, je dois avoir terminé le 7 un essai sur Werfel et deux feuilletons. Avec cela, je suis, vieille habitude, accablé par une foule de gens, tout le monde réclame un service. Le temps est bref et passe, heureusement que je possède assez de concentration pour mes essais. Oublié de noter ma visite chez Buşoni, à midi. Il est magnifique d'assurance enjouée, quant à elle, elle est peut-être encore plus remarquable sur le plan humain, car en lui subsiste quelque part un soupçon de pose, indéracinable, si belle néanmoins, comme je n'en ai pas rencontré depuis Herzl [58]. Il a pour Fried des paroles sévères, mais justes : dans le domaine artistique, sa rigueur est étonnante, exagérée même. Il déteste les traditions, bien que lui-même, en un certain sens, en relève, et son fils, dix-huit ans, tout doué qu'il soit comme peintre, dédaigne déjà les maîtres. Ce milieu semble être fait pour un roman. Je me demande sérieusement si je ne devrais pas un jour introduire dans une œuvre le personnage de Busoni : mais je ne vois pas encore de ligne générale très claire.

Vendredi 4. Travaillé à mes essais ; Ehrenstein et d'autres, le soir, visite de Claire Studer et d'Ivan Goll. Arrive aussi Hochdorf, et c'est la fête dans la chambre de Cassirer avec Mlle Si. et tous les autres. Nous sommes d'une pétulance fabuleuse, quelques nouveaux venus, telle Mme Dequist, blonde comme les blés, confèrent à l'ambiance une forte note érotique, résultat : un rajeunissement général. Tous évitent d'aller trop loin, mais Kornhas est déjà attiré par Mme De. et Goll part comme un coup de revolver contre Steinthal qui se révèle être le patron de sa femme. C'est la plus grande confusion : par chance, je suis de ceux qui s'entendent à couper le flot de certaines émotions : ne reste ainsi que le plus beau, l'excitation

Samedi 5. Travail, travail, travail. Je veux en finir, et j'en finirai malgré cent petites occupations. Avec tout ça, un rendez-vous chasse l'autre, je suis retenu par Reinhart, de Winterthur, par le portrait de Kornhas et, pour couronner le tout, arrive de Berne Gisela Etzel-Kühn. Nous sommes de joyeuse humeur, mais ce n'est plus ça : elle est trop fatiguée, trop âgée, trop déçue. Toutes ces femmes sentent confusément qu'elles ont joué leur vie depuis beau temps et que ce qu'il en reste, elles le gâchent en mesquineries telles que la jalousie ou la littérature. Il semble d'ailleurs qu'elle se soit fait avorter contre son intime volonté. Reconnaissons qu'elle a une vie très difficile, toujours à s'échiner pour de l'argent, à attendre un éditeur, situation que je ne connais guère, mais dont je devine le tragique.

Dimanche 6. Encore une journée surchargée de travail. Après déjeuner, je prends congé de Mme Albert. J'apprends seulement alors qu'elle a une sœur, qui vit à Zurich, et qu'elle n'a pas autorisée à lui rendre visite : cet esprit de bravade, ses brouilles avec son père, sa sœur, son mari et R. ont quand même une profonde signification. Étrange, comme elle entre toujours en conflit avec le destin, oui, comme une puissance en elle (une volonté inflexible et démoniaque) semble le provoquer inlassablement. C'est ainsi que, faisant de la bicyclette — elle qui boite —, elle est renversée par une voiture, les roues lui passent sur le visage et le déchiquettent totalement. Elle ne s'en remet que par miracle. Comme son rire, si caustique, me rappelle celui du Klikusche de Dostoïevski ! Mais cela ne compte pas au regard de son incommensurable souffrance endurée au fil des heures. L'opération de la nuit de la Saint-Sylvestre, le tourment face aux infirmières stupides (la réponse de l'une d'elles à une question avide : « Nous aimons tous les êtres, surtout ceux qui souffrent »), ce milieu froid et nu, les conséquences imprévisibles de cette histoire — c'est en vérité un personnage héroïque. Au demeurant, comme la vie est riche et variée ! Je le sens ici : il suffirait de tendre la main et d'attraper au vol une partie de ce qu'elle sème tous les jours sur votre chemin. Dans la mesure où l'on ne recherche pas la profondeur ultime et où l'on se contente du superficiel, de la représentation de ce que vous apporte l'extérieur, inventer est absolument superflu. Si je voulais écrire des romans comme Gourlak [?], j'aurais mille sujets pour un. Et ce soir, le plus fantastique de tous : Alastair[59]. Je suis invité chez Faesi avec Korrodi. L'invitation précisait qu'Alastair serait présent. Ce nom me dit quelque chose, mais c'est très vague. Korrodi non plus ne peut me renseigner. C'est Faesi qui nous apprend, alors que nous sommes au salon, où A. n'est pas encore arrivé : il vient tout de suite, nous ne devons surtout pas nous étonner de son étrange habillement. A. ne peut supporter les cols et aime les beaux travestis. A peine a-t-il parlé qu'arrive à pas dansants, vêtu d'un très élégant costume de Pierrot jaune garni d'un merveilleux entre-deux de dentelle, un jeune homme rasé de près, les cheveux roux gracieusement séparés par une raie, beau, lumineux, les yeux bleus provocants, les mains effilées, nerveuses, qu'une énorme chevalière met en relief. Il pose. Il sourit, conscient de l'impertinence de son sourire, lève les mains pour parler avec une grâce penchée, bondit comme une jeune fille qui va applaudir parce qu'elle est heureuse, son rire est d'une plénitude et d'une profondeur tout en cordialité comme seul peut l'être un rire étudié — mais cette pose est la plus prodigieuse de toutes les poses que j'aie jamais vues. Son langage est précieux, à la manière des disciples de George, mais le ton est juste. Il nous joue, admirablement, une pièce au piano, chante de merveilleuses chansons populaires — j'apprends qu'il est danseur et qu'à Paris il a remporté d'immenses succès avec la Guilbert, il dessine aussi, ses expositions ont fait sensation à Londres et à Paris. L'homme le plus fantastique que j'aie jamais rencontré, il fait plus que jeter de la poudre aux yeux, car son style est d'une authenticité sans faille qui va au-delà du ridicule. Après dîner, une auto vient le prendre, il monte chercher une élégante petite valise dans laquelle il a mis son costume de Pierrot et, voyageur pour son propre compte, il repart avec nous pour Zurich. Il nous raconte combien il est importuné au Dolder Grand Hôtel, bien qu'il ne sorte que le soir. En vérité, l'anomalie de son visage beau et animé, le mystère qui baigne son être (il est allemand, c'est tout ce que l'on en peut tirer) font de lui un personnage fascinant. Je pourrais écrire encore beaucoup à son sujet, d'autant plus que, j'en ai le sentiment, je n'aurai plus l'occasion de le revoir, et au fond je ne le désire pas, afin que l'étrangeté unique de cette rencontre inespérée ne s'enlise pas dans une habitude qui entraînerait une déception inévitable. Ce fut bien ainsi, et le trajet en voiture, sa peau de panthère sur les genoux (il est millionnaire, ou tout simplement gigolo d'une vieille femme), est une scène extraordinaire. J'ai d'abord pensé qu'il pressurait Faesi comme Steiner pressure Reinhart, mais non, le secret est ailleurs, et c'est cela, la beauté de cet être : que le mystère dresse autour de lui un rempart et des barrières infranchissables. — Le soir, à l'hôtel avec les autres : ne pas essayer de revivre les événements.

Lundi 7. Télégramme d'Alfred[60]. Sûrement une de ses frousses. Il faut que je me rende chez l'avocat, le notaire, au consulat, à l'hôtel de ville, et je n'ai pas encore fait mes bagages, je dois régler une foule de choses, le soir aller chercher Lothar pour affaires, prendre congé de De. et de Si., dicter entre-temps un article à St., courir chez Rascher et me décommander chez les Strasser. A 3 heures du matin je suis venu à bout de mes bagages.

Mardi 8. Départ pour Davos, retardé par Bérau[d], qui m'ennuie prodigieusement. Puis la montée dans le tourbillon de neige. Les Dr Wüst et Klein m'attendent. La première personne de qui je fais la connaissance est Mme von Zur Mühlen, la traductrice d'Andreiev[61]. Grande, svelte, des yeux bridés étincelants, les mains fines, une vivacité contagieuse et, à ce que j'apprends, jamais moins de 38° de fièvre — dernière extrémité. Partout ici la mort rôde. Cette toux que l'on entend à côté de soi, ces couloirs lisses, cette chaleur suspecte qui monte aux joues après les repas, cette coquetterie au-delà de la mort, une atmosphère fantastique, je comprends fort bien que Thomas Mann y trouve matière à un roman. Je vais voir Schmidtbonn, il fait le clown, mais se laisse convaincre : malgré son magnifique hâle, je flaire en lui un je-ne-sais-quoi qui le consume : il n'est certainement pas le paysan qu'il semble être. Puis au café avec Leo Greiner, cet homme remarquable dont la seule vue m'a toujours ému. Le soir, lecture publique, salle bien remplie, pas assez néanmoins pour que la soirée ne soit déficitaire : geste amical très sympathique de Schmidtbonn. Nous sommes restés longtemps ensemble au café : d'étranges personnages surgissent, Paul Apel, l'auteur des *Sonnenstösser*, puis ce vieil ami de Petzold et, finalement, Latzko[62], qui me plaît beaucoup. Et je m'endors dans cet air vigoureux, étrangement raréfié, qui vous fait tambouriner violemment le sang dans les veines. Sommeil confusément parcouru par la brûlure de petites étincelles.

Mercredi 9. Le matin, liquidé une partie du courrier qui m'accable. Puis chez Latzko. Comme j'entre chez lui, il est en train de se faire une injection de morphine. On le sent, surtout après le repas, s'effondrer lorsqu'il est resté deux heures sans piqûre. Son visage est raviné, las : on se croirait en face d'un mourant. Il raconte que le gouvern. autr., à l'instigation des autorités suisses, le harcèle. Sept objecteurs de conscience se seraient réclamés de lui. On voit qu'il s'enivre de la célébrité, cette célébrité qu'il attendait depuis des décennies. Des classeurs pleins de comptes rendus et de louanges, un vrai bric-à-brac. Et dans la conversation, il en revient sans cesse à lui-même. Un monomane. Le soir, chez Greiner avec Mme Moissi, Schmidtbonn et Landau [63]. Conversation remarquable au cours de laquelle Greiner et moi nous entendons parfaitement (y compris sur l'affaire Dehmel), tandis que Schmidtbonn ne va pas au fond des choses. Je lui représente (poliment) que nous sommes tous coupables, il ne veut pas trop l'admettre, mais je finis par le convaincre. Nous discutons jusque tard dans la nuit, vieux amis à Davos : Greiner nous traite de fantômes, il ne peut concevoir cette chose extraordinaire : que nous soyons réunis

Jeudi 10. Quitté Davos au petit matin avec les internés allemands [64]. Ils racontent bien des choses, tous sont montés contre la France. Pour les Anglais, ils n'ont que des louanges, ainsi que pour les Belges. On leur a craché dessus, on leur a jeté de la boue, les officiers n'ont, dans la plupart des cas, rien fait pour l'empêcher. Ce sont de tels actes qui font mûrir les germes de la grande haine future. Attente vaine à Buchs. Y ai liquidé le reliquat de mes dettes épistolaires

Vendredi 11. Au petit matin à la gare, puis départ, avec F. et S. [65], pour Saint-Moritz, trajet direct. Voyage splendide. Arrivée à 10 h 1/2 par un soleil rayonnant. Descendus d'abord à l'hôtel Margua, puis au Caldone. Plus ancien, plus intime dans cet univers de nouveaux riches.

Samedi 12. Écœurant. Cette insouciance dans l'existence. On a honte d'y participer. J'ai déjà écrit tout cela dans mes feuilletons

Dimanche 13. Commencé Dosto. Il avance à grandpeine. Brève visite à Mme Durieux. Je suis heureux quand je ne vois personne. Avoir enfin la paix. Le paysage est divin.

Lundi 14. Travaillé. Je ne sors pas dans la journée, je ne veux voir personne. Tous les gens que je déteste sont ici, Mme Lothar, Schickele [66] et aujourd'hui, pour couronner le tout, Karl Kraus

Mardi 15. Le bel essai de Rolland en manuscrit. Il reste le meilleur, le plus fidèle de tous. On ne l'aimera jamais assez. Ah, comme j'ai la nostalgie de Villeneuve [67].

Mercredi 16. Le procès Caillaux me tient en haleine. Je ne peux, ou presque, penser à rien d'autre. Un vrai personnage de Balzac. Pourquoi n'osons-nous pas nous y attaquer ? Nous sommes plongés dans la psychologie et y étouffons.

Jusqu'au lundi 28. Rien noté. Existence végétative. C'est trop beau ici. Ciel magnifique. Randonnée à Sils Maria dans la clarté crissante d'un air de cristal. Promenades dans le paysage où la neige embaume comme une prairie blanche. Entre-temps, travaillé au Dostoïevski. Mise en ordre intérieure. Et déjà impatient des décisions à venir. Départ lundi. Beau trajet, mais S. m'énerve un peu. Trop las des sollicitations comme de l'absence de sollicitations. Je ne vis que dans les extrêmes.

Mardi 29. Le matin, Werfel. Il rayonne, éclate. Dès les premiers mots échangés, harmonie : la haine contre ces hommes qui ne sont que des théories revêtues de chair et de nerfs. Tout en haine, mais aussi en cordialité. Quel tourbillon de gens à l'hôtel, Lasker-Schüler[68] qui cabotine avec son génie, Annette Kolb, allure de vieille fille, oublieuse, un peu ridicule, mais de *très bon cœur**. Van der Velde et sa fillette au nez retroussé, ses étranges amis, Lothar, Kornhas — un tourbillon presque impossible à démêler. Avec tout cela, des rivalités, des velléités. Le soir, aux *Troyennes*[69]. Belle représentation, bouleversante de bout en bout, ensuite avec Busoni et Werfel. W. piétine tout du poids écrasant des accusations qu'il porte contre lui-même. Il s'en prend à Goethe et ainsi s'anéantit lui-même, il s'en prend à l'artiste qui se contente d'analyser son rapport avec le monde, et se met ainsi en cause (tandis qu'il porte aux nues un créateur comme Balzac, le *voyant**). Il ne cesse de s'accuser : le génie, dit-il, n'a pas le droit d'exiger pour lui des lois particulières, au contraire, il doit plus que les autres se soumettre aux lois. Mais là est sa force, cette lutte avec sa conscience a infiniment trempé son caractère : il y a gagné une sensibilité musclée. Nous sommes d'accord sur tout : à ceci près qu'il refuse maintenant tout compromis. Il estime qu'il serait catastrophique qu'un conflit aussi gigantesque s'achève sur une minable et dérisoire transaction. Mais moi (et Kolb) n'avons qu'un seul cri : en finir, en finir, en finir. Foin de la justice ! Oui à la miséricorde. Sur ce point, l'aspect démonique de sa nature se fait jour inconsciemment. Il m'a donné son recueil de poèmes[70]. Je lis ces vers avec la plus grande émotion.

Mercredi 30. Le matin, chez Reucker. C'est décidé pour *Jérémie*. Nous choisissons déjà les décors. Tout se déroule à la perfection grâce au sens pratique de ces gens. Étrange comme s'édifie, tel un jeu de construction, une scène qu'en son for intérieur on voyait plane, une image seulement. C'est très impressionnant. Ensuite — jusqu'à 4 heures — coupures et retouches de détails. Conversations, mise en ordre ; le soir, au *Wildschütz* de Lortzing. Musique légère, flottante, typiquement allemande au sens traditionnel, enjouée, insouciante, *Biedermeier*[71]. J'ai ri comme un petit enfant. Et cela m'a fait du bien, tellement de bien.

Jeudi 31. Me suis éreinté toute la journée à écrire des lettres ; lu. Libéré la voie. Demain, ce sera le tour de Dostoïevski et du reste. Je m'en réjouis à l'avance. Car je n'en peux plus de cette écrivaillerie imbécile qui n'est destinée qu'aux autres. Je voudrais revenir à moi-même. Werfel est un avertissement exemplaire : tel le va-et-vient d'une balle lancée par sa propre bonté, sans défense, par faiblesse et non par manque d'énergie. Le pauvre ! Il me fait de la peine, bien qu'il ne subisse que les conséquences de sa propre nature et que, se projetant hors de soi, il se vive lui-même en vivant pour et dans les autres.

Février 1918

Résumé de tout un mois, le plus important et le plus décisif peut-être de [mon existence]. Je n'ai vraiment pas eu le temps de noter au jour le jour, tout était trop dense, trop chargé, trop tragique, trop épouvantable. Il me faudrait surtout décrire les derniers jours, heure par heure, ils représentent le comble du raffinement dans la cruauté que l'on puisse exiger d'un être humain.

Au début, travaillé au Dostoïevski, donc le bonheur. Conversations avec Werfel : joie des plus sublimes. Accord avec le théâtre : succès. Perspective d'une nouvelle libération : espoir, donc. Et puis mon activité : jamais je n'ai autant joui de la confiance des autres. Des ennemis de naguère, comme Schickele, comptent maintenant sur moi. Pour les Français, je suis l'avocat et l'ami. Mon *Cœur de l'Europe* paraît en deux langues. Mes livres marchent à merveille. Je sens autour de moi l'air du monde. N'est-ce pas trop ?

En outre, des rencontres précieuses. Je m'entends admirablement avec Annette Kolb. Chez Latzko : un homme que j'aime, tout en finesse et en bonté lucide, celle-ci lui permet de pénétrer les choses en profondeur. Chez les Faesi, qui témoignent une telle gentillesse à Friderike. Une soirée chez Ragaz [72] : quel homme ! Un saint de notre temps. Non point un pacifiste, mais un antimilitariste actif, qui n'agit que pour sa foi. Un fanatique qui monterait sur le bûcher. Et néanmoins tellement indulgent au tréfonds de lui-même. Je baigne dans une merveilleuse atmosphère de confiance. Puis Alfred H. Fried [73].

Maintenant seulement je découvre ce que je représentais pour ces hommes, aucune des démarches que j'ai entreprises ne leur a échappé, ils me faisaient confiance et comptaient sur moi. J'ai rarement ressenti à un tel point la force entreprenante qui est en moi. Rarement, mais confusément, à telles enseignes que je me sens au zénith de mon existence.

Là-dessus, premières répétitions de *Jérémie*, commencées par tous dans la même joie. Une mauvaise angine, hélas, m'empêche d'assister à la plupart des premières répétitions, je suis immobilisé chez moi, les amygdales enflées. Mais heur *[Le texte s'interrompt ici.]*

JOURNAL DE SUISSE

20 septembre - 13 novembre 1918

Montreux, 20 septembre, vendredi. Repris ce Journal après une interruption de plus de six mois. Le temps était mort, il reprend vie dans l'horreur. J'étais las de l'absurde, voilà que peu à peu le temps recouvre un sens, ou plutôt : le sens qui fut toujours caché dans cette crise commence à se manifester. Ces dernières semaines déjà, depuis le mémorable tournant que prit la guerre avec la seconde bataille de la Marne, bon nombre d'événements importants ont eu lieu pour moi, outre mon propre travail, tout d'abord cette polémique déclenchée dans la *Neue Zürcher Zeitung* par mon article [1], ensuite cet entretien avec Wiesner qui, du haut de sa grandeur, voulait m'intimider en me notifiant son mécontentement, mais il s'est heurté à une résolution de fer (car je ne me laisserai plus intimider par la charogne de l'Autriche, et encore moins par ses diplomates, qui ont poussé dans les abîmes d'un pseudo-héroïsme ce pays de quiétude et de paix). Puis une brève bouffée d'espoir : l'offre de paix [2], qui s'est brisée bien vite contre la muraille édifiée à présent par l'autre impérialisme. Un voyage dans les montagnes a procuré quelque liberté à mes sens : j'ai appris à lutter contre ce vain esprit de masochisme qui sacrifie le quotidien à la mortification intellectuelle. Il faut apprendre l'art de vivre dans la torpeur, pour soi-même et non pour son temps, lequel n'est que destruction de l'existence, entrave et non libération. Ici à Montreux, dans une petite chambre qui surplombe le lac, je retrouve le paysage et je fais un paisible retour sur moi-même. Le temps est encore voilé, mais il promet de s'éclaircir.

Le soir, visite de Chapiro [3], ce cher garçon si drôle. C'est une véritable partie de plaisir que de l'entendre parler de son immense famille chez lui, à Kiev, quand ils partaient en voyage il leur fallait un wagon entier, ils n'ont jamais pu prendre le tramway ensemble. Ils formaient toujours une vraie troupe, la cuisinière, lorsqu'elle faisait son marché, avait besoin d'une voiture.

Il évoque aussi l'époque où il devait vivre de la cueillette des cerises, 10 centimes le kilo, le soir, il était tout courbaturé. Mais nous passons de la gaieté à la gravité : lui aussi fait partie de ceux que Rolland a « sauvés ». Ce dernier, au reçu d'une lettre, l'a fait venir, il avait toujours du temps pour lui, l'a aidé de toutes les manières : en pleine guerre et au sommet de sa gloire, R. n'est pas débarrassé des soucis d'argent, car il entretient toute sa famille et vient en aide à une série d'amis. Parmi ses actions, en voici une qu'il a passée sous silence : il n'a pas hésité à se rendre chez le consul de France à Berne pour quérir des renseignements sur G., afin de pouvoir, le cas échéant, le défendre *à fond** ⁴. Sa sollicitude pour ses amis est des plus émouvantes, et plus on en apprend sur lui, plus on ressent en profondeur l'unicité du personnage qui allie une connaissance infinie des choses à un amour infrangible de l'homme. Son pouvoir de résistance a un aspect héroïque, ainsi d'ailleurs que son immense solitude. Nous sommes toujours émus au plus haut point lorsque nous parlons de lui.

Samedi, 21 sept. Le temps s'est éclairci, matinée d'une beauté enchanteresse. Assis au soleil sur la terrasse, pour la première fois depuis longtemps je vis en vers, ceux que je lis et ceux que j'écris. L'idée que je vais aller cet après-midi chez R. illumine ma journée ! Le paysage m'inspire un petit poème, limpide, le premier depuis une éternité ! — L'après-midi, chez R. Dans le tramway, nous rencontrons sa mère, elle est devenue plus fragile, mais cette fois, contrairement à l'année dernière, elle nous témoigne une confiance totale et une cordialité particulière. Je cherche à retrouver sur son visage celui de son fils : il est à peine discernable dans les traits affaissés. Merveilleuse, la cohésion entre ces quatre êtres, tous âgés pourtant, la douce tendresse qui les unit (et qui peut-être dissimule bien des conflits profonds). R. nous accueille à l'hôtel : il semble plus épanoui, magnifiques, ses yeux clairs qui vous transpercent, mais maintenant sa bonté est comme étouffée par une blessure ou une tristesse aux racines profondes. Il est désespéré par les temps que nous vivons : la liberté de pensée fond de plus en plus, l'héroïsme ne se déploie que dans les idéaux habituels, traditionnels. Il voit la France conquise par l'Amérique, il voit éternisé l'esprit de cette nouvelle victoire, éternisés et embellis les mensonges de l'Entente, des générations parées d'une auréole dont elles se coiffent elles-mêmes, l'orgueil triomphant du monde. Une grande méfiance envers l'époque entière s'est emparée de son être : il évoque aussi les révolutionnaires allemands qui représentent pour elle la menace la plus grave. Au commencement (comme toujours) la conversation a du mal à s'engager, une sorte de pudeur l'empêche de parler, et moi aussi. Nous faisons ensuite, tous les quatre, une longue promenade, je lui raconte certaines choses, je cause également beaucoup avec sa sœur. J'aime tellement le regarder, contempler la gravité méditative de sa démarche, le calme de ses gestes, et, chaque fois, je sens combien je lui suis attaché, d'autant plus que je le devine plein de tristesse. Il doit laisser repartir ses parents et sa sœur pour Paris (elle a besoin de travailler, et ses parents la suivent), il semble aussi que cette vie d'hôtel commence peu à peu à lui peser. Comme nous tous il souffre de l'époque — et peut-être aussi du fait que les événements le mettent (en tant que Français) dans son tort. Au moins pour plusieurs années. Mais... *Le temps viendra**5. — Le soir, petits travaux.

22 sept., dimanche. Journée pluvieuse remplie d'écrivailleries (affaires et littérature), un feuilleton sur Faesi et, en raison de l'acceptation soudaine de la *Légende*6, une douzaine de lettres. Un autre en serait heureux, moi j'ai perdu tout ressort face à ces choses : je ne les ressens pas (j'ai même oublié de noter hier la lettre de Bahr à ce sujet et la curieuse imbrication de l'affaire en rapport avec Andrian-Meyerbeer7). Ces multiples lettres et questions à régler anéantissent ce qu'il y a de meilleur en moi, submergent mon cerveau, et je n'arrive pas à trouver le moyen de m'en débarrasser. Il faudrait peut-être se lever très tôt et avoir fini de dicter avant le petit déjeuner, fait place nette pour la journée, y compris avec la lecture des journaux. Mais je suis incapable de fournir l'effort nécessaire : indifférent envers mes propres affaires, je suis saisi d'une nervosité étrangement brûlante face à tout ce qui est extérieur. Me replier sur moi, me détendre devient un problème dont je ne trouve pas la solution : il semble que l'inquiétude soit un élément moteur, certes elle se communique aux êtres qui vivent à mes côtés et les touche durement, plus durement qu'elle ne me touche. Je peux le dire tranquillement : une journée perdue ! Si remplie (apparemment) de travail qu'elle ait été.

23 sept., lundi. Encore des séquelles d'écrivailleries et de diverses affaires, puis promenade, beaucoup lu les journaux (je me demande moi-même à quoi bon ?). L'après-midi, visite de R., nous parlons longuement seul à seul. Il est brisé par le fait qu'en dépit des prévisions les hommes libres, indépendants, soient plus rares en cette quatrième année de guerre qu'en la première. Il a, semble-t-il, perdu beaucoup d'amis et, à propos de la magie de la parole écrite, il me dit que ses meilleurs amis à Genève, qui le connaissent depuis des années, ont lu avec plaisir — et pour un peu ils y auraient prêté foi — les accusations que Mme D. a portées contre lui [8]. La parole imprimée exerce un pouvoir inouï sur les êtres primitifs, et sous ce rapport la plupart des êtres sont primitifs. En Angleterre, en France, tout le monde a pris ses distances : Wells a publié contre lui une lettre ouverte, à Paris, Loyson prépare une nouvelle attaque sous forme de livre. L'acharnement, de l'autre côté de la frontière, est impitoyable. Il s'attend à ce que le procès Guilbeaux déchaîne la meute, et de fait il semble que G. ait commis quelques imprudences. Il s'agit de compromettre le mouvement dans le pays, ce qui sera ratifié par le monstrueux trucage perpétré à l'unisson par 23 nations alliées. En outre il est, comme moi, profondément écœuré par la Suisse, il voudrait malgré tout rentrer en France, il y pense sérieusement. La moitié de sa correspondance est interceptée, il est isolé — nous parlons, avec le sourire, d'un nouveau pays qu'il nous faudrait découvrir. Néanmoins il travaille beaucoup : à un nouveau roman, qui est terminé, une comédie satirique[9]. Curieuse, cette combinaison, qu'il souligne lui-même, de scepticisme et d'enthousiasme (plus forte que chez France). Typiquement français, ce mélange — « et, dit-il, plus il sera prononcé, moins ils me reconnaîtront comme un des leurs ». Plein de méfiance (je ne l'ai jamais vu aussi abattu), il ne cesse d'insuffler courage aux autres, notamment à la jeunesse : vrai, les gens ne sauront jamais quelle période de tension intérieure nous aurons vécue tandis qu'ils étaient plongés dans leurs petits soucis. Il prévoit que la guerre, l'inquiétude, la lutte dureront encore 5 à 6 ans, et il craint de ne plus avoir la force physique : à cela s'ajoute la tragédie de ses parents qui parviennent tout juste à vivoter, et qu'il ne peut suivre. Je devine la véritable situation dans laquelle il se trouve : animé par la volonté d'aider, il se montre aux autres bien plus assuré qu'il ne l'est en réalité. Il se voit contraint, par les polémiques incessantes, de rester sur le qui-vive, alors que son idéal serait un chalet où il vivrait en paix sans rien savoir des événements. L'effrayante solitude dans laquelle s'écoulent pour lui ces années, le tragique épouvantable qui marque son combat (alors qu'il n'a de partenaire à sa hauteur dans aucun autre pays), il n'y a guère de mots pour les décrire. Nous devons essayer. Quand je le vois ainsi, plongeant dans vos yeux son regard doux et grave, je sens la puissante obligation d'écrire un livre qui soit digne de son sujet[10]

Mardi 24 sept. Le matin, une dépêche me demande quelque chose pour le *Forum*[11]. Je m'assieds à ma table et, avec toute la facilité que j'ai retrouvée, je rédige d'un trait un essai contre l'opportunisme. Je possède une telle richesse intérieure à présent : les discussions, qui semblent absurdes, affûtent néanmoins les points de vue, si bien qu'on se sent à chaque instant concentré et armé. L'après-midi, lu les journaux — l'écroulement des fronts turc et bulgare témoigne, par son effrayante simultanéité, de la puissance de l'Entente. Je crains que le même épilogue ne se joue en Autriche et en Allemagne : enfin, mieux vaut finir dans la terreur qu'une terreur qui n'en finit pas. Peu travaillé, assez lu en revanche, je dois d'abord retrouver mon rythme, un peu perturbé par la rédaction des articles.

Mercredi 25. Un drôle de personnage, notre hôtelier. Buveur intermittent, qui semble avoir sa crise juste en ce moment : p. ex. il met le courrier sous clé et refuse de le distribuer, il se promène toute la journée avec une lettre chargée que je lui avais donnée et la garde dans sa poche tandis qu'il cuve son vin. Le matin, petits travaux, lettres, l'après-midi, belle promenade à Mont-Fleuri, puis chez Rolland. Nous faisons d'abord les cent pas dans le jardin. Il voit jusqu'au tréfonds des choses : les temps à venir lui apparaissent comme une seule et unique crise, et il ne croit pas à la fin de la guerre. Je lui demande si nous représentons encore quelque chose, si nous avons le droit d'être les porte-parole d'une nouvelle génération : en nous s'affrontent deux tendances, la volonté d'agir et l'aspiration au repos. Rolland pense que nous n'aurons plus l'occasion de prendre la parole, que nous ne verrons pas ce temps-là. Tout sera bouleversé de fond en comble, une nouvelle couche viendra à la surface. Pour l'historien qu'il est, nous sommes le passé : le sentiment du nouveau, si puissant chez lui, vit dans l'avenir. D'où son admiration pour Lénine (malgré ses actes de brutalité), il appelle ses idées *un boulet de canon**, elles sont meurtrières, mais elles vont droit au but. Il sait que nous n'existons pas pour ces hommes qui n'ont plus le sens de l'humanité, ne sont que logique et non plus psychologie ni affectivité. Mais il est enivré par la clairvoyance de Lénine, qui prévoit la lutte sur plusieurs générations, ainsi que par la jeunesse du peuple que la souffrance a rendu productif, tandis que chez nous, la possession a engendré la lassitude. Le petit *rentier**, le travailleur, ils étaient déjà liés à l'ordre existant par le fait de posséder, ils ne changeaient plus le visage de leur époque parce qu'ils en voulaient toujours davantage (et cela est encore plus vrai pour l'Allemagne). Mais les changements sont nécessaires, c'est pourquoi cette crise devait venir, qui a bouleversé le monde de fond en comble. Il n'a aucune tendance partisane, au contraire, il incline, par intime sentiment du devoir, à considérer le viol de la liberté en France comme la pire des catastrophes — cela ne diminuant en rien, bien sûr, notre obligation d'être contre le régime. Il nourrit aussi une profonde méfiance envers les idées. C'est d'elles que viennent tous les troubles, tous les malheurs. L'homme simple connaît la paix parce qu'il n'a pas d'idées. Elles sont en quelque sorte les ennemies de la vie tout en étant son expression la plus haute. Mais l'ennemi le plus dangereux est l'argent. Nous parlons beaucoup des éventualités : quelles que soient les formes qu'elles prendront, il ne voit que luttes, agitation. Et l'on sent en lui quelque chose qui aspire au repos. Nous avons une bonne et longue conversation : il est si merveilleux en sa confiance ; son scepticisme envers l'époque disparaît dès qu'il s'agit de l'homme. Belle promenade de retour dans la clarté du soir.

Jeudi 26. Le matin, toutes sortes de petits travaux. L'après-midi, excursion à Vevey. Une ville ravissante, inattendue avec ses maisons vieille France, aimable, patriarcale, réconfortante à côté du luxe de Montreux. Les hôtels ont conservé le charme distingué qu'ils avaient du temps où le mot « élégance » n'existait pas encore, dans l'ensemble une ambiance douce et chaude, paisible et poétique. Nous éprouvons tous deux le profond désir d'habiter ici, peut-être sera-t-il exaucé au printemps.

Nous passons devant Tour de Peitz, antique château ; retour avec Van der Velde.

Vendredi 27. La matinée a passé en rêveries, petits travaux préparatoires pour le rom. de Rolland[12]. A midi, nouvelle de la défection, apparemment, de la Bulgarie. *Tant mieux* !* Mieux vaut finir dans la terreur. Je crois que l'avalanche est en marche, on entend son grondement jusqu'en Allemagne. Bien sûr : que ces discours sont pitoyables. Pas un mot empreint de chaleur, de vie, de bon sens. Un désert. Toujours en retard de deux jours sur les événements. Mais j'observe cela d'un œil impassible.

L'après-midi, visite de R. et de sa sœur. Nous parlons jusque tard dans la soirée. Avec quelle noblesse délicate et quel amour il nous parle de G. : sans exiger notre discrétion. Mais, à sa manière de parler, je sais qu'il l'escompte. Les maladresses de G. lui coûtent cher : pas un mot de plainte dans sa bouche. Je peux lui fournir quelques informations. L'affaire est plus grave que je ne le pensais.

Nous discutons longuement du plan du livre[10]. Il évoque sa jeunesse, il raconte comment les premiers contacts avec Paris, puis les rapports sociaux, lorsque dans la maison de son beau-père, Michel Bréal, il fit la connaissance de toute la Sorbonne, ont agi sur lui comme un choc. Le sacrifice de son père[13] lui a donné tôt le sentiment des responsabilités (qui se manifeste encore aujourd'hui de façon si émouvante). Nous parlons de l'intervention du destin dans sa vie : Rome, où il fut envoyé presque contre sa volonté, le hasard ayant voulu que les deux autres [candidats] n'eussent pas été jugés assez méritants. Là-bas, *Jean-Chr.* A Paris, se contente d'ébaucher le roman décadent d'un grand artiste qui se perd. Là-bas, le triomphe. L'idée lui vient en un éclair sur le Janicule. Pour les héros aussi, projet d'une longue série. Mais la tristesse se fait jour : il faut attendre le *Beethoven* pour qu'il réussisse à la transformer en victoire. Mazzini dans les ténèbres (Ernest Halfan refuse le manuscrit). Il abandonne alors : et c'est la naissance de *Jean-Christophe*, notes jetées tout à fait au hasard. Rédigées pour lui-même. Il possède d'ailleurs des liasses de notes. Des décennies durant, ses écrits sont un dialogue avec lui-même. Avec les hommes, peu : la force agissante ne naît que du pathos du succès. Je lui dis que celui-ci est arrivé à point nommé, au moment qu'il avait tout son sens et sa nécessité. Il me répond avec un sourire mélancolique : *pour le bonheur trop tard**. On sent combien il a souffert de la vanité de ses efforts, qui ont peut-être détruit en grande partie sa vie conjugale. Dans l'ensemble, il approuve le plan du livre, beaucoup trop modeste pour exprimer un désir, et néanmoins admirablement sûr de lui. Il me rappelle ensuite son enthousiasme pour Renan (de qui il fait une magnifique description) et déplore que tant de ferveur ait été prodiguée en vain, par manque d'hommes, durant cette si précieuse époque. Ses confessions ont un pouvoir magique : il parle de lui comme d'un parfait étranger, sans outrecuidance, historiquement pour ainsi dire : il est si loin de tout orgueil et de toute vanité, parfaitement objectif et, pour cette raison, sans fausse pudeur. Il se considère toujours comme un problème moral : il se sent déjà de l'autre côté, au-delà des montagnes de l'incertitude. Il connaît des conflits, mais il est ferme dans ses résolutions. Quel respect je ressens pour lui quand je le vois ainsi, légèrement penché en avant pour écouter, les yeux, d'une clarté si dure envers les étrangers, pleins de douceur, leur bleu clair baigné d'une lumière tendre, et la voix si basse que tout ce qu'il dit semble confidentiel. C'est la même chose qu'avec Verhaeren : chaque rencontre avec lui « fait époque », comme disait Goethe. Et chaque rencontre me laisse dans une telle euphorie intellectuelle, c'est la transposition sur le plan spirituel du sentiment qu'éprouve une femme après l'amour, une impression profonde qui se dissout lentement en soi-même et qui longtemps résonne. Sa présence suscite l'harmonie entre les hommes, de même que par son existence il agit à distance : telle la musique, son être vous insuffle pour ainsi dire une force libératrice. Le jour est toujours pur après qu'on l'a vu.

Samedi 28. Journée fébrile ! La Bulgarie, vaincue, capitule, ou va capituler. Les suites sont encore imprévisibles, mais elles vont dans le sens d'une accélération. C'est d'ailleurs l'avis de la Bourse, qui a donné un coup de fouet même aux valeurs allemandes. Je fais la chasse aux journaux, on revit l'un de ces instants brûlants du début de la guerre, alors qu'on était suspendu à la moindre nouvelle. A Vienne, l'émoi doit être à son comble, il agira comme un stimulant sur la démoralisation en Allemagne. Le « *On les aura** » s'est avéré : cela se lit dans le regard des internés. Le matin, un peu erré dans Vevey, l'adorable ville, l'après-midi, courrier. Il est si bon de ne pas travailler, pour une fois

Dimanche 29. Journée claire. Lu de beaux vers de Verwey [14]. L'après-midi, chez R. Il est très remué par l'affaire G. Les socialistes, Graber en tête, l'ont attaqué par-derrière, ont abusé de ses propos tenus en privé et l'ont livré aux poursuites judiciaires et politiques, bien que cette histoire, qui ne fut qu'une *imprudence** de la part de G., ne les regarde pas. La lettre avait été détournée par la secrétaire de Schlesinger [15], lequel a d'ailleurs joué un fort triste rôle : je m'aperçois des dangers que vous fait courir cette bande de lèche-bottes, et je me suis juré d'éviter Berne autant que possible. G. ne reproche à R. que de ne pas l'avoir informé. Il est magnifique de fermeté, bien que cette nouvelle attaque le touche durement et lui nuise : la situation de ces hommes est effrayante. Il conserve une admirable dignité parce qu'il agit en toute liberté, pour lui seul, avec cette noble assurance qui ne prend pour guide que sa propre boussole. Moi aussi, je suis atteint par le malheur de G., mais je n'hésiterai pas à prendre son parti, si pénible que cela puisse être en ce moment : ce pauvre diable me fait terriblement de la peine, il y a une profondeur tragique dans sa juvénilité. Nous parlons beaucoup, R. et moi, de voyages et d'autres sujets : la présence de sa mère et de sa sœur empêche toute conversation poussée. Mais en prenant congé de lui, je sens encore sa grande, sa grave cordialité — et sa profonde, son infinie solitude

Lundi 30. Les événements se précipitent à une vitesse folle. La capitulation de la Bulgarie acceptée, Hertling renversé [16]. Les journaux allemands sont en émoi : l'orage menace enfin d'éclater. A Vienne, chute des valeurs sans précédent, tandis qu'ici elles atteignent des cours fantastiques : il semble que la capitulation de l'Autriche ne doive pas tarder. Journées sans pareilles : chacune emporte avec soi une décennie d'évolution allemande, balayant les idéaux prussiens, et néanmoins d'une indicible grandeur. Je ne puis travailler pour moi, je suis tout en nerfs et plongé dans le sentiment du temps.

Mardi, 1er octobre. Le matin, belle randonnée à Coppet-Mies. Vignes automnales, bleu de cobalt. A midi, Lausanne-Ouchy, puis les Jouve. Ils sont vraiment charmants à notre égard. Lui, un homme chétif, d'une sensibilité aiguë, il vit pour ainsi dire frileusement, mange peu, sort peu, ne s'use pas, à cause de sa fragilité, mais possédé par une passion des plus fortes. Il ne s'apprécie guère en tant que poète, aucune confiance en lui d'ailleurs, mais quelle force morale. Ils vivent à trois avec 300 francs par mois dans cette petite maison, pas de domestique, la femme s'occupe de la cuisine, du ménage, de l'enfant, tape à la machine, traduit, au demeurant fort hospitalière — une vraie camarade au sens élevé du terme. Combien de tels milieux connais-je déjà, où règne le sacrifice ! Lui aussi est brisé par l'affaire. Nous n'arrivons guère à discuter de l'essentiel.

Mercredi 2 octobre. Le matin, avec J. Nous allons chez les Arcos. Ici aussi, dans une mansarde à 30 francs, tout le monde est réuni comme en famille, la femme (délicieuse !) qui, pour lui, a passé la frontière,

Chapiro, cette outre pleine de vent, Rieger [17] — discussions acharnées, naturellement, que nous fuyons bien vite. Il me parle longuement de sa jeunesse ; elle est pleine de pans d'ombre : tragédie dans la maison familiale, années dangereuses vécues dans la débauche, cocaïne, alcool, mes propres vices aussi, jusqu'à ce que sa femme et sa belle-mère le sauvent. Merveilleuse, cette lucidité morale, nous sommes loin des situations embrouillées et tordues de l'autre bord. Ah, avec quelle admiration je ressens cela ! Comme chaque fois m'émeut cette pauvreté subie avec allégresse

Jeudi 3 oct. Le matin, visite de Charles Hofer [18]. Histoire fabuleuse que celle de ce Suisse qui se fourvoie dans la Légion étrangère, participe aux plus épouvantables infamies tandis que sa femme, sans un sou, meurt de faim à Paris. Il faudrait raconter cela un jour. Puis Baudouin, soirée avec les merveilleux Arcos : lumière et allégresse. C'est un homme si gai, on ne peut que l'aimer. Le soir, avec Debrit et G. [19]. Scène écœurante. Lui est aux abois, sa femme a les yeux rouges d'avoir pleuré. Mais il y a toujours en lui cette méchanceté, ce besoin virulent, déchaîné, d'insulter, qui contraste tellement avec sa fragilité intellectuelle. Ces rodomontades me font mal parce qu'elles dissimulent l'angoisse. Et ce dédain pour des hommes comme R. Je ne crois plus que ceux qui ont perdu le sens du respect soient des facteurs productifs, c'est de là que tout doit venir. Un homme perdu : telle une grenouille qui s'est trop gonflée, il éclatera un jour. Je le savais à l'avance. Et ce fut une démarche difficile que d'aller le voir. Mais le laisser tomber maintenant eût été méprisable. Et néanmoins personne ne peut le sauver de lui-même.

Vendredi 4 octobre. Le voyage de Genève à Zurich est vraiment une torture. Même quand on l'interrompt. Se lever à 5 h 1/2, tâtonner jusqu'à la gare obscure sans avoir déjeuné, lenteur des trains archicombles que c'en est affolant, et puis cette prolétarisation de l'existence : toujours la troisième classe, comme s'il n'y en avait pas d'autres, trop économe pour acheter quelques livres convenables de peur d'avoir, qui sait, à les jeter ensuite. A Berne, suis allé au café, ai traîné longtemps : rien de plus fatigant que cette errance sans but ni point d'appui. Rencontré Commer, il me met en garde, mais me témoigne une rare gentillesse. Puis de nouveau la course ferraillante jusque tard dans la nuit. A mon arrivée, j'apprends que nous ne logeons plus au Belvoir, mais que nous avons déménagé chez le Dr G. ; je suis trop fatigué pour prendre le temps d'examiner ma chambre, je m'affale sur mon lit.

Samedi 5 oct. Passé la matinée à écrire des lettres. Cela devient peu à peu une torture de rédiger à la main toute cette correspondance, d'affaires ou personnelle, j'y use mes meilleures forces et j'aborde la journée dans un état d'esprit assez morose. Évidemment, il n'y a pas de recours en ces temps impossibles. Mais en réalité, je pressens que c'est précisément mon bien le plus précieux, la création littéraire, qui est détruite par cette activité, laquelle n'est qu'usure sans profit. Hofmannsthal s'y est sacrifié. Si j'avais à donner des conseils à un jeune poète très doué, je le persuaderais de ne jamais, dès le premier jour, répondre à une lettre, de se tenir à l'écart. L'après-midi, en ville, j'apprends la nouvelle offre de paix et la proposition d'armistice[20], inquiétante parce qu'elle ressemble à une capitulation. Quoi qu'il en soit, nous aurons certainement la paix au printemps. Peut-être les événements vont-ils se précipiter au-delà de mes prévisions ! On respire plus librement. Demain, discours du chancelier, réponse de Wilson sans doute dans quelques jours. Alors on pourra y voir plus clair et, la montre à la main, commencer à compter les heures qui nous séparent de l'agonie.

Dimanche 6 octobre. Le matin, écrit des lettres et pris des notes. Je désespère de venir à bout de cette montagne de tâches qui m'accable. L'absence de ces petites choses qui contribuent au bien-être extérieur est une terrible entrave à ma productivité. Le soir, discours du chancelier allemand, bon, mais il vient tard, très tard. Je crois que les conditions de Wilson engloberont l'évacuation de la Lorraine. L'Allemagne l'acceptera-t-elle ? Le temps avance à une allure folle, nos pensées peuvent à peine suivre.

Lundi 7 oct. Journée perturbée par l'attente, en outre cette affaire Beck-Alfred [21]. Pourquoi ne jamais suivre mon instinct, mon instinct originel : me voilà encore avec 15 jours de nervosité sur les bras, de fébrilité, d'embarras, de télégrammes sans fin, d'incertitudes — oh, j'en suis écœuré à l'extrême ! Et pourtant, je me fourvoie sans cesse dans ces histoires avant d'en avoir pris la mesure. Une journée de travail démolie, je dirais presque que l'idée de la paix imminente en est amputée. Il me semble certain que l'armistice sera accepté à des conditions convenables, mais je crois qu'on sous-estime la dureté de celles-ci pour les puissances, affaiblies, d'Europe centrale. Comment l'Autr. pourra-t-elle recouvrer quelque crédit, je ne peux me l'imaginer — je ne peux non plus découvrir en moi de sentiments virulents : je crois que dans les pays qui ont participé à la guerre, mais surtout chez nous, les deux premières années qui suivront le conflit seront pires que les années de guerre elles-mêmes. Je n'arrive pas à croire que l'on puisse entreprendre quoi que ce soit avec une véritable ferveur, avec une joie sans partage : ou bien en jugé-je d'après mon propre sentiment paralysé, sans aucun dynamisme ni ressort, du moins pour le moment ? Les meilleures années ont été touchées en plein cœur, j'envie les plus jeunes et les plus âgés, ceux qui pourront s'habituer aux temps nouveaux et ceux qui ne seront plus obligés de le faire.

Mardi 8 oct. Tensions à n'en plus finir. On traque Josef B., ce qui n'est pas sans m'inquiéter un peu. En fin de compte, cette histoire sera réglée d'une façon ou d'une autre, il conviendrait de se préoccuper d'autre chose. La torture morale est indicible : les journaux de l'Entente prennent avec l'Allemagne un ton très dur, comme s'ils avaient affaire à un délinquant, et là-bas ils sentent l'eau leur arriver au menton. Un article stupide de Rathenau, qui évoque une armée nationale, est isolé dans l'ensemble, sans quoi tout le monde patauge. Le cabinet libéral se trouve dans une situation extrêmement périlleuse : qu'ils acceptent des conditions draconiennes, et les conservateurs les leur mettront sur le dos pour l'éternité, qu'ils les refusent, et c'est l'effondrement. Le libéralisme est impuissant quand on est arrivé à un stade aussi avancé : au tour du radicalisme maintenant. Pour l'Allemagne va sonner l'heure des vérités amères.

Mercredi 9 octobre. Le matin, article sur le livre (très mauvais) de Latzko [22]. Ces écrivailleries sur la guerre finissent par m'écœurer. L'après-midi, Bérau[d], puis chez Kesser avec qui je peux avoir une bonne discussion pleine de bon sens sur la politique. Nous sommes tout à fait d'accord. Sur ce arrive Unruh triomphant : il déclare que l'empire allemand va tout accepter, et mettre également les Hohenzollern à la porte. Il rayonne de l'intérieur, je ne l'ai jamais vu aussi gai, il raconte qu'il a reçu, voici une heure, un télégramme du prince Auguste-Guillaume. L'humiliation ne le concerne pas, pas plus que la débâcle financière, il vit en égocentrique, renfermé en lui-même. Au beau milieu de la conversation il cite sa dernière pièce, récite, par pages entières, des vers qui me paraissent plats et sans saveur. Son génie, qui vous enthousiasme, comporte une forte dose de dilettantisme, à moins que ce ne soit le contraire. Il est pénétré de Wildenbruch [23] jusqu'à la moelle des os — mais il est chaleureux, ouvert, un paquet de vivacité et d'enthousiasme. Ses traits sont ceux d'un jeune garçon plein d'une ardeur lumineuse, mais qui perd peu à peu de sa finesse : la lourdeur du hobereau ostelbien perce déjà en lui. J'ai rarement ressenti cette faculté de s'enthousiasmer soi-même, chez des femmes peut-être, qui ne cessent de se repaître d'elles-mêmes en chaque parole, en chaque geste. J'aime beaucoup chez lui cette ivresse de sa propre personne : mais à la longue, elle doit sans doute devenir intolérable. Et cette puissance créatrice : des Journaux intimes, deux cycles terminés, le tout entrecoupé d'appels, de travaux, d'activités. J'ai rarement été confronté à une ambition aussi pure, aussi vierge de tout mélange : non point la basse ambition en quête du succès, mais celle, démonique, à la Kleist, qui veut toutes les étoiles, être Shakespeare ou rien. Non qu'il pense tellement à la littérature : il se sent byronien par le génie, en tant que *poeta Borussiae* et *Germaniae*[24]. Il ne se met ni en cause ni en question, ni en comparaison : il n'entend que lui, lui et personne d'autre. Mais sa présomption n'a rien de mesquin, tout y est grandeur, passion, énergie, en vérité on ne peut s'empêcher de l'aimer. Au cours de notre entretien arrive la réponse de Wilson : un espoir glacé, une humiliation cachée, une invite, sous forme atténuée, à mettre bas les armes. On peut s'attendre — le ton étant courtois — que l'Allemagne accepte, elle a, ces derniers 15 jours, appris l'humilité, et l'impossible y est devenu chose naturelle.

Jeudi 10 octobre. Toujours énervé par l'absence de décision dans l'affaire B. Sur le plan politique, tout semble s'éclaircir, l'Allemagne avale comme de l'eau les couleuvres les plus indigestes, elle ingurgitera aussi celles-ci, évidemment elles lui resteront sur l'estomac plus longtemps que les gens ne le croient. Je travaille un peu. L'après-midi, James Joyce, l'écrivain irlandais, décharné, petit-bourgeois, tranchant, sensé, mais très *quaint*[25]. Il a vécu 14 ans à Trieste, il aime cette ville parce qu'elle ne lui a pas fait payer d'impôts : il a commencé à écrire relativement tard, c.à.d. qu'il a travaillé 10 ans à son roman[26]. Et voilà qu'une odyssée irlandaise paraît en revue avant qu'il ne l'ait achevée — étrange situation, étrange aussi qu'aucun imprimeur anglais n'ait accepté son œuvre. Il semble être un original et, comme tous les gens entichés d'eux-mêmes, uniquement préoccupé de sa personne : durant les 14 ans qu'il a passés à Trieste, il n'est pas allé une seule fois à Fiume, à Zagreb ou à Vienne, ici aussi il vit en troglodyte. — Ensuite chez Mme Hertzka : ragots viennois sans signification profonde.

Vendredi 11. L'inquiétude provoquée par l'affaire B. est vraisemblablement irritante, et accrue par la hausse des valeurs. En outre, fatigue, je ne comprends pas cette peur à chaque accès de faiblesse, la grippe vous menace de tout côté, la moitié de la population de Zurich est au lit, une douzaine de décès par jour. L'après-midi, appel de la *Neue Zürcher Zeitung*, elle veut un article sur Lammasch[27] : il doit être nommé président du Conseil, ce qui serait magnifique. J'essaie d'écrire quelque chose : ça ne vaut rien. Le soir, deuxième rédaction : c'est toujours aussi mauvais. Je n'ai plus de puissance plastique ou littéraire : je suis stérile, énervé, peut-être parce que j'ai supprimé aussi brutalement tous les narcotiques, tabac et café — un héroïsme dont je m'étonne moi-même. Je me sens bien maintenant, mais paresseux, avachi, sans volonté ni capacité de travailler

Samedi 12. Au petit matin, enfin, le télégramme d'A. J'en ai le cœur plus léger. Je suis allé voir B., puis le directeur, bien content de pouvoir quitter la ville. L'après-midi, promenade, repos, lu avec ferveur, heureux et paresseux. Il ne faut surtout pas que les soucis matériels s'amassent sur ma tête, car alors je craque sur-le-champ.

Dimanche 13. On apprend aujourd'hui que l'Allemagne accepte toutes les conditions préalables. Soulagement : la fin est à présent inéluctable. Le *Kaiser* a été écarté, ainsi que le *Kronprinz*, la capitulation est engagée : le plus dur nous attend en Autriche, où un partage et un démembrement total paraissent inévitables. C'est quand même une bonne journée, j'en fais une fête de la paresse, lisant, écrivant, je n'arrive pas à me mettre au travail.

Lundi 14. L'épidémie de grippe est effrayante. Trente morts par jour à Zurich, des milliers de gens sont atteints. Naturellement on a, comme à la guerre, le sentiment absurde que cela n'arrive qu'aux autres, mais quel malaise, quelle inquiétude de deviner le spectre aux aguets à chaque coin de rue. Faesi est malade à Vienne, partout la même chose. Je travaille à un feuilleton pour la *Presse*[28], oh comme je suis las de cette corvée de tâcheron littéraire, j'aimerais pendant un certain temps écrire pour moi, rien que pour moi — chose irréalisable, inaccessible depuis des années.

Mardi 15. Travaillé un peu, terminé le feuilleton ; de bonnes lettres, *Jérémie* représenté à Nuremberg (mon indifférence envers ces choses est prodigieuse), l'après-midi, visite de Bérau[d], il me fait part de la réponse glaciale de Wilson qui exige carrément l'abdication des Hohenzollern, l'évacuation totale et inconditionnelle [des territoires occupés], et annonce des pourparlers séparés avec l'Autriche. Je ressens jusque dans la moelle des os l'horreur de l'Histoire, l'Allemagne va connaître une situation auprès de laquelle Brest-Litowsk ne fut qu'un jeu d'enfant. Nous revivons l'effroyable tension de 1914, à cette différence près que les nerfs ne réagissent plus : on est paralysé, vide d'espoir, vide d'angoisse. On n'en peut plus. Qu'ils se creusent la tête, ceux qui ont conclu Brest-Litowsk, je n'ai nulle envie de torturer mon cerveau avec ces problèmes. On n'ose même plus penser à la fin, car la paix ne sera que le point de départ de nouvelles inquiétudes.

Mercredi 16. Des tas de petites occupations, lu des critiques sur *Jérémie*, causé avec Rubiner, nous percevons tous deux le tragique de cet épouvantable appauvrissement de l'Allemagne qui sera sans exemple dans l'histoire universelle, de même que rien ne pourra jamais atteindre ce degré d'effondrement. Toute imagination ici est dépassée, il faut penser en utopies.

L'après-midi, travaillé. Apporté des corrections à ma nouvelle pièce [29], une vraie joie en plein chaos

Jeudi 17. Je vais en ce moment tous les jours en ville, aucun travail sérieux. On est énervé par ces éternels événements dans le monde, les nouvelles se bousculent avec une virulence effrayante. Nous vivons nos heures les plus intenses : le destin de l'Europe est en train de changer de forme. Mais qu'est pour nous l'Europe sinon une illusion, un point noir sur une carte, qui s'est transformé en une souffrance intime : si l'on pouvait seulement se donner cette ultime impulsion et penser hors du temps au point de percevoir cette guerre comme un fait historique, à l'instar de celle contre les Turcs, et observer d'un œil impassible ce dont on est innocent et moralement irresponsable.

Vendredi 18. Rien d'importance, aucun travail. Attendre les décisions, seule chose à faire. Le *Kaiser* doit partir à tout moment : mais les Hohenzollern sont une race têtue qui s'accroche désespérément à son pieu. Ma haine pour cette engeance est sans limites : arrogante dans le succès, lâche dans le malheur.

Samedi 19. Longuement causé avec Kesser. Tout le monde est d'accord, sauf la clique de Potsdam. A Berlin, la confusion semble ne pas connaître de bornes : les nouvelles sont aussi ridicules que les articles des journaux sont obscurs. Aucun moyen de s'orienter. En Bourse, la valse effrénée des valeurs, en ville, la grippe sur une échelle épouvantable. Une épidémie universelle au regard de laquelle la peste à Florence ou autres sujets de chroniques ne sont que jeu d'enfant. Elle arrache tous les jours à l'Europe de 20 000 à 40 000 personnes : mais qu'est-ce que l'Europe ? Une fiction dont il faut se déshabituer, comme de toutes les synthèses.

Dimanche 20. Attendu la réponse de l'Allemagne. A sa place arrive celle de Wilson à l'Autriche [30]. Un anéantissement qui instaure la liquidation du pays. Ce serait la fin des Habsbourg comme des Hohenzollern. Les déclarations qui, il y a 15 jours encore, auraient été considérées comme blasphématoires, sont aujourd'hui la chose la plus naturelle du monde.

Lundi 21. Bonnes nouvelles. La *Légende* est acceptée par le théâtre Lessing, l'impression des livres est presque terminée. Au fond, cela ne serait-il pas plus important que l'écœurante politique qui vous dévore et vous use sans rien vous donner en échange ?

Mardi 22. En ai enfin terminé avec le courrier. Fiori rapporte des nouvelles de Berlin, du chaos qui y règne. Mais aucune explosion. On continue à trafiquer alors que la révolution couve sous les toits. On passe avec avidité d'un journal à l'autre et dans aucun on ne trouve quoi que ce soit susceptible d'apporter un soulagement

Mercredi 23. Tensions à n'en plus finir. Aucun travail. Seulement lu, entre autres Nietzsche, la chasse fébrile aux journaux, et l'inquiétude. Mais une splendide journée d'automne, claire, pure, les arbres semblent sortir d'une forêt enchantée. Certes, la grippe gâche la joie que l'on y prend : elle vous menace chaque jour davantage, on est déjà une curiosité quand on y échappe

Jeudi 24. La note de Wilson sonne l'heure du destin : elle exige la déposition de l'empereur d'Allemagne. La Bourse a réagi par une hausse brutale des cours ; tout cela passe au second plan en raison de la liquidation de l'Autriche. Nous ne savons plus ce que nous serons, Allemands, Tchécoslovaques, nous sommes plongés dans l'obscurité, l'incertitude, bien sûr personne ne s'en préoccupe. Mais cette fébrilité, ce flottement ! Cette inquiétude !

Vendredi 25. Liquidé Beck, puis chez Faesi, où j'apprends qu'il est toujours à Vienne. Sans quoi tension et impatience, rien d'autre.

Samedi 26. Une merveilleuse lettre de Rolland. Écrit sur Masereel, rien d'autre. J'attends l'abdication qui traîne, qui traîne.

Dimanche 27. Les tensions persistent. L'excitation vous coupe le souffle. En Autriche, les événements se précipitent à une allure folle. L'avalanche va vite : on voudrait la contempler en train de dévaler, mais elle ne s'arrête pas. C'est terrible, cette précipitation, ce *tempo* démentiel.

Lundi 28. Lammasch doit être nommé président du Conseil. Maintenant ! Enfin, mieux vaut tard que jamais. La réponse allemande — molle, évasive. Oh, ce chaos ! A l'intérieur comme à l'extérieur !

Mardi 29. Mon article a paru [31]. Été chercher Masereel. C'est un homme simple, merveilleux, tout en profondeur, loyal et sensé : on ne peut s'empêcher de l'aimer. Il parle de tant de choses, avec un sens de l'humain tellement sobre : on aimerait lui ressembler.

Mercredi 30. Déjeuner avec Cassirer. Allégresse au milieu du chaos. Arrive Ludwig [32], il apporte bon nombre de nouvelles. Révolution en Hongrie, l'incendie qui va bientôt gagner l'Autriche. Impossible de se représenter tous ces événements, il y en a trop à la fois.

Jeudi 31. Avec Frank. L'incarnation du Mal : créé par la haine et créant par haine. Comme il devient mauvais quand un autre écrit quelque chose, comme il déteste l'argent, lui qui s'achète une maison. J'ai toujours des crampes d'estomac quand je l'ai vu. Ludwig parle d'abondance en noyant sa conversation d'une décoction de diplomates. Mais sensé jusqu'au bout des ongles, plus capable qu'agissant. — Offre d'armistice de la part de l'Autriche : cris désespérés d'un mourant qu'on ne veut pas laisser mourir. Et Wilson fait attendre sa réponse

Vendredi 1er nov. L'avalanche s'accélère. Tisza assassiné[33]. Enfin ! dit-on. Trop tard néanmoins. Révolution flagrante en Hongrie ; en Autriche, Victor Adler est nommé ministre des Affaires étrangères[34]. L'après-midi, chez Latzko : effroyable, la tragédie de sa femme qui a caché ses souffrances afin de ne pas perturber son travail et maintenant se meurt. Il n'a pas le droit de la voir à cause de la grippe : complications du hasard, qu'il attribue à l'hostilité personnelle du destin — alors que c'est un fanatique de la bonté ; impossible d'oublier le spectacle de cet homme dans son lit, souffrant, l'âme déchirée. Le soir, d'autres nouvelles : les Anglais sont à Ljubljana. Cela dépasse l'entendement : c'en est trop, à la fin.

Samedi 2 nov. Les tensions finissent par vous déborder. L'Autriche, livrée à la révolte, est déjà en plein bolchevisme. On se torture le cerveau pour essayer de se faire une idée de la situation. On n'en saisit que des bribes dans les journaux, le reste n'est que brûlante imagination. J'y suis tellement plongé, dans les journaux, que je rate mon train. De plus, la débâcle sur l'Isonzo[35], le reflux de l'armée, le dernier navire de guerre torpillé — on appelle à grands cris les Anglais et les Américains comme les Finlandais appelaient les Allemands. L'abdication du *Kaiser* est imminente, en Autriche il semble que ce soit déjà fait, un chaos s'installe chez nous, tel que le monde n'en a jamais vu. Et Wilson ne desserre pas les dents, tandis que votre âme éclate dans l'attente de sa réponse.

Dimanche 3. Pour couronner le tout, l'affaire du frère de Beck. Encore une fois dans l'enfer des tableaux de Rudolf. A cette différence près que, cette fois, cela me touche moins personnellement, et puis l'époque est tellement sens dessus dessous que l'on ne peut penser à mener à bien cette histoire. L'empire craque de toutes ses jointures, on brûle d'apprendre les nouvelles et le peu qu'on en reçoit ne donne pas une vue d'ensemble. Malheureusement, les braillards, les nationaux allemands ont de nouveau eu le dessus, la plus grande gueule est toujours la plus écoutée. Si la partie germanique de l'Autriche était intégrée à l'empire all. et s'isolait des autres États, les conséquences en seraient incalculables : elle serait coupée de toute ressource, Vienne, avec la masse absurde de ses 2 millions 1/2 d'habitants, serait excentrée aux confins de l'empire comme une tête d'hydrocéphale, et puis l'appauvrissement inexorable, le déclin sans retour. J'en parle longtemps avec Ludwig Bauer [36], la solution la plus raisonnable, ou presque, selon lui, serait de se faire juif.

Lundi 4. Affreusement mal dormi. Ou pas du tout. Depuis quinze jours, pas écrit un seul mot, me contentant de dévorer les journaux, harassé et pourchassé. On annonce l'armistice. Impitoyable : un second Brest-Litowsk. Malgré mon pessimisme, je n'aurais jamais prévu une fin aussi ignominieuse. Mais la stupidité des Allemands fait sortir tous les diables de leurs trous, ils ne sont toujours pas capables de se séparer de leur monarque bien-aimé. Et cela coûte la vie à des milliers d'hommes, à d'innombrables innocents. L'après-midi, revu Rieger, qui veut rentrer, au milieu de cette épouvantable, de cette tragique effervescence. Pas de lettres, pas de télégrammes : isolement total. Et de plus manque aux hommes ce qui leur serait le plus nécessaire et le plus bienfaisant : la raison. Ils ne voient pas que va bientôt éclater en Autriche un désordre tel que tout ce qui l'a précédé n'était que jeu d'enfant. Et une fois de plus, les braillards, ceux qui parlent haut s'empareront de la situation et la pourriront. Un réconfort en ces journées : Masereel, si clair, si pur, si bon. J'en suis conscient : j'ai peu d'êtres autour de moi que j'aime autant que lui. Tout en bonté, tout en énergie, c'est quand même la combinaison la plus merveilleuse.

Mardi 5. Les liaisons se relâchent de plus en plus. Révolte au Vorarlberg, ils demandent leur rattachement à la Suisse, qui ne leur ouvre pas les bras. A Innsbruck, les soldats pillent les trains, à Vienne l'émeute proprement dite semble se préparer. On fait la chasse aux nouvelles dignes de confiance, on n'en trouve pas. Le chaos semble seulement se préparer : et en Allemagne, les éditeurs vous réclament des livres, tout va son bonhomme de chemin, calme et mesuré. On dirait d'un mourant qui parlerait de l'année à venir, car de pardon, il n'en est plus question : les conditions de paix seront de jour en jour plus écrasantes pour l'Allemagne. Les Alliés d'ailleurs ne se pressent pas pour accélérer les pourparlers d'armistice, au contraire, ils attendent avec patience et sérénité l'effondrement moral. Nous sommes soumis à la sollicitation nerveuse la plus intense qu'on puisse imaginer et elle vous anéantit

Mercredi 6. Travaillé au livre sur Rolland, stimulé par R. & Loening [37]. La plus grande confusion règne dans le monde, mais bien des points semblent peu à peu s'éclaircir. D'Autriche, de meilleures nouvelles, pas personnelles, certes, mais celles des journaux. L'ordre serait maintenu, au prix d'un effort immense. Effrayante, la description des soldats refoulés au Vorarlberg *manu militari* [38]. On vit toute la journée avec ces images. Épouvantables, ces Suisses qui ne connaissent que leur petite peur individuelle

Jeudi 7. En fin de compte, le brave Rieger n'est pas parti. Il a accepté une place dans une pharmacie, ce que je trouve admirable de sa part. L'armistice avec l'Allemagne doit être signé d'un moment à l'autre, dans deux jours tout sera fini, surtout après cette révolte à Kiel. Chez Ragaz, avec qui je ne m'entends, au fond, que sur les sujets dissimulés derrière sa carapace théologique. Rencontré Josef B., qui me rassure pleinement, l'affaire ne nous concerne en aucune façon.

Vendredi 8 novembre. Journée historique. Un feu roulant de nouvelles. La Bavière s'érige en république, grève générale en Suisse, ultimatum au *Kaiser*, pourparlers d'armistice — on a peine à reprendre son souffle. Et pourtant, intérieurement, on n'a plus la force de subir tout cela. On est trop las. La monstruosité, on la ressent, mais on n'est pas en mesure de la concevoir. Les gens d'ici sont pantelants de peur, discuter avec eux est devenu presque intolérable. D'Autriche, pas un mot.

Samedi 9. Grève à cause de la mobilisation[39]. Tragique : pas de journaux, au moment même où l'on en a un besoin maladif. Partout une agitation à n'en plus finir, on attend en tremblant la seconde qui va suivre. Les bourgeois sont verts de peur, le moindre mot les fait frissonner. Les rumeurs passent de bouche en bouche — alors que tout cela n'est qu'une farce au regard de ce qui s'est passé jusqu'ici dans le monde. Le soir, Unruh : à présent il est quand même, comme nous tous, profondément bouleversé par le terrible destin du peuple allemand. Il était facile naguère de dire : il faut que l'Allemagne soit battue. On s'aperçoit aujourd'hui que cette guerre a été trop longue et qu'une défaite équivaut à la ruine.

Dimanche 10. Toujours pas de journaux. Et la révolution a éclaté en Allemagne, la Bavière est une république, l'Empereur chassé et, avec lui, tous les rois et les archiducs. Les conditions d'armistice sont un second Brest-Litowsk, mais la situation de l'Allemagne ressemble terriblement à celle de la Russie. En outre, on annonce une grève des chemins de fer en réponse à la provocation du gouvernement : la ville regorge d'armes, des convois de soldats équipés de mitrailleuses passent et repassent à toute allure. Et nous nous demandons : où donc est notre joie ? La guerre est finie, la république allemande est instaurée, les rois sont chassés, le jugement de Dieu va tomber sur les fauteurs de guerre. Et en guise de joie, une sourde tension, la terreur de ce qui va arriver.

Lundi 11. Au petit matin, à la gare avec M. qui veut partir, pas de trains, pas de journaux. La situation devient grave. C'est une vague qui déferle sur le monde entier. De Hollande, de Suède, les mêmes nouvelles. La guerre s'est cruellement vengée de ceux qui l'ont voulue : empereurs, rois, diplomates, militaires, capitalistes — cet univers tombe en ruine. Les puissances ne sont jamais détruites : elles se détruisent elles-mêmes. Nous sommes à un tournant semblable à celui de la Révolution française. A cette différence près que tout a pris des proportions gigantesques. Nous devons apprendre à changer la vie, il n'y a pas d'autre solution.

Mardi 12. Peu à peu, nous apprenons ce qui se passe. On a tiré en ville. La grève s'étend sur tout le pays. Certes, ici, le contre-courant est puissant, il y a trop de petits propriétaires, ils constituent le rempart le plus solide contre la rébellion. Le petit propriétaire est encore plus dur, plus coriace que le gros : il s'accroche. Quant aux travailleurs, ce sont aussi des petits bourgeois, endimanchés même en semaine. Au fond, ils ne désirent que le pouvoir, car ils n'ont presque plus rien à demander. La journée est longue sans nouvelles. Surtout maintenant.

Mercredi 13. Ici et là, un petit détail se fait jour. L'armistice est conclu, Victor Adler est mort, l'empereur Charles a abdiqué — autrefois on en serait tombé sur la tête. A présent on ne ressent que de la lassitude. Il s'est passé trop de choses avant, et il va s'en passer tellement encore. On est à bout, tout simplement. En ce qui me concerne, j'épuise la moitié de mon énergie en visions effroyables — la vision des bouleversements à venir où la haine des classes, des couches sociales, envahira le monde de sa masse gigantesque.

JOURNAL 1931

21 [22] octobre - 6 décembre 1931

Jeudi 21 [= 22] octobre 1931. Après des années d'interruption, je me suis soudain décidé à reprendre mon Journal. Les raisons : la prémonition que nous allons vers une époque critique, une sorte de belligérance qui exigera d'être consignée au même titre qu'autrefois les longs voyages ou la Grande Guerre. Je ne pense pas par là, ni ne m'attends à un conflit armé, mais à des bouleversements internes, sociaux, chez nous peut-être un soulèvement fasciste de la part de la *Heimwehr*[1]. Quoi qu'il en soit, il est bon de s'exercer une fois de plus à la vigilance.

Le prétexte immédiat en est le coup de téléphone, reçu tard hier soir de la *Neue Freie Presse*, qui m'apprit la mort de Schnitzler. La mort des gens ne m'émeut pas outre mesure lorsqu'elle n'entraîne pas de conséquences tragiques pour leur famille et que leur œuvre est accomplie — celui-ci était, selon le mot de Job, « las et rassasié de la vie ». Néanmoins, des souvenirs me liaient à lui, ainsi que la gratitude et le respect pour un homme qui sut si admirablement se garder des excès — bien plus que moi, mais peut-être aussi parce qu'il paya moins de sa personne, n'osa pas sortir autant de lui-même, et parce qu'il était plus fortement centré sur lui et en lui. Mais quelle noble figure ! Je sais que dès le début il me porta une affection solide — il était trop âgé pour une amitié active, mais il me donna autant qu'il pouvait et voulait alors donner aux jeunes. J'ai écrit quelques mots d'hommage[2], à la hâte, mais sans fausse pompe, sans ces larmes qu'on ravale pour le public. L'après-midi, continué à travailler à M. Ant.[3].

Vendredi 22 [= 23]. Écœuré par la politique autrichienne. Il faut s'habituer à annuler en soi, sans répit, l'idée de citoyenneté, à refuser comme illusoire tout ce que l'on exige de nous, à ne pas dilapider nos forces affectives pour une momie galvanisée par artifice. Sans cesse revient dans les conversations la question : où aller ? Tous les pays sont également impossibles, l'Europe ne sera de nouveau habitable que lorsqu'elle sera unie, offrira espace et liberté de mouvement. Comme on sourira un jour des folies auxquelles nous aurons employé notre énergie intellectuelle : je découvre en ce moment, dans les comptes rendus de Mercy[4], les soucis politiques de 1780, et je constate qu'on se livre exactement au même gaspillage d'énergie pour maintenir un équilibre impossible — cette technique du château de cartes qu'on appelle diplomatie. Continué M.A.

Samedi 23 [= 24]. Compte rendu de l'enterrement de Schnitzler. Pas de condoléances de la part du président de la République, pas un seul ministre aux obsèques, l'université ne dit mot — très bien, ainsi les choses sont claires. Ne pas pactiser avec ces gens, tout refuser[5]. Moins ils sont nombreux, et plus ils se sentent assurés dans leur morgue ! Se confirmer de plus en plus dans le sentiment que ce qui se passe ici ne concerne pas votre moi profond. Continué à travailler, ou plutôt à esquisser

Dimanche 24 [= 25]. Contrarié du fait de Hünich qui me met tout sens dessus dessous, la bibliographie et même le catalogue. Je m'aperçois de plus en plus — important aussi pour le livre sur M.A. — que la faiblesse est le plus grand des vices, parce qu'elle corrompt les autres. Kluber, Hünich[6], tous ici, loin de les stimuler par ma générosité, ma prévenance et ma confiance, je les ai affaiblis, moralement gâtés. Et la mauvaise humeur jaillit du subconscient et se retourne contre vous, à juste titre : la faiblesse est une faute. Lu, travaillé un peu. Je devrais être plus courageux, je veux que ce Journal me serve de stimulant.

Lundi 25 [= 26]. A. me téléphone de Vienne à cause d'une charge parue dans un journal, qui l'a mis en émoi, sans raison à mon avis. Téléphoné avec Berlin pour le film[7]. Article pour la Russie, bref nécrologe pour Schnitzler, travaillé à M.A. Le *brouillon** de la première partie est achevé. Épuisé, j'essaie de me détendre un peu le soir.

Mardi 26 [= 27]. Me suis remis à la gymnastique : il faut maintenir sa charogne plus ou moins en forme. Contrarié du fait de Hünich qui, curieusement, m'a lanterné et voudrait maintenant m'en rendre responsable. Idées pour un drame, Marie-Thérèse, le partage de la Pologne, Joseph II, mais plutôt un roman. Très intéressant par cette volonté, chez elle, de morale et cette prescience. Continué à travailler à M.A. : cela va devenir terriblement volumineux

Mercredi 27 [= 28]. Toutes sortes de travaux. M.A. avance. L'après-midi, Kippenberg, la mine florissante. Nous réglons rapidement toutes les questions : j'ai le sentiment qu'en ce qui concerne la situation, il est plus optimiste en paroles qu'en pensée : ce n'est peut-être pas un hasard. Mais s'il arrange tout, tant mieux

Jeudi. Kippenberg jusque dans la soirée, écrit des lettres. Ensuite, très fatigué, je suis à peine capable de supporter l'onction du rabbin [8]

Vendredi 29 [= 30]. Me suis remis au travail sans attendre. Je ne peux en abattre autant que je voudrais, les matériaux sont d'une richesse énorme et doivent d'abord être classés et triés.

Samedi 30 [= 31]. M.A. a quand même bien avancé. Nombreuses lettres. La situation politique est très sombre : on sent partout l'agitation de la *Heimwehr*. Je pense toujours à un refuge : mais aussi longtemps qu'à la maison persistera l'incertitude au sujet de A. & S.[9], ne rien envisager de définitif.

Dimanche 1er nov. Travaillé un peu à M.A. Contrariété à table à cause de A. & S. Impossible de vivre dans cette atmosphère de stupidité et de lâche prétention, j'y étouffe, et surtout mon énergie y étouffe. Il serait bon que je reprenne mon souffle. L'après-midi, bonne sieste, brève et dense

Lundi 2. Lettres : Richard Strauss (importante)[10], Ernst Benedikt pour cette fameuse affaire, Salten, à propos de la cérémonie[11]. Le plus important : continué à travailler à Marie A. Bientôt terminé avec l'affaire Mirabeau, cela représente un progrès considérable en direction du centre. Quelques passages ennuyeux, puis résumé. A partir de la captivité, ce sera facile. Ce qù'il me faut maintenant, c'est une concentration rigoureuse : ne pas se laisser aller avant que les éléments de base ne soient réunis. Puis développer, pour voir, deux chapitres. Le soir, en me promenant, impression très pénible suscitée par les patrouilles de la *Heimwehr* qui vont et viennent à toute allure, en automobile ou à bicyclette. Il est pour moi hors de doute qu'un nouveau putsch va être tenté, et je crois qu'il réussira. L'histoire nous enseigne qu'une réduction des salaires qui touche de vastes milieux exacerbe le pays entier, et que le mécontentement le pousse dans les bras de ceux qui s'opposent à la politique gouvernementale, à quoi s'ajoutent les succès des nationaux-soc. en Allemagne, les gens sentent d'où vient le vent et tournent leur veste. Y a-t-il là derrière des idées politiques de grande portée, c'est ce qu'il n'est guère facile de voir ; vraisemblablement, seules les premières phases ont été calculées, le reste est laissé au hasard. Cela ne me touche pas en profondeur, car la liberté extérieure qui m'est donnée, je n'en jouis pas, je mène une vie monacale consacrée au seul travail, dans un isolement et une absence de besoin dont je dois reconnaître qu'ils sont excessifs. Il serait bon qu'un peu de vie vienne activer ma circulation sanguine

Mardi. Continué M.A. Viens d'arriver à un point très délicat. Mais le plus difficile me paraît fait : il ne s'agit plus maintenant que de dégager l'individualité du contexte historique. A midi, Mme Jannings, le soir, lu le dernier livre de Carossa[12], bienfait de la langue, cet allemand limpide, noble et vigoureux dans la meilleure tradition. Comme chez Stifter, tout ce qui est proche et réel devient irréel : la nature connaît des instants où elle semble surréelle. Une profonde compréhension du mystère, comme dans le *Journal de guerre en Roumanie*. Une œuvre durable, un pur écrivain s'il en est ! Et l'un des rares livres auxquels on revient.

Mercredi. Continué M.A. Jusqu'à la fuite à Varennes. Sur le plan politique, la situation paraît clarifiée, je ne crois pas que nous ayons à craindre un putsch dans un proche avenir, car l'état des choses en Allemagne réclame la légalité, et un coup de force y ferait mauvaise impression : les nationaux-socialistes voient leurs sympathisants affluer en telle quantité qu'ils n'ont plus besoin de recourir à des mesures illégales. Ils espèrent obtenir à coups de bulletins de vote ce qui, il y a peu, ne semblait accessible qu'à coups de grenades. La crise matérielle, par contre, incalculable. — Lettre de Benno Geiger, de Paris, cordiale et quelque peu découragée ; épouvantable de devoir, à cinquante ans, repartir de zéro, je n'en aurais plus la force. Mais peut-être vous vient-elle quand il le faut. A vrai dire j'aimerais bien le revoir, ce serait un revoir avec ma propre jeunesse

Jeudi. M.A. Lettre de Silbergleit[13]. Peut-on encore le sauver ? Nous tenterons en tout cas l'impossible. Le soir, au cinéma pour voir un film parlant tourné à Paris, qui se révèle délicieux : *Le Million* de René Clair, sans nulle sentimentalité ni les traits trop accusés des Allemands

Vendredi. Poursuivi M.A. sans discontinuer. Ce n'est qu'un portrait, mais un portrait vivant, je crois. A part cela, rien d'importance. Lettre de Richard Strauss qui m'attend le 20

Samedi. Travaillé à M.A. Visite du curieux pianiste Seroff, il faut que je lise son livre [14], qui peut d'ailleurs m'être utile. Personnellement, ne me fait pas une impression enthousiasmante

Dimanche. Passé toute la journée avec Hinterberger, discussions au sujet d'Alix [15]. Temps perdu. Très fatigué par les calculs minutieux. Appliquée au domaine intellectuel, cette énergie combinatoire aurait donné une bonne nouvelle

Lundi 9. Nouvelles contrariantes. Les 60 millions de crédit refusés ; apparemment sur la pression de Seipel [16], qui travaille certes d'une façon formidable, mais il est le seul à avoir des projets précis à long terme, à avoir le courage de la *politique du pire** préconisée par Mirabeau. Notre [vie conjugale] court à la catastrophe, parce que celle-ci est préférable au marasme. Mais que de temps vais-je perdre, combien d'épreuves nerveuses m'attendent, confiscations, déclarations d'impôts, ordonnances — on aurait vraiment mieux fait de partir pour la France sans se soucier de rien — en Russie aussi j'aurais oublié tout cela comme en un rêve [17]. Mais je continue M.A.

Mardi. Avancé M.A. J'espère en avoir terminé demain avec la fuite à Varennes, elle prendra à elle seule dans les quarante pages imprimées. J'estime que le livre entier en comportera 500, et je me demande si je l'aurai achevé au printemps. Si je maintiens, ou accélère ce rythme, ce serait pensable. Mais il faut veiller à ce que la qualité n'en souffre pas. J'ai commencé début septembre, donc dicté trois mois, un mois pour la révision générale et trois autres pour la rédaction, ce qui me ferait, *en mettant les choses au mieux*, terminer fin mars. Puis les corrections — ce ne sera pas une partie de plaisir. Il est indispensable que j'écarte tout le reste

Mercredi. M.A. prend du volume : il faut refouler l'aspect historique afin de ne pas perdre de vue le personnage. D'ailleurs, que de travail encore m'attend. Pour l'instant, je ne peux terminer que quelques chapitres isolés. Il me faudra travailler 8 heures par jour. Et aussi : éliminer encore plus de choses. Me concentrer davantage

Jeudi. Fête nationale. S'est déroulée dans le calme. La crise mondiale est souterraine, dissimulée sous du papier journal.

Vendredi. Avancé M.A. Visite de Lissauer, puissant, débonnaire, on le croirait sorti d'un livre d'histoire, il n'a rien d'un homme de notre temps. Existence difficile, lui aussi est victime de la crise : guère possible de l'aider. Quand on écrit de tels drames au-delà du temps, ou derrière le temps, on a peu d'espace pour soi. Curieux, comme il est plongé dans la méditation et replié sur lui-même, distrait, étourdi, et soudain pétillant. Je l'aime bien, au fond

Samedi. M.A. avance, avance. Couché tôt pour me reposer physiquement

Dimanche. Mis de l'ordre, préparatifs, je veux continuer demain. Élaboré un nouveau chapitre

Lundi. Écrit des lettres toute la journée, comme un dément. Tout liquidé. Discuté avec Jannings, lui aussi complètement perturbé par des questions d'argent — aujourd'hui, les gens qui en ont beaucoup vous font presque de la peine. Il se donne beaucoup plus de mal qu'il n'en aura jamais de bénéfice — lui qui n'a pas déjà une santé florissante. Mais magnifique, sa façon de jouir, avec sa large bouche humide, son visage replet de Lucullus. Un visage tout en rondeur, énergique néanmoins, il a quelque chose de l'homme total russe

Mardi. Munich. Dans ma chambre, réfléchi à la nouvelle [18], pris quelques notes. Si splendide que soit le début, la suite ne m'apparaît pas clairement : le personnage de la jeune fille devrait être bouleversé par un événement surprenant. On pourrait décrire une orgie. Possible aussi, l'idée de la gourgandine. Ou bien la faire tout simplement stupide et introduire un enfant. L'après-midi, chez Schwerin [19] pour le dessin, le soir, à *L'Auberge du cheval blanc* avec Lotte S., ensuite à la pâtisserie, etc. En fait, je me suis beaucoup amusé et, à part la scène de l'empereur, n'ai éprouvé aucun arrière-goût désagréable.

Mercredi. Le matin, j'ai la joie de recevoir un coup de téléphone de Carossa et une lettre de Richard Strauss, l'affaire Corciade est réglée, semble-t-il. A midi, Kirschoff, un homme épatant, magnifique idéaliste qui me plaît énormément — le seul qui eût pu écrire ce livre. Plein de feu, de dynamisme : si l'on pouvait seulement le placer quelque part ! En voilà un à qui je fais confiance. Séance de pose chez Schwerin, très intense, il possède un véritable don de portraitiste.

Le soir, Carossa. Il a l'air assez fatigué, le regard terni, la peau un peu plus flasque. Les années passées à prodiguer ses forces comme médecin commencent à prendre leur revanche, en outre bien des choses paraissent ne pas marcher dans sa vie privée (tant avec sa femme qu'avec son fils). C'est beau, ce qu'il me raconte sur la façon dont Hofmannsthal lui a fait prendre conscience de lui-même, cette lettre reçue dans la nuit, qu'il était trop épuisé pour lire sur-le-champ ; mon article du B.T. l'a aussi beaucoup encouragé [20]. Il est très sensible et délicat sous son apparence de robustesse. Les impressions résonnent chez lui en profondeur et comme, en fait, il a relativement peu vécu, il reste fidèle à chacune d'elles, et inversement : d'où sa densité et son pouvoir d'aller au fond des choses. Le poétique est issu d'une sphère onirique dissimulée par sa vie matérielle : il a beaucoup rêvé, et les rêves eux aussi sont devenus pour lui matière à expérience et non, comme pour les autres, des réclames lumineuses qui s'allument et s'éteignent. Qu'elle est simple, presque rustique, cette existence au-delà de toute élégance, de tout ce qu'on appelle culture, et néanmoins déterminée en son noyau par l'esprit, d'une floraison très lente et désormais en son plein épanouissement. Il parle de ses patients qui, maintenant qu'il est écrivain, se souviennent de lui, des journées passées dans la maison de Rilke à Muzot : il vit dans un cercle restreint mais, au milieu de celui-ci, pleinement. Nous rencontrons au café des masses de gens, touchante, la bonté maladroite avec laquelle il tente de les écarter. Je décèle d'ailleurs dans son écriture (ce n'est pas un hasard) des traits goethéens et, de fait, il y a dans son être un reflet et une ombre de Goethe.

Jeudi. Le matin, un peu travaillé, l'après-midi, chez Schwerin, puis chez Bahr. Heure triste. Elle[21] ne peut pas admettre que le monde n'a plus envie d'entendre son Ortrud, sa Brunhild, qu'elle a fait son temps, elle est incapable de prendre congé, elle veut acheter quelque chose à Salzbourg pour remonter sur scène — elle se sent méconnue de tout le monde et l'éprouve d'autant plus que le déclin de son mari est de plus en plus désespéré. J'ai été bouleversé en le voyant, les yeux autrefois étincelants d'espièglerie et de ruse sont ternes, morts, sans éclat. Rien ne l'intéresse plus hors l'église. Il ne peut plus coordonner ses idées, il oublie tout — elle me dit qu'il a noté cinq fois ma visite dans son agenda, alors que je suis le seul qu'il ait du plaisir à voir. Mais quelle morosité, c'est — on ose à peine l'écrire — une sorte de gâtisme. Si cela doit continuer ainsi, je lui souhaiterais une mort rapide plutôt que cet abêtissement progressif. Je l'accompagne à la chapelle du Saint-Sacrement — les mèches grises sortent de son béret, les ongles interminables prolongent des mains toutes rouges, le visage est bouffi, le pas lourd, il a peur de traverser la rue malgré ses deux cannes — je n'ai jamais vu sous plus terrible lumière la retombée d'un être dans l'enfance, dans l'impuissance. Je pousse un soupir de soulagement quand je lui serre la main : je crois que je viens de le voir pour la dernière fois. Ensuite chez Emil Hirsch, le soir, au concert de Bruno Walter, *Concerto grosso* de Haendel, bonne musique, mais qui ne vous remue pas, une symphonie (la 12e) de Haydn, ce favori de Dieu, bienheureuse et innocente allégresse. N'a pas encore goûté à l'arbre de la science. La vie au paradis. Il faut attendre Beethoven pour que l'homme apparaisse — Haydn, l'innocence, Beet., la conscience de la faute, la création dans l'effort, le travail de géant. L'*Eroica* : un art travaillé, souvent *sur*travaillé, trop ample, trop voulu souvent, d'une exaltation trop volontaire, prométhéen, non point divin, l'ange déchu qui veut remonter au ciel. Le combat avec l'art et par l'art — chez Haydn, la prière et le jeu. Revu l'amie de Mannheim rencontrée à Zell — surprise et émotion. Que de gens je côtoie à chaque pas, que de reflets me renvoie le vécu. Je suis infiniment satisfait de ces journées.

Vendredi. Le matin, chez Richard Strauss. Il a bonne mine, un air de brave homme et de bon Bavarois, les joues rouges, une spiritualité moins affinée, mais les yeux sont d'un bleu très clair, animés, il parle avec vivacité et humour, la clarté de son regard témoigne que ses capacités artistiques sont intactes. Nous discutons du sujet, il trouve que la pantomime exige trop [22], il lui faudrait 8 heures de spectacle ; d'autant plus, comme il le reconnaît spontanément, que ni lui ni personne n'est capable d'écrire une mélodie classique. Il ne voit d'ailleurs pas comment la musique pourrait progresser ; il pense qu'elle va marquer le pas. La musique, dit-il, a mis à peine 250 ans pour arriver à maturité, ce fut une évolution d'une rapidité foudroyante, d'où ce coup d'arrêt — c'est tout à fait mon sentiment. L'autre livret lui plaît beaucoup [23], il m'encourage à le mener à terme, il aimerait de petits couplets, des strophes, du genre *Singspiel* — même *Le Chevalier à la rose* était trop long, pense-t-il. Il attache à présent la plus grande importance à la concision du style — mais que ce soit du style ! Parle beaucoup de lui-même, de sa méthode de travail. Il n'a pas de soucis, mène une vie régulière, sans émotions, mais il est toujours disponible, toujours en forme, il « commande à la musique », pour paraphraser Goethe[24], l'inspiration se plie au labeur. A propos de l'inspiration, il raconte comment il a composé le *Rêve au crépuscule*. Sa femme l'attendait, il ne lui restait plus qu'à s'habiller pour faire une promenade, il se mit à feuilleter un volume de Bierbaum[25] et composa un air au fur et à mesure qu'il lisait ; lorsque sa femme revint et lui dit : « Ça y est », il répondit : « Moi aussi. » 45 ans de direction d'orchestre ne l'ont pas marqué, le *skat*[26] est un délassement et exerce une fonction régulatrice. Extraordinaire, son enthousiasme pour Mozart, aujourd'hui encore il ne comprend pas sa fécondité, il est pour lui l'Unique, le Divin absolu. — Il a encore vu Wagner à l'Odéon et, en 1882, à Wahnfried ; son père, qui était premier cor, était entré en conflit avec le compositeur parce que avec ses collègues il ne voulait pas rester déjeuner au *Festspielhaus*, mais descendre à Bayreuth. Wagner alors leur lança dans son plus beau saxon (Strauss l'imite à merveille) : « Eh bien, allez bouffer vos cornichons où vous voulez ! » Il a aussi connu Brahms à Meiningen, mais ne l'apprécie pas beaucoup, quant aux jeunes d'aujourd'hui, ils manquent, à ses yeux, de plénitude, il se sent très solitaire, le dernier d'une illustre lignée. Il pense qu'il a percé avec *Salomé* ; Lindner[27] avait l'intention d'en tirer un livret lorsque Strauss sentit soudain la première ligne du texte[28] se métamorphoser en musique — les dés étaient jetés. Il vénère Wagner au-delà de toute mesure, il me dit qu'aujourd'hui encore il vient de découvrir dans les bassons des *Maîtres Chanteurs*, œuvre qu'il a travaillée une centaine de fois, une nouvelle nuance instrumentale — il déteste Bayreuth, il raconte en riant la manière dont on l'a excommunié là-bas, parce qu'il avait été infidèle à la « ligne », et aussi à cause de Siegfried[29]. A ses yeux, Wagner et Beethoven sont les seuls dramaturges, les seuls à savoir créer et amplifier une tension. A propos de Beethoven, il me dit que lui, Strauss, a encore connu Lachner[30], dont le maître a revu les œuvres, et qui était lié d'amitié avec Schubert. Ses jugements sont libres, sûrs, personnels, son amour du cosmopolitisme est un amour absolu, il considère l'art et les artistes comme l'expression la plus haute et la seule valable d'un pays, comme son but et sa signification. Même assurance dans sa vie. Il ne vous presse jamais, ignore l'impatience, il lui arrive de ne pas travailler pendant des semaines, surtout en hiver ; grâce à un emploi du temps qui ménage ses nerfs, il est disponible pour tout, sans doute n'a-t-il jamais été malade. Son esprit lucide et clair est un instrument, et entièrement à son service, d'où cette sérénité. Il aime beaucoup *La Femme sans ombre* pour son atmosphère onirique, il semble mécontent d'*Arabella*, il y travaille, tout en étant prêt à la laisser tomber pour autre chose de plus intéressant, car il pense que l'époque ne lui est pas favorable. Il a aussi commencé une symphonie. J'ai le sentiment qu'au fond il continue à travailler par acquit de conscience, non par instinct, sans obsession démonique aucune. A ce propos, j'ai remarqué que la musique, au même titre que la littérature, fait une place de plus en plus importante à l'intelligence, il n'y a plus d'œuvre sans l'apport de l'esprit, l'esprit de la forme : pas question de « culture personnelle » là-dedans, au contraire, nous convenons qu'à 15 ans l'artiste doit être venu à bout de la technique et que cela est plus important que le lycée. Lui-même, disait-il, possédait le « métier » à 15 ans, ainsi il était entièrement libre pour l'inspiration. — Le soir, *Elektra*, qui m'a plu infiniment : il y a des passages éclatants, la rencontre avec Oreste, on pense au miracle de la rose, qui fleurit sur le bâton de pèlerin desséché, lorsque d'Électre jaillit la tendresse enfouie, gaspillée — une nuance qui ne se trouve pas chez Hofmannsthal et que Strauss, dépassant son librettiste, a sentie. Et quelle violence dans le rythme, quelles ambiances cruelles, grandioses, véritables moments de grâce — l'aspect chant, par contre, un peu forcé, psychologie plutôt que mélodie originelle. Mais une œuvre totale, un *opus*. Bonne journée, en outre conversation profondément amicale avec Leonhard.

Samedi. Le matin, excédé par des lettres, des télégrammes, des coups de téléphone, des histoires de devises, des tracas et autres embêtements du même genre. Chez Sieveking, l'après-midi, à Starnberg avec la jolie Lotte S., conversation très sympathique, pas du tout en harmonie avec la date qui ouvre cette semaine funeste [31]. Le soir, me suis rendu tranquillement au café et m'y suis reposé. L'ambiance ici est délicieuse, je suis heureux d'y être seul, je me demande au fond pourquoi je veux aller à Reichenhall avant le 25, en supposant que j'arrive à travailler demain et après-demain.

Dimanche. Erich Mosse, Peter Flamm, très gentil et sympathique [32]. Mais il ne sait que faire de lui-même. Du talent, beaucoup, et cependant pas assez, du tempérament, mais pas maîtrisé. Néanmoins sa conversation est agréable, sensée. L'après-midi, continué M.A.

Lundi. M.A. avance. Soirée avec cette sympathique jeune fille du café. Terribles, ces conditions de travail ! De 1 h 1/2 à 2 sans pouvoir s'asseoir, puis une heure de chemin pour rentrer chez elle. Toute une existence détruite. Ce fut une rencontre charmante au bar, confidences étonnantes

Mardi. Terminé le 1er chapitre [33]. Combien y en aura-t-il ? Une vingtaine, je pense. Cela représenterait cinq mois de travail si je n'accélère pas mon rythme, ce qui serait indispensable et doit être fait. Certes, dicté en même temps la première partie. L'après-midi, avec Leonhard, qui est très en forme, le soir, été tranquillement au café

Mercredi. Continué M.A. Vu personne de toute la journée, le soir, *Fidelio*. Représentation terne, sans charme particulier, les voix comme passées au tamis d'une vitre opaque, l'opéra d'ailleurs ne m'a pas fait la même impression qu'autrefois. Les tableaux trop isolés les uns des autres, trop récital de mélodies — en une certaine mesure l'opéra de Mozart et de B. est une régression face à l'homogénéité organique d'un Gluck, ce que Wagner a senti à juste titre — mais il s'est trompé en y voyant l'opéra de l'avenir, en réalité, c'est celui de la grande tradition.

Jeudi. Rien d'importance. Continué M.A., les premières lettres de félicitations [11], touchante, celle de Bahr, visiblement rédigée à grand-peine. Les journaux publient de petites choses sans importance, je les lis à peine. Le soir, Fr. A la maison, tout est en ordre — il ne s'agit plus que d'y travailler

Vendredi. Le matin, un article de Frischauer, surprenant par sa qualité, promenade, le soir, un film russe. *Le Chemin de la vie*, propagande géniale, accessible à tous, sous-tendue d'un profond symbolisme économico-politique, de plus, une thèse morale : l'éducation est-elle possible en combinant la force, la bonté et la psychologie éclairée ? Là aussi, bien sûr, coup de revolver à la minute décisive. Acteurs grandioses, d'une intense humanité, bouleversants de vérité, l'ensemble vous stimule et vous donne à penser — un chef-d'œuvre absolu. L'âme russe soudain me pénètre et, dans un coin de mon cœur, loin de tout intellectualisme, un étrange feu s'allume : quel pays, quelle énergie ! Le soir, au café, puis rentré chez moi — un coup d'œil à ma montre, demain, que dis-je : dans un quart d'heure j'aurai cinquante ans (affreux). Un élément nouveau entrera-t-il jamais dans ma vie ? Les réserves suffiront-elles, aurai-je assez de ressort ? *Vederemo* [34]. Surtout, ne pas céder à la superstition, ne pas faire le signe de la croix ou se sentir comblé aux dates indiquées par le calendrier. Une fois de plus, en avant ! Pas pour aller très loin, j'espère, mais pour y aller par le droit chemin.

Samedi 28. Le jour noir. 50 ans. A midi, chez Schwarz avec Zuckmayer qui nous amène deux filles formidables du cirque Knie ; M. Schwarz offre le champagne, ambiance joyeuse. Fritzi va voir *Kakadu*, moi, je vais au café, prends congé ; dans la soirée, récital divin de Sigrid Onegin[35], quelle voix, quelle puissance onirique, pure, parfaite. Surtout cet air de *Macbeth* ! ! Ensuite, avec Mme Faesi que nous rencontrons par hasard.

Dimanche 29. Retour à Salzbourg. Innombrables télégrammes, lettres, cadeaux, les plus beaux sont ceux qui viennent de parfaits inconnus. Soirée paisible à la maison

Lundi, mardi, mercredi, jeudi. Je ne fais qu'expédier du courrier au pas de course. Impossible de penser à travailler. Tout se bouscule, parce que je veux être à Vienne *le 3*. Le soir, Jannings, très gai. Ce géant a noyé une peur gigantesque dans une non moins gigantesque quantité d'alcool.

Le 4. Vendredi, matinée avec Alfred, à midi, à la maison[36], puis chez Beck, chez Jannings, arrive l'âme de la soirée, Margarethe Melzer, le regard oblique et pétulant, le soir, dès 7 h 1/2 au théâtre où Mlle Jungmann m'emmène dans la loge de Hauptmann. Quelle tête imposante, quelle prestance. Galbe puissant du front, entaille nette et précise de la bouche, point de rides proprement dites, seuls de petits plis, comme sur un vieux tableau, une santé élémentaire. Un visage goethéen au port fier sur un corps agile malgré ses proportions imposantes, la chevelure blanche comme neige lui compose une couronne de flammes blanches — on ne peut se lasser de le contempler. Une élocution curieusement embarrassée, un peu embrouillée, on dirait qu'il parle dans un rêve ininterrompu — on y sent une quête et non une possession ; ce flou aussi dans le regard, mais aussi de la bonté et de la douceur. Il parle de son *Veland*[37] qu'il aime par-dessus tout et qui, dit-il, est peu connu, il pense au festival. Soirée intéressante. Jannings, massif mais grand dans sa faiblesse, son côté bon enfant, germanique à la Götz von Berlichingen, « fou au cœur pur », prend un relief admirable. Ensuite avec Schalom Asch[38] (splendide nature primitive) chez Sacher et dans des bars.

Samedi 5. Matinée chez Alfred, à midi, Gerhart Hauptmann, déjeuner chez Sacher offert par Trebitsch, Björn Björnson[39] très sympathique, vif, ainsi que sa femme, présence réconfortante de Hauptmann, longues discussions avec Salten et d'autres. Le soir, à la fête somptueuse donnée par Werfel, villa d'un luxe déplaisant, repas d'une excellence déplaisante, le champagne coule à flots, tout le monde est là, un prince Schwarzenberg et Tandler, Coudenhove et Alban Berg, Moll et Salten, Auernheimer, Ernst Benedikt et Schönherr, Zsolnay et Csokor[40], bref, le gratin. Werfel lui-même, rondelet comme un compositeur de théâtre ambulant, désuet dans son smoking, la brioche arrondissant son gilet, il dissimule son génie sous une apparence grotesque — quant à elle[41], molle et replète, une dame accomplie, représentative et, comme telle, ensorcelante. C'est un miracle que de composer de telles œuvres dans cette cage de marbre. Hauptmann, totalement parti, débite sur son ton attendrissant des sornettes métaphysiques, perd sans cesse le fil d'Ariane, mais il se sent bien dans ce labyrinthe. Qu'il est merveilleux, en dépit de tout, cet homme unique

Dimanche. Retour, courrier, travaillé un peu, pas trop (ces odieux dérangements) jusqu'à *vendredi*

NOTES DE NEW YORK

17 [- 30] janvier 1935

Amérique, 17 [janvier] 1935. Arrivée retardée. En compensation, le spectacle grandiose de la bannière étoilée dans les airs. Les mots me manquent pour décrire la manière dont elles surgissent dans l'obscurité. Surgissement magique des façades éclairées de lumière blanche, tableau impossible à rêver : magnificence invraisemblable dans la nuit. Le jour, tout n'est qu'architecture, verre, métal, pierre, substance matérielle, la nuit, le balancement des carrés de lumière, cellules brûlantes que la géométrie rend surnaturelles. Maîtrisé, le feu que la nature ne connaît qu'à l'état sauvage, ici, l'invraisemblable. Rien ne pouvait exciter davantage l'étonnement des générations antérieures. Même moi : New York a d'abord été grandiose de jour, toute en hauteur. Mais de nuit, une ville comme les autres. D'elle émanait un reflet, un voile de lumière comme au-dessus d'un marécage. Incroyable phosphorescence. La lumière maintenant asservie, en ce quart de siècle. Splendeur. Il lui faut dessiner des contours, former des mots, s'élancer dans un tourbillon de manège, il lui faut danser, s'éteindre, se coucher en chien docile. Balayer les murs, faire jaillir de l'ombre par enchantement ces [stalagmites] blanches. Pauvres petits soleils pâles, les lampes à arc d'autrefois, petits soleils qu'on a éteints, à côté de ces transparents qui gesticulent comme des diables, crient, bondissent, déversent en cascades des paroles de feu, exécutent des ballets. Ineffable, la façon dont cette ville spectrale surgit, tel un mirage. Parce que ineffablement irréelle.

Allons en ville après les interminables rites du débarquement. Prends chaleureusement congé des braves compagnons de voyage, Toscanini, Schalom Asch, Somary et les admirateurs cosmopolites, me débarrasse rapidement des journalistes. A l'hôtel Astor, dont la propriétaire m'invite avec insistance. Certes, il a un peu vieilli, ce bon hôtel Astor, j'aurais trouvé une ambiance plus américaine dans un de ces palaces géants tandis qu'ici règne la traditionnelle rigueur germanique. Mais j'aurai assez l'occasion de découvrir d'autres hôtels dont je pourrai observer le mécanisme, et je n'ai pas du tout envie de loger au quarantième étage au-dessus du *Park*, j'aurais le vertige, je préfère l'effervescence infernale de Broadway, 7ᵉ Avenue, qui troue la nuit de ses lumières fracassantes. Le soir, visite aux Huebsch[1], ils ont une demeure très confortable. Je suis malheureusement assez fatigué

Vendredi 18. Air froid, coupant, comme autrefois, air de haut plateau, non d'une ville. Au grandiose Rockefeller-Building, de style éblouissant, triomphe du pragmatisme pur, clair, franc. Splendides, ces tours rivetées, coulées (non point édifiées, mais construites — on ne peut dire édifiées, car ce mot évoquerait une activité humaine, lente, pénible, qui coûte de la sueur, tandis que ceci a été élaboré, fabriqué et réalisé par des machines, construction matérialisée). Mais quelle propreté — quelle volonté de propreté par rapport au passé qui occupe le vide entre ces maisons comme des tas de fumier à côté de la superbe ferme bien briquée. Réglé avec Huebsch tous les problèmes d'affaires, puis lunch (succulent) au Ritz. L'après-midi, monté sur la tour de la radio, *outlook* indescriptible dans l'air d'une clarté de glace, plaisir de l'alpiniste sans en avoir les peines, et quel paysage sur cette étroite langue de terre, cela crée, de concert avec la nature, une neuve harmonie dans une totalité neuve, opposant une dimension nouvelle à l'infini de la mer. Spectacle comme vu d'avion sur ce sommet, la cafétéria à côté, le calme, la propreté et de jolies filles. Puis erré et, pour me détendre, chez le barbier, jouissance orientale. Quel art ce peuple jeune n'a-t-il pas mis au point pour rester jeune, quelles délices ne trouve-t-il pas à la propreté. L'élasticité du fauteuil vous donne l'impression d'être dans un bain, massage facial au citron à grand renfort de serviettes moelleuses et odorantes, on gèle la peau, la dégèle, on a chaud, on a froid, on respire, on s'étend, on se tend, pendant que quelqu'un cire vos bottes et qu'une manucure, d'une main douce, vous fait les ongles, on devient lisse, pur, frais, parfumé, heureux, on n'a jamais connu meilleure, plus sensationnelle détente que cette demi-heure, alors qu'on était mort de fatigue. Et je poursuis ma route, Sixth Avenue, cette artère de misère succédant au luxe de la Cinquième, où les chômeurs font la queue devant les bureaux de placement. Les *jobs* annoncés sur des bouts de papier. Rentré chez moi, subi rapidement une interview, puis ressorti. La nuit, ici, est fantastique. Le bas des maisons est, comme partout, éclairé, le haut est obscur. Mais — on sursaute — tout là-haut là-haut quelque chose de lumineux flotte dans l'air, une tour, une colonne, quelques fenêtres, des carrés dans le vide, une horloge, tout là-haut là-haut où l'on ne s'attendait plus à trouver quoi que ce fût de terrestre, tels, dans les mythes, les dieux au-dessus de la terre. Puis de nouveau des casernes de lumières échelonnées sur soixante étages, un hôtel, une gare, et tout cela gravé au burin dans la clarté, la clarté de glace de l'air. Une vraie féerie. Ici se dresse dans la nuit une autre ville que je ne connaissais pas, la première fois[2] on n'avait pas encore inventé la lumière. L'ère des gratte-ciel commençait à peine, ils n'avaient pas encore trouvé leur style, dents de mammouths, quelques défenses jaillissant vers le ciel. Dix-sept étages provoquaient déjà la surprise. Mais seule notre époque connaît ce balancement aérien, c'est le spectacle le plus ahurissant qui soit et, chose admirable, il n'inspire pas la peur, comme la nature, il amplifie le sentiment que l'homme a de lui-même, il l'emporte avec lui jusqu'aux cieux. Pris ces notes en dînant, puis continué (je suis allé jusqu'à Battery, mais la tempête glacée m'a stoppé, les éléments ici sont encore indomptables).

Mangé, gelé jusqu'à la moelle des os, dans un petit restaurant bon marché. Que ce souci d'hygiène est maladif ! Chaque morceau de sucre, chaque cigare est emballé, tout est propre, mais sent l'usine. Même le poisson, la viande, on dirait que tout a été fabriqué par de prodigieuses machines. Une petite boîte de nuit, décevante sur le plan esthétique, mais les gens y sont lumineux, joyeux, un peuple merveilleusement enfantin — les friandises sont caractéristiques, partout des candies, des chocolats, des ice-creams (c'est d'ailleurs le règne de la glace, de l'eau glacée, comme s'ils avaient sans cesse besoin de fraîcheur, de froid). Ce qui frappe, c'est cet appétit constant d'activité, de faire quelque chose, mâcher, fumer, lire — les grandes corbeilles toujours pleines de journaux qu'on y a jetés. On mange vite, on lit vite, allez, allez ! A 5 heures de l'après-midi, je voulais acheter un journal du matin, impossible, je n'ai pu le trouver nulle part, la matinée est à une distance incroyable de l'après-midi, toujours cette fuite en avant, ce refus de regarder derrière soi — compréhensible ! Ici n'est bon que ce qui est nouveau. Plus c'est nouveau et meilleur c'est, en architecture, en toute forme d'expression. Me suis couché ragaillardi et fatigué.

Samedi 19. Le matin, appel de Bruno Walter. Puis, ayant traversé Central Park où les maisons, telles les murailles d'un château fort, se referment autour d'une cour intérieure, je vais au Metropolitan Museum. On donne justement un concert symphonique dans le hall — une manière, comme en Russie, d'attirer les gens, c'est le système de l'Église : musique et sermons, ici conférences et musique. Je pourrais imaginer que l'on y distribue gratuitement des bonbons pour appâter les jeunes. De fait, la plupart des visiteurs sont jeunes. Splendide, le Breughel que je ne connaissais pas, *The Harvesters*, d'une vérité crue, néanmoins admirablement construit, un de ces cas où une saison est condensée sous les multiples aspects que peuvent prendre l'homme et la nature. Un curieux portrait d'Élisabeth [3] par Lucas de Heere, qui la montre assez nerveuse, avec une expression apeurée, une constante irrésolution écrasée par son faste. Je connais d'elle un portrait qui la montre héroïque. Personnage qui manque d'assurance. Extraordinaire, le Turner, *Canal Grande*, peut-être sa toile la plus claire, la plus lumineuse, inoubliable, les Rembrandt plutôt faibles, en revanche une corrida de Goya et ses *Femmes au balcon* (on les dirait prisonnières de leurs maris qui se tiennent derrière elles, tels des gendarmes), puis un paysage, *City on a rock*[4], un rêve à la Piranèse issu de l'imagination la plus ténébreuse, une indescriptible *View of Toledo* du Greco, rêve nocturne plus moderne et plus fantastique que tous ceux que j'ai jamais vus. Ici et dans ses portraits, le Greco est plus grand, plus grandiose que Rembrandt.

A midi, Ginsburg, ensuite, en sa compagnie, un *drive* de deux heures à travers la ville et les environs. Le plus imposant : le nouveau *medicine center*, hôpitaux sur l'East River surgissant, tel un château du Graal, d'un paysage de ruines, lumière de l'acier, cuivre jaune, pierre et verre, véritables blocs dressés dans la ville, hôtel pour malades, laboratoire. Usine à science. Rien de comparable à cela. C'est nouveau et, provisoirement, unique (peut-être que ce sera dépassé demain). Puis Harlem, le quartier nègre. Un coin de rue... et voici soudain la Fifth Avenue peuplée de visages noirs. Une farce de carnaval, quotidienne ici. Tout le monde a la peau noire, les agents de police, les facteurs, un monde en soi, à l'écart de l'autre, telle une veine sombre dans la blancheur d'un marbre. Et les gens donnent l'impression d'être heureux, les enfants surtout sont ravissants, les nègres, d'ailleurs, apportent une note d'allégresse, jamais nerveux, toujours enjoués, un large sourire éclairant leur denture (chez le coiffeur, l'un d'eux, qui faisait très acteur de cinéma, voulait à tout prix me convaincre de donner rapidement un coup de téléphone pendant qu'on me rasait, c'est possible ici, surtout ne pas perdre de temps, entreprendre 6 choses à la fois, faire repasser son veston, remettre son chapeau en forme, confier ses ongles et sa peau à la manucure). Avec Ginsburg, je continue vers Washington Bridge. Il surpasse encore Brooklyn Bridge, il est plus léger, plus fin malgré une portée gigantesque. Point de vibrations (mon *Rythme de New York*[5]), mais la belle, l'impassible sûreté de la puissance. Randonnée dans le New Jersey et retour, nouvel émerveillement, par le tunnel sous l'Hudson, clair, étincelant, une chaussée sur laquelle les automobiles peuvent rouler à leur gré, tandis qu'au-dessus d'elles coule l'Hudson, large et profond, accueillant dans ses docks les géants de la mer. Au loin, la chaîne montagneuse des gratte-ciel. Petite pause dans une cafétéria self-service ; tout y est pratique, démocratique, un enfant peut apprendre à s'en servir sans connaître la langue, il lui suffit de savoir lire les chiffres, c'est tout (New York est d'ailleurs une ville facile à apprendre, calculée en fonction des nombreux étrangers qui y résident. C'est le contraire de Londres). La rue, chaque lieu est une tour de Babel ; on entend toutes les langues, on voit tous les types humains, l'homme est d'abord, en une certaine mesure, adapté, il reçoit la forme américaine brute, la *shape*[6], il faut attendre la deuxième génération pour qu'il se soit intérieurement américanisé. Et puis tout est d'un bon marché étonnant, on vit mieux qu'en Suisse. Je peux m'imaginer qu'il ferait bon travailler ici : on y dispose de plus d'espace, de liberté, de couleurs, que dans n'importe quelle autre ville, ne manquent que les terrasses de cafés et de restaurants. — Rentré chez moi, conversation téléphonique avec Toscanini, liquidé du courrier, je vais ensuite chez Huebsch où je dois rencontrer ma chère famille[7]. Ils seront plus aimables, maintenant qu'on est célèbre : au drugstore, comme je donnais des photographies à développer et écrivais mon nom, le jeune garçon, surpris, déclara : « *Oh, that's very good name. I am delighted to work for you*[8]. » Soirée chez Huebsch, très sympathique, j'y rencontre Josef Brettauer, il a tout à fait une tête de Brettauer, il est plus aimable que je ne l'escomptais. Mais les réunions me fatiguent, je n'ai aucun talent pour cela

Dimanche 20. Jour de repos. Le matin, écrit, rédigé des notes sur New York : la ville a d'abord été construite dans un but pratique, puis elle a pris forme. Non point plane, comme les villes qui s'écoulent avec régularité vers l'horizon ; étendue au bord de l'Hudson, elle s'est dressée, la voici debout. Sa verticalité, tel un phare monstrueux qui domine la mer. Impossible d'apercevoir une église ! Quelque chose de viril dans sa nature. La seule ville qui ait compris les proportions nouvelles. Quand on arrive par la mer, ses yeux vous défient, hardis, lumineux. Comme un homme. A midi, chez Félix Warburg [9], très belle allure, mi-juif, mi-fonctionnaire allemand, sont également présents son fils, l'air niais et décavé, et Mme Loeb. Sa demeure, typique de prétention, style gothique, cathédrale, les tableaux, de pures pièces pour experts, un Raphaël médiocre *(if Raffael at all* [10]) et des primitifs italiens, mais pas une seule toile qui vous enchante vraiment. Splendide, sa collection de Rembrandt ; mais aucun de ses fils, dit-il, ne s'y intéresse. Pas très intelligent, mais courtois, et, sans doute, trop *grand seigneur** pour être un bon homme d'affaires. Été ensuite au musée de la *City*, de troisième catégorie, il n'a pas grand-chose à montrer. Plaisir discutable d'y rencontrer David Bach [11]. Je vais dans une cafétéria, puis rentre chez moi, pour lire et travailler un peu. Le soir, beaucoup trop traîné, vu des choses en partie intéressantes, mais les distances sont tellement épouvantables. Dans un bal nègre, le Savoy, pénombre visiblement destinée à atténuer la noirceur des visages [*Rajout en marge* :] (on ne voit que la blancheur des dents, pas de visages, on pense à *L'Homme invisible* de Wells). Fantastique, leur façon de danser, ils jouent de toutes leurs articulations, les femmes souples comme des léopards, les hanches d'une flexibilité inconnue chez nous, les hommes, eux, rigides : ici, où elle n'est pas encore déformée par la civilisation, la nature met puissamment en relief la polarité des sexes. Mais le plus amusant, ce sont les toilettes : petites robes de cocktail mises au rebut, chapeaux vieux de six ou huit ans — tout cela porté avec une incroyable fierté par les femmes de ménage et les bonnes d'enfants. Toilettes qui jurent abominablement avec la primitive couleur d'ébène de ces corps. Sans quoi, Harlem est décevant. Les gens viennent de s'installer, extérieurement ils se sont adaptés à ces immeubles (qui se distinguent par leurs échelles à incendie, signes de surpopulation). Ils vont dans les mêmes cinémas que la fille du roi d'Angleterre, le goût et les plaisirs sont totalement nivelés. Ensuite, sur recommandation du chauffeur, dans un bar fort étrange, digne à lui seul de fournir le sujet d'une nouvelle, rentré chez moi, mais j'ai lu jusqu'au matin, car pas du tout fatigué

Lundi 21. Wall Street et Broadway. Ces banques gigantesques vous coupent le souffle (certaines ne seraient-elles pas aussi creuses que les briques dont elles sont faites ?) La pauvre Trinity Church lève les yeux vers elles comme un chiot regarde son maître. Curieux : à Broadway, avant la 1re Rue, l'architecture monumentale, distinguée, disparaît d'un coup, s'ouvre alors le quartier portoricain, la Gendarmenstrasse à Berlin [12], puis aux environs de la 30e Rue, l'élégance reparaît. Même chose sur la Cinquième Avenue, summum de l'élégance jusqu'à la 100e Rue, et sur dix rues, des Cubains, des Portoricains, ensuite, sur dix, vingt rues, des nègres, et de nouveau des Blancs. Une ville stratifiée. Rien d'homogène. Ce sont des îles. Éparses. La cohésion des races. — Lettres : invitation à venir parler à Harvard, arrivée trop tard, photographes et autres pertes de temps. Pris des notes pour ma conférence [13]. Le soir, pas grand-chose, je vois simplement au cinéma un remarquable film russe, *Chapajev*, puis je rentre

Mardi. Journée bien remplie. D'abord des lettres et de petites occupations, à midi chez Josef Brettauer qui, dans sa vaste demeure, vit aussi chichement que tous les autres, pas un seul objet neuf, tout est figé. Pour repas, le traditionnel rôti de bœuf et le *Strudel* au fromage blanc. Il se dégèle considérablement, l'orgueil familial des Brettauer commence à se manifester, il me montre les portraits de famille qu'il a hérités d'Eugène (c'est ici qu'ils ont abordé). Qu'il ait une grande influence, je m'en aperçois en visitant le Cornell Hospital *(Hospital of New York)* sur l'East River ; la chose la plus grandiose que j'aie vue jusqu'ici à New York et que, sans doute, on puisse trouver sur terre dans le domaine de la perfection technique. L'aspect extérieur déjà est insurpassable : les motifs du palais des Papes en Avignon amplifiés à l'infini (trente étages). A la fois hôpital, laboratoire, université, organisé avec un génie technique quasiment indescriptible. Nickel et verre, une propreté époustouflante, l'air n'arrive pas de l'extérieur, il est pulsé après avoir été filtré, tout est isolé, la moindre bouteille de lait, le moindre casier à glace, de sorte que, des milliers de personnes présentes, aucune ne peut en contaminer une autre. Génial, l'aménagement des lits, des portes (aucun dérangement possible) des salles d'opération ; les machines statiques les plus perfectionnées, chaque cas est examiné et décrit avec 900 détails, emmagasiné dans la machine, et puis tous les regroupements de malades. Jamais vu la science aussi bien coordonnée que dans cette fabrique de santé, jamais vu une organisation liée à tant de beauté. Il faudrait des journées pour décrire cela, et aussi pour parler du principe démocratique (même nourriture pour tous), de la propreté du personnel féminin, des jardins suspendus, des aménagements prévus en cas d'épidémie, des bibliothèques, des lieux de travail, des laboratoires, le tout d'une perfection de rêve : ici, on aime le présent. Épuisé en même temps que ragaillardi par cette visite, je vais, le soir, voir *Roméo et Juliette*, pour la Cornell qui est très moyenne, en revanche une mise en scène d'un extrême raffinement. Ensuite au Cotton-Club avec Margarete Wallmann-Burghauser pour voir danser les nègres, c'est vraiment splendide. Le goût dans les costumes, la spontanéité des gestes, l'agilité des membres comme déliés, mais d'une précision et d'une puissance extraordinaires. Ils dansent comme jouent les bêtes, avec joie et avec feu, s'enivrant eux-mêmes — certains témoignent d'une magnifique animalité, les danseurs de *step*, les chants religieux, le tout est d'une qualité que l'on ne trouve pas chez nous, avec une touche de candeur qui vous ravigote. Malheureusement, le spectacle ne commence qu'à minuit 1/2 ; si bien qu'à 4 h 1/2 on n'en peut plus et on revient chez soi épuisé (cet hôpital n'a cessé, tout ce temps-là, de me poursuivre, la perfection stimule et fouette mon système nerveux de façon presque voluptueuse)

Mercredi 23. Toutes sortes d'occupations, des lettres d'abord, puis à la *Public Library*. Ensuite avec la sympathique Anny Bernstein, un peu maniérée, après déjeuner, terminé (ou à peu près) ma conférence, le soir, chez Ginsburg, avec qui je vais voir [*Point Valaine*] de Noel Coward. Entre-temps a éclaté une incroyable tempête de neige telle que New York n'en a pas connu depuis vingt ans, le vent souffle avec une violence qui vous coupe le souffle, l'air est de la glace liquide, les autos enterrées sous la neige, mais on entreprend la lutte avec une énergie magnifique. Merveilleux, le chatoiement des fenêtres à travers la lumière rose. Ces maisons ajourées comme des grilles, un tamis derrière lequel le métal étincelle, oui, c'est une merveille. La pièce de Noel Coward, inconsistante, elle tomberait sans ces prodigieux acteurs que sont Lunt et Ruth Boyd, celle-ci a des accents bouleversants : lui est splendide, un Russe aux jambes nues qui se déplace comme un fauve, sauvage et bon à la fois, apathique au regard tourmenté. Il crée, invente le rôle à mesure qu'il le joue, ce rôle qui, sans lui, serait vide de toute substance, oui, l'un des grands acteurs de notre époque ; qui perd ici son temps pour une niaiserie : c'est Raskolnikov qu'il devrait jouer, il serait alors à sa place. Ensuite, dans un ancien *speakeasy* de la 52e Rue doté de tous les aménagements du temps de la prohibition, signaux d'alarme, portes que l'on peut verrouiller, comptoirs escamotables et ainsi de suite. Aujourd'hui, bien sûr, inoffensif et transformé en café pour gens de théâtre

Jeudi 24. Le matin, avec Huebsch à la *Morgan Library* (M. Morgan aimerait me rencontrer, mais je n'ai pas le temps), magnifiques, les illustrations de Blake pour le Livre de Job, on ne les connaît pas vraiment si on ne les a pas vues dans leurs couleurs célestes. Et puis les autographes, les lettres de Marie-Antoinette à Mercy d'Argenteau, authenticité indubitable, puisque acquises avec tous les papiers de famille, les manuscrits de Thackeray, de Keats *(Endymion)*, de Shelley (peu de chose), de Byron *(Manfred, Don Juan)*, une page merveilleuse du *Faust* de Goethe, le *Mahomet* de Voltaire, le *Christmas Carol* de Dickens, bref une incroyable quantité de splendeurs. Les tableaux me plaisent moins, style « riche » typique tel qu'on le trouve chez les Warburg ou dans les collections européennes. Peut-être y retournerai-je. A midi, avec lui, puis courses, lettres, le soir, au concert Toscanini. Je partage une loge avec Mme Toscanini et le maire, La Guardia, qui a l'allure d'un garçon de café italien et parle admirablement le dialecte viennois. Ici aussi, des connaissances, Muck de Jary [?], Commer, le monde est petit. La 7ᵉ de Bruckner, malgré Toscanini, ennuyeuse, la *Salomé* de Strauss surprenante par sa polyphonie, mais pauvre, la mélodie est hachée. L'orchestre, fabuleusement discipliné. Suit un grand dîner chez les Muschenheim, fastidieux en fin de compte. Mon incapacité à discuter avec des gens réunis autour d'une grande table devient de plus en plus évidente, je n'en ai ni le talent ni l'envie

Vendredi. Le matin, courses, remonté sur la tour, pris des photos, jeté les grandes lignes de la conférence pour la radio, à midi, déjeuné, l'après-midi, au Radio City Ballett, le soir, chez Huebsch. Soirée gâchée, hélas, par la lettre odieuse de Frid., je souffre énormément de cette hystérie — une maladie dont on n'a pas conscience et dont seuls les autres pâtissent. *Terriblement* sympathique chez Huebsch, rien que des gens agréables, représentants de grands journaux et du Bookclub, mais je suis d'humeur trop chagrine pour participer comme il le faudrait. Schalom Asch me traîne néanmoins au Café Royal où se réunissent la littérature et le théâtre juifs, on se croirait tout à coup transporté à Varsovie ou à Leopoldstadt[14], ces mêmes visages intelligents, aux traits accusés, mais mornes, notre peuple, d'une uniformité inquiétante, mais toujours insaisissable, inexprimable. Asch me fait faire la connaissance d'un de ces écrivains, Singer [15]. Tous ces hommes ont une allure de réprouvés, ils forment leur propre cercle restreint à l'écart de la littérature universelle. Seul Asch a réussi à franchir les limites.

Samedi. Toujours contrarié par cette lettre extravagante, à laquelle je réponds en hâte, mais pas assez énergiquement. A midi, chez les gens de la Metro Goldwyn, je suis épouvanté par l'absurde médiocrité de leur niveau. Ils m'ont montré des « expertises » sur *Marie-Antoinette* [16] rédigées par les derniers des crétins et des analphabètes, ils n'ont aucune notion des hommes et des valeurs. En voyant hier à Radio City le film *Iron Duke*, j'ai également senti qu'il valait mieux ne rien avoir à faire avec ce monde — tout cela d'ailleurs, conférences, apparitions en public, me répugne. A midi, Mrs. Morley [17], pris congé des Burghauser, me suis enfin reposé un peu (le téléphone sonne sans arrêt), lu pendant deux heures le livre de Gorman sur Marie Stuart [18], matériaux copieux, mais construction déficiente (lui manque le sens de l'essentiel). Puis Félix Wittmer [19] après avoir subi hier Erich Mosse, et suis allé au Théâtre Yiddish. Mise en scène russe remarquable, acteurs de qualité, la pièce, hélas, mauvaise, puérile, une comédie sur les croisés, tragédie humoristique aux accents dramatiques que seuls les chants et les danses réussissent à faire passer. A la fin apparut un pâle jouvenceau, *the author*. Le public, *middle class* et borné, mais manifestement indulgent. Ensuite au restaurant russe, qui donne une impression extrêmement sympathique avec ses danses et ses attractions, curieux comme ici chaque quartier mène sa vie propre, comparable à rien d'autre : on croit pouvoir désigner chacune de ces villes par son nom d'origine, tellement son caractère est marqué, et néanmoins New York est en même temps le plus grand creuset du monde. Le soir, je lis le *New York Times*, la seule lecture de l'édition du dimanche vous prend deux heures, et encore, on n'en a pas lu un huitième

Dimanche. Bonne matinée tranquille, écrit l'article pour le journal juif, lu, pris un bain ; à midi, chez les Brettauer. Lui est assez fat, elle, bien plus sympathique et plus agréable. L'après-midi, visité quelques curiosités par un froid glacial, suis allé voir Stefan Wise, homme d'un très haut niveau intellectuel. Visage expressif, talent oratoire hors du commun, intelligence vive, dans l'ensemble un homme aux dons extraordinaires qui sait enthousiasmer des milliers de personnes, il saisit sur-le-champ le sens du projet et il est volontiers disposé à m'aider[20] ; tout aurait bien marché si nous avions eu plus de temps, mais ce qui se passe à la maison me bloque et m'oppresse trop. L'après-midi, chez Huebsch, comme toujours une intime atmosphère familiale. Quelle classe, ces gens-là

Lundi. Beaucoup à faire. Dois d'abord me débarrasser d'une foule d'importuns. Puis — moment magnifique — à la répétition de la symphonie de Schubert par Toscanini, impression grandiose dont je rends compte ailleurs[21]. J'y rencontre Klemperer, qui ne cesse de m'énerver — il fait les cent pas pendant la répétition. Chez Huebsch, revu la traduction de la conférence, ensuite course harassante à cause de mon visa de sortie — il faut plus d'une demi-heure dans les rues glacées, où l'on n'avance pas, pour arriver au bureau des douanes —, ce qui vous permet, bien sûr, d'avoir une vue de cette ville gigantesque conçue dès le départ sur un plan aux proportions démesurées. On ne finira jamais de la découvrir. Retour chez Huebsch, toutes sortes d'occupations, la vie est quand même fatigante ici, fait mes bagages et autres corvées. Quand on n'a personne, il faut s'attendre à perdre deux jours avant, et autant après le voyage, en questions matérielles et en démarches administratives. Le soir, revu et lu ma conférence, incroyable ce qu'il reste à faire, il me faudra être sur le bateau pour pouvoir, du moins je l'espère, m'occuper des appendices de *Marie Stuart*.

Mardi 29. Journée pleine à craquer. Matinée chez Huebsch, corrigé ensemble la conférence, déjeuné, interview avec huit reporters, parmi lesquels trois Juifs parfaitement désagréables, ce matin déjà j'ai eu une discussion de ce genre avec le fils de Schalom Asch, Nathan, qui édite un journal judéo-communiste en langue anglaise, l'entreprise la plus insensée à laquelle puisse s'atteler un Juif à l'heure actuelle. Ils sont tellement persuadés qu'il faut changer le monde, et peut-être n'ont-ils pas tort, mais cela impliquerait, à mon sens, qu'ils renoncent d'abord au nationalisme juif, on ne peut manger à deux râteliers [22]. Nous autres, certes, qui refusons de tomber dans l'extrémisme, sommes acculés à une situation de plus en plus difficile, nous ne devons pas nous laisser supplanter. Ces interviews sont intolérables et je ne m'y prêterai plus, ou bien on les rédige soi-même, ou alors ils déforment tout (comme les photos). J'ai oublié de noter, au sujet de la radio, l'aspect des locaux, le chrome, le nickel et le verre, le tout du goût le plus pur et le plus délicat — et des réalisations prodigieuses : d'immenses récepteurs verts vous permettent de contrôler comment chaque voyelle, chaque B, C, D, E se répercute en vibrations d'intensités diverses, j'ai, pour la première fois, compris quelque chose à la transposition graphique du son en lumière, puis de celle-ci en sonorité. Je souhaite que cette conférence radiodiffusée soit, elle aussi, la dernière, je n'ai qu'un désir : me replier sur mon seul travail, essayer encore une fois de créer sur une plus grande échelle, cette nouvelle [23] m'apparaît comme un exercice de doigté qui, pour le moment, prime le reste. Le soir, au concert Klemperer (j'avais déjeuné chez les Muschenheim), splendide, l'ouverture d'*Iphigénie en Aulide* par l'orchestre de Philadelphie qui surpasse peut-être en pureté et en homogénéité tous les orchestres existants. Le public n'est pas moins magnifique, une authentique élite, au fond c'est dans une salle de concert que se retrouve le mieux l'esprit d'une ville de huit millions d'habitants. Fait mes bagages, été au *Rainbow-Room*, au 65ᵉ étage du building Rockefeller. D'un bar confortable (à côté, on danse dans un jeu de couleurs changeantes), la vue donne sur les blocs d'immeubles grillagés de lumières qui semblent si merveilleusement immatérielles, rien sur terre ne s'y peut comparer, même de loin, nul ciel constellé n'est aussi dense, aussi flamboyant, aussi artistement brodé, on ne peut s'imaginer que ce sont là des fenêtres derrière lesquelles vivent des humains. Et la magie de ces ascenseurs qui, d'un seul élan souple et léger, vous emportent vers le ciel, on a à peine le temps de deux inspirations que l'on est au soixante-dixième étage. Ce genre de nouveauté technique recèle un je-ne-sais-quoi d'allègre, du moins sans doute tant qu'on n'y est pas habitué, mais quand on le sera, de nouvelles inventions auront à coup sûr été réalisées dans ce domaine. De fait, New York prend toute sa grandeur la nuit, la seule ville dont on saisisse mieux l'ampleur de nuit que de jour, plus que n'importe quelle autre (Londres, par exemple), et je sens qu'elle est loin d'être parvenue à son terme, elle sera encore plus stupéfiante dans une décennie

Mercredi 30. Départ. Auparavant, vu Mme Merowith avec son *boy*, visite à Elmer Adler[24] dans son atelier des Pynsonprinters. Puis pris congé. Intéressant, c'est une véritable cérémonie, surtout un départ à minuit accompagné de nombreux cadeaux, de télégrammes, les voix aiguës des femmes américaines — peut-être était-ce ainsi autrefois dans les *gares**, les relais de poste. Les Huebsch sont là, séparation sympathique. Les brise-glace s'activent autour de notre bateau, l'Hudson est gelé, ils projettent de vastes mottes grises pour nous ouvrir le chemin, je découvre l'authentique froid américain avec sa clarté bleue. Et maintenant, le spectacle grandiose à la lumière du soleil ; à mesure que l'on s'éloigne jaillissent d'un élan pur et nu, coiffées de leurs terrasses, telles des tours de

Babel ou des pyramides aztèques, les silhouettes larges ou sveltes, viriles ou féminines, des gratte-ciel ; c'est à la pointe de Manhattan qu'ils forment le groupe le plus dense afin de protéger les banques, l'or, Wall Street. On n'aperçoit presque plus la statue de la Liberté qui (dit-on en manière de plaisanterie) tend le flambeau aux arrivants, mais tourne le dos à New York, et peu à peu tout cela s'amenuise, s'estompe dans la grisaille, le Brooklyn Bridge n'est plus qu'un fantôme en filigrane, les paquebots géants ne sont plus que des barques, et devant nous, immense, infinie, s'ouvre la mer.

Le bateau (première journée) avance bien, tout est calme. Il est moins luxueux et je n'y connais personne, j'ai donc largement le loisir de réfléchir et de faire une sorte de bilan. Bien que je n'en aie tiré aucun profit matériel, ni pour ma publicité, ce voyage m'a apporté un enrichissement intérieur, même s'il n'a pu dénouer la crise aiguë où je me débats tant sur le plan artistique que personnel. En premier lieu, j'ai constaté que ma peur croissante du public sous toutes ses formes était irrépressible, que je ne veux ni ne peux l'affronter de nouveau, que je dois, de mon plein gré, me retirer de la course au succès, il me faudrait à présent m'attaquer à des problèmes ingrats, purement personnels, avant tout abandonner la biographie et essayer de retrouver ma concentration, un roman serait pour moi l'idéal absolu, bien que je sois encore plus tenté par l'art dramatique. C'est sans doute la dernière fois que je vois l'Amérique, je ne veux plus avoir affaire au monde du cinéma, à ces sordides questions d'argent, voilà le deuxième point à éliminer après le journalisme. Le programme est clair pour les mois à venir : terminer M. St.[25] et travailler *chaque* jour à une œuvre épique, épurer mon style, réapprendre ce que j'ai peut-être oublié. Renoncer à l'habitude de dicter, voir peu de monde. Aller plus souvent au cinéma, au théâtre, tout ce qui fournit des matériaux et stimule. Ce fut une bonne chose, cette pause, et elle profitera aussi à M. St.

FEUILLET DE JOURNAL
DU 27 SEPTEMBRE 1935

(Voyage de Paris à Londres)

Une journée de voyage comme tant d'autres ces dernières années. Est-ce parce que le monde tremble sur ses bases que l'on s'est habitué à vivre dans le mouvant ? Est-ce la prémonition que des temps vont revenir où les pays dresseront entre eux des barrières et que l'on aimerait encore respirer rapidement un peu de l'air du monde ? Quoi qu'il en soit, voyager n'est plus pour moi chose étrangère, mais presque naturelle. On s'est dégagé avec plus de force des liens et des habitudes, de sa demeure et de ses biens — tous deux sont devenus aléatoires, ils ne vous manquent presque plus. Deux valises, l'une contenant ma garde-robe, les nécessités matérielles, l'autre mes manuscrits, la réserve pour le travail et l'esprit, et l'on est partout chez soi. Et si le sens de la vie consiste à découvrir sans relâche dans le temporel et l'intellectuel de nouvelles formes de liberté, le mieux est peut-être de vivre avec le moins de contraintes possibles, l'art de laisser derrière soi, sans aucune sentimentalité, une bonne portion de son passé.

Le matin, à Paris, je vais à la gare. C'est toujours un moment merveilleux que celui où s'éveille une ville, où des centaines de milliers d'êtres quittent leurs tanières pour se répandre dans les rues. Spectacle magnifique que celui d'une ville qui se met en mouvement à l'instar d'une locomotive qui s'ébranle, le premier tour de roue est lent, et lourd, et gémissant, puis cela s'accélère de plus en plus, et soudain la vitesse normale est atteinte, le rythme de la marche est si dense, si fiévreux qu'on ne le ressent plus à l'intérieur de soi. Toujours admirable, cette foule qui se précipite dans les rues fraîchement lavées, poussée comme par un tourbillon, chacun néanmoins cherchant la place qui lui est assignée dans cette confusion apparente ; rien de plus grandiose qu'un chaos qui, en réalité, est un ordre réfléchi, comme au théâtre une scène de masse déchaînée dont chaque mouvement et chaque geste sont judicieusement réglés par le metteur en scène invisible.

A la gare, le premier geste est pour acheter un journal. Est-ce déjà la guerre en Abyssinie, n'est-ce pas encore la guerre ? A retenir pour les générations futures : voilà comment nous avons vécu ces années d'après-guerre, guettant chaque jour un nouveau séisme, ce grondement sourd et souterrain qui pénètre jusqu'au fond du cœur, tantôt venu de l'Est, tantôt de l'Ouest, du Nord ou du Sud. Pas un seul matin, depuis 1914, que nous n'ayons ouvert le journal avec un léger frisson d'épouvante, notre destin personnel lié (plus qu'auparavant) à la politique et à ses maîtres du jour. Mais non — soupir de soulagement —, la guerre n'est pas pour aujourd'hui, on continue à négocier. Des avions transportent à toute allure des chefs d'État, véritables oiseaux ivres, qui vont parlementer, signer des pactes secrets, le non-sens et le contresens de la diplomaticaille criminelle sont encore ajournés.

Je monte donc en voiture le cœur léger ! Rouler, c'est la quiétude, voyager, c'est faire halte dans l'inquiétude du monde. Quand on livre son corps au mouvement, on y livre aussi, qu'on le veuille ou non, son esprit. Dans un train qui roule, on réapprend à lire, à réfléchir, à travailler presque, et lorsque, à midi, on descend à Boulogne, sur la côte de la Manche, on se sent plus reposé que fatigué, plus revigoré que las. Montons vite sur le bateau pour jeter un premier coup d'œil sur la mer tant aimée, boire une goulée de cet air saturé de sel et d'odeurs, une goulée de lointain. Mais non, homme du XXe siècle, n'oublie pas que tu es aussi un citoyen, citoyen d'un État, propriété de cet État plus que de toi-même ! Rappelle-toi avec humilité les cérémonies qu'on a inventées dans notre petite Europe quand on franchit le néant sacré d'une frontière. Se mettre à la queue au contrôle des passeports ! Patient, on prend la file, patient, mais plus ou moins humilié et amer. Envolées, la joie, la fraîcheur de la sensation purement animale, l'allègre impression de liberté ! On se sent rabaissé, on n'est plus un être humain libre et spontané, mais un sujet, et aussitôt s'éveille en nous un sentiment de révolte. Possible qu'il ne s'éveille qu'en nous autres, hommes d'avant-guerre qui passions, insouciants, de pays en pays sans passeports, sans papiers — ceux d'aujourd'hui considèrent cette situation comme naturelle —, et se mettre à la file, bien que ce soit une simple formalité, nous rappelle, à nous qui avons connu la guerre, toutes les injustices morales que nous subissons depuis. Faire la queue, cela réveille en nous le souvenir des temps de détresse, la famine, la conscription. Quand nous faisions la queue avant la guerre, c'était pour une joie, pour une jouissance artistique. On se mettait en file devant l'Opéra, devant un théâtre, rongeant notre frein, mais joyeux, brûlant d'impatience, l'attente même augmentait le plaisir, enthousiastes, nous nous rassemblions en une allègre cohue, jeunes gens, amis, camarades, étrangers. Nous n'y étions pas contraints, poussés par quelque nécessité, aussi cela n'avait-il rien de déshonorant. Ce n'est que pendant la guerre, et après, que le monde a découvert cette humiliation, cette nouvelle forme d'attente dictée par la contrainte, la peur et la nécessité, comme on attend un interrogatoire, un jugement, et c'est pourquoi, chaque fois qu'on nous l'inflige, ne fût-ce que pour quelques minutes, s'éveillent au profond de moi-même la révolte et la colère.

Mais de fait, cela ne dure que quelques minutes. Un coup d'œil, un coup de tampon sur le passeport. Chaque pays européen est heureux aujourd'hui de se débarrasser d'un étranger. Donc, vite sur le bateau, regardons-la, enfin, la mer tant désirée, respirons cet air offert par le ciel et le monde. Mais non, mais non, encore un contrôle, celui des Anglais après celui des Français, plus sévère pour l'entrée qu'il ne le fut pour la sortie. Se mettre à la file une fois de plus, et l'on voit à présent, comme pendant la guerre, une certaine inquiétude, une incertitude se peindre sur le visage de ses voisins. Sera-t-on autorisé à mettre le pied sur l'île britannique — qui fut avant la guerre l'endroit le plus libre et le plus hospitalier du monde —, et pour combien de temps, pour quelques jours, quelques semaines, un mois ? Attendre, attendre, attendre, enfin la brève inquisition, et puis l'autorisation de pénétrer, mais en soi-même un sentiment de honte : ainsi a vécu l'Europe de 1935, la méfiance de pays à pays ! Ainsi notre merveilleux univers « Europe » s'est-il cloisonné, verrouillé, grillagé de frontières pour l'homme né libre. Ce non-sens fut-il jamais aussi grand, aussi absurde cette absurdité ? Jamais, je crois. Car lorsqu'on voyage aujourd'hui, la proportion se fait de plus en plus paradoxale entre le temps que l'on met à effectuer le voyage proprement dit, le franchissement de l'espace, et celui que vous font perdre ces contrôles d'État à État. Il y a cent ans, on mettait trois jours pour aller de Paris à Londres, et sur ces trois jours, une demi-heure peut-être était consacrée aux contrôles. A présent que l'avion vous permet d'effectuer ce trajet en une heure, on en perd une, ou plus, et nous en serons bientôt au point que les contrôles prendront plus de temps que le voyage — de même que la plupart des États gaspillent plus d'énergie pour leur défense que pour l'édification de l'homme et leur édification personnelle. Je crois que je pourrais, que je peux m'habituer à tout — sauf à une chose : à ce non-sens, à ce refus de la raison, et sur ce plan l'état actuel de l'Europe vous ronge et vous irrite sans relâche. On ne voit que cela : la ligne droite est tordue, la simplicité compliquée, on a parfois l'impression qu'un dément s'est emparé de la barre et, dans une course capricante d'ivrogne, mène absurdement le monde vers l'inconnu.

Je sais qu'il est sot de se révolter contre ce qui paraît être des vétilles, mais c'est dans les vétilles justement que l'on pressent, sous une forme palpable, les grands phénomènes, de même que le chasseur, le paysan, le pêcheur décèlent l'orage qui approche dans le vol bas ou zigzagant d'un oiseau. Pourquoi me faut-il soudain penser à des oiseaux ? Parce que... on n'a pas encore débarqué que les vendeurs de journaux, brandissant leurs gazettes comme des ailes blanches et tournoyantes, se jettent sur vous. On en achète un, un de plus. Est-ce déjà la guerre en Abyssinie ? N'est-ce pas encore la guerre ? C'est ainsi que demain et après-demain, pendant des semaines et des mois, nous attendrons les feuilles imprimées, nous autres hommes de 1935 à qui, en 1914 déjà, le choc de la guerre a pénétré jusqu'au tréfonds de l'âme, et nous en avons une sorte de sensibilité que la génération actuelle soit ne comprend plus, soit raille sciemment, n'y voyant que sensiblerie. Mais foin des pensées ! Jetons plutôt, du wagon, un coup d'œil sur la campagne anglaise, le vert est différent sous le ciel gris et humide ; autres sont les maisons, les gens, les coutumes, l'air aussi, plus dense, plus épais, plus plein, il lui manque l'alacrité, le moelleux, la légèreté qu'il a dans la campagne française. Londres enfin après la traversée de ces banlieues grises et encrassées, d'une laideur indicible, mais vous faisant de-ci, de-là, la grâce d'un peu de verdure, et maintenant sur les toits et les magasins le jeu flamboyant des mots sous tous les éclairages, jaune, vert, rouge, bleu, cris de lumière étincelants à la tombée du crépuscule, des noms, des produits, mots qui vous invitent à acheter, de tous les étages ils vous tombent dessus : Achète ! achète ! achète !, impératif d'une effroyable monotonie. Mais, entre les signaux lumineux, le flot sans fin des automobiles en une régularité grandiose. Voici que le monde nous offre son autre visage, le visage intelligent de la technique, ici, sur le plan pratique, notre présent européen, qui fait totalement fiasco sur le plan intellectuel, prodigue ses trouvailles et ses énergies. Et l'on perçoit une fois de plus le caractère monstrueux de cette ville qui, telle une pieuvre, étend ses mille tentacules sur les cinq continents afin d'y puiser sa force, sa richesse, son dynamisme, qui métamorphose le labeur invisible de millions d'êtres invisibles en lumière, en luxe, en opulence et en mouvement grâce à ce périlleux miracle des temps modernes : l'organisation.

Quelques instants chez moi, déposer ma valise, me débarrasser de la suie. Mais je ne pourrais jamais rester enfermé les premières heures dans une ville étrangère, quand bien même y serais-je déjà venu cent fois. Avant de pouvoir travailler, il me faut d'abord l'avoir sentie, tâtée, goûtée, je ne peux faire une pause en ouvrant un livre que je n'aie satisfait cette espèce de curiosité. Ma première démarche, dans une ville étrangère, est de monter sur la tour ou sur la hauteur d'où l'on a d'elle une vue d'ensemble, ou bien de me rendre là où son rythme est le plus violent, dans le battement même de son cœur. Donc, en route pour Piccadilly Circus, cette place ronde, véritable pôle nord, ou pôle sud, de notre univers, autour duquel (du moins jusqu'à maintenant) tourne la terre. Il est difficile d'y rester immobile, si intense est la vibration du mouvement, on est poussé, heurté par la foule, aveuglé par le va-et-vient des voitures, assourdi par les grondements, mais on reste quand même, pour jouir, justement, du dynamisme de cette violence. Extérieurement, rien n'a changé ; on peut toujours, au sommet des buildings, jusqu'aux derniers étages, voir se dérouler en lettres de feu le nom du whisky à la mode, des acteurs de cinéma à la mode : je constate avec joie que j'ai oublié tous les noms qui, l'année dernière, pendant des mois, paradèrent en lettres flamboyantes sur un mètre de haut. Car le moi intime ne se laisse pas abuser par la réclame ni par la propagande. La mémoire ne garde son pouvoir que là où le sentiment est touché. Courez, courez toujours, ô noms, vous pouvez courir aussi longtemps et aussi vite que vous voulez, vous n'atteindrez pas l'immortalité ! Cinq vers d'un poème parfait créé dans l'anonymat vous survivront, car parmi les épais troupeaux humains qui défilent ici, personne ne veut retenir quoi que ce soit. Ils ne pensent qu'à prendre, à goûter, à avoir le palais flatté, puis à digérer et oublier, afin de recommencer le lendemain. Ce qu'ils veulent, c'est leur jouissance quotidienne (comme ils ont leur travail, leur pain et leur sommeil quotidiens), au lieu de se la réserver comme chose rare et noble. Il est touchant et angoissant de les voir se presser dans les salles obscures qui, en caractères bien gras, leur promettent le meurtre et l'amour, émois certifiés et larmes garanties. On peut accorder cette détente à l'individu, mais on se demande, le cœur lourd, si l'effroyable baisse de niveau du goût telle qu'elle se manifeste dans ce gavage des masses n'est pas un des facteurs d'abêtissement de notre monde européen qu'aucune grande idée aujourd'hui n'anime, on se demande si elle n'ôte pas aux hommes le moyen de comprendre leur temps, de le transformer et de l'améliorer, si ces éternels plaisirs vulgaires qu'on leur jette en pâture ne les empêchent pas de donner à leur avenir un sens, une structure et une interprétation.

Plus je m'attarde ici, plus je perçois le tourbillon de cette puissance. Le soir est tombé, et cette ville de six millions d'habitants déverse ses autos, ses autobus, ses métros sur ce petit coin de Soho qui réunit à lui seul neuf dixièmes des théâtres, des baraques de foire, des divertissements londoniens. D'un seul coup, à huit heures et demie tapantes, ils vont tous commencer pour s'arrêter tous à la même heure, à onze heures. Simultanément vont chanter, danser, jouer les acteurs, les personnages débouleront sur les écrans des cinémas, une armée humaine, trois corps d'armée, ou six, ou dix, je ne sais, vont se livrer ensemble aux grandes manœuvres du sentiment. Et l'on va seul au milieu de cet univers, entraîné et renâclant, on succombe au charme de cette simultanéité tout en la maudissant, saisi par les tentacules de la métropole et se défendant contre eux ; mais à votre insu, au bout d'une heure ou deux, vous vous êtes coulé dans son rythme. Il vous poursuit jusque dans votre sommeil. Le lendemain matin, je le sais, je ne serai plus un étranger ici, je pourrai de nouveau me concentrer et, ragaillardi, me mettre au travail, je pourrai essayer, avec mes forces réduites, d'opposer un sens à ce déchirement. Et néanmoins, demain 28 septembre, mon premier geste sera d'ouvrir le journal pour y chercher la question décisive de notre génération : est-ce déjà la guerre, n'est-ce pas encore la guerre ? Honte à l'Europe, honte à toute notre génération d'attendre et de questionner aussi humblement, au lieu de prendre en main les armes de la raison et de façonner pour l'humanité un destin meilleur !

VOYAGE
AU BRÉSIL ET EN ARGENTINE

8 août - 1er septembre 1936

Départ le 8 août 1936 de Southampton, dont je vois peu de chose, un port plat doté de nombreux tentacules, ressemblant à Portsmouth, incolore, comme tout ce qui est anglais. Le bateau semble bon, neuf, mais antipathique, rien de comparable au *Rex* italien avec son faste artistique, ni au *Manhattan* dans sa simple robustesse ; tentative de luxe maladroite, dénuée de style, et c'est froid. Le temps est merveilleusement calme dans la fraîcheur de septembre.

9 août. Le temps ne laisse en rien à désirer. Je lis beaucoup, de l'espagnol d'abord, j'y fais des progrès remarquables, et puis une histoire de Magellan [1]. Sur le plan mondain, zéro ou presque, je n'ai causé qu'avec Brieger, professeur de botanique qui va au Brésil pour y fonder un institut de génétique. Commencé ma nouvelle [2]

10 août, lundi. Journée extrêmement intéressante. Nous approchons de Vigo, en Espagne, j'apprends que l'on peut se rendre à terre à ses risques et périls et, en même temps, qu'il n'y a pas l'ombre d'un risque. A l'entrée de la baie, immobile, gris clair, dressé comme un iceberg, un croiseur américain. Je descends à terre, en compagnie de quelques Portugais avec qui je parle espagnol. La ville fourmille de miliciens en uniformes magnifiques, d'une discipline quasi germanique, costumes de marin bleus, kaki, et casques. Parmi eux, des garçons de treize ans qui, armés d'un revolver, traînent leur pittoresque le long des murs et attendent de se faire photographier — mais je remarque aussi que de nombreux hommes du peuple ne portent pas l'insigne rouge des fascistes. J'observe et photographie des *camions** chargés de soldats casqués qui montent au front — ils ont l'air aussi peu féroces que ceux de notre Territoriale et, à ce que l'on me dit, il semblerait que l'heure de la sieste soit strictement respectée. Devant la mairie s'alignent d'innombrables volontaires, des garçons beaux comme des images — de même qu'en ces deux heures j'ai vu plus de *chicas guapas* que dans toute l'Angleterre — un peuple d'une beauté fascinante, et pittoresque en plus : les femmes, droites comme des Romaines, portant d'énormes charges sur leur tête, les *carreteros*[3] qui mènent leurs ânes, tous à la stature grecque. Les gens ne semblent guère se soucier de la révolution, mais à l'étalage d'une librairie, je vois (à côté de l'inévitable *Marie Stuart*) les écrits de Hitler, le livre de Ford contre les Juifs[4] et autres insanités de la même encre. Dans un bar, alors que nous demandons un café, on nous apprend que l'eau est coupée depuis des jours, que les trains ne fonctionnent plus, mais on s'aperçoit (comme autrefois à Vienne) que même pendant les révolutions le cordonnier vend des chaussures et le restaurateur de la bière, la vie ne s'arrête pas — ce n'est qu'après coup que les gouvernements la transforment peu à peu. Dans l'ensemble, j'estime qu'un cinquième à peine de la population participe aux guerres civiles ; on pourrait — habitué que l'on est aux milices allemandes et autrichiennes — errer indéfiniment sans remarquer que le front est à une heure d'ici. Mais quand on le sait, on découvre d'innombrables petits indices, masqués certes par le pittoresque de l'Espagne. Quelle couleur dans les rues, les ânes, les attelages de bœufs, les petites voitures à quatre places surmontées d'un toit-parasol côtoyant des automobiles racées, quel grandiose rappel de Goya que ces vieilles femmes aux cheveux en bataille, trempés de sueur, poussiéreux, en blouses amples, aux pieds sales, et dont la démarche néanmoins est d'une dignité prodigieuse, cette démarche qui, justement parce qu'elle ne ploie pas sous les charges les plus lourdes (ces femmes portent des paniers pleins sur leur tête), conserve quelque chose d'altier, même quand elles mendient. Et les enfants à la Murillo, d'une joliesse et d'une impertinence ensorcelantes : tous sont heureux d'être photographiés, cela garde encore un peu de magie. Deux heures passées en

Espagne sont une expérience plus intense que toute une année en Angleterre : surtout à l'heure actuelle, alors que les canons traversent la ville à toute allure et que l'on découvre avec enthousiasme la sage indolence de ce peuple, même au beau milieu d'une telle crise.

11 août, mardi, Lisbonne. Agréable déception. Je n'attendais pas autant de couleur de cette ville. Une sorte de Gênes, mais plus chatoyant, plus méridional, d'un caractère plus autochtone avec ses avenues luxueuses, les *avenidas* et leurs cafés, alors que les rues adjacentes sont peuplées d'ânes, de femmes portant leurs paniers : la splendeur dans la misère et la misère dans la splendeur, ce magnifique contraste des pays méditerranéens. Les hommes sont moins altiers qu'en Espagne, fortement métissés, ils n'ont pas l'orgueil du *caballero*, bien qu'eux aussi se fassent cirer les chaussures à longueur de journée. J'erre pendant des heures, les boutiques en plein vent qui proposent de misérables babioles ont un charme primitif singulier, plus que les *avenidas* avec leur petit air balkanique. Un entracte merveilleux avant de retrouver l'ambiance quelque peu monotone du bateau où seuls m'intéressent les émigrants juifs de la troisième classe, moi aussi je les intéresse, car naturellement l'un d'eux me connaît comme « lé pli grand écrifain », et ils sont heureux que j'aille leur rendre visite. Voici venir quelques jours qui, je l'espère, me permettront de travailler en paix.

14/15/16. La traversée est toujours aussi agréable. Réussi jusqu'ici à choisir les gens avec qui je cause, mon incognito est respecté au point que deux personnes lisent, sans se douter de rien, des livres de moi qu'elles ont emportés : seuls les Juifs de la troisième classe m'ont reconnu. Je discute de temps à autre avec Cecil Mandsley, un des plus hauts fonctionnaires du ministère du Travail, qui dirige tout le système éducatif : sympathiquement anglais, tout en finesse et en correction, il compose pour lui-même de la musique sur des poèmes de Nayer [?]. Également avec le professeur Brieger, qui enseignait la génétique et vient d'être nommé à São Paulo — il m'explique tout le système. Il serait vraiment souhaitable d'en savoir plus long sur ce Gregor Mendel, ce personnage aussi tragique que Mesmer, et d'écrire sur lui[5] — Brieger m'explique de façon fort vivante comment Mendel a joué par deux fois de malheur en prenant comme sujet d'observation, ou de démonstration, une plante qui se fertilise elle-même, de sorte que son travail fut boycotté, comme celui de Mesmer. Il entre dans la grande série des oubliés : il va falloir que je voie cela de plus près. — Puis la femme d'un gynécologue de Breslau, Frankel [?], une Viennoise vive et loquace, très versée en littérature — femme impossible, parce qu'elle exige que je me « présente » à son mari sous le prétexte que je suis le plus jeune, ce que je refuse, bien sûr. — Également l'aumônier catholique du paquebot, un jeune homme qui est resté longtemps chez la comtesse Wurmbrand à St Jacob, et enfin Mr. [Montague], de New York, ou plutôt du monde entier, homme de grande classe. Ingénieur des mines, il a été partout, parle toutes les langues, une force de la nature qui déteste les États et le culte de la patrie, audacieux, passionné par son existence dans la forêt vierge ; la chaleur ne lui fait rien, sa robustesse prodigieuse semble tout supporter (une grand-mère chinoise et, je présume, du sang juif). De plus très cultivé, averti, d'une intelligence extrême, un de ces hommes qui gagnent des sommes folles en risquant leur vie et les perdent avec une égale facilité. Il est le seul à considérer le Brésil avec pessimisme. Il pense que la nature est invincible avec ses insectes qui rongent le bois, il ne croit pas non plus que des Européens puissent y demeurer deux ans de suite sans dommages pour leurs forces : la déshydratation constante du corps, les rayons infraviolets, tout cela semble vraiment vous miner, et tout le monde — y compris [Cesareo Bernaldo de Quiros], le remarquable peintre argentin — me le confirme. Récit intéressant de ces expéditions dans les mines : on entend parler d'un gisement, il faut chaque fois se frayer un chemin dans la contrée, mais on a été abusé par de faux renseignements et l'on erre souvent pendant des années avant de trouver l'endroit exploitable. Mais il semble que, dans ces tentatives, des sommes immenses soient en jeu, qui retournent dans un petit nombre de mains. Effrayant — je lis l'histoire des découvertes —, le courage qui fut déployé lors de ces entreprises par des inconnus (l'histoire de Sarmiento dans le livre sur Magellan, qui pourrait donner matière aussi bien à un roman qu'à une « Heure étoilée[6] », je l'écrirai sûrement à Londres). Ma nouvelle avance lentement, il ne me vient pas d'idées neuves — comme il m'aurait été facile de l'écrire à l'époque si j'avais eu une secrétaire sous la main —, nous verrons bien ce qu'il va en advenir. — Ne pas oublier ce brigand de Bahia, Lampiao, dont il m'a parlé. — Physiquement, le voyage me fait beaucoup de bien, je crois aussi que je perds du poids grâce au régime, à la gymnastique, aux échelles qu'il faut gravir — l'air étouffant brûle certainement de la graisse ou déshydrate le corps. A noter que nous sommes en train de passer la ligne. — Encore exactement une semaine de voyage.

20 août. Encore un jour avant d'arriver à Rio. La vie sur le bateau commence à devenir ennuyeuse. Huit jours sont la bonne mesure pour une traversée, à moins que l'on n'ait à sa disposition un *state room* où l'on puisse travailler comme chez soi. Le temps est d'une égalité admirable, on peut rester dehors du matin au soir, et j'envie les gens que rien n'empêche de le faire, qui passent les trois quarts de la journée dans la piscine, en sortent pour aller à un bal masqué, faire la course, toutes ces puérilités auxquelles les Anglais attachent une sacro-sainte importance. Le baptême de la ligne, quand on franchit l'équateur, est une pompeuse mise en scène, mais quel manque d'esprit, quelle vulgarité, un schéma mis au point depuis quarante ans. L'ambiance humaine est fort agréable, bien que j'aie appris peu de choses positives, le brave Mr. Mandsley est d'une sécheresse à faire peur, et l'on se demanderait si ces gens sont en chair et en os, n'étaient les deux vieilles dames d'hier soir qui, prises de champagne, ont offert le spectacle aussi prodigieux d'instincts déchaînés. Je commence à redouter les manifestations publiques et tout l'inévitable, j'espère seulement pouvoir au moins poursuivre mon travail à Rio — cette nouvelle que je suis en train d'écrire me paraît problématique, je suis curieux de voir si je réussirai à me tirer d'affaire avec élégance : Dieu soit loué, il m'est venu pour la fin une idée brillante, mais il me manque la partie intermédiaire : j'achoppe à la difficulté non seulement de décrire la pureté, mais de la montrer. Pas grand-chose de valable dans la bibliothèque du bord. J'essaie les célèbres *Hauts de Hurlevent*, ouvrage que je trouve illisible, en revanche l'*Andrews* de Fielding m'amuse (mais quand on en a lu un, on les a tous lus), et *Orgueil et préjugés* de Jane Austen m'en impose fort. Comme c'est bien composé, en fonction des caractères, quelle richesse dans les personnages, quelle connaissance de l'âme humaine, de quel humour tout cela est-il sous-tendu. Quoi qu'il en soit, au cours d'un tel voyage, on rafraîchit ses connaissances. Les notes suivantes seront rédigées sur la terre ferme : j'espère apercevoir cette nuit la Croix du Sud.

La nuit, le froid tombe soudain. Nous passons le Cabo Frio. Demain, Rio de Janeiro ! Me lever tôt

21 août. Vais-je pouvoir tout dire sur Rio, ne pas trop en oublier ? Le matin, entrée dans le port : une vraie splendeur. D'abord, les îles surgissant de la mer, vertes ou rocheuses, puis, voilés par la légère brume matinale, le Corcovado surmonté de sa croix, bossu, et le Pain de sucre, tous deux se dressant comme des monolithes, et, adossée à eux, dans la courbure merveilleuse des baies, la ville toujours recommencée, sans cesse interrompue par les promontoires qui, tels les doigts d'une main, s'avancent pour la retenir. On ne peut imaginer rien de plus beau que cette ville qui se déploie comme un ravissant éventail, tandis que la mer est sillonnée par les ferry-boats : déjà se mêle à l'arôme de celle-ci la moelleuse fragrance de la terre, on est baigné de douceur, l'accueil est vraiment d'une chaleur méridionale, alors que New York, tout aussi grandiose, vous salue de ses icebergs de pierre et vous lance la triomphante fanfare de son vacarme. New York appelle, Rio attend, viril celui-là, féminin celui-ci, et ces lignes onduleuses ont quelque chose d'une femme qui surgit de la mer, Vénus Anadyomène. Inoubliable, le premier coup d'œil, on le conservera éternellement dans sa mémoire et, à chaque regard, le tableau change, à chaque regard il reste beau tout en se transformant — Rio ne doit pas, comme Naples, être vu sous un seul angle, il est splendide de toute part, des montagnes à la mer, de la mer aux montagnes, du rivage, de la moindre échappée. Et puis ces couleurs, onctueuses, pour ainsi dire musicales. Une ville magique.

Tandis qu'on attend le débarquement, trois messieurs viennent m'accueillir[7], ainsi que le chargé d'affaires autrichien et une horde de journalistes et de photographes. On m'emmène au [Copacabana Palace] où j'occupe une suite qui donne sur la plage, plus magnifique que toutes les plages d'Europe, au sable épais et moelleux, baignée par la lueur verte de la mer. Mon vœu le plus cher serait de rester des heures sur la terrasse, mais on ne m'en laisse pas le temps : il me faut déjà aller en ville, splendide parce qu'elle réunit de la façon la plus heureuse Madrid et Lisbonne, New York et Paris sur cette grande avenida Rio Branco, qui a beaucoup de classe malgré un certain manque de maturité dans le style, mais d'une animation intense. S'y manifeste ce mélange remarquable qui, dans les jours à venir, m'apparaîtra comme l'invraisemblance la plus frappante de notre époque, l'absence totale de préjugé racial — observation que l'on peut faire au premier coup d'œil. Visite au ministère des Affaires étrangères — ex-demeure privée, ce qui permet d'avoir une idée du style d'autrefois, un baroque tempéré aux couleurs très vives, le rouge intense de ce bois dur comme du fer, le jacaranda, que nous appelons palissandre, et qui est parfois si résistant qu'on le travaille comme de la pierre. Le ministre, très sympathique, très homme du monde, naturellement on photographie à tour de bras, c'est, avec le jeu *(jogo de bicho*[8]), le vice national : toutes les classes de la population y trouvent une joie enfantine. Me voici pris en charge par les photographes et les interviewers, impossible de dire combien de livres j'ai dû signer et quelles importunités j'ai dû subir — de fait, ma renommée dans ce pays est incroyable, elle touche tous les milieux, des plus élevés aux plus humbles, et ne se fonde pas sur tel ou tel livre, mais sur l'ensemble, sans discrimination. Je m'en aperçois chez Koogan[9], un homme très sympathique. Autre personnage agréable, une vraie chance offerte par le hasard : Jaime Chermont, que l'on me donne comme accompagnateur — issu d'une des plus vieilles familles, riche, d'une culture extraordinaire, aristocrate jusqu'au bout des ongles — un type d'homme que je n'ai guère rencontré sous des formes aussi séduisantes. Le soir, promenade en ville avec Koogan, mais j'ai l'obscur pressentiment que je n'aurai pas longtemps droit à ces douces flâneries. Sur le *Pão d'Azucar*, cette montagne en forme de pain de sucre (une réplique du Corcovado) aux configurations singulières. La montée en voiture est entravée par la violence du vent, mais la vue est splendide. La nuit tombe vite ici, sans transition, le jour disparaît soudain, on ne sait comment, mais en douceur, discrètement. La nuit se fait, d'une noirceur à peine imaginable, la mer se fige comme un métal noir. Et tout d'un coup, spectacle prodigieux, la ville s'allume. Telles les ondulations d'un serpent, une guirlande ininterrompue de lumières suit les méandres des anses : Urca, Flamengo, Batafogo, tout au long de cette immense baie de Guanabara, si grande qu'on a calculé que toutes les flottes de guerre du monde y trouveraient aisément place. En même temps, le cœur de la ville, les buildings à l'américaine, se met à étinceler, fanal grandiose, et tout cela dans un air à la fois limpide et moelleux — on y sent le parfum des forêts proches. Une splendide nature vierge où la civilisation apporte sa lumière — bouleversé, on voudrait ne pas s'en aller : certes aucune ville au monde n'offre un spectacle pareil. Après dîner, avec Koogan dans la Mange, la rue des femmes. Scènes incroyables que présente ce Yoshiwara [10] de Rio. Dans des boutiques éclairées tendues de vert, de jaune, les femmes sont installées comme en vitrine, chacune arborant son *nom de guerre**, Coonne, Léonie, Gaucha, Pasquita — un mélange bariolé comme je n'en ai jamais vu. Des négresses noires comme la nuit aux cheveux bouffants, aux seins nus, vous dévisagent d'un air hébété et indifférent, telles des statues en bois, des Françaises fardées, en chemisettes voyantes ou en shorts provocants, chantonnent et vous appellent, des Juives orientales vous promettent les luxures les plus folles, il y a aussi des mulâtresses dans toutes les nuances de café au lait, à peine adolescentes ou bien bouffies, tendres ou grivoises, cinq cents peut-être porte à porte, un livre d'images de toutes les races, de toutes les classes, et, derrière, inévitable, le lit. Certaines s'étirent paresseusement, d'autres cherchent à capter votre attention en se contorsionnant, d'autres encore ont le regard fixe et las, plein d'une indifférence orientale ; le plus étonnant pour nous, c'est ce mélange total, cette absence de racisme si typique de ce pays. Les nègres vont chez les Blancs, les Blancs chez les nègres, la rue fourmille, mais la discipline la plus stricte y règne, un détachement de policiers surveille le quartier et, à minuit, tout s'éteint d'un seul coup ; les logements ne sont loués que comme locaux commerciaux, sur ce gigantesque bazar de chair humaine descend le rideau de fer. Que de destins alignés les uns à côté des autres — quel chemin ont dû parcourir ces Françaises et ces Juives avant d'échouer ici et de s'offrir au tarif de 3 milreis (env. 3 francs français !). Quelle mise en scène au service du bref plaisir le plus banal et le plus bestial — j'ai rarement vu dans ma vie chose plus fascinante que ces quatre rues étincelantes qui, dans le labyrinthe de leurs murs, ont une fonction et une seule. Il y a de très jolies filles parmi elles, notamment les métisses indiennes au corps délicat et à la chevelure lisse d'un noir métallique : une légère mélancolie les auréole, et leur avilissement, cette exposition en vitrine, n'a rien de vulgaire, il bouleverse plus qu'il n'irrite. Un spectacle inoubliable

Samedi 22. Été en voiture à Petropolis, randonnée qui rappelle notre Semmering[11]. On découvre avec étonnement la vastitude de Rio, il faut une bonne demi-heure pour en sortir : partout les magasins ouverts, on aperçoit l'intérieur des boutiques, l'intérieur de l'existence, et partout ce brassage parfait — les enfants noirs, blancs, de couleur jouent ensemble sans complexe, et, omniprésente, cette douceur du peuple, cette sensibilité particulière qui, dans les hautes classes s'accompagne d'une extrême *gentilezza*. Parcours intéressant — on traverse d'abord les régions marécageuses où autrefois sévissait la fièvre jaune, puis une route très sinueuse escalade la hauteur où, en été, les Cariocas allaient chercher refuge contre la chaleur (aujourd'hui ils transforment Rio en une immense plage). Le débonnaire roi Dom Pedro (sa bonté le fit chuter, et l'abolition de l'esclavage lui donna le coup de grâce) avait ici sa résidence d'été, les diplomates étrangers y habitaient également. Petropolis n'est plus aujourd'hui qu'une petite ville banale habitée par les Allemands que le roi fit venir (les quartiers portent le nom de provinces allemandes), on les reconnaît encore à la blondeur des enfants. Il n'y a pas grand-chose à voir, nous nous rendons dans une ferme qui comprend un élevage de volaille et une plantation de café, une maison ravissante, la propriétaire parle très bien notre langue et, naturellement (comme chacun ici), elle a lu tous mes livres. Retour en ville, où je dîne avec le chargé d'affaires autrichien, Faccioli Grimeni, qui me parle beaucoup du Brésil : tout le monde aime ce pays, et surtout l'affabilité et la générosité de ses habitants. Tous sentent qu'ici un grand avenir se prépare, à condition que les hommes et les capitaux y affluent en quantité suffisante.

Dimanche 23. Le matin, réglé quelques affaires. Coup d'œil sur la plage sublime de Copacabana. A midi, lunch offert, au Jockey Club, par le ministre des Affaires étrangères, Macedo Soares, soixante conviés, parmi lesquels des femmes d'une beauté fascinante ; très sympathiques, les filles du président Getulio Vargas, simples et sensées. Le décor du Jockey Club est grandiose. Derrière le champ de courses, le lac Rodrigo de Freitas entouré de montagnes — de l'autre côté de celles-ci on devine la mer. Les tribunes sont protégées du soleil par un immense toit en ciment, une foule de joueurs malgré le temps maussade — le jeu est le vice de ce peuple. Il existe d'innombrables maisons de jeu, plus le loto d'État, plus le *jogo de bicho*, interdit, ce sont des combats d'animaux, une sorte de *streetstake*[12] auquel tout le peuple participe — invention ingénieuse qui, si elle était légalisée, rendrait les impôts superflus. On m'a raconté qu'il existe 6 000 manières différentes de miser, et les « banquiers » marrons vous versent, malgré l'interdiction, n'importe quel gain. Le repas, succulent, et, par chance, ni toasts ni discours. Été ensuite à Tijuca, une route féerique vous conduit en pleine forêt tropicale. Les plus beaux palmiers, les papillons les plus rares, le tout très soigné. Visite à Mme Tulutes, dans la plus belle maison que j'aie jamais vue. A l'origine, maison de campagne de l'amiral Cochrane[13], elle possède encore le parc d'attractions chinois à passerelles suspendues et lampions, on se croirait dans un pays de rêves : le paysage change selon le point de vue, on voit les montagnes, les forêts, la mer sous les angles les plus variés. La maison elle-même est tout à fait moderne. Dalles de marbre, belles poutres, grilles de fer forgé qui vous permettent de sortir de tout côté. Vieux meubles de famille, armoires gigantesques en palissandre provenant d'églises, autels privés (tous les gens de bonne famille sont d'une piété stricte), mais rien d'acheté à grands frais, tout a été choisi avec le sens de l'économie et un goût prodigieux, et toujours des pièces exceptionnelles. Je ne cesse (ni ne cesserai) de découvrir la culture extraordinaire qui domine dans les milieux distingués, et combien nos préjugés européens sont stupides. On trouve dans les sphères supérieures une élégance de ton et de comportement que nous avons perdue depuis des années — quant au peuple, il a une conception quasi romantique de l'érotisme, ici ne règne pas la liberté telle que nous l'entendons : une jeune fille ne sort pas avec un jeune homme, non point par pruderie, mais parce que ainsi on jouit de l'attente. — Mais revenons au jardin. On nous invite à nous y rendre, et soudain le petit étang s'illumine. Tout baigne dans une lumière magique, on assiste sous les palmiers brésiliens à une fête d'été des plus raffinées. Puis le retour, je me suis stupidement engagé à faire une conférence, je dois en outre préparer une réponse pour l'Académie — et j'ai oublié le manuscrit chez moi

Lundi 24. Le matin, travail, interviews, promenade dans la ville qui me plaît de plus en plus. Une diversité et un coloris sans pareils. Dans de petits restaurants locaux, je déguste du *feijoada*[14], bois de l'eau-de-vie de canne à sucre, fume d'excellents cigares, prends un café (il est si chaud que, si on le recrache sur un chien, celui-ci s'enfuit en hurlant), bonnes conversations avec Claudio de Souza[15], Peixoto et autres poètes, je me croirais au paradis si ne pesait sur moi l'ombre de ces conférences

Mardi 25. Promenades, travail. D'où qu'on la regarde, la ville n'offre que des surprises, je n'en ai jamais vu de plus belle. Mais encore beaucoup à faire ! Avant tout, visite au président de la République, le dictateur Getulio Vargas. Le palais est simple et de bon goût, je suis accueilli avec une magnifique absence de cérémonial, on arrive dans la tenue qu'on porte et, pendant les cinq minutes que je dois attendre, je suis assailli par tous les ministres et officiers de marine possibles qui me font signer des livres. Introduit chez Vargas, petit homme trapu au regard incisif et vigilant, très alerte, très vif, plus vif que ne l'est son français. Il trouve des paroles extrêmement aimables sur la popularité dont jouissent mes œuvres, il évoque les possibilités du Brésil, m'interroge beaucoup sur Vienne, sur Lehar, tout se passe sans formalisme aucun. Par contre, au Musée historique, c'est la cohue, les photographes. L'Académie est archicomble. Leão fait un grand discours sur mes travaux, je réponds en allemand, on traduit en portugais. Sur quoi, écrasé par la foule des enthousiastes, je dois signer des centaines de livres, cela dure jusqu'à 7 heures, je rentre, le col trempé de sueur, je me change et je continue à préparer ma conférence jusque tard dans la nuit

Mercredi 26. Excursion aux îles Paqueta et Brocoio. La mer très agitée, presque dangereuse. Mais comme se déploient les baies et les îles, l'une après l'autre, les montagnes avec le « doigt de Dieu » et le Corcovado portant sa croix, un décor en cache un autre et chacun surpasse en beauté le suivant. Les îles rappellent celle de Prospéro, ce Brocoio, jungle transformée en paradis, lunch magnifique dans la maison presque trop raffinée, promenade dans la luxuriance tropicale. Une merveilleuse excursion. Puis achats, courses, flâné en ville, retourné le soir dans la Mange où quelques musiciens jouent des airs brésiliens. Mais auparavant, lecture publique de la Légende [16]. 1 200 personnes emplissent la grande salle, je suis ému par la gratitude et l'enthousiasme de ces gens, et j'ai la satisfaction d'avoir fait une recette de plus de six mille milreis au profit des réfugiés

Jeudi 27. Le matin, corrigé jusqu'au dernier moment l'épouvantable français de la traduction. Épuisé, je vais faire ma conférence, la salle est naturellement archicomble, discours des ministres à côté de moi, le public, 2 000 personnes, se lève d'un seul élan en mon honneur, je suis atrocement gêné, je transpire, suit une allocution des étudiants, puis séance de photographies et enfin, Dieu soit loué, j'en ai fini avec toutes les cérémonies officielles. La nuit, randonnée en auto au lac Rodrigo de Freitas ; on se croirait dans les montagnes suisses, clair de lune sur les sommets, nuit d'été dans les Alpes. Le lac reflète avec précision chaque lumière, le spectacle est indescriptible. Suis allé voir aussi la Grota de l'Imprensa qui descend en pente abrupte vers la mer, une gorge grandiose

J'oubliais cette visite à l'Elite Club où l'on avait rassemblé pour nous les meilleurs musiciens nègres du Brésil. Le flûtiste, prodigieux : fougue écrasante du rythme, à la fois vigoureux et dansant, les autres l'accompagnent avec justesse, le seul instrument qui vous frappe est la *gansa*, sorte de courge métallique qu'on secoue, elle produit un bruit excitant qui sonnerait creux s'il n'était, comme ici, totalement maîtrisé par le rythme. Ce sont les exécutants de cette danse effrénée, la *macumba*, grâce à laquelle les nègres s'insufflent une sorte d'ivresse démentielle ; aux motifs originels sont incorporés des éléments nouveaux, très violents. Ensuite, les danses. Quel réconfort de voir le naturel avec lequel les races se mêlent et, d'autre part, la décence qui règne dans cette boîte minable de banlieue. Les négresses (ouvrières ou domestiques) attendent paisiblement alignées contre le mur, telles des comtesses, qu'un danseur vienne les inviter ; mais comme elles dansent alors ! Quelle souplesse, quelle puissance rythmique ! Je n'ai vu la pareille qu'au Cotton Club à New York. Inutile de dire que toute l'histoire se termine par un instantané au magnésium qui, à mon grand embarras, paraît le lendemain à côté de celui où je suis en compagnie du président.

Samedi 29. Enfin une journée libre, où je peux faire ou ne pas faire ce que je veux. Le matin, promenade et courses : qu'on jouit bien d'une ville quand on y flâne ! Les contrastes sont saisissants, une partie principale entièrement moderne, fabuleusement organisée, propre et même luxueuse, puis des quartiers banals, constructions bon marché, petits étals (ces rues perpendiculaires qui coupent les boulevards offrent un intérêt particulier), et enfin les quartiers tout à fait romantiques. Nous y allons l'après-midi en compagnie d'un préfet de police, car ces secteurs ne sont pas des plus sûrs — à chaque instant se produit un meurtre, et le préfet nous avoue sans ambages qu'on attrape très rarement le coupable, parce que la population fait bloc, et c'est aussitôt le faux témoignage. Ce sont les fameuses *favelas*, petites maisons que les gens construisent eux-mêmes sans être propriétaires du terrain — mais quelles maisons : faites de vieilles planches, couvertes de tôle ondulée ou de plaques de fer rouillées, où cohabitent pêle-mêle les cochons et les hommes, les nègres et les Blancs, sans égouts, sans eau, habitat primitif émigré de la forêt vierge en pleine ville, surplombant les quartiers élégants. Une colline où pourrait s'élever un hôtel de luxe avec vue féerique sur le port et la baie : mais non, telle une gale sur la peau nue du roc, ces cabanes de misère ; les gens d'ailleurs ne semblent pas en souffrir, les enfants sont relativement propres, et l'on comprend qu'ils préfèrent vivre sans surveillance et entre eux dans ces maisons qui leur appartiennent plutôt que dans les ternes cages à lapins. Ce quartier, auquel on accède par des marches glissantes arrosées par les eaux sales, où l'on risque de se casser le cou, forme avec les avenues étincelantes un contraste que l'on ne saurait imaginer plus romantique. De ces cavernes de troglodytes, je me rends — moi aussi, j'aime les contrastes — directement au ministère des Affaires étrangères pour prendre congé du secrétaire d'État : j'y retrouve la plus noble splendeur — quelle ville, quelle ville ! —, de là au restaurant pour déguster un *feijoada*, et en route pour São Paulo

Samedi 29. São Paulo est affreux, ville inachevée, sans plan, en train de se chercher une forme et une silhouette, agrégat d'hommes et de styles de toute sorte. Gratte-ciel à l'américaine de 24 étages côtoyant les petites maisons monotones, belles villas, rues encombrées, un vrai Birmingham ou Manchester, pas une femme dans la rue, seuls des hommes, seul le labeur. Mais une croissance fantastique, on édifie trois maisons à l'heure, la petite colonie de jésuites qui formait un triangle d'une douzaine d'habitations s'est transformée, grâce à la douceur du climat (800 mètres d'altitude), en une métropole de presque 1 million 1/2 d'habitants, et cette croissance tropicale se poursuit. Plus grande que Rome ou que Milan, elle compte 300 000 Italiens, et des Syriens et des Japonais (un quartier entier), des nègres et des Arabes : on sent ici l'Amérique du Nord. Un dynamisme colossal, mais peu sympathique. Le matin, tour de la ville, puis visite à la ferme aux serpents de Butantan (ce qui signifie « grand vent »), on nous montre les reptiles ; on prélève leur venin, ainsi qu'aux araignées (spectacle horrible). Ce qui m'a le plus impressionné, c'est un seul creuset en verre, qu'un enfant pourrait soulever, qui contient, sous forme de cristaux, le venin de 80 000 serpents, chaque grain de cette poussière de cristal représente une concentration extrême de poison capable de tuer un homme sur-le-champ, le contenu de ce récipient en verre suffirait à anéantir la population d'une ville. Au laboratoire, le prof. Slotta [?] et son assistant, le Dr Neisser, nous montrent leurs expériences destinées à découvrir des hormones et à isoler les éléments du café, très intéressant. A midi, chez le préfet, ridicule faste à l'italienne, l'après-midi, visité différents quartiers, soirée avec le charmant Guilherme de Almeida

Dimanche 30. Voyage à Campinas en compartiment spécial. L'archevêque nous accompagne, homme plein de bon sens et d'aménité, il a longtemps étudié à Rome (il s'appelle Prato) ; arrivée à Campinas, petite ville banale et ennuyeuse qui décline parce que le sol, épuisé, ne donne plus de café (il a été remplacé par des orangers), il y a beau temps qu'elle a été supplantée par São Paulo. Dans une *fazenda* — la *fazenda* telle qu'on se l'imaginait, maison à un étage bien conservée, la terrasse ombragée, le péristyle, les meubles anciens, il ne manque que les esclaves. Du café, je parlerai autre part [17]. Vu aussi la procession, retour le soir avec le ministre

Lundi 31. Le matin, visite à la prison, le *penitenciario*, la grande curiosité de São Paulo. L'organisation la plus prodigieuse que j'aie jamais vue, conçue avec humanité et administrée en ce sens par son directeur, Mello, et son assistant, Assaly, mais — ils le disent eux-mêmes — une prison peut-elle être humaine ? Intéressant, l'établissement des dossiers selon la méthode du prof. Kretschmer [18], les cellules sont d'une propreté exemplaire, les couloirs aérés, les prisonniers vivent ici mieux que chez eux, mais combien souffrent-ils néanmoins, surtout les ouvriers agricoles, d'être privés de liberté ! On cherche à les distraire en les faisant travailler. Et de fait, ils s'occupent de tout dans l'établissement, lavent et font la cuisine, fabriquent des médicaments, surveillent les machines, ils sont menuisiers, tailleurs, personne ne reste inoccupé. Mais on ne peut se défendre d'un sentiment d'horreur malgré les films, les livres, la musique qu'ils ont à leur disposition : le seul coup de sifflet strident avec lequel les gardiens les appellent vous pénètre jusqu'à la moelle des os. Scène grotesque : comme j'entre dans la cour, ils sont tous alignés, 30 d'entre eux, 30 sur 1 500, des nègres, des mulâtres, des Blancs qui composent la fanfare entonnent — en mon honneur — l'hymne autrichien qu'ils ont rapidement appris. Je demande ce qu'ils ont fait : la plupart sont des assassins, les autres, des voleurs et des violeurs d'enfants ! Sur quoi, photographie. Même le photographe à l'air aimable est un assassin !! Tout est remarquable, conçu avec humanité, les hommes paraissent dociles et presque satisfaits de leur sort, mais cela ne vous bouleverse pas moins. — Visite à l'*Institut du café** où (parce que j'ai fait l'éloge de cette boisson) on m'en explique la préparation ; on m'offre un percolateur et 5 kilos de premier choix. L'après-midi, visite au gouverneur dans son palais, puis soirée calme, reposante, c'est-à-dire que j'ai signé de 40 à 60 livres, fait mes bagages, écrit des lettres et été voir le mauvais peintre Segall [19].

1ᵉʳ sept. Randonnée en auto à Santos. Beau paysage vallonné, de la hauteur, vue magnifique sur les profondeurs et sur la mer — une promenade splendide. Visité la plantation d'orchidées (4 000 exemplaires), fort bien déjeuné dans la belle villa, vu l'usine de café (j'en parlerai ailleurs), et je m'embarque ; sur le paquebot je retrouve Duhamel et Ludwig [20], nous nous entendons admirablement tous les trois. Ludwig est un phénomène de vitalité, toujours sous tension, plein de curiosité, d'ardeur au travail, animé du désir de tout savoir et, en même temps, d'agir

JOURNAL DE
LA SECONDE GUERRE [1]

1er septembre - 17 décembre 1939

1er septembre 1939. Les journaux du matin publient l'étonnante proposition des Allemands qui, à première vue, semble si mesurée et si raisonnable que l'on croit rêver[2]. Mais à la relecture, on en découvre l'infamie : cette proposition n'a jamais été remise, ou transmise, aux Polonais — de plus, elle n'*aurait* pu être remise que si quelqu'un s'était rendu à Berlin —, un de ces mensonges perfides qu'ils ont tellement pratiqués que, espérons-le, ils ne tromperont plus personne, même les plus stupides. Je suis néanmoins optimiste et nous sommes allés voir un avocat pour discuter des possibilités de mariage[3], puis à l'état civil. Tout se passe apparemment sans accrocs, l'employé est d'une amabilité parfaite, on nous promet que la cérémonie aura lieu lundi — soudain, un commis passe en toute hâte et nous annonce que l'Allemagne vient, ce matin, de déclarer la guerre à la Pologne. Nous avons alors une occasion unique d'admirer le flegme britannique : comme si de rien n'était, l'employé continue à nous expliquer ce qu'il va faire pour nous, et tandis qu'en Autriche on se serait bousculé et qu'on aurait vociféré, chacun ici garde son sang-froid et sa maîtrise de soi. En ville, rien n'a changé. Personne ne se hâte ni ne s'affole, tout se passe dans le calme et la sérénité. Après le lunch, les premières nouvelles à la radio — villes bombardées par les Allemands, extraits d'un discours de Hitler qui laisse filtrer une lueur d'espoir : il semble que l'Italie ne va pas (ou du moins pas tout de suite) intervenir. Voilà qui serait réconfortant, je crois que les Italiens ont fini par reconnaître — comme Buckingham — qu'ils aident les Allemands à devenir les « maîtres du monde » et qu'ils en subiront les conséquences. L'après-midi, en ville. Rien à voir. Personne ne pourrait s'imaginer, même en rêve, que ce jour est celui où s'est déclenchée la plus grande catastrophe qui menaçât l'humanité ! Quelle différence avec l'Autriche d'alors — comme on s'époumonait, ivre d'enthousiasme et de bière. Mais c'était une génération qui ne connaissait pas la guerre, s'en faisait des idées romantiques et croyait (comme mon propre père) qu'un tel conflit était l'affaire de quelques semaines et qu'ensuite tout continuerait comme avant. Ils partaient couverts de fleurs, telles les victimes inconscientes dans les temples antiques — ici en revanche, le silence total, la détermination. C'est (qui peut le dire ?) un entraînement moral : ne jamais se laisser surprendre en flagrant délit d'enthousiasme ou de manque d'imagination — quoi qu'il en soit, c'est étonnant, et je m'aperçois que ma nervosité habituelle est complètement réprimée par la contagion de l'exemple. Je ne me serais jamais cru capable d'écouter les nouvelles à la radio avec autant de sérénité et de concentration, je sens que je pourrais exécuter avec brio n'importe quelle tâche si l'on m'en laissait le loisir et m'en offrait l'occasion. Plus trace des rêves fougueux de 1914, où je voulais m'engager dès le lendemain, ne pouvant supporter l'idée de perdre une seule journée. Aujourd'hui, en 1939, nous savons (et c'est la différence) que chacun sera requis, que nous n'aurons pas longtemps à attendre et que le sort du civil n'aura pas grand-chose à envier à celui du soldat. A six heures, nouvelles informations, allocution du Premier Ministre. Ce que j'ai entendu était sec et pas tout à fait à la hauteur de l'événement. Il n'a pas encore déclaré la guerre, il laisse aux Allemands une chance d'arrêter les hostilités — je crois qu'on aurait pu dire cela avec plus de chaleur et de sens dramatique —, je présume que Daladier va aujourd'hui frapper plus fort. Peut-être cette sécheresse de ton est-elle la plus efficace pour les Britanniques (mais non pour l'Amérique ni le monde latin). Soirée passée à attendre — attente et lassitude. Rien. Peut-être la dernière nuit en Angleterre sans bombardements avant longtemps

Samedi 2 sept. Le sinistre anniversaire de Sedan. Les journaux ne rapportent que quelques détails sur des échauffourées, à deux heures, convocation des Chambres des communes et des lords : l'heure fatidique. Tant que la guerre n'est pas déclarée, je suis un homme libre[4] et peux rester dans ma chambre. Avant le lunch, visite de Koerner. Il m'informe que, tant qu'une loi n'a pas été votée, j'ai le droit de renvoyer son argent à Friderike. Ce que je fais à 1 heure — je vais devoir compter maintenant, mais par ailleurs il ne m'appartient pas de conserver son bien par-devers moi, nul ne sait s'il sortira vivant de la tourmente. A 2 heures, pas de déclaration de guerre à la Chambre des communes. Reportée à six heures. Mais rien non plus lors de cette dernière séance. Le parlement doit se réunir de nouveau demain dimanche. Chamberlain espère-t-il pouvoir donner une dernière chance à ce fou ? Je ne le crois pas, personne ne le croit. Peut-être la France et l'Angleterre veulent-elles montrer qu'elles ont fait l'impossible et lui ont laissé une chance, même après qu'il a attaqué — ce qui impressionnerait le monde entier et rejetterait sur Hitler la pleine responsabilité. Peut-être aussi veut-on gagner une journée supplémentaire pour l'évacuation, dont on parlera un jour comme d'un des exploits de cette guerre — trois millions d'enfants en trois jours ! Le dispositif fonctionne à merveille et la génération montante en Angleterre est saine et sauve. Il faudrait raconter cela dans les *Heures étoilées*, je le ferai peut-être. — A Bath soudain, une recrudescence d'animation, la ville endormie s'éveille, partout des gens qui font des achats et envahissent les magasins — les rues pleines d'enfants. L'attitude de la population est admirable : la gentillesse des Anglais a rarement eu une occasion aussi exemplaire de montrer combien elle est profondément enracinée. — Le soir, toujours pas de déclaration. La nuit tombe, et nous le sentons tous : la dernière nuit de paix pour longtemps.

Dimanche 3. Les journaux du matin publient des nouvelles surprenantes : l'Italie a proposé une conférence, et l'Angleterre a accepté, à condition que l'Allemagne évacue d'abord le territoire de la Pologne. Une lueur d'espoir — si petite soit-elle —, car je crois que la situation financière de l'Allemagne est si désastreuse à la suite des pertes et des dépenses des derniers jours qu'elle ne peut faire autrement que de se déclarer en faillite. Quoi qu'il en soit, la France et l'Angleterre ont énormément gagné en ces deux jours, elles ont pu faire des réserves en ravitaillement et en carburant, ont réussi à évacuer les enfants et, surtout, fourni à Hitler une occasion de renoncer à la violence. S'il refuse, il sera clair pour le monde entier que lui, et lui seul veut cette guerre, et cela ne sera jamais oublié. Attente, attente, attente jusqu'à dix heures. Et puis une nouvelle inquiétante : l'ambassadeur a, dès le 1er septembre, déclaré que l'Angleterre entrerait en guerre si le gouvernement allemand ne mettait pas un terme aux hostilités et ne se retirait pas du territoire polonais. On annonce que l'ambassadeur a posé un ultimatum qui expirerait à 11 heures si l'Allemagne ne réagissait pas. Nous savons sur-le-champ que tout espoir est perdu. L'Allemagne n'a pas répondu. A 11 heures 15, déclaration de Chamberlain — digne, calme, impressionnante. Personne ne peut plus conserver le moindre doute quant à ce criminel.

Maintenant commence pour moi une autre vie, j'ai perdu ma liberté et mon indépendance. Je regrette seulement de n'avoir pas la possibilité d'écrire, je ne sais pas assez bien l'anglais et n'ai personne pour corriger mes fautes et donner plus de relief à ce que j'aimerais dire ; voilà ce qui me pèse le plus, être prisonnier d'une langue dont je ne peux me servir — comme la situation était différente autrefois en Autriche et en Suisse, je pouvais parler ma propre langue et même encourager les autres. La ville ne montre pas le moindre signe de changement, tout est comme avant — seule la nuit apporte la peur, car tout doit être occulté et l'on se sent enfermé. Dans l'ensemble la situation sera mille fois pire qu'en 1914, où nous pouvions voyager, aller au théâtre, la vie n'était changée en rien, excepté pour ceux des tranchées à qui personne ne pensait plus à l'arrière. Et nous n'avons aucune idée des *nouvelles* horreurs : intoxications, embrasements, que ce conflit va apporter ; je m'attends à tout de la part de ces criminels. Quel écroulement de la civilisation, comme elle était humaine, la guerre d'il y a cent ans, comparée à aujourd'hui ; après 1919, on a eu vingt ou vingt-cinq ans pour conclure, modifier, améliorer des traités, favoriser les accords entre les peuples, et l'on n'a rien fait, rien. Désormais, et pour des années, les gens vont devoir vivre entassés les uns sur les autres, redoutant les attaques jusque dans leurs rêves. Aujourd'hui, ce sera la première nuit, demain peut-être apprendrons-nous déjà que la première de ces attaques a eu lieu

4 sept. Nuit parfaitement calme. Les journaux du matin, très dignes, pas un mot de haine, on ne prend même pas Hitler à partie. Le matin, tandis que nous nous rendons au commissariat de police pour faire notre déclaration de résidence, nous apprenons qu'un navire américain faisant route vers les USA aurait été torpillé[5]. Le fait n'est pas encore confirmé, mais je me rappelle que les premiers jours de la guerre étaient constamment nourris de ce genre d'espoirs — cela porterait en effet un sérieux coup à la neutralité américaine. A la police, la même attente que partout et toujours en de telles époques, je me souviens, et cette fois-ci cela ira de mal en pis. Notre audition se passe très vite, je constate seulement avec regret qu'on nous inscrit sous la rubrique *Alien Enemies*, autrement dit le gouvernement anglais reconnaît tacitement l'annexion de l'Autriche et nous considère comme des Allemands. On ne nous envoie pas dans un camp, mais nous devons rester dans un périmètre de cinq *miles* et signaler tout déplacement au commissariat d'ici et à celui du lieu où nous nous rendrions. J'espère néanmoins que notre naturalisation nous sera entre-temps accordée, certains signes me le donnent à penser[6]. L'après-midi, fait un tour en ville — rien à voir. Quel contraste avec l'enthousiasme de 1914, les gens ne savaient pas ce qu'était la guerre et les jeunes hommes s'engageaient en toute hâte de peur que le conflit ne cessât avant qu'ils ne fussent appelés sous les drapeaux.

Aujourd'hui, chacun sait que son tour ne tardera pas à venir. Jusqu'à présent, les nouvelles d'ordre militaire n'ont pas l'air d'éveiller un vif intérêt ; ce n'est pas comme avec la Belgique — la Pologne est loin et il n'existe pas de contact étroit entre les peuples. Qu'est-ce que la Pologne pour eux ? La position de l'Italie n'est toujours pas claire, par ailleurs Roosevelt a opéré une volte-face stupéfiante. Après avoir, durant des années, attaqué l'Allemagne et la dictature, le voilà qui déclare que l'Amérique restera neutre et n'enverra pas un seul homme ; aucun indice non plus que la loi de neutralité, favorable à l'Allemagne, soit modifiée, ni que l'envoi d'armes et de biens de consommation soit autorisé. Tout semble indiquer que cette guerre sera très longue — le seul espoir, c'est que, les Allemands ayant réduit les salaires et augmenté les impôts de façon vertigineuse, le pays manifestera moins d'enthousiasme qu'au début de la dernière guerre, quant aux Tchèques, ils ne suivront pas aussi facilement. Mais pour l'instant, c'est l'incertitude totale — la folie de cette déflagration aura peut-être un résultat positif : la fin du capitalisme sous sa forme actuelle ; le monde va changer de structure, nous ne le saurons pas ; sera-t-elle meilleure, c'est ce que nous verrons plus tard

Mardi 5 sept. Journée merveilleuse, la plus agréable, peut-être, que j'aie vécue à Bath, pas le moindre indice que le monde est en guerre — nous n'avons, tous ces jours-ci, rien *senti* d'une telle ambiance. Où sont les ivrognes et les braillards de 1914 ? A part le fait que la ville est un peu plus animée par les trois ou quatre mille réfugiés de Londres, aucun changement. Lunch au Spa — quelle vue magnifique ; l'après-midi, nous montons de Clareston sur la hauteur — comme la splendeur de la nature peut faire oublier la stupidité des hommes. Je suis heureux d'avoir eu ces quelques moments de détente avant que ne commencent les tristes journées d'hiver. Mais quand vais-je me mettre au travail ? Il est grand temps ! C'est le seul remède en ces heures de désespoir et de profond dégoût ; si j'écoute la radio, c'est uniquement pour perfectionner mon anglais. L'aspect le plus ahurissant de la « *confusion des langues* » : quand on entend du polonais, c'est l'Allemagne qui parle, quand on entend de l'allemand, c'est Londres, et ainsi de suite. — Les soirées sont devenues terriblement déprimantes. Rues obscures et désertes, il faut éviter de laisser passer le moindre rai de lumière aux fenêtres. Et encore, nous sommes au début septembre, la nuit ne tombe qu'à 8 heures. Qu'est-ce que ce sera quand il fera noir à cinq heures, à quatre heures ! Et pas de théâtre, pas de cinéma, rien, rien, rien. Quand on se remémore la Vienne de 1914, et même de 1918, l'opéra, les bals, les divertissements, la certitude de pouvoir vivre et dormir. Par ailleurs, cela, cela justement me donne l'espoir que le conflit ne pourra traîner en longueur. Cette fois-ci, l'arrière va trop souffrir. La vie sans joie, sans diversité sera trop épouvantable pour être supportée longtemps. Et comment préserver les villes du pillage, des effractions, des attaques à main armée, si tout reste plongé dans l'obscurité pendant des mois et des mois — je ne peux imaginer un tel jugement de Dieu, et il faut espérer que l'Allemagne s'effondrera la première — sûrement pas l'Angleterre (si l'Italie n'intervient pas, ce qui me semble parfaitement absurde). L'Italie devrait savoir qu'après la Pologne et la Hongrie, ce sera son tour.

Mercredi 6 sept. Journée décisive. Ce matin, tandis que je lis les journaux, un coup de téléphone du Dr Ingram nous apprend que nous pouvons nous marier cet après-midi à 4 heures. Lotte et sa belle-sœur sont aussi surprises que moi. Et au même moment, une lettre de Mr. Huntley m'annonce qu'il est disposé à vendre[7]. Nous allons visiter la maison, qui nous paraît plus belle que jamais. Seule difficulté : elle est occupée par 20 enfants de la banlieue londonienne, l'école de Miss Huntley, et ils ne pourront partir avant Noël, peut-être même un peu plus tard. Mais qu'importe, c'est une bonne chose que d'avoir un chez-soi en ces temps-ci, même si nous n'y occupons que deux ou trois pièces jusqu'à ce que tout s'arrange. Nous déjeunons rapidement, je me rase, puis le mariage sans cérémonie, une seule formule : on déclare prendre L.A. comme épouse légitime. Voilà qui suffit pour une journée ! Un nouveau pas de fait vers l'ordre dans un monde d'éternel désordre.

Jeudi 7 sept. Le matin, une foule de petites affaires à régler, puis lunch au Spa et longue promenade — jamais Bath ne m'est apparu aussi beau qu'en ces journées qui me rappellent celles, splendides, d'août 1914 à Baden. Les nouvelles sont fort bizarres. Cracovie est tombée, ce sera bientôt le tour de Varsovie, en une semaine les Allemands auront envahi toute la Pologne, comme en 1915. Mais, chose étrange, aucune attaque contre l'Angleterre, sur le front occidental rien ne bouge, la France, l'Angleterre et l'Allemagne n'ont pas encore commencé la guerre pour de bon, le calme en France est surprenant. Je n'ai pas le courage d'y croire, mais des pourparlers de paix seraient encore possibles avant la véritable bataille et après la déconfiture totale de la Pologne — si les Allemands pouvaient obtenir directement de leurs voisins et nouveaux amis, les Russes, tout ce qu'ils désirent. Je ne peux m'imaginer comment on pourrait vaincre l'Allemagne, mais non plus comment faire plier l'Angleterre, ou même la France. Ce serait à coup sûr un triomphe pour Hitler s'il obtenait son morceau de Pologne après l'avoir détruite pour des années et des années, mais la France entreprendra-t-elle vraiment une guerre de trois ou quatre ans pour la libérer alors qu'elle a sur ses arrières un voisin aussi dangereux que l'Italie ? Je ne sais pourquoi, mais j'ai le sentiment que la solidarité envers la Pologne n'est pas aussi profonde qu'avec la Tchécoslovaquie, qui, depuis le début de la guerre, n'a cessé de se conduire en alliée fidèle, tandis que la Pologne a lâché la France pour l'Allemagne et a participé au dépouillement de ses voisins tchèques [8].

Je n'ose pas croire que la raison prévaudra et que les hostilités prendront fin avant que le grand branle-bas ne se déclenche. Aujourd'hui, il serait encore possible d'accepter n'importe quelle paix, mais un bombardement de Londres ou de Paris l'ajournerait pour plusieurs années

Vendredi 8 sept. Il semble que la débâcle de l'armée polonaise soit totale et que la guerre éclair, prophétisée et préparée depuis deux ans par l'Allemagne, ait eu lieu. Du côté français, calme absolu, ils n'ont aucunement l'intention de sacrifier leur jeunesse dans un combat sans espoir. Sur mer aussi les Allemands ont habilement manœuvré, le *Bremen* s'est esquivé [9] et les sous-marins sont à l'œuvre ; je crois que la guerre ou bien ne se déclenchera jamais, ou alors ce sera avec une violence sans égale. L'achat de la maison entraîne de nombreuses difficultés, mais j'espère les surmonter et, si cet achat aboutit, ne pas faire installer pour l'instant le chauffage central. L'essentiel : quand pourrai-je me remettre au travail ? Je n'ai plus beaucoup de temps à perdre

Samedi 9. Perdu la moitié de la journée en tractations au sujet de la maison ; je crois que nous allons tomber d'accord. De Pologne, très mauvaises nouvelles, de France, aucune : je ne vois plus comment la guerre pourrait commencer. L'après-midi, j'entends le discours de Göring, je dois reconnaître qu'il a été très impressionnant : populaire, sensé, recourant à toutes les nuances de la rhétorique, menaces, concessions, plaisanteries, sentimentalité ; un remarquable morceau de démagogie. Je crains qu'il n'ait raison sur certains points — le fait que le « blocus » est rompu et que les matières premières peuvent affluer de Russie en énormes quantités. Comment arriveront-ils à les payer, c'est une autre histoire. Fort curieuse, l'absence, jusqu'ici, de bombardements, de combats sur le front occidental. J'ai de plus en plus l'impression que les Français renâclent. Koerner dit à juste titre : ce qui sera décisif, c'est de savoir où éclatera d'abord la révolution, en France ou en Allemagne.

Dimanche 10. En une semaine, la moitié de la Pologne a été occupée, son armée anéantie. Ce qui me surprend le plus dans la presse anglaise, c'est la tiédeur de sa compassion envers les Polonais. Ce n'est pas comme avec la Belgique en 1914. La distance joue sur les sentiments ! Nous avons observé la même chose lors de la guerre en Chine [10]. Je nourris l'étrange espoir que la guerre n'aura pas lieu, et tous les communiqués semi-officiels n'entameront pas cette conviction ou, plutôt, cette secrète espérance. Mais ne vaudrait-il pas mieux laisser de côté, en fin de compte, toutes les idées de guerre, d'autant plus que, semble-t-il, nous assisterons à une lutte sans fin si l'on n'y met pas immédiatement un terme ? Mieux vaut se mettre au travail. Je pense que l'autobiographie [11] ne serait pas indiquée. Quant à écrire des romans, je n'en ai pas le courage — peut-être le mieux serait-il un ouvrage comme l'*Érasme* [12]

Lundi. Rien de nouveau. J'ai encore beaucoup à faire au sujet de la maison. Je crois que c'est une bonne chose, car il sera impossible pendant des années de se déplacer librement dans le monde, et l'on a envie d'une sorte de chez-soi en une telle période — je ne crains que l'hiver, si nous n'avons pas de chauffage central : nous autres Autrichiens ne nous rappelons que trop bien la dernière [guerre]. Nous ressentons tout avec plus de lucidité et d'intensité que les gens d'ici. Ils ignorent que les biens de consommation vont disparaître du marché, ils s'étonnent seulement de les voir augmenter de 5 ou 10 %.

Mardi. Rien d'important. La guerre va être longue, interminable, elle finira sur l'effondrement du capitalisme. Je deviens de jour en jour plus indifférent envers les frontières ; aujourd'hui, indices que la Russie veut sa part de la Pologne et que le traité a une portée beaucoup plus vaste qu'on ne l'a supposé ici. Avoir négligé la Russie fut la plus grave des innombrables erreurs de Chamberlain.

Mercredi. Rien d'important. Il faut que je me mette enfin au travail. Cette situation ne peut durer plus longtemps. Signé aujourd'hui l'acte d'achat de la maison — je pense qu'en fin de compte ce ne fut pas une mauvaise chose, même si je ne devais pas rester dans le pays après la guerre. Je suis las de penser à l'avenir.

Jeudi 14. Miss Wall m'apprend que rien n'est encore décidé au sujet des naturalisations pour la durée de la guerre. Je vais essayer de partir d'ici, pour la France, la Suède ou tout autre pays. Le fait de devoir prévenir la police si je veux m'absenter pour une journée est vraiment une honte pour un homme de mon âge et de ma position. Il faut en finir avec la modestie et essayer d'éviter de telles humiliations. — J'ai beaucoup à faire avec la maison, plus rien n'est simple et tout va se compliquer encore plus. J'espère qu'on pourra détartrer à temps — la semaine prochaine, il serait trop tard

Vendredi 14 [15] sept. Nouvelles de Russie, surprenantes et peu rassurantes. On a l'impression que Hitler et Staline se sont entendus pour un quatrième partage de la Pologne ; la mobilisation en Russie ne peut avoir d'autre signification. Conséquence : la France et l'Angleterre vont devoir déclarer la guerre à la Russie soviétique — c'est maintenant qu'apparaît dans toute son énormité l'erreur de Chamberlain, qui n'a pas signé le traité sur-le-champ. Ce serait l'effondrement total du capitalisme, et je suis convaincu que l'Angleterre conclura très vite la paix — même une paix défavorable, car elle risque de perdre l'Inde et n'aurait plus aucune possibilité d'écraser Hitler — seuls les Juifs ukrainiens y gagneraient quelque peu [13]. Il est certain que nous sommes à l'orée d'une nouvelle époque de l'histoire et que le monde ancien, au rebours de ce que pensent les conservateurs, ne survivra pas — je ressens un profond malaise face aux méthodes employées par la propagande journalistique d'ici : on gonfle les simulacres de combat de l'armée française et l'on compte sur la famine en Allemagne, qui semble de plus en plus invraisemblable, puisqu'elle a des frontières communes avec une Russie qui lui veut du bien. Je vais commencer mon Cicéron [14], j'ai déjà perdu trop de temps avec cette stupidité que sont la politique et la guerre.

15 [= samedi 16] sept. Vendredi, rien d'important. On lit seulement entre les lignes que l'intervention soviétique en Pologne paraît inéluctable ; la Roumanie essaie de se mettre en bons termes avec l'Allemagne, la Hongrie se tâte, et le silence de l'Italie n'est pas encourageant ; Mussolini doit se tirer d'affaire le mieux possible, étant donné qu'il a déjà cédé une fois à Hitler [15]. J'ai toujours eu la superstition des visages — de même qu'en 1914 celui de François-Ferdinand ne présageait rien de bon, de même aujourd'hui les traits figés de Chamberlain. Par ailleurs, je ne crois plus à une guerre qui durerait trois ans — ce serait de la démence, sauf pour Staline, qui trouvera dans l'alliance avec l'Allemagne l'instrument nécessaire à la destruction définitive du capitalisme, du moins en Europe.

17, dimanche. Mauvaises nouvelles. Les Russes entrent en Pologne, l'Angleterre et la France se voient dans l'obligation de leur déclarer la guerre — seule condition pour rétablir l'ancienne Pologne ; à moins de vaincre la Russie, la guerre est dorénavant un combat sans issue. Elles doivent conclure la paix sur-le-champ, et elles le feront après un certain « délai de grâce ». C'était une cause perdue d'avance — Chamberlain, en faisant échouer l'alliance avec la Russie, a commis l'une de ses plus colossales erreurs. C'est ce que j'entends dire à Londres, où je vais pour la première fois depuis le début de la guerre — la ville est triste et, rentrant chez moi dans le black-out, je sens une fois de plus que cela ne peut durer longtemps. Jamais une grande puissance n'a été aussi anéantie à cause de la stupidité de ses chefs ; il y *avait* des chefs, mais on n'a pas recouru à eux. La fin de la guerre apportera à ce pays une transformation totale, et je crains que ce soient les gens de Mosley [16] qui en profitent.

Lundi 18. Trop de choses à faire. Les bagages, la banque pour les nouveaux impôts de guerre, l'avocat pour discuter de mes affaires, chez Eisemann [17], à mon coffre-fort, où je constate les effets de la réglementation. Encore de mauvaises nouvelles : l'un des meilleurs porte-avions anglais torpillé [18], 800 victimes, peut-être 30 avions perdus ; les sous-marins allemands semblent, comme je l'ai toujours supposé, avoir fait d'énormes progrès ces 25 dernières années, et l'on ne peut guère leur échapper. Tout est noir, sinistre ; l'enthousiasme du début pour cette guerre va bientôt s'émousser, surtout en France. Je rentre tard dans l'après-midi, totalement épuisé

Mardi 19. Un télégramme de Monath m'apprend que tout est bien arrivé, c'est un grand soulagement. Nous attendons les camions des déménageurs à Rosemount. J'ai oublié de rapporter l'incident stupide d'hier au sujet de l'armoire paysanne. J'attends depuis 8 h 1/2... 10 heures sonnent, puis 11, 12, 1, 2, 3, 4, 5 heures, je téléphone trois fois, quatre fois à Londres, convaincu qu'il est arrivé un malheur à mes meubles (pauvre Beethoven [19]), deux hommes de Wooster attendent avec moi, ils finissent par s'en aller. C'est alors, à 5 h 35, qu'arrivent les deux camions. Nous déchargeons. Rentré très fatigué pour entendre un discours odieux de Hitler, plein de mensonges, où il ne mentionne ni la déclaration de guerre ni son agression contre la Pologne, son pire discours, visiblement improvisé. Penser que ce menteur est le maître du monde

Mercredi 20. Mauvaises nouvelles de Freud, il souffre beaucoup [20] — sa santé est pour l'instant *trop*

bonne, de sorte que son organisme offre trop de résistance. Comme il est terrible de souffrir ainsi à 83 ans. Je n'ai fait qu'écrire des lettres, mais je voudrais me mettre au travail pour de bon. Cette guerre m'inspire un sentiment de malaise ; je ne perçois pas d'enthousiasme, les Britanniques se trouvent dans une position morale très désagréable, car leur devoir serait de déclarer la guerre à la Russie soviétique, et l'Allemagne a un argument magnifique à sa disposition, parce qu'elle peut dire : Pourquoi seulement nous ?

Jeudi 21. Beaucoup à faire avec la maison. Il m'arrive de regretter de m'être ainsi engagé, mais d'autre part il était nécessaire d'avoir un endroit où rassembler ce que je possède, et l'appartement de Hallamstreet n'était plus du tout sûr[21]. Cette époque me fatigue — une guerre qui ne veut pas démarrer, qui n'est que gaspillage de forces nerveuses, de temps et d'argent ; je vois ici la population s'impatienter dans l'attente de bonnes nouvelles. Dans leur désespoir, ils inventent des sottises autour de la capture du *Bremen* ; cette propagande est tout simplement puérile. Et derrière tout cela, on sent quelque chose à l'affût — l'Italie ou la Russie, on devine qu'on ne nous dit pas tout. Quelle différence avec le discours de Roosevelt, ce soir, lucide, humain, ouvert — le seul homme d'État qui ait un soupçon de morale en ces temps

Vendredi. Triste. Las. Je n'ai qu'un seul espoir : que cette guerre se termine bientôt — je ne crois pas que l'on se battra pour le cadavre de la Pologne. Conversation avec Jáhnda, lettres. Ma situation ici est odieuse — isolé, sans pouvoir ni occasion de m'exprimer. La seule chose qu'on attende de moi, c'est que je dépense mes devises — sans m'accorder aucun droit en échange. En France, on traite peut-être les étrangers avec plus de vigueur, mais ils savent au moins où ils en sont

Samedi. Rien ! Je me mets un peu à mon *Cicéron*. Mais sans désir impérieux de travailler, étant donné que j'ignore où il sera publié — et je suis l'un des écrivains les plus célèbres du monde

Dimanche 24 sept. J'apprends par la radio que Freud est mort cette nuit — le grand ami, le maître cher. Naturellement, je voudrais aller aux obsèques. Mais je ressens une fois de plus mon isolement en ce pays — je ne dispose pas de journal dans lequel je pourrais écrire quelques mots, d'aucune possibilité de dire quoi que ce soit, et cela après six années passées en Angleterre. En de tels instants, mais seulement en de tels instants, je regrette de ne pas m'être installé ailleurs — je n'ai plus le choix, je dois rester où je suis ; ma vie de toute façon ne vaut plus grand-chose, finie la liberté, et, dans cette « lutte pour la liberté allemande », c'est celle de l'Angleterre qui aura le dessous. J'aimerais posséder la candeur de mes collègues écrivains. Ou bien suis-je simplement plus sincère envers moi-même ? Quelle année pour moi — Freud, Roth, Toller [22], et combien d'autres !

Lundi 25. Dans la maison — il y aura beaucoup à faire avant que nous puissions emménager. Une foule de formalités pour obtenir l'autorisation d'aller à Londres, puis le train — j'y monte en pleine cohue et bousculade. Et tout à coup, peu avant 8 heures, au lieu d'arriver à Londres, me voilà à Salisbury. Je me retrouve dans une gare inconnue, plongée dans les ténèbres ; des porteurs courent çà et là armés de petites lumières bleues — on se croirait à Vineta, la ville engloutie, fantomatique et défigurée, plus effrayante que nos gares pendant la guerre. On n'aperçoit ni entrée ni buffet — on ne distingue rien, que du désordre. Il est difficile d'obtenir un renseignement, j'apprends enfin qu'il y a encore un train pour Londres, il me faut attendre dans l'obscurité trois heures, sans pouvoir lire ni faire quoi que ce soit. Je finis par arriver de nuit — Waterloo Station, noire, sans aucune indication. J'ai la chance de trouver un taxi et je roule dans les rues désertes et obscures, fatigué, affamé, et me voici enfin Woodstock Street[23]

Mardi 26 sept. Le matin, rédigé des notes pour l'allocution que je dois faire aux obsèques de Freud. Je n'ai plus de temps à perdre et je vais directement au crématoire — merveilleusement situé, avec vue sur les vertes prairies. La courageuse Marie Bonaparte est venue, malgré le danger, par voie maritime, beaucoup de monde, mais presque aucun représentant de la littérature anglaise ou du gouvernement. Le premier à parler [...] est le professeur Jones, réellement, sincèrement ému, puis je fais mon devoir, j'espère avoir été convenable, c'est ensuite le tour d'un Autrichien qui fait l'important. Avec quelle gentillesse Mme Freud me dit que le maître cher m'aimait tellement, attendant toujours que je lui rendisse visite, tous les membres de la famille me témoignent une amitié et une gratitude infinies. Dans l'ensemble, une cérémonie empreinte de tact et de dignité. Je repars tout de suite pour Bath, que je retrouve plus beau chaque fois que je viens de Londres. Si je pouvais seulement me mettre au travail ! Tout irait mieux.

Mercredi 27. Le matin, dans la maison, complètement vide à présent, excepté les ouvriers. Une lettre stupide de mon frère qui ne cherche que des prétextes pour se sentir offensé et servir son égoïsme. Vraiment odieux, mais maintenant j'en ai assez, une fois pour toutes.

Lundi 16 octobre. Ce que je ne croyais pas possible est arrivé — je me suis lassé de ce Journal parce que j'étais trop écœuré par l'évolution de cette « guerre ». Il est difficile de lire les journaux sans dégoût, de suivre cette propagande d'une bêtise inimaginable, qui me fait sentir que je m'y prendrais mille fois mieux —

mieux et plus honnêtement. Le conflit n'a toujours pas démarré. Journées riches en émotions : l'« offre de paix » de Hitler, la réponse de Daladier, et, finalement, le « non » brutal de Chamberlain (son discours, dépourvu de toute idée constructive, froid, on a toujours l'impression qu'il est offensé). Tout cela va donc continuer, à l'encontre de mon attente, de mes espoirs et de mon désespoir, et je ne discerne pas les dessous de cet entêtement : la population est magnifique, les préparatifs semblent parfaits, l'activité de ce pays, dont l'unité fait la force, est impressionnante, et néanmoins je ne vois pas comment on pourrait à brève échéance faire plier l'Allemagne. D'autre part, une guerre longue ne couvrira jamais les frais qu'elle entraînera et aboutira à l'anéantissement de notre culture. Seul Lloyd George mène l'opposition, mais je ne me fie pas aux politiciens — il se peut que chez lui l'ambition l'emporte sur la conviction. Sur le plan militaire, la situation est parfaitement confuse, rien de décisif n'ayant été entrepris — les gros navires de guerre anglais coulés sont, bien sûr, une véritable catastrophe, mais ce genre de périls était plus fréquent lors de la dernière guerre. Je suis incapable de croire à des « victoires ». Je vois partout la perte de millions de vies humaines et la misère des hommes.

Je rencontre peu de monde, je n'ai pas de distractions. Je ne travaille pas sérieusement. Je ne lis même pas beaucoup, bien que j'aie à ma disposition une bibliothèque entière. Ma seule activité est la maison, qui sera prête dans trois ou quatre semaines. Mon unique visiteur a été Louis Gillet, qui m'a beaucoup parlé de Paris, mais sans pouvoir me donner d'informations substantielles. Le reste du temps s'est passé à attendre, attendre, attendre, et désespérer.

Mardi 17. Journée de dépression. J'avais trop espéré que cette guerre ne commencerait jamais. Et voici les bombardiers allemands à proximité d'Édimbourg, l'un des plus grands navires de guerre coulés, j'ai très peur que tout cela ne soit qu'un prélude. Toujours les mêmes négligences de la part de l'humanité, un manque total d'imagination ! Je ne peux me représenter que ce conflit durera trois ans — le pouvoir de destruction a fait des progrès tellement terrifiants qu'une année suffirait pour saigner à blanc l'humanité.

CARNET DE NOTES
DE LA GUERRE 1940[1]

22 mai - 19 juin 1940

22 mai 1940. Je reprends mon Journal. J'ai noté quelque part les premiers jours de la guerre. Une fois de plus, je voulais esquisser pour moi-même un tableau de ce temps, puis j'ai abandonné. Il ne s'est rien passé. Pendant des mois. On en est resté aux paroles creuses, au point mort. La même phraséologie que chez nous : « Nous vaincrons parce que nous devons vaincre. » L'A. s'appuyait sur ses richesses, sur son endurance. Je ne me suis pas laissé abuser. J'ai constaté qu'on ne mettait pas le temps à profit. Que le *easy going*[2] n'avait pas dit son dernier mot. J'ai vu aussi d'innombrables jeunes chômeurs. Je me suis retiré, n'ai voulu parler à personne. Le vieux réflexe de Cassandre se réveillait. Ensuite, juste avant que je ne parte pour Paris, ce fut l'aventure norvégienne, mal préparée, annoncée à grand bruit, et puis l'ahurissement provoqué par la précision et la rapidité avec lesquelles la flotte allemande renversa la situation. Ce fut le premier coup porté à un amour-propre insouciant. L'échec de l'expédition (que j'avais prévu lors d'une conversation avec C.) accrut le malaise, Chamberlain fut écarté, remplacé par Churchill — trop tard. J'ai passé à Paris les éclatantes journées de ce crépuscule[3] ; à peine rentré, ce fut l'invasion de la Belgique et de la Hollande. Le premier jour, j'ai pensé que Hitler commettait une erreur — un million ou deux d'hommes en plus contre lui, armées, colonies et marines. Mais les Allemands réussirent cette terrible percée — ils culbutèrent la Belgique, la Hollande, les lignes françaises — d'un coup, l'Angleterre s'est réveillée de son *easy going*. Les journées les plus effroyables de notre existence nous attendent. Voilà que l'histoire universelle recommence à se couler dans le drame. A partir de maintenant, je prendrai des notes chaque jour

Lundi 19 [= 20]. Été à Londres. Nombre étonnant d'appartements et de maisons à louer ou à vendre.

Étonnante rareté des uniformes, il semble qu'on ait tout expédié en France, cul par-dessus tête. Pris des renseignements au consulat amér. et au sujet du passeport de Lotte. A midi, au Berkeley. L'établissement, d'habitude comble, vide soudain, comme balayé. Depuis deux jours, les gens voient clair. La Bourse a compris, le peuple sera bientôt au courant lui aussi, et les journaux ne peuvent ni ne veulent plus nier le danger.

Mardi 20 [= 21]. Travail, préparatifs. A midi, ce que j'entends à la radio me coupe le souffle — les Allemands à Amiens. Autrement dit presque à Abbeville, donc sur la côte, ce qui signifie que l'armée anglaise de Belgique est menacée sur trois côtés, va être acculée à la mer et devra s'estimer heureuse si elle ne perd que son matériel. C'est une catastrophe, c'est — je le crains — *la* catastrophe. Cela représente une grave menace pour Paris, la ligne Maginot peut être prise à revers, l'Angleterre isolée et, qui sait, envahie. Je ne vois pour l'instant aucune riposte possible, les diverses armées alliées paraissent privées de chef, de liaison — Gamelin a été destitué du jour au lendemain, il va sans doute passer devant le conseil de guerre. Mais à quoi bon ? A quoi bon les appels incitant à travailler le samedi et le dimanche dans les usines d'aviation, après huit mois d'*easy going* ? C'est une journée noire, j'avoue que mes pressentiments les plus moroses n'avaient pu concevoir une percée aussi fulgurante. La réaction, je l'ai prévue, hélas : la chasse aux boucs émissaires. Les journaux réclament avec une violence accrue l'internement des Allemands et des Autrichiens. Je sais ce qui nous attend après cette guerre : la haine, parce que nous sommes juifs et germanophones.

Mercredi 22. Article de fond pessimiste dans le *Times* — est-ce le prélude à la paix ? Ce « d'une façon ou d'une autre » ne fait que renforcer les pleins pouvoirs du gouvernement sur les biens et les horaires de travail. Peut-être me trompé-je, mais un long combat signifierait l'anéantissement total du monde, du nôtre au moins, et je ne crois plus à une victoire — le mieux que l'on puisse faire est de résister, et encore, au prix de quels incroyables sacrifices.

Jeudi 23. Les Allemands continuent leur avance, ils sont même devant Boulogne. Un nom éloquent pour les Anglais, ils sont des milliers à y être passés et savent que c'est dangereusement proche. Je ne peux m'imaginer que, vu sa situation élevée, la ville ne puisse être tenue face à des troupes motorisées. Quoi qu'il en soit, cette conduite de la guerre est absolument inédite, et elle a un avantage appréciable au milieu de toute cette horreur, c'est que les décisions tombent plus vite. Au regard de telles catastrophes, mes ennuis quant aux droits d'adaptation cinématographique de *Volpone* n'ont que peu de poids ; qu'il est étrange de se préoccuper de détails d'ordre privé, personnel, alors que l'existence entière est en jeu

Vendredi 24. Impensable : Boulogne est tombée, les Allemands avancent sur Calais, l'armée de Belgique semble totalement coincée et, à moins d'un miracle, sera liquidée dans une ou deux semaines. Et ensuite ? Pour la première fois, nous sentons la présence du danger, je n'exclus même pas la possibilité d'un débarquement, je dois en tenir compte, la prévoir sérieusement. Ici, on a enfin compris la situation, les prétendues libertés sont abolies, les leaders fascistes emprisonnés, les chômeurs soumis au travail obligatoire, mais cela ne vient-il pas trop tard ? Mieux vaut penser à soi-même, car se trouver face à face avec les Allemands après les avoir fuis pendant sept ans serait effroyable, et même ce qui nous attend ici après la guerre, en tant que Juifs et Allemands de naissance, ne sera pas moins épouvantable. Peut-être réussirai-je encore à obtenir l'autorisation d'entrer aux États-Unis, mais il n'est pas exclu qu'il soit déjà trop tard. En dépit de tout, peut-être aussi pour m'isoler, je travaille avec ardeur à mon autobiographie, interrompu évidemment par d'innombrables choses. Dans cette atmosphère, Victor[4], avec

son ennui mélancolique, est une gêne constante : à l'heure actuelle, alors que des événements d'une portée incommensurable sont en jeu, alors que nous devons réfléchir à notre avenir, dans la mesure où l'impensable peut être pensé, même un ami devient une gêne.
— Calais est cerné !

Samedi 25. Le filet se resserre, j'estime que dans une semaine au plus tard l'armée sera rentrée en Angleterre, si tant est qu'elle puisse s'échapper. Les journaux ne dissimulent pas la gravité de la situation, je me demande seulement si la population se la représente aussi bien que nous, qui avons appris à lire les gazettes dès 1914. Je souffre beaucoup des presciences de mon imagination ; je vois déjà se dessiner les contours convulsifs de l'après-guerre en Angleterre, ses explosions de colère qui se retourneront — une fois de plus — contre nous, sous forme soit de xénophobie, soit d'antisémitisme. Nous ne devons pas seulement nous attendre à être de nouveau chassés, à perdre nos derniers moyens d'existence, mais aussi à être haïs. Mais où aller ? Pour l'instant, je n'ai ni la force ni le courage de refaire mes bagages et de partir sans savoir dans quelle direction. Où est l'endroit, en effet, qui vous garantira un espace vital tranquille et une réelle sécurité pour une décennie ? Si je pouvais seulement terminer mon autobiographie, je pourrais respirer un peu. En tout cas, rédigé le *Wilson* pour clore les *Heures étoilées*[5] et, la nuit, la petite chose pour Chambrun

Dimanche 26. Prayer Day — incidents à l'église[6]. Les journaux, pessimistes, le mot *victory* en a disparu, relayé par le mot *défense*. D'Amérique, pas une parole encourageante — le départ de Hoare pour Madrid[7] est un signe qu'il cherche à entrer en liaison avec Mussolini, et vraisemblablement qu'il s'efforce d'obtenir une médiation. Je ne sous-estime pas la ténacité des Anglais, elle est prodigieuse. Mais elle peut devenir un péril si elle prolonge la lutte par grandeur d'âme, une lutte qui, justement, ne peut qu'être prolongée, non gagnée. L'armée anglaise de métier, expérimentée, semble en grande partie hors de combat, les recrues formées à la va-vite ne peuvent que fournir de la chair à canon aux forces allemandes techniquement aguerries depuis des années, véritables machines de guerre totalitaires. La Manche bloquée, Londres à portée des aérodromes allemands, tout cela va exiger des canons, des sacrifices innombrables, sans qu'une véritable riposte soit possible. Narvik ne pourra être tenu, au lieu de liquider les troupes allemandes les Anglais vont s'y trouver en position précaire. Tout a tourné au pire, que dis-je, à la catastrophe, mon scepticisme qui m'a, comme en 1914, isolé des autres, et me faisait croire au plus à une *partie remise**, est dépassé à un point effroyable. On dérive de nouveau avec le destin auquel on est livré pieds et poings liés, sans rame, sans gouvernail, oui, plus que jamais, alors qu'on croyait aborder au rivage. Tout repart de zéro et va se dérouler encore plus vite, car la technique, autrefois balbutiante, s'est perfectionnée ; on va nous liquider plus rapidement, maintenant qu'on connaît le mode d'emploi. Je ne me laisse pas berner par les grands mots de *noblesse**, et d'humanité, pas plus qu'en Autriche je ne m'étais laissé berner par le « cela ne serait pas possible chez nous » ; le destin et le malheur aigrissent les peuples aussi bien que les hommes, et pour les ambitieux qui veulent singer Hitler, l'appareil a fait ses preuves. En tout cas, on ferait bien d'avoir sous la main un flacon de morphine. On en aura peut-être besoin. Je crois être l'un des rares à penser qu'il n'y a pas une journée à perdre et qu'il ne faudrait pas retarder l'issue sans avoir une certitude. Jusqu'aujourd'hui, à la différence des Allemands, les Alliés n'ont pas mis en train une seule arme technique nouvelle, et les militaires n'ont pas été les seuls à faire preuve de conservatisme, mais aussi les hommes et les institutions. L'essentiel, sur le plan humain : ne pas rougir de penser que la formation militaire n'a rien à voir avec la culture humaniste, que la brutalité n'est ni une valeur, ni un acte d'héroïsme, même si ses conséquences la font apparaître comme telle. Aussi longtemps qu'on se battait pour extirper le principe de l'agression, la lutte avait un sens ; lorsque ce principe s'est révélé invincible, au sens militaire, on ne se bat plus, on ne verse plus son sang, on ne se détruit plus que par entêtement, par respect envers cette notion, à la fois grandiose, cruelle et effroyable, d'« honneur national », c'est tout simplement de l'assassinat, car ces mots ne peuvent plus rien sauver, plus rien changer. Mais comment le dire, et à qui ? Comment exiger une attitude sensée de la part d'excités — et comment mon caractère conciliant, qui confine à une faiblesse pathologique, peut-il s'affirmer face à une volonté dont je suis bien obligé, malgré mon irritation, de reconnaître la valeur éthique ? Ce serait le moment propice pour une tentative d'arbitrage — mais il faudrait qu'elle vienne de tout le continent américain, et pas seulement de Roosevelt.

Lundi 27. Été à Londres. Pour la première fois, le train n'est pas à l'heure, sans doute arrive-t-il déjà des trains de blessés et des transports. Au ministère de l'Information, causé avec ces deux messieurs, ils sont tous deux pour, sans réserve — plus que moi, d'ailleurs, qui préfère leur abandonner la décision. Qu'y ferais-je, en effet ? Je ne pourrais travailler, trouver le calme — si j'étais resté Hallamstreet, je me sentirais plus libre, mais une maison exerce sur vous un curieux pouvoir. Et puis j'éprouve une certaine lassitude, je renâcle à changer — je ne voulais pas de New York, l'A. en général me semble désespérante, à l'exception de San Francisco, et pour cela il est trop tard. Les questions matérielles me fatiguent et, après ces allées et venues, j'ai dû me reposer à St. James Park. La ville est déserte. Des rues entières ont leur aspect du dimanche. C'est que le coup est tombé avec une violence inouïe. Nous autres, dans l'Autriche de 1914, l'histoire nous avait habitués aux défaites, ici, personne n'avait le moindre doute quant à la victoire, et même la victoire immédiate. Le slogan de la « dernière bataille » était parole d'évangile. Pour la première fois, on décèle chez les gens une inquiétude que les journaux de la plus basse catégorie essaient de tourner contre les étrangers. Nous aurons à souffrir pendant et après la guerre a) en tant qu'Allemands de naissance, b) en tant que Juifs de naissance. Mais où aller pour fuir cette haine ? Partout elle nous guettera, partout elle nous traquera

Mardi 28. Le matin, nouveau coup de tonnerre : la Belgique a déposé les armes. Ainsi, l'armée du Nord est perdue, en partie contrainte à la capitulation, un immense butin en matériel pour les Allemands, dont le millième n'est pas compensé par l'excuse de la force majeure. Et le plus tragique, c'est que l'Angleterre commence à faire les efforts nécessaires ; depuis que Chamb. est parti, on sent que des gens compétents occupent les postes, Duff Cooper se montre vraiment à la hauteur en cette période catastrophique, Churchill a immédiatement communiqué son énergie au pays, et le peuple, à qui on a toujours raconté que les recrues étaient bien soignées et diverties, mesure à présent les exigences impitoyables imposées par cette folie. Si cette guerre continue, ce sera la chose la plus effroyable que les hommes aient jamais eu à subir, l'anéantissement de l'Europe. Et néanmoins — est-ce paresse, courage, fidélité ? — je n'ai pas le cœur de fuir, même si l'on m'entrouvrait une porte de sortie ; je viens de lire qu'Emil Ludwig part avec sa femme et son fils pour l'Amérique afin d'y faire, paraît-il, des conférences (en plein été !) — ne vaut-il pas mieux crever avec l'Europe ? Bien sûr, il ne faudra pas escompter de gratitude pour cette constance, ce sacrifice, chaque jour apporte une nouvelle preuve que l'honneur et la parole donnée n'ont plus de sens ; voilà le crime le plus épouvantable de Hitler : avoir élevé au rang de valeurs le mensonge et la félonie, avoir fait en sorte qu'on baptise « art de vivre et de gouverner » ce qui, depuis des millénaires, était considéré comme un crime. Nous autres, qui vivons dans et avec les idées d'autrefois, sommes perdus ; j'ai déjà mis de côté certain petit flacon. Car je crois maintenant tout possible, même l'arrivée des Allemands en Angleterre si l'Italie devait intervenir, si la France capitule ou si Paris et Le Havre sont perdus

Mercredi 29 mai. Rien d'essentiel, les troupes encerclées poursuivent leur lutte désespérée, Narvik est pris, mais cela n'a plus de sens, ça vient avec plus d'un mois de retard. Travaillé à l'autobiogr. Lu ce livre intelligent sur *La Révolution prussienne*, parallèle remarquable entre H[itler] et Frédéric II, mise en lumière de l'analogie avec le dogme du labeur qui accède à la suprématie grâce au « renoncement à la vie ». Remarquable aussi, le mot de Frédéric rossant ses soldats et leur lançant : « Vous devez aimer votre roi ! » — et avec les Allemands, il y parvient à coups de férule. Mêmes injures contre Marie-Thérèse que celles de Hitler contre Benes et ses autres adversaires, et de surcroît son impuissance sexuelle — une étude hors du commun, exemplaire unique que je dois rendre à Behanin ; tous les autres ont été détruits en même temps que mes œuvres. L'idée que mes livres n'existent plus me bouleverse, dans la mesure où quelque chose peut encore me bouleverser. Mais le pire, c'est d'être condamné à écrire toute ma vie dans la même langue, parlée uniquement par des gens qui n'ont pas le droit de me lire —, c'est qu'il est trop tard pour ma génération, irrémédiablement trop tard pour changer, et qu'il faut s'avouer vaincu dans toutes les acceptions du terme

Jeudi 30 mai. Dans toutes les acceptions du terme. Aujourd'hui, un chargé d'affaires met en garde la population contre la fréquentation des ex-Allemands et ex-Autrichiens — une mise au ban morale. Et avec le nom que je porte, impossible à prononcer pour les Anglais, j'en ai pour la durée de mon existence, la seule question est de savoir ce qu'on haïra le plus en vous, l'Allemand ou le Juif — quant à la haine elle-même, jetée sur vous comme une tunique de Nessus, elle est indiscutable. Peut-être s'y ajoutera-t-il la haine de classe, qui commence à se manifester ; quoi qu'il en soit, on a pourvu à tout. Et puis, je ne vois pas de pays où je pourrais aller, je suis trop las pour émigrer avec armes et bagages, alourdi par ce poids funeste qui a écrasé Oscar Wilde à l'heure décisive. On m'informe à l'instant que je pourrais partir pour le Brésil via New York. Dois-je le faire ? Abandonner une fois de plus mon travail, ma maison, tout, pour tomber dans un abîme sans fond, me laisser choir une fois de plus dans l'incertitude, perdre de nouveau mon temps en mondanités et en conférences, alors que mon âme est figée dans mon corps. Ce qui hier aurait été une joie a aujourd'hui un goût de fiel. Et pendant ce temps, la catastrophe prend de l'ampleur, l'Italie, semble-t-il, est prête à se jeter sur le cadavre, c'est une question de jours

Vendredi 31 mai. Les nouvelles ne sont pas meilleures, comment pourraient-elles l'être ? Ce qui me touche le plus douloureusement, c'est de ne pas trouver dans les journaux une tentative de faire marche arrière, évidemment ils ont mis trop d'ardeur à crier victoire. A coup sûr, on ne voit pas à l'heure actuelle la possibilité de céder, ce qui aurait été si facile vis-à-vis de l'Italie ; le parallélisme avec 1915, hélas, est évident, alors qu'à la treizième heure on était disposé à offrir le triple de ce qu'il aurait été sensé d'offrir à la douzième, mais c'est maintenant une humiliation aussi superflue que la nomination de Sir Cripps à Moscou, qui y a répondu par un geste de mépris — deux ou trois années de Chamberlain ne se rattrapent pas en deux semaines. Si l'on jette un regard en arrière, il faut reconnaître que jamais pays n'a mené une politique, ou une non-politique aussi suicidaire — ou ne fut précipité par elle dans le danger — que l'Angleterre ces dernières années. Quant à Paris, je ne peux m'ôter de l'esprit le soupçon qu'un jour la France pourrait tirer son épingle du jeu et laisser tomber l'Angleterre comme celle-ci l'a laissée tomber à l'époque de l'occupation de la Rhénanie. Il y a une atroce fatalité dans le fait que — à l'instar de l'Allemagne de 1918 — on ne recourt aux gens compétents, aux gens capables, que lorsqu'il est trop tard — quelle différence entre les discours brefs et clairs de Duff Cooper et ceux, lamentables, du ministre de l'Information nommé par Chamberlain [8]. Prions le destin qu'il nous évite le sort de l'Allemagne d'alors, et qu'en outre on ne coiffe pas Mosley d'une couronne de martyr bon marché et par trop légère, qu'on ne lui fournisse pas le seul tremplin qui lui manque pour atteindre la dictature : la prison [9]. Souvenez-vous de l'auréole que celle-ci conféra à Hitler

Saturday 1. June. L'Italie semble sur le point d'intervenir, il faudrait un miracle pour l'en empêcher, ou alors c'est que je vois tout en noir. A mon avis, on aurait pu la gagner à notre cause il y a encore 6 mois, au prix des plus grands sacrifices certes, mais ne seront-ils pas plus grands maintenant ? C'est aussi une menace pour mon voyage au Brésil, les difficultés s'accroissent, mais je ne sais quelle décision prendre, je me contente de laisser les dés rouler sur leur lancée — si l'on s'occupe de tout pour moi, eh bien tant mieux (ou tant pis), sinon, eh bien, non. Mon propre vouloir serait une trop grave responsabilité. Le pire, c'est que les rares gens que je rencontre sont ou des idiots, ou des hypocrites, ou alors baignent-ils dans un optimisme tel qu'ils ne ressentent rien de ce qui se passe ? Est-ce que j'exagère les conséquences ? Certes, dans quelques années, tout, même le pire, sera rentré dans l'ordre, mais en 1940 « quelques années » ne sont plus pour moi ce qu'elles étaient en 1918. Si je jouissais d'un peu plus de calme pour travailler, mais non, je suis distrait par les préparatifs non moins que par cette époque effroyable.

Dimanche 2. A quelles basses, pitoyables besognes notre cerveau ne s'emploie-t-il pas — sur vingt-quatre heures, à peine un peu plus d'une se concentre sur le travail. Je me demande que faire des autographes [10], si je dois expédier les dessins, détruire de nouveau cet ordre établi à grand-peine. Mais on est obligé — surtout moi, *ad personam* — de s'attendre au pire si, après la défaite de la France, un débarquement avait lieu ici ; je ne voudrais pas tomber vivant entre les mains de ces messieurs. Il m'arrive parfois de me demander : y eut-il jamais pareille époque, surtout pour quelqu'un sur qui pèse la malédiction — car ce n'est pas une faute — d'être juif ? Qu'à près de soixante ans on puisse être chassé comme un criminel, voilà ce qu'on n'aurait, même en rêve, pu imaginer dans sa jeunesse et dans le climat d'exaltation que vivait notre siècle. Vrai, il faut se débarrasser de toute idée de devoir envers l'État, rien en effet ne vous garantit que celui-ci respectera ses devoirs envers vous — je vois le mouvement Mosley venir au pouvoir, sinon dans sa personne, du moins sous quelque autre forme, nous serons alors des citoyens de septième zone, soit en tant qu'ex-Allemands, soit en tant que Juifs, par ailleurs je n'exclus pas la possibilité d'une abrogation [11]. Il est encore impossible de prévoir comment cela finira pour nous, même si cela finit pour les autres, et si, dans mon autobiographie, je tente d'expliquer que l'ère de la sécurité est révolue et qu'il faut accepter son destin, cette idée fournira sans doute prétexte à des digressions littéraires, mais non à une prise de conscience intime. Ce qui n'empêche pas qu'à droite comme à gauche on voit des gens qui, sans posséder le dixième de cette sécurité, vivent au jour le jour, insouciants ou s'en remettant à Dieu — même des Juifs comme Victor ne veulent à aucun prix mourir et luttent pour leur santé sans même se demander de quoi ils vivront. Le soir, à Londres

Lundi 3. Londres. Le voyage est déjà plus long et plus inconfortable, je compte que nous devrons rester debout six heures. Au ministère, tout est prêt, je suis très satisfait que ce ne soit pas encore pour le 12, car je suis moins résolu que jamais ; si l'Italie devait attaquer l'A. [12], les risques de la traversée seraient doublés, quintuplés même. Enfin, l'affaire est engagée, Discuté avec Eisemann au sujet de l'expédition[13]. Mal aux dents, fatigué de tout cela, et je ne redoute rien tant que cette fatigue qui me fera balancer. J'ai quand même besoin d'énergie, de détermination, de volonté en face de ces choses, et j'en possède si peu.

Mardi 4 juin. L'Italie sur le point de déclarer la guerre. Un miracle ne se produira-t-il pas ? J'ai peur que cela ne provoque en France un effondrement nerveux, ce serait d'ailleurs folie pour un pays dont les centres vitaux sont déjà occupés que de vouloir lutter sérieusement contre des forces à ce point supérieures. Je crains seulement l'inflexibilité de l'Angleterre, l'admirable *tenacity* de ce peuple peut aboutir à un combat désespéré à l'instar de celui que Carthage livra contre Rome. Pourra-t-on alors continuer à vivre en Europe ? Et sinon, où donc ? Les événements se précipitent aujourd'hui plus que jamais. En mai 1915, je croyais aussi que c'était l'affaire de quelques semaines ; mais cela a-t-il rendu les choses inéluctables ? Je ne vois personne qui vienne à notre aide, l'Amérique arriverait trop tard, la Russie aussi

Mercredi, jeudi, 5, 6 juin. Les nouvelles, hélas, prennent un tour peu favorable, il apparaît que les Français doivent céder à la pression qui s'exerce, irrésistible, en direction de Dieppe, de Rouen, ce qui coupe la route du ravitaillement après celle de l'industrie et du charbon — je crains que la capitulation ne soit inévitable, peut-être serait-il bon qu'elle ait lieu avant l'intervention de l'Italie. On s'émousse peu à peu, on n'a plus qu'une représentation confuse de l'horreur que nous réserve le monde à venir. Entre-temps, dicté des passages de l'autobiographie et remanié Suter pour les *Heures étoilées*[14]

Vendredi 7 juin. Aucune amélioration, la destruction de notre monde progresse, impossible de s'imaginer comment cela va se terminer pour nous. Le soir, visite de Desmond Flower, nous avons discuté du titre[15].

Samedi 8, dimanche 9. Aucune nouvelle de Londres. Je crois qu'une fois de plus, comme toujours ces derniers temps, je suis arrivé trop tard, eh bien... inch Allah ! Et puis, un voyage à l'heure actuelle ne serait pas sans risques. Revu avec Desmond le texte du Suter, bien que plus rien n'ait de sens à présent. Mais on continue comme si... Il me faudra sans doute retourner demain à Londres, de toute façon je veux activer l'affaire. Mardi serait presque la date limite, l'Italie peut intervenir à tout moment.

Lundi 10 juin. Jour noir, en commençant par des ennuis avec cette histoire de *Volpone* — voilà des gens qui viennent vous tourmenter avec leurs fourberies. Puis, à 6 heures, le coup de tonnerre : l'Italie a déclaré la guerre. On s'y attendait depuis longtemps, mais l'instinct espérait encore. A cela s'ajoutent la défaite sur la Somme, les victoires allemandes sur terre et sur mer en Norvège — désormais, chaque homme, à mon avis, est sacrifié en vain, un réel succès est impossible mais, dans la perspective contraire, la chute est inimaginable, l'Autriche n'aura été qu'un prélude. Mon départ pour le Brésil est compromis, il semble que, là comme au début, je sois arrivé avec une heure de retard. Et puis je n'ai plus aucune volonté. Je sais que jamais cette existence ne se remettra en place, une vie avec une France détruite, dans une Angleterre hostile — à l'Allemand ou au Juif que je suis — n'a plus de sens, de même, sur le plan littéraire, tout ce que je pourrais entreprendre est paralysé pour des années par le manque de concentration, un sexagénaire est de toute façon miné et à moitié hors de combat. Je ne *veux* plus, j'hésite seulement à réaliser cette volonté, mais on m'aidera bien de l'extérieur ; je vois venir des temps difficiles, que les autres ne pressentent pas. Pour couronner le tout, catastrophe ménagère au dernier moment, Mme Kahn [16], comme tous les Allemands et Autrichiens, a trois jours pour quitter la ville qui vient d'être déclarée *protected area*. Mon Dieu, comme on traite des hommes ! Le dentiste qui a monté son cabinet avec ses derniers sous et qui doit tout abandonner du jour au lendemain ! Et des milliers d'autres, et les Français ! Que va-t-il se passer quand surviendront les invasions aériennes, et les autres difficultés ! C'est inimaginable ! Et néanmoins je ne fais que me torturer l'imagination, soumis à la funeste contrainte des images, autrefois si féconde, aujourd'hui destructrice de tout germe et de toute création. Jour noir !

Mardi 11 juin. Le matin, à la police au sujet de Martha Kahn, puis chez l'avocat. Le journal annonce la nouvelle redoutée : Paris est évacué ! Les Allemands n'en sont plus qu'à trente *miles*. La zone industrielle étant déjà occupée, la chute de Paris coupe toute possibilité de résistance prolongée. Je considère la capitulation de la France entière comme inévitable, car tenir tête n'aurait pour conséquence que destruction et sang versé — il ne faut pas compter sur une armée anglaise digne de ce nom, et l'Espagne me semble rien moins que sûre. Certes, la ténacité anglaise promet une lutte *hasta il enchillo* [17] — si Hitler était un vainqueur normalement constitué, on pourrait attendre de lui une certaine compréhension, mais non de cet esprit haineux qui, après avoir pendant vingt ans prêché sur l'« injustice » du traité de Versailles, posera des conditions au regard desquelles celles de Brest-Litowsk étaient un jeu d'enfant. Je suis à peine capable de penser, j'en ai l'estomac noué, les membres en coton : je suis comme paralysé, car les plus terribles prévisions seront dépassées — il ne faut pas compter sur l'Amérique, elle entrera bien trop tard dans la lutte, en admettant qu'elle s'y décide. L'après-midi, chez Mr. Vachell, il est plus âgé que je ne le pensais, 79 ans, mais bien conservé, à l'anglaise, grâce à une vie à la fois sportive et détendue — il a l'allure d'un vieux et distingué [colonel] de bonne famille. Sa demeure, très confortable, aménagée avec goût, lui-même possède encore la culture de l'ancienne génération. Le soir, avec la réfugiée Arbé, expulsée de chez elle, elle aussi, puis lu Dickens parce que je ne supporte aucune nouveauté, rien de difficile.

Je n'écoute plus la radio. Je ne peux plus souffrir cette manière de se noyer dans le futile pour ne pas avoir à aborder la réalité

Mercredi 12. Toujours pas de réponse, je renonce à persévérer. Paris semble être devenu un enfer, une grande partie de la population l'a évacué, impossible d'imaginer ce qu'il va advenir de F.[18] et de tous mes amis. Il semble aussi que d'importantes fractions de l'armée soient coupées du reste du pays, l'effondrement est donc inévitable. En viendra-t-on à capituler ? Le seul réconfort est de penser qu'on peut en finir à tout moment. — Chose inquiétante : même ici, à Bath, ont lieu presque tous les jours des procès contre des sympathisants nazis, qui mettent clairement en évidence la collusion de l'Allemagne avec les fascistes anglais. Que se passera-t-il après la guerre, quand tous ces gens émergeront des camps d'internement, auréolés du nimbe des martyrs ? L'idéologie nazie a toujours impressionné les aigris, en Angleterre c'est sur les vieilles filles qu'elle semble mordre le mieux ; s'il se passe pour la classe moyenne, pour le petit rentier, la même chose qu'en Allemagne, les conséquences peuvent être similaires, au même titre que nous n'avons encore aucune échelle de valeurs pour estimer les bouleversements éventuels en Europe. — Que la réponse qui m'avait été promise pour aujourd'hui ne soit pas venue témoigne qu'on n'a ici aucune idée de ma position en tant qu'écrivain à l'étranger, ce qui d'ailleurs s'est avéré lors de mon voyage à Paris. Par ailleurs, cela peut avoir ses bons côtés, je suis las d'une célébrité qui, ces dernières années, ne m'a apporté que des déboires

Jeudi 13. Les dés sont jetés pour Paris. Quelques jours au plus, et l'une des pages les plus terrifiantes de l'histoire aura été tournée. Je ne peux m'empêcher de me poser la question : à quoi bon penser encore ? Cette guerre était menée au nom d'un principe sur lequel repose notre existence ; si ce principe s'écroule, il entraîne avec lui notre existence. Alors, à quoi bon vivre, et où vivre ? Ce ne serait plus qu'une fuite incessante, une volonté de se maintenir au-dessus des eaux, mais je ne vois pas de pays où, à mon âge, je pourrais m'installer. J'ai sacrifié sans peine beaucoup de choses parce que j'ai la chance d'ignorer la vanité, mais je ne supporte pas à la longue cette méfiance, cette haine autour de moi. J'en suis las, irrémédiablement. Toujours courber l'échine, se sentir toujours en faute, cela peut aller pour quelques semaines, mais comme forme d'existence, c'est intolérable. Je n'ai jamais été aussi pessimiste, aussi désespéré, car le combat (depuis longtemps perdu) n'est plus qu'un baroud d'honneur, et non point la recherche de solutions positives telles que la victoire. — Je sens chaque jour la méfiance croître envers nous autres [...], elle peut encore prendre des formes germaniques. Mais où aller ?

Vendredi 14. Retourné à Londres. Journée typique, je la noterai donc plus en détail pour mon autobiographie. Levé à 7 heures, pris le train, où l'on n'ose plus lire ni écrire (le prof. Isaacs[19] a été soupçonné par un policier de relever les dépôts de carburant), arrivé à 11 h 15. Été au consulat du Brésil. Je m'aperçois qu'il n'ouvre qu'à midi. Je vais donc voir le chargé d'affaires chilien — il n'est pas là. Il n'occupait plus ce poste. A l'ambassade du Brésil, discuté quelques points de détail. Déjeuner, retour au consulat. Mes photographies ne sont pas valables. Il faut qu'elles soient sur fond blanc. Donc, chez le photographe. Encore 20 minutes d'attente. Cela prendra quelques jours, je ne peux laisser mes passeports, puisque je ne les aurai qu'à 3 heures. A 3 heures, Ministr. of Inf. On me dit qu'ils ne seront prêts qu'à 3 h 1/2. Erré sans but pendant trois quarts d'heure. Je reviens à 4 heures moins le quart, on ne peut avoir accès au bâtiment en raison d'un exercice de défense passive. J'y pénètre à 4 heures, les passeports ne sont pas là. J'attends jusqu'à 5 heures. Les billets de bateau ne sont pas établis, il faut d'abord avoir les visas. On ne peut plus rien faire aujourd'hui et je suis mort de fatigue. Le soir, discuté de tout cela avec Isaacs

Samedi 15. Le matin, je vais sans attendre au consulat amér. Le même consul qui, voici 10 jours, promettait de m'accorder sur-le-champ un visa de *visitor*, me déclare : les ordres ont changé, impossible maintenant, on n'en délivre plus, seulement des visas de transit. Bon. Mais je dois auparavant lui présenter les billets de bateau pour le Brésil, sinon, pas de visa. Que faire ? Allons à la Cunard Line. Personne. Je dois attendre quelques minutes : et j'attends de 10 heures à 11 h 1/2. Sur quoi arrive l'employé qui me déclare tout uniment qu'il me faut le visa pour obtenir le billet. Bon — j'aurai le visa brésilien lundi. Non, il lui faut aussi le visa américain. Mais je ne peux l'obtenir que sur présentation du billet ! Je regrette. Il est même très impoli. De toute façon, je vais au consulat du Brésil. Tout est prêt. Écrit encore une lettre à Mr. Egerton, puis — nous sommes samedi et les bureaux sont fermés — retour à Bath. Je suis rentré bredouille, je ne sais aujourd'hui ce qui va advenir, et même si quelque chose va advenir, je n'ai fait que perdre mon temps, me suis usé les nerfs, n'ai pu, une seule minute, avoir une pensée raisonnable. Pour couronner le tout, des nouvelles qui vous glacent : la croix gammée sur la tour Eiffel ! Des soldats de Hitler montent la garde devant l'Arc de Triomphe. La vie n'est plus digne d'être vécue. J'ai presque 59 ans, et les années à venir vont être effroyables — à quoi bon se prêter encore à toutes ces humiliations.

Dimanche 16 juin. Verdun et Sarrebruck sont entre les mains des Allemands, l'offre de Roosevelt d'augmenter les envois de matériel arrive trop tard, à mon avis. Il est clair que H. prépare ici un gouvernement Mosley, nous aurions alors une seconde Allemagne, un second Hitler — mais quoi qu'il en soit, on est perdu, notre vie est détruite pour des décennies, et je n'ai pas des décennies devant moi, je ne *veux* pas les avoir.

Signe inquiétant : à midi, on annonce un premier Conseil des ministres à Bordeaux, un autre le soir, je devine immédiatement de quoi il retourne — la capitulation est imminente. Que Pétain soit appelé au pouvoir, voilà qui en dit long. C'est la fin. L'Europe est liquidée, notre monde est anéanti. C'est *maintenant* que nous sommes devenus des sans-patrie.

Lundi. Retourné à Londres. Même processus que la dernière fois. On mentionne d'abord la vaccination sur nos passeports, puis chez Jenkins, une heure et demie d'attente pour m'entendre dire qu'il n'a rien pu faire. Déjeuner avec Cortesao[20]. A 2 heures, on nous annonce que la France capitule. Enfin les visas brésiliens, allons chercher les billets de bateau — deux heures d'attente à la Cunard pour apprendre que rien n'a été réservé, qu'il n'y a pas de place. Nous nous morfondons pendant une éternité tandis qu'on téléphone à droite et à gauche, enfin un maigre espoir : on nous demande de revenir demain matin, on essaiera encore, mais on ne peut rien, absolument rien nous promettre. Rentré mort de fatigue au Grosvenor Hotel. Alors que Miss Egerton avait déjà téléphoné, que le consul avait donné son accord, ce dernier coup du sort ! Car il n'y aura pas de bateau avant longtemps, ils sont tous complets jusqu'à la fin juillet. Au Grosvenor, Eisemann nous promet qu'il va mobiliser son cousin, qui travaille à l'agence de voyages palestinienne. Dépression totale. La France perdue, réduite en ruine pour des siècles, le pays le plus adorable d'Europe — pour qui écrire, pour quoi vivre. Ici, la situation est de plus en plus tendue, tout naturalisé qu'on soit, on se sent un outsider, et même un indésirable parce qu'on est devenu un individu à tenir à l'œil.

Mardi 18. Très tôt le matin à l'agence palestinienne. On nous fait espérer une solution positive, des troisième classe de toute façon, et sans doute pour le Brésil. Le jeune homme s'occupe de nous d'une manière touchante, il nous affirme que ce sera prêt à 2 heures, nous pourrons encore joindre le consul, tout régler et revenir. Je profite de la matinée pour aller à la banque, je mets tout en ordre, Eisemann chez Sotheby, puis au *Post Office* et chez Wilmot, nous sommes à 2 heures à l'agence — on nous demande de patienter jusqu'à 3 heures. Trois heures et demie, il apparaît enfin, harassé, nous ne pouvons avoir que des troisième classe[21], mais il nous faut déjà partir vers le 22 (tant mieux). Il est 4 heures moins le quart, nous nous précipitons au consulat des États-Unis qui ferme à 4 heures, cela nous ferait gagner un jour. Par chance on accepte de nous recevoir, en premier lieu la jolie fille, ma lectrice, nous n'avons qu'une heure à attendre pour obtenir le nécessaire et nous précipiter à la gare. Mais on ne ressent aucune joie, ce qui se passe en France est par trop épouvantable, ainsi que ce qui va se passer ici, où l'on est décidé à résister coûte que coûte. Rentré à la maison, classé des lettres et des papiers

Mercredi 19. Fait les bagages, ou du moins les préparatifs. Il ne nous reste plus qu'à attendre deux ou trois jours l'ordre de départ. Ici, tout devient pour nous plus difficile de jour en jour. On nous a pris Mme Kahn, on ne nous a pas autorisés à prendre l'autre fille, bien qu'elle soit yougoslave, William, en tant qu'Irlandais, ne peut pas rester parce que les voisins le voient d'un mauvais œil, de nouvelles domestiques sont introuvables, et puis elles refuseraient d'aller chez des « ennemis » ; car c'est ainsi qu'on nous considère peu à peu. L'inquiétude devient tangible, elle se changera à coup sûr en haine, nous sommes sans défense contre tout ce qui va venir, et la résolution des Anglais finira par les transformer complètement. Entre-temps, le départ a été fixé pour mardi — mais je ne peux arriver à y croire

NOTES

SEPTEMBRE 1912 ET PRINTEMPS 1913 (PARIS)   *p. 17*

1. Ma *Maison au bord de la mer* : pièce en trois actes de SZ créée au Burgtheater le 26 octobre 1912.
2. Félix P. : sans doute Félix Poppenberg (1869-1915), essayiste et critique berlinois, qui fréquentait la bohème de la capitale allemande où SZ, en quête de « mauvaise » compagnie, le rencontra. Il se suicida à quarante-six ans. Il semble que SZ l'ait pris comme modèle du « professeur » dans *La Confusion des sentiments*.
3. Foule eucharistique : le 23e Congrès eucharistique international se tenait à Vienne.
4. *La Tempête* : de Shakespeare. Il s'agit de *Prologue à Ariel, épilogue à Caliban*, Leipzig, 1925.
5. Alfons Petzold (1882-1923), poète-ouvrier et romancier autrichien.
6. Hugo Thimig (1854-1944), directeur du Burgtheater de 1912 à 1917.
7. Milan Begovic (1876-1948), écrivain et traducteur croate.
8. Le roman espagnol : *La gloria de Don Ramiro* de l'écrivain argentin Enrique Larreta.
9. Hermann Bahr (1863-1934), célèbre écrivain autrichien, ouvert à tous les courants de la modernité.
10. Berthold Viertel (1885-1953), écrivain et metteur en scène autrichien, spécialiste de théâtre expressionniste.
11. Mon feuilleton sur Grouchy : premier état de *La Minute mondiale de Waterloo* in *Les Heures étoilées de l'humanité*.
12. Le manuscrit de Dostoïevski : trois chapitres de *Humiliés et offensés*. SZ était un collectionneur passionné d'autographes.
13. Pramg. : vraisemblablement la Pramergasse, rue qui se trouve à proximité du palais Liechtenstein.
14. *Le Miracle* : pantomime en deux actes et un interlude de Karl Gustav Vollmoeller, musique d'Engelbert Humperdinck, mise en scène par Max Reinhardt.
15. Épisode : par ce mot que, dans certains cas, je conserve pour son pittoresque, SZ désignait ses innombrables aventures amoureuses *(N.d.T.)*.
16. Comédie de Shaw : *Fanny's First Play*, traduite par Siegfried Trebitsch, écrivain, dramaturge et traducteur autrichien.
17. Viktor von Horetzky-Hornthal, chef de bureau à l'Intendance des théâtres de la Cour.

18. Richard Rosenbaum, secrétaire littéraire et artistique au Burgtheater.
19. Remigius Geyling, chef décorateur du Burgtheater.
20. Otto Soyka (1881-1955), écrivain autrichien.
21. *Le Masque de Satan*, pièce grotesque en un acte de Paul Czinner (1890-1982).
22. Victor Barnowski, directeur du Petit Théâtre de Berlin.
— Egon Friedell (1878-1938), critique théâtral viennois, feuilletoniste, historien de la civilisation.
— Hans Müller (1882-1950), écrivain autrichien.
23. Herbert Steiner (1892-1966), écrivain ; éditeur des *Œuvres complètes* de Hofmannsthal.
24. Mme von Wi. : Friderike Maria von Winternitz, écrivain et traductrice. Mère de deux filles, Alice et Suzanne, divorcée en 1913, elle épousa SZ en 1920 après qu'une loi autorisant le remariage des divorcés eut été promulguée. Ils se sépareront en 1938.
25. *Joachim von Brandt*, comédie de Moritz Heimann (1868-1925).
— Kohlhaas : allusion au roman de Heinrich von Kleist *Michael Kohlhaas* dont le héros met le monde à feu et à sang par amour fanatique de la justice. (*N.d.T.* : SZ reprendra ce thème, non point assaisonné d'une « sauce trop épaisse », dans sa pièce *Un caprice de Bonaparte*, 1929, traduction d'Alzir Hella, Paris, Grasset, 1952.)
26. Il s'agit du grand écrivain Jakob Wassermann (1873-1934).
27. Arthur Rundt, écrivain et directeur de théâtre.
28. Alfred : le frère aîné de Stefan (1879-1977).
29. Liechtenstein : non élucidé. Peut-être s'agit-il d'une aventure amoureuse, peut-être d'un projet littéraire qui ne réussit pas à prendre corps (« doubler la bande » : terme de billard).
30. Félix : Félix Braun (1885-1973), poète, romancier et dramaturge autrichien.
31. Paul Wilhelm (1873-1916), poète et dramaturge autrichien.
32. Lili Marberg, actrice qui joua l'un des deux grands rôles féminins dans *La Maison au bord de la mer*, l'autre étant interprété par Ida Orloff.
33. *Les Gens de Seldwyla* : de Gottfried Keller.
34. Sous le titre *Aux quinquagénaires ! Une suggestion publique*, SZ venait de proposer, dans le *Berliner Tageblatt*, de ne pas attendre que les poètes et les écrivains eussent atteint leur soixante-dixième anniversaire, mais que, dès leur cinquantième année, on représente leurs œuvres sur plusieurs scènes et qu'on leur décerne des prix afin que leur énergie créatrice soit stimulée. Dans ce contexte, il citait Hermann Bahr.
35. Moriz Benedikt, rédacteur en chef de la *Neue Freie Presse* (désignée dans ces notes par le sigle *NFP)*, le plus grand journal viennois de l'époque.
36. Anton Wildgans (1881-1932), poète et dramaturge viennois ; il dirigea plus tard le Petit Burgtheater.
37. Victor Hirschfeld (pseudonyme : Victor Leon), directeur artisti-

que, metteur en scène et dramaturge, et son frère Leo (pseudonyme : Leo Feld), auteur dramatique.

38. Franz Theodor Csokor (1885-1969), dramaturge, directeur artistique et metteur en scène.

— Paul Zifferer (1879-1929), écrivain et journaliste autrichien.

39. Anton Bettelheim, éditeur de la *Neue Oesterreichische Bibliographie*.

40. Carl Hagemann, directeur artistique et directeur de théâtre.

41. Thaddäus Rittner (1873-1921), écrivain et dramaturge austro-polonais. « Sa pièce », dont il est question plus loin, est *Lato* (L'Été).

42. Alfred Gerasch, acteur.

43. Raoul Auernheimer (1876-1948), écrivain autrichien.

44. Karl Glossy (1848-1937), écrivain, bibliothécaire, directeur des Archives et du Musée municipal de Vienne, éditeur de l' *Oesterreichische Rundschau*.

— Alfred Beierle, acteur à la Freie Volksbühne de Vienne.

45. Reimers, acteur qui joua dans *La Maison au bord de la mer*.

46. Albert Heine, acteur et metteur en scène — notamment de *La Maison au bord de la mer*.

47. L'écrivain allemand Herbert Eulenberg (1876-1949) faisait une conférence sur le poète Detlev von Liliencron (auteur du poème *Sur Aldébaran* cité plus loin).

48. Ellen Neustädter, actrice.

— Oskar Maurus Fontana (1889-1969), journaliste, critique théâtral et écrivain autrichien.

49. Franz Höbling interprétait le rôle de Peter.

50. *Anna Walewska*, tragédie en cinq actes de H. Eulenberg.

51. Félix Dörmann (1870-1928), écrivain et poète autrichien.

52. Ce sera *Retour au conte*, paru le 14.12.1912 dans la *NFP*.

53. Le musicologue berlinois Max Friedländer parlait de *La Chanson populaire allemande*.

54. Max Devrient (1857-1929), célèbre acteur et metteur en scène, attaché au Burgtheater depuis 1882.

55. Zobeltitz : sans doute Hanns von Zobeltitz (1853-1918), écrivain et éditeur des *Velhagen & Klasings Monatshefte*.

— Victor : Victor Fleischer (1882-1952), écrivain et éditeur autrichien. SZ le retrouvera en exil à Londres.

56. Alfons Paquet (1881-1944), poète, dramaturge et essayiste allemand.

57. *Mon ami Teddy*, comédie en quatre actes d'André Rivoire et Lucien Besnard.

58. Hugo Heller, éditeur et libraire viennois.

59. Oskar A.H. Schmitz (1873-1931), écrivain allemand.

— Eugen Kilian, metteur en scène — notamment de *La Maison au bord de la mer* à Munich.

60. Il s'agit sans doute de Hans Bessemer, qui avait accompagné SZ dans son voyage en Extrême-Orient en 1908-1909.

61. Félix Salten (= Siegmund Salzmann, 1869-1947), dramaturge et romancier (auteur du fameux *Bambi*).

62. Robert Michel (1876-1957), écrivain autrichien, codirecteur du Burgtheater en 1918.
— Eugen d'Albert (1864-1932), compositeur.
— Ludwig Fulda (1862-1939), auteur de comédies.
63. Max Zweig (né en 1892), auteur dramatique, vivant actuellement en Israël, lointain parent de SZ selon lui.
64. Karl Peter Rosner (1873-1951), écrivain et journaliste autrichien, rédacteur en chef du mensuel *Der Greif* (Le Griffon) édité par Cotta.
65. La première guerre des Balkans.
66. Maximilian Harden (1861-1927), célèbre essayiste, écrivain satirique et acteur.
67. Hugo Wolf (1888-1946), écrivain autrichien (sans rapport avec le compositeur du même nom, *N.d.T.*).
— Emil Lucka (1877-1941), romancier et essayiste.
68. Félix von Weingartner (1863-1942), compositeur, chef d'orchestre, prit la direction de l'Opéra de Vienne à la mort de Mahler en 1911.
— Hugo Wittmann, journaliste.
— Franz Servaes (1862-1947), écrivain et critique théâtral allemand.
69. *Lettre à Romain Rolland*, parue dans le *Berliner Tageblatt* du 22 décembre 1912.
70. Otto König, journaliste.
71. Nelly Pins (? -1921), femme de lettres autrichienne. Publia un choix de textes de l'écrivain belge Camille Lemonnier.
72. Crüwell : vraisemblablement Gottlieb August Crüwell, conservateur de la Bibliothèque universitaire de Vienne, auteur d'un livre sur Marie-Antoinette.
73. *Bookish* : livresque.
74. Hauptmann lisait des extraits de son drame, alors inédit, *L'Arc d'Ulysse*, et le poème *L'Horloge du cloître*.
75. Karl Schönherr (1867-1943), poète, narrateur et auteur dramatique autrichien, auteur d'œuvres fortement teintées de régionalisme.
76. Alexander Girardi (1850-1918), un des plus illustres acteurs autrichiens de l'époque.
77. Camill Hoffmann (1879-1944), écrivain et journaliste autrichien.
— Ernst von Schuch, directeur de l'Opéra de Dresde.
— Paul Wiecke, acteur qui, en 1908, avait joué à Dresde le rôle titre dans le *Thersite* de SZ.
78. F. : Il s'agit de Friderike von Winternitz.
79. Allusion à un tableau de Rubens, *La Petite Fourrure*, représentant Hélène Fourment nue.
80. Josip Kosor (1879-1961), écrivain croate.
81. Karl Friedrich Henckell (1864-1929), poète révolutionnaire, précurseur du naturalisme.
— Wilhelm Weigand (1862-1949), poète néo-romantique, essayiste et narrateur.
— Dora Hohlfeldt (1862-1931), femme de lettres allemande.

— Arthur Kutscher, historien de la littérature et du théâtre.

— Frank Wedekind (1864-1918), célèbre écrivain et auteur dramatique allemand (auteur, entre autres, du cycle de *Lulu).*

— Richard Friedenthal (1896-1979), écrivain allemand, connu surtout pour ses biographies. Exécuteur testamentaire et éditeur des œuvres de SZ.

82. Gisela Etzel (1880-1918), femme de lettres et traductrice allemande. SZ accueillera ses traductions de Marceline Desbordes-Valmore dans son essai sur la grande poétesse française (1920).

— Alexander Roda-Roda (1872-1945), narrateur, auteur dramatique et essayiste satirique autrichien.

83. La première de *La Maison au bord de la mer* à Munich.

84. Hagen (Hertha von) et Swoboda (Margarethe), actrices.

85. Wolfgang Schumann (1887-1964), écrivain allemand.

— Georg Terramare (1889-1948), narrateur et auteur dramatique autrichien.

86. *Souvenirs confus* : probablement la version originale de *La Ruelle au clair de lune.*

87. *Iphigénie* ne fut pas réalisé. Comédie sur la famille de Richard Wagner : *Légende d'une vie*, pièce en trois actes, 1919.

88. Le roman sur les danseuses : œuvre non identifiée, sans doute n'a-t-elle pas été réalisée.

89. Il s'agit de la traduction du *Rubens* de Verhaeren.

90. *Le Conte du loup* : « Jeu en quatre tableaux » de Franz Molnar.

91. Paula Silten, actrice.

92. Ernst Peter Tal, lecteur dans une maison d'éditions, créa ensuite sa propre maison à Vienne.

93. Gustav Falke (1853-1916), écrivain et poète allemand d'inspiration romantique *(N.d.T.).*

94. Le vieux drame en prose : non retrouvé.

— L'anthologie française : SZ n'a pas donné suite à ce projet.

95. Leopold Kramer et Peppi Glöckner, couple d'acteurs.

96. *La Boîte de Pandore* : deuxième partie du cycle de *Lulu*, de Wedekind, où Gertrud Eysoldt jouait le rôle principal.

— *Nju* : tragédie d'Ossip Dymov.

— Raoul Auernheimer : *Le couple à la mode.*

97. Rudolf Hans Bartsch (1873-1952), écrivain autrichien.

— Wilhelm Klitsch, acteur.

— Franz Karl Ginzkey (1871-1963), poète et nouvelliste autrichien.

98. Une nouvelle : probablement *La Peur.*

99. Anton Kippenberg (1874-1950) : depuis 1905 directeur des éditions Insel qui publièrent les œuvres de SZ de 1904 à 1934.

— Karl Zeiss, directeur de théâtre.

— Jakob Hegner, éditeur.

100. Rue Victor-Massé : SZ y avait habité lors d'un séjour précédent. (Le premier voyage en France de SZ, à Paris et en Bretagne, avait eu lieu l'été 1903.)

101. *Le bon maître* : Émile Verhaeren.

102. Les Brettauer : parents (assez guindés) de SZ du côté maternel.

103. Henri Guilbeaux (1884-1939), pacifiste et germaniste français. Il fut le premier traducteur de SZ.

104. Léon Bazalgette (1873-1929), traducteur français, notamment de Walt Whitman.

105. Il s'agit de Jean-Richard Bloch.

106. *Le Carillonneur* : pièce tirée du roman éponyme de Georges Rodenbach *(N.d.T.)*.

107. Rudolf Kassner (1873-1959), philosophe et essayiste autrichien (*N.d.T.* : Grand ami de Rilke, il lui a consacré un livre de souvenirs paru en 1976).

108. Richard Zoozmann (1863-1934), écrivain allemand, ami de Rilke.

109. Moréas était mort en 1910. SZ confond sans doute avec Charles Maurras.

110. A l'occasion du soixante-dixième anniversaire de l'éditeur Rudolf Mosse.

111. Le *Bärenhäuter* (Le fainéant) : opéra de Siegfried Wagner, fils de Richard.

112. Herwarth Walden (1878-1941), écrivain, musicien et marchand de tableaux berlinois (*N.d.T.* : figure de proue du célèbre groupe expressionniste *Der Sturm*).

113. Octave : sans doute l'enfant que Marcelle pensait attendre ?

114. Compte rendu, sous le titre *Les Trois Errances du régicide Ravaillac*, du livre de J. et J. Tharaud, *La Tragédie de Ravaillac*, paru dans la *NFP* du 16.4.1913.

115. *La Métamorphose du comédien*, « pièce rococo », 1912.

— *Brûlant secret*, nouvelle, 1913 (traduction française d'A. Hella, Paris, Grasset, 1945).

— *Le Jeu dangereux*, nouvelle, 1913 (traduction française d'A. Hella et O. Bournac in *Destruction d'un cœur*, Paris-Neuchâtel, 1931).

116. Il s'agit sans doute de projets de bustes de Hauptmann et de Verhaeren.

117. Richard Beer-Hofmann (1866-1945), poète et dramaturge autrichien, d'inspiration souvent biblique.

— Eduard Stucken (1865-1936), assyriologue et égyptologue allemand, s'inspira pour ses drames et ses romans de la légende du Graal et du déclin de la culture aztèque *(N.d.T.)*.

— Karl Michael, baron de Levetzow (1871-1945), poète et auteur dramatique.

118. Alfred Walter Heymel (1878-1914), écrivain et éditeur allemand, cofondateur de la revue *Die Insel* qui donna naissance à la célèbre maison d'éditions du même nom *(N.d.T.)*.

119. Il s'agit du « philosophe » Jean-Pierre Brisset, à qui André Breton a rendu hommage dans son *Anthologie de l'humour noir (N.d.T.)*.

120. Son « batracisme » : Brisset prétendait que l'homme descendait de la grenouille *(N.d.T.)*.

121. La réalité : la grossesse de Marcelle ?

122. Josef Kainz (1858-1910), illustre acteur autrichien.

123. Emil Lucka : *Les Trois Étapes de l'érotisme*, 1913.

— Johannes Müller : écrivain religieux allemand.

124. Max Burckhard avait été directeur du Burgtheater de 1890 à 1897.

125. *De la collection d'autographes considérée comme un art*, paru dans le *Deutscher Bibliophilen-Kalender 1914*.

126. Scutari avait été occupé par l'Albanie qui en revendiquait la possession, et à qui d'ailleurs le traité de 1913 l'attribuera.

127. F. M. von Winternitz : *L'Appel de la terre natale*, Berlin, 1914.

128. *Tout pour l'argent* : pièce en cinq actes de H. Eulenberg.

— Le petit Deutsch : Ernst Deutsch, acteur qui joua beaucoup sous la direction de Max Reinhardt.

129. Son roman : sans doute *Clérambault* (1920), que SZ traduira en allemand (1922).

130. Le couple Erna et Otto Grautoff a traduit *Jean-Christophe* en allemand.

131. Bouseret : jeune compositeur belge qui avait composé un mélodrame à partir d'un poème de Verhaeren.

132. Sibilla Aleramo (= Rina Faccio, 1876-1960), femme de lettres italienne.

133. Sa biographie : outre un article déjà paru en 1906, Ernest Delahaye publiera *Rimbaud, l'artiste et l'être moral*, Paris, Messein, 1923, et *Les « Illuminations » et « Une saison en enfer »*, Paris, Messein, 1927 *(N.d.T.)*.

30 JUILLET 1914 - 30 AVRIL 1915   *p. 83*

1. SZ séjournait alors en Belgique et devait se rendre, comme tous les ans, chez Verhaeren à Caillou-qui-bique, non loin de la frontière française.

2. Il s'agit de *Retour en Autriche*, article paru dans la *NFP* du 1er août 1914, que SZ a découpé et collé sur la page opposée. — Les dernières lignes : Zweig y admirait le calme et la dignité de la capitale autrichienne.

3. Le Lovcen : montagne à la frontière entre la Dalmatie (qui appartenait à l'Autriche-Hongrie) et le royaume de Monténégro.

4. Leonhard Adelt, journaliste autrichien.

5. SZ, qui avait été déclaré inapte au service armé par tous les conseils de révision, s'était, probablement fin juillet 1914, mis à la disposition du ministre de la Guerre pour travailler au service de presse. Il ne fut appelé que le 12 novembre 1914.

6. *Un mot sur l'Allemagne*, paru dans la *NFP* du 6 août.

7. Benno Geiger, historien de l'art.

8. Le cuirassé *Goeben* et le croiseur *Breslau* avaient quitté le port neutre de Messine contrôlé par les forces armées anglaises.

9. Richard Dehmel (1863-1920) : poète allemand très célèbre à

l'époque, chantre de la ferveur et de la sensualité, mais qui sut aussi se pencher sur les problèmes sociaux *(N.d.T.).*

10. Le 19 août, le Japon adressa un ultimatum à l'Allemagne pour qu'elle retire sa flotte de guerre d'Extrême-Orient et évacue sur-le-champ le Kiao-Tchéou et sa capitale Tsing-Tao. Sur le refus de l'Allemagne, le Japon lui déclara la guerre le 21 août.

11. Svetozar Boreovic von Bojna, général austro-hongrois.

12. A.S. : probablement Arthur Schnitzler.

13. Allusion à la célèbre chanson anonyme « Prince Eugène, le noble chevalier... » (1719).

14. Gumbinnen : aujourd'hui Gusew en R.S.S. de Lituanie.

15. Le S.M.S. *Elisabeth* avait été envoyé en Extrême-Orient en signe de coopération avec l'Allemagne.

16. Il s'agit du cinquantième anniversaire de la *NFP*.

17. Ortelsburg : en Prusse orientale ; aujourd'hui polonais sous le nom de Szczytno.

18. Lemberg : Lvov, aujourd'hui en Ukraine.

19. La Croix Jaune et Noire : organisation dépendant de la municipalité de Vienne, destinée à venir en aide aux chômeurs et aux démunis. La baronne Bienerth, de qui il est question plus bas, était présidente d'honneur de l'un des trois comités qui la composaient.

20. Jour de fête : la Nativité *(N.d.T.).*

21. *A mes amis de l'étranger* paraîtra le 19 septembre dans le *Berliner Tageblatt.*

22. Ivo, comte Voinovic (1857-1929), écrivain croate.

23. Allusion à la polémique déclenchée par un article de Gerhart Hauptmann, *Contre le mensonge* ; l'échange de lettres entre les deux écrivains sera repris dans *Au-dessus de la mêlée.*

24. Sil Vara (= Geza Silberer, 1876-1938), journaliste et écrivain autrichien.

25. Moritz Auffenberg von Komarov (1852-1928), ministre de la Guerre en 1911, inspecteur général des armées en 1912, accusé en 1915 d'avoir abusé de sa situation de ministre pour effectuer des opérations en Bourse. Acquitté, il réintégrera l'armée comme général hors cadre.

26. Kalksburg, quartier à la périphérie de Vienne où se trouvait un collège de jésuites dont bon nombre d'anciens élèves entraient dans la carrière diplomatique.

27. Franz Conrad von Hötzendorf (1852-1925), chef, depuis 1906, de l'état-major général des armées, nommé feld-maréchal en 1916, limogé en mars 1917 à la suite de divergences de vues avec l'empereur Charles et mis à la retraite en juillet 1918.

— Rudolf, chevalier de Brudermann (1851- ?), général austro-hongrois ; il sera lui aussi limogé en mars 1915 pour avoir évacué Lemberg.

28. Walter von Molo (1880-1958), écrivain allemand.

29. Franz, baron de Schönaich, général d'infanterie. — A Sadowa, le 3 juillet 1866, les Prussiens de Moltke remportèrent une victoire décisive sur les Autrichiens commandés par Benedek.

30. Le marquis Antonio de San Giuliano, homme politique libéral italien, ministre des Affaires étrangères, se fit en 1914 le champion de la neutralité de l'Italie.

31. Les troupes japonaises.

32. Carol Ier mourra le 10 octobre.

33. Marmaros : Maramaros, en Roumanie.

34. Une lettre de SZ parue le 22 décembre 1912 dans le *Berliner Tageblatt* avait été publiée en traduction française comme avant-propos à la lettre ouverte de Romain Rolland à Gerhart Hauptmann dans le *Journal de Genève* du 2 septembre 1914.

35. Schiller : *Le Siège d'Anvers par le prince de Parme en 1584 et 1585*, in *La Révolte des Pays-Bas*. Le feuilleton de SZ : *Anvers*, paru dans la *NFP* du 9 octobre 1914.

36. Leopold von Berchtold, ministre des Affaires étrangères de 1912 à 1915.

37. ... à Baden : Friderike y habita jusqu'à la fin de 1914.

38. Berta Zuckerkandl : journaliste autrichienne.

39. Il s'agit probablement de l'écrivain Otto Zoff (1890-1963), poète, romancier et auteur dramatique.

40. N'ayant pas trouvé à s'employer au ministère de la Guerre, SZ s'efforça, en vain d'ailleurs, d'être mobilisé dans les services de santé.

41. Maran : acteur comique qui interprétait admirablement les vieux beaux.

42. Il s'agit du poème intitulé *La Belgique sanglante*, qui parut d'abord à Londres, en anglais dans l'*Observer*, puis en français dans *L'Écho de France*. Le *Hamburger Fremdenblatt*, relayé par la *NFP*, en publia une traduction allemande.

43. A Klosterneuburg. Grâce à l'écrivain F. K. Ginzkey, attaché au « groupe littéraire » des Archives de guerre, SZ rejoindra celles-ci au mois de décembre.

44. Oskar Potiorek (1853 - ?), général austro-hongrois nommé en juillet 1914 commandant en chef de l'armée des Balkans. Il fut démis de ses fonctions après avoir abandonné Belgrade en décembre 1914.

45. *Le Combat pour le canal de Suez*, *NFP* du 18 novembre 1914.

46. Paul Goldmann, correspondant à Berlin de la *NFP*, auteur de l'interview de Hindenburg dont il vient d'être question.

47. Le frère aîné de SZ travaillait dans l'usine de textiles paternelle en Bohême *(N.d.T.)*.

48. Le grand écrivain Franz Grillparzer fut également « employé de bureau », bien qu'à un niveau plus élevé *(N.d.T.)*.

49. Victor Fleischer : *Kollega Eisenhart*, 1916.

50. L'opéra de Gluck, remanié par Wagner en 1847.

51. Jour férié : l'Immaculée Conception, toujours célébrée en Autriche.

52. La nouvelle de l'arrivée à Saint-Pétersbourg du roi des Belges Albert Ier.

53. La faculté de droit de l'université de Breslau venait de décerner le titre de docteur *honoris causa* à Hindenburg, Ludendorff, au ministre

prussien des Travaux publics Breitenbach et à l'explorateur suédois Sven Hedin.

54. Paul Amann (1894-1958), écrivain autrichien.

55. Probablement Frédéric, baron von Georgi, ministre de la Défense du territoire.

56. Un sous-marin français, le *Curie*, avait été coulé par le sous-marin autrichien *U XII*.

57. La Mildenburg : Anna Bahr-Mildenburg, *cf.* note 21, p. 454.

58. Il s'agit du passage fameux dans lequel Goethe explique qu'il ne pouvait composer de poèmes de guerre sans haïr (or il ne haïssait pas les Français) et qu'il existait plusieurs façons de servir son pays *(N.d.T.)*.

59. Ernst Lissauer (1882-1937), écrivain allemand. Il sera un moment le rival de SZ auprès de Friderike.

60. Le grand essai sur Dostoïevski, interrompu à plusieurs reprises, paraîtra en 1920 dans le recueil *Trois maîtres*.

61. Paul Frischauer (né en 1898), journaliste, narrateur, auteur dramatique. — Il n'était pas mort au front puisqu'on le retrouve plus tard à Londres d'où, comme SZ, il émigrera au Brésil.

62. La nouvelle : probablement *Wondrak*, resté à l'état de fragment.

63. Cette affaire... : sans doute des divergences entre la direction (« Intendance » en Allemagne et en Autriche) du Burgtheater et les acteurs.

64. Carl Spitteler (*cf.* note 21, p. 449) avait fait à Zurich une conférence sur les devoirs de la neutralité intellectuelle.

65. Eduard Möricke (1804-1875), l'un des plus grands poètes allemands du XIXe siècle *(N.d.T.)*.

66. *Adeverul*, quotidien de Budapest.

67. Alois Lexa, comte d'Aehrental, ministre des Affaires étrangères en 1906 ; il avait, en 1908, contre la résistance initiale des grandes puissances, imposé l'annexion formelle de la Bosnie et de l'Herzégovine et, en 1909, signé avec l'Italie un accord qui reconnaissait à celle-ci une certaine influence dans les Balkans.

68. L'Italie, qui faisait partie de la Triple-Alliance, avait par ailleurs signé un traité avec la France en 1902. — On sait qu'elle se ralliera à la Triple-Entente le 23 mai 1915.

69. Ernst Hardt (1876-1947), écrivain allemand, intendant général du *Deutsches Nationaltheater* de 1919 à 1924.

70. Ludwig Boerne (1786-1837), illustre polémiste, contemporain et ennemi de Heine, exilé comme lui à Paris. L'« article » en question est un extrait des *Curiosités de la censure francfortoise* (1819) *(N.d.T.)*.

71. La Roumanie déclarera la guerre à l'Autriche-Hongrie le 27 août 1916.

72. Georges Hirschfeld (1873-1942), romancier et dramaturge naturaliste allemand.

73. La Ballplatz : le « Quai d'Orsay » viennois *(N.d.T.)*.

74. Le croiseur allemand *Emden* ayant été coulé le 9 novembre 1914 au large des îles Keeling par le croiseur australien *Sidney*, l'équipage réussit à s'enfuir sur un voilier, l'*Ayesha*.

75. Ellen Key (1849-1926), célèbre pédagogue suédoise, grande amie de Rilke.
76. Annette Kolb (1870-1967), qui avait du sang français dans les veines, essaya par son œuvre de jeter un pont entre les deux pays. Dans sa conférence de Dresde (25 janvier 1915), elle avait fait scandale en se réclamant de sa double origine et en critiquant l'image que les nationalistes allemands donnaient de la France *(N.d.T.)*.
77. *Die Schaubühne*, revue satirique fondée en 1906 par Siegfried Jacobsohn.
78. *Le Don périlleux*, comédie en trois actes de S. Trebitsch.
79. Collection fondée par H. von Hofmannsthal, qui paraîtra de 1915 à 1917.
80. Stephan, comte Burian, ministre des Affaires étrangères, essaya en vain d'obtenir la neutralité de la Roumanie et de l'Italie.
— Istvan, comte Tisza (1861-1918), homme d'État hongrois, deux fois président du Conseil, activa l'effort de guerre de son pays.
81. Le parlement autrichien existait depuis 1848, mais n'avait pas droit de regard sur la politique étrangère.
82. Stanislau : aujourd'hui Ivano-Frankovsk en URSS.
— Prasicz : en Hongrie.
83. Le Premier ministre Vénizélos était violemment opposé à la politique de neutralité du roi Constantin Ier, qu'il forcera à abdiquer en 1917.
84. Verhaeren : *Les Ailes rouges de la guerre*.
85. Ce sera le poème dramatique *Jérémie*.
86. Hermann Rudolf Kusmanek, le général austro-hongrois qui commandait la forteresse de Przemysl. — Le 1er avril est sans doute la date à laquelle les provisions viendraient à manquer.
87. Article de Romain Rolland : *Notre prochain l'ennemi*, paru le 15 mars dans le *Journal de Genève*, sera repris dans *Au-dessus de la mêlée* ; la traduction de SZ paraîtra le 25 mars.
88. Comme à Ulm : sans doute allusion à la défaite autrichienne devant les Français en 1805 *(N.d.T.)*.
89. Carl Hauptmann (1858-1921), le frère de Gerhart Hauptmann, également écrivain.
90. *Pourquoi la Belgique et non la Pologne* ? parut le 4 avril 1915 dans la *NFP*.
91. Georges Ohnet : *Journal d'un bourgeois de Paris pendant la guerre de 1914*, Paris, 1914-1918. SZ a sans doute lu le premier volume.
92. Le grand peintre et dessinateur Alfred Kubin (1877-1959).
93. Hilde Coste, actrice.
94. Mme von W. : Friderike von Winternitz.
95. Rudolf Hans Bartsch : *Der Flieger* (L'aviateur), 1915.
96. Hélène Scholz-Zelezny, sculptrice.
97. Franz Theodor Csokor : *Le Grand Combat*, poème dramatique en huit tableaux.
98. La Kolubara : rivière en Serbie.

99. Hugo Thimig était le directeur du Burgtheater, Richard Rosenbaum en était le secrétaire artistique.

100. *Le Retour de Gustav Mahler* parut le 25 avril dans la *NFP*.

101. Brackenburg, personnage d'*Egmont*, de Goethe, amoureux éconduit de Claire à qui il finit par devenir importun.

102. *Cf.* note 25, p. 440.

103. Lors de la guerre de 1866, le général von Benedek, bien qu'il ne connût pas le terrain, fut nommé commandant en chef de l'armée du Nord sur le désir exprès de l'empereur François-Joseph. Vaincu à Sadowa, il fut relevé de son commandement.

1er MAI 1915 — 24 [FÉVRIER 1916]   p. 161

1. En Galicie.

2. August von Mackensen (1849-1945), général feld-maréchal allemand, commandant en chef sur les fronts russe et balkanique.

— Conrad : Hötzendorf, *cf.* note 27, p. 440.

3. Les Beskides : région au nord des Carpates, aujourd'hui en URSS.

4. Discours prononcé à Quarto lors de l'inauguration d'un monument à Garibaldi ; on sait que d'Annunzio était un fervent partisan du ralliement de l'Italie à l'Entente.

5. Giovanni Giolitti (1842-1928), homme politique libéral italien, plusieurs fois président du Conseil, partisan de la Triple-Alliance.

6. Antonio Salandra (1853-1931), Premier ministre italien de 1914 à 1916. C'est lui qui, en 1915, rapprocha l'Italie des Alliés.

7. Cirmeni : non identifié.

— Pietro Bertolini avait été, de 1907 à 1909, ministre du Travail dans le cabinet Giolitti.

8. Marcora et Carcano : non identifiés.

— Giorgio Sydney, baron Sonnino (1847-1922), ministre des Affaires étrangères, rangea l'Italie aux côtés des Alliés.

9. Benedek : *cf.* note 103, ci-dessus.

10. Après la défaite de Sadowa, l'archiduc Albrecht avait été nommé commandant suprême de toutes les forces armées. Il était partisan du service militaire obligatoire.

11. S.M. : Sa Majesté.

12. *Jérémie*, poème dramatique en neuf tableaux, Leipzig, 1917.

13. Richard Specht (1870-1932), historien de la littérature et musicologue.

14. Karl Halfdan Larsen (1860-1931), écrivain danois.

15. Nicola Pasic, homme d'État serbe, plusieurs fois président du Conseil, hostile à l'Autriche.

16. Frederik Willem van Eeden (1860-1932), écrivain néerlandais.

17. Paul Zech (1881-1946), ancien mineur et ouvrier métallurgiste, poète et dramaturge expressionniste, grand ami de SZ. Il émigra en Argentine en 1934 *(N.d.T.)*.

18. Tetschen est dans les environs de Vienne, Teschen (Cieszyn) en Pologne, près de la frontière tchécoslovaque.

19. Veit Stoss (1440 / 1450-1533), célèbre sculpteur, graveur et peintre allemand, auteur, entre autres, du prestigieux maître-autel de l'église Notre-Dame à Cracovie.

20. Hans Jakob Christoph von Grimmelshausen (vers 1622-1676), auteur du *Simplicissimus*, qui décrit les horreurs de la guerre de Trente Ans.

21. *Deutschmeister* : ancien régiment autrichien d'infanterie remontant à 1695, dépendant du grand maître de l'ordre Teutonique *(N.d.T.)*.

22. Drohobycz : Drogobytch, aujourd'hui en URSS.

23. Pravoslaves : Slaves orthodoxes. SZ semble faire une différence entre les deux mots.

24. Romain Rolland renonçait provisoirement à son activité d'écrivain pour se consacrer à la Croix-Rouge *(N.d.T.)*.

25. Hans Ehrenbaum-Degele (1889-1915), poète expressionniste allemand.

26. Le nouveau roman de Rolland : *Colas Breugnon*, Paris, 1920.

27. Karl Helfferich, homme politique allemand, secrétaire d'État aux Finances ; s'occupait du financement de la campagne.

28. L'*Arabic* : le deuxième paquebot anglais (après le *Lusitania*) torpillé par les Allemands.

29. *Exe. a. trois.* : probablement (en français) : « Exécuté acte troisième » (de *Jérémie*).

30. *La Guérison de la Galicie* parut dans la *NFP* du 31 août.

31. Le 1er novembre 1632, Heinrich Holk, chef d'état-major de Wallenstein, occupa la ville de Leipzig « en bon — en relativement bon ordre, ainsi que l'attestèrent certains récits des habitants » (Golo Mann).

32. L'esprit de conciliation : la promesse de ne pas torpiller de navire sans sommation.

33. L'*Hesperian* : le troisième paquebot anglais coulé par les Allemands.

34. Une lettre de Hermann Hesse à l'écrivain danois Sven Lange, dans laquelle il condamnait la guerre, déclencha contre son auteur une campagne de presse à laquelle participèrent de nombreux journaux nationalistes.

35. Le général prussien Alexander von Linsingen commandait le groupe Sud-Est des armées germano-autrichiennes.

36. Un isolé : Leonard Henry Courtney ; il avait déclaré devant le parlement anglais que, toute glorieuse que fût la passion de l'indépendance nationale, il fallait la concilier avec l'amitié entre les peuples si l'on voulait sauver la civilisation.

37. Egon Erwin Kisch (1885-1948), écrivain et journaliste allemand, célèbre surtout pour ses grands reportages.

38. Le recueil de Jouve : *Vous êtes des hommes*, Paris, 1915 ; la traduction allemande paraîtra à Zurich en 1915.

39. Le Champ des Merles : Kosovo Polje, plateau de la Yougoslavie

méridionale où, en 1389 et 1448, les Turcs avaient défait les Serbes et les Hongrois *(N.d.T.)*.

40. Wilhelm Schmidtbonn (1876-1952), dramaturge, poète et écrivain allemand.

41. Les enfants sont Alice et Suzanne von Winternitz, issues du premier mariage de Friderike.

42. Félix Braun, *Tantale*, tragédie en cinq apparitions, 1917.

43. Le livre de Rolland : *Au-dessus de la mêlée*, Paris, 1915.

44. Karel Kramarz (1860-1937), homme politique germano-tchèque, membre du parlement autrichien, partisan d'une alliance avec la Russie et hostile à la prédominance allemande. Arrêté en 1914 avec d'autres politiciens tchèques, il fut condamné à mort en 1916 pour haute trahison, peine commuée en quinze ans de réclusion, amnistié en 1917. Il fut le Premier ministre de la Tchécoslovaquie nouvelle.

45. Sans doute le Quatuor à cordes en mi bémol majeur, opus 127, de Beethoven.

46. Monographie de Gottfried Keller prévue pour *Les Bâtisseurs du monde* ; le projet fut abandonné.

47. Giuliano Oberdan, irrédentiste italien qui avait tenté d'assassiner l'empereur François-Joseph lors d'une visite à Trieste. Exécuté le 20 décembre 1882.

48. Oskar Fried, compositeur et chef d'orchestre.

49. Gustav Mahler, converti au catholicisme, s'était fait baptiser en avril 1897, peu de temps avant de signer son contrat d'engagement comme directeur de l'Opéra de Vienne.

50. Paul Stefan, musicologue autrichien.

51. Rilke avait dû laisser à Paris ses meubles et ses manuscrits qui furent vendus aux enchères et dispersés. Il put récupérer quelques objets grâce aux efforts conjugués de Romain Rolland, Gide, Charles Vildrac et autres.

52. Lia Rosen, actrice.

53. *Une édition en fac-similé de l'œuvre de Heine « L'Allemagne, un conte d'hiver »*, paru dans *Das literarische Echo* en 1916.

54. Le Lovcen : *cf.* note 3, p. 439.

55. Sans doute la pianiste Magda von Hattingberg, la « Benvenuta » de Rilke *(N.d.T.)*.

56. Rilke effectuait son service aux Archives de guerre *(N.d.T.)*.

57. Étant donné d'une part les lourdes pertes subies par l'Autriche, d'autre part le fait que les invalides militaires pouvaient occuper des emplois administratifs, le ministère de la Guerre allait procéder, du 26 au 29 avril 1916, à un « échange » qui touchait également les services auxiliaires tels que les archives. Le bataillon de dépôt du 4ᵉ R.I. s'étant enquis de SZ, les Archives présentèrent un certificat médical et déclarèrent que l'écrivain leur était indispensable. Sur quoi une commission d'arbitrage de très haut niveau décida le passage en conseil de révision, le 9 mai, de tout le personnel des Archives. SZ fut déclaré « apte aux services auxiliaires », ce qui ne satisfit pas le 4ᵉ R.I. qui exigea d'autres examens médicaux ; ceux-ci eurent lieu en octobre et n'entraînèrent

aucune conséquence pour Zweig. Un autre conseil de révision en juin 1917 constata, outre les suites d'une pleurotomie (remontant à 1909), plusieurs faiblesses d'ordre physique et confirma l'aptitude aux services auxiliaires.

58. Johannes Messchaert, chanteur.
59. Sil Vara : *La Femme de quarante ans*.
60. *La Tragédie des Germano-Américains. Un mot de sympathie. Par un écrivain autrichien*, dans la *NFP* du 6 février 1916.
61. Ma nouvelle : *La Légende de la troisième colombe*.
62. Leo Greiner (1876-1928), poète lyrique et auteur dramatique, directeur du département théâtral des éditions Fischer à Berlin.
63. Juvénal, *Satires*, I, 30.
64. Il s'agit de la revue *Le Carmel* dans laquelle paraîtra d'abord *La Tour de Babel* en traduction française avant même de paraître en allemand dans la *Vossische Zeitung* de Berlin.
65. Berta Zuckerkandl : *cf.* note 38, p. 441.
66. Le Premier ministre anglais avait déclaré dans un discours que la paix ne pourrait être conclue qu'après l'écrasement définitif de la suprématie militaire prussienne.

13 NOVEMBRE 1917 - FÉVRIER 1918   *p. 247*

En novembre 1917, SZ fut exempté de service pour deux mois ; il était chargé par le service de presse du ministère des Affaires étrangères de faire des conférences à Zurich, Berne, Bâle et Lucerne. C'était là une manière déguisée de faire comprendre aux États neutres que l'Autriche ne partageait plus l'idéologie belliqueuse de l'Allemagne. — De son côté, Friderike von Winternitz, en tant que déléguée de l'Association des Femmes autrichiennes, pouvait aller en Suisse afin d'y faire des conférences sur l'aide aux réfugiés polonais. — La permission de SZ fut d'abord prolongée de deux mois, jusqu'en février 1918 ; sur quoi il fut définitivement libéré de tout service militaire, à charge pour lui de fournir à la *NFP* des comptes rendus réguliers sur la Suisse. Il ne retourna en Autriche que fin mars 1919.

1. Rudolf Lothar, rédacteur à la *NFP*.
2. Hans Trog, rédacteur du feuilleton de la *Neue Zürcher Zeitung*.
— Paul Ilg (1875-1957), écrivain suisse.
— Wolfgang Heine, adversaire du groupe Spartacus fondé en 1917, dirigé par Karl Liebknecht et Rosa Luxemburg, qui prit en 1918/1919 le nom de Parti communiste.
— Wedekind : le dramaturge F. Wedekind, *cf.* note 81 p. 437.
3. Karl Liebknecht, en butte (comme Rosa Luxemburg) aux attaques de ses amis sociaux-démocrates, avait quitté le parti en 1916.
4. Albert Ehrenstein (1886-1950), écrivain et poète expressionniste autrichien. Auteur de *Aux frères assassinés*, auquel il est fait allusion quelques lignes plus bas.

5. A l'époque déjà, Zurich avait accueilli bon nombre d'artistes et d'écrivains allemands poursuivis pour leurs opinions politiques.

6. Leonhard Frank (1882-1961), l'un des grands écrivains allemands de l'époque. Le livre dont il est question plus bas : probablement *L'homme est bon*, Potsdam, 1919.

7. Ludwig Rubiner (1881-1920), écrivain et poète expressionniste allemand, communiste fervent.

8. La revue : *Zeit-Echo. Ein Kriegstagebuch der Künstler* (L'Écho du temps. Journal de guerre des artistes), que Rubiner avait fondée avec Heinrich Mann et Kurt Hiller. Elle parut d'août 1914 à août 1917.

9. A la suite de l'échec de la guerre sous-marine, qui avait provoqué l'entrée en guerre des États-Unis, le *Reichstag* formula une « résolution de paix », mais elle fut repoussée par les Alliés. Avaient également échoué les tentatives de conciliation du pape Benoît XV.

10. Alfred Reucker, de 1901 à 1921 directeur des théâtres de la ville de Zurich. Il créa *Jérémie* le 27 février 1918.

11. Friedrich Adler (1879-1960), social-démocrate autrichien, condamné à mort en 1916 pour l'assassinat du président du Conseil autrichien Karl Stuergkh, amnistié en 1918.

12. Eduard Korrodi (1885-1955), critique littéraire suisse, depuis 1914 rédacteur en chef du feuilleton de la *Neue Zürcher Zeitung*.

— Hermann Kaeser-Kesser (1880-1952), écrivain allemand, auteur dramatique, conteur et essayiste venu de l'expressionnisme, lutta en faveur du pacifisme.

13. Fritz von Unruh (1885-1970), dramaturge et nouvelliste allemand ; durement éprouvé par la guerre, il se convertira au pacifisme. Émigra en 1933 en France, puis aux États-Unis en 1940 *(N.d.T.)*.

14. Sans doute Carl Friedrich Wiegand, écrivain allemand.

15. Mme Albert : il s'agit de Lou Albert-Lasard (1885-1969), peintre de grand talent, qui consacra à Rilke un très beau livre, *Une image de Rilke*, Paris, Mercure de France, 1953.

16. Charlot Strasser, médecin et écrivain suisse.

17. Henry Van der Velde (1863-1957) : le célèbre architecte belge, directeur, jusqu'en 1914, de l'École des Arts décoratifs de Weimar.

18. Karl Scheffler, historien de l'art allemand.

— Paul Cassirer (1871-1926) : propriétaire d'une galerie d'art à Berlin, cofondateur avec son cousin Bruno Cassirer d'une maison d'éditions où paraissait la revue *Kunst und Künstler* (L'Art et les artistes) dirigée par K. Scheffler.

— Tilla Durieux, actrice célèbre, femme de Paul Cassirer.

19. La mémoire de SZ est défaillante. En premier lieu il ne s'agit pas d'un dialogue, par ailleurs la citation exacte est : « Mais qu'il songe aussi à ce que serait le cœur humain si hors de lui, loin de lui, en quelque endroit de l'univers, une certitude allait naître, une définitive certitude ! » (Trad. Gustave Roud, in *Lettres à un jeune poète*, Lausanne, Mermod, 1956, p. 122, *N.d.T.*).

20. Un roman et une comédie : *Colas Breugnon*. Paris, 1920. — Le mot « comédie » définit sans doute le caractère de l'œuvre.

21. Carl Spitteler (1845-1924) : le grand écrivain suisse, auteur de vastes épopées mythiques influencées par Nietzsche. Prix Nobel de littérature en 1919 *(N.d.T.)*.

22. Richard Dehmel *(cf.* note 9, p. 439) avait, comme beaucoup d'autres écrivains, plongé dans le nationalisme et, malgré son âge (cinquante et un ans en 1914), s'était engagé.

23. *Les Tablettes*, petite revue d'avant-garde fondée par Le Maguet (pseudonyme de Claude Salives), ouvrier français réfugié à Genève.

24. SZ remit à Rolland son « testament spirituel » sous enveloppe scellée avec instruction « de l'ouvrir et de le publier au cas où un télégramme codé annoncerait à Rolland que Zweig avait à subir les conséquences d'un refus du service actif. Dans ce "testament de ma conscience"... il exposait clairement et sans détour sa foi dans la non-violence, à laquelle il était maintenant converti, tout en se déclarant néanmoins prêt à servir son pays pendant la guerre, à condition qu'il ne fût pas contraint de porter les armes ni de devoir les employer pour tuer... » (Donald Prater, *Stefan Zweig, la vie d'un impatient*, Munich, 1981, pp. 145 sq.).

25. *A mes frères français* parut le 20 décembre 1917 dans *Demain*, Genève-Paris, revue pacifiste créée par H. Guilbeaux.

26. G. : Henri Guilbeaux.

27. Romain Rolland avait écrit les vies de Beethoven (1903), Michel-Ange (1905), Haendel (1910) et Tolstoï (1911).

28. Le drame écrit en 1903 : *Le temps viendra* ; la traduction allemande de SZ paraîtra en 1919 à Vienne et à Leipzig.

29. Hélène Stöcker (1869-1943), femme de lettres allemande qui milita en faveur de la protection des mères, de la réforme de la sexualité et de l'entente entre les peuples.

30. Frans Masereel (1889-1972), célèbre peintre, dessinateur et graveur belge, pacifiste convaincu.

31. Albert Dreyfus, pacifiste suisse établi à Paris.

32. Un long article : *Le Cœur de l'Europe. Une visite à la Croix-Rouge genevoise* parut le 23 décembre 1917 dans la *NFP*. — Rolland travaillait à l'Agence internationale des prisonniers de guerre de la Croix-Rouge.

33. Rosika Schwimmer (1877-1948), pionnière du mouvement féministe hongrois et du mouvement pacifiste international, de 1918 à 1919 membre du Conseil national hongrois et chargée d'affaires de son pays en Suisse.

34. Pavel Ivanovitch Birjukov, ami de Tolstoï.

35. Sans doute s'agit-il de livres ? *(N.d.T.)*

36. Leonhard Frank, *L'homme est bon*, Zurich, 1918.

37. Friderike rentrait à Vienne.

38. Max Rascher, éditeur zurichois.

39. Bérau : probablement Henri Béraud.

— Max Hochdorf, écrivain allemand.

40. Paul Seippel, directeur du *Journal de Genève*.

41. Robert Faesi (1883-1972), essayiste, romancier et historien de la littérature suisse.

42. SZ lisait des scènes de *Jérémie* et Jouve des extraits de la *Danse des morts*.

43. Le cons. gén. : le consul général d'Allemagne.

44. Salomon David Steinberg, rédacteur du feuilleton de la *Zürcher Post*.

45. *La Métamorphose du comédien*, cf. note 115, p. 438.

46. Oskar Reinhart, membre d'une riche famille d'industriels et de mécènes suisses *(N.d.T.* : c'est l'un d'eux, Werner R., qui louera, puis achètera le château de Muzot pour le mettre à la disposition de Rilke).

47. Umberto Boccioni (1882-1916), peintre, sculpteur, critique d'art italien, l'un des fondateurs du futurisme.

48. Bruno Goetz (1885-1954), écrivain balte.

49. La traduction de Rolland : *Aux peuples assassinés*.

50. Il faut que je le décrive : SZ le fera dans *Souvenirs et rencontres*, 1937 (trad. d'Alzir Hella, Paris, Grasset, 1951).

51. Alexander Saccharoff (1886-1963), peintre et danseur russe.
— Clothilde van Derp était sa femme et partenaire.

52. Claire Studer : la future Claire Goll.

53. Albert Welti, *Tableaux et eaux-fortes,* choisis et présentés par Hermann Hesse, Berlin, 1917.

54. Steinthal : non identifié.
— Hans von Huelsen (1891-1968), journaliste et écrivain allemand, auteur de biographies et de récits historiques.

55. La décision : de prolonger la permission de SZ.

56. La pièce de Reinhart (Hans) : *Le Jardin d'Éden*, rhapsodie dramatique d'après Andersen, Winterthur, 1909.

57. Rudolf Hunziker, historien de la littérature, président de l'Association littéraire de Zurich.

58. Il s'agit de Theodor Herzl, l'illustre pionnier du sionisme, qui avait fait entrer le jeune SZ à la *NFP*.

59. Alastair : Hans Henning von Voigt (1887-1969), dessinateur, poète et traducteur allemand ; il vécut à Paris où il se drapa dans une atmosphère d'ésotérisme et se forgea un personnage fin de siècle.

60. Alfred : le frère aîné de SZ.

61. Hermynia von Zur Mühlen (1883-1951), femme de lettres et traductrice autrichienne. Elle traduisit, pour la « Bibliothèque européenne » éditée par René Schickele, une partie du roman de Leonid Andreiev *Sous le joug de la guerre*.

62. Paul Apel (1872-1946), écrivain allemand, auteur de *La Descente aux enfers de Hans Sonnenstösser*, « pièce onirique », Berlin, 1911.
— Andreas Latzko (1876-1943), écrivain germano-hongrois.

63. Mme Moissi : la femme du célèbre acteur Alexandrer Moissi.
— Landau : probablement Paul Landau, historien de l'art et de la littérature.

64. Les internés allemands : soldats libérés grâce à l'intervention de la Croix-Rouge.

65. F. et S. : Friderike et Suzanne von Winternitz.

66. Schickele : le grand écrivain germano-alsacien René Schickele (1883-1940). SZ et lui deviendront amis.

67. C'est à Villeneuve, sur les bords du Léman, que SZ avait rencontré Romain Rolland.

68. La grande poétesse allemande Else Lasker-Schüler (1876-1945).

69. *Les Troyennes* : la pièce d'Euripide dans l'adaptation de Franz Werfel.

70. Son recueil de poèmes : sans doute *Der Gerichtstag* (Le Jour du jugement), Leipzig, s.d.

71. *Biedermeier* : période correspondant à notre style Louis-Philippe *(N.d.T.)*.

72. Leonhard Ragaz (1868-1945), pasteur et professeur de théologie, adversaire du militarisme et du capitalisme.

73. Alfred Hermann Fried (1864-1921), écrivain autrichien, pacifiste, prix Nobel de la Paix en 1911.

20 SEPTEMBRE - 13 NOVEMBRE 1918   *p. 297*

1. SZ avait, dans le numéro de juillet-août de la *Friedenswarte*, Berlin et Leipzig, rendu un *Hommage au défaitisme* qui ne lui valut pas que des compliments. Alfred Hermann Fried l'attaqua dans la *Neue Zürcher Zeitung*, SZ répondit dans le même journal sous le titre *La Dévaluation des idées*.

2. L'Autriche-Hongrie avait, le 17 septembre, fait une offre de paix à l'Entente, qui l'avait déclinée.

3. Joseph Chapiro, journaliste d'origine russe.

4. Il s'agit d'Henri Guilbeaux, accusé d'entente avec l'ennemi ; il sera condamné à mort par contumace en mars 1919. Sur quoi, expulsé de Suisse, il se rendit en Russie où il vécut jusqu'en 1922, puis en Allemagne. Il retourna en France en 1932 et fut acquitté.

5. *Le temps viendra*, titre d'une pièce de Romain Rolland. *Cf.* note 28, p. 449.

6. Un feuilleton sur Faesi : *Nouvelles de la Suisse neutre : un poète*, parut dans la *NFP* du 11 octobre 1918.
— *Légende d'une vie (cf.* note 87, p. 437) fut créée à Hambourg le 25 décembre 1918.

7. Leopold, baron Andrian zu Werburg, petit-fils du compositeur Meyerbeer, était en 1918 intendant général des théâtres de la Cour.
— On ignore de quelle affaire il s'agit.

8. Mme D. : Isabelle Debran avait, début mars, publié dans *La Victoire* un article, *Le Nid de vipères*, dirigé contre Romain Rolland et ses amis pacifistes. Il s'ensuivit un vif échange de propos dans la presse.

9. Un nouveau roman : *Colas Breugnon*, où SZ, dans sa biographie de Romain Rolland (Francfort, 1921), verra l'œuvre la plus achevée de l'écrivain.

10. Un livre... : le projet de la biographie citée ci-dessus.

11. Le *Forum*, revue berlinoise. L'article de SZ : *L'Opportunisme, l'ennemi universel.*

12. SZ n'a, en fin de compte, pas traduit *Colas Breugnon*, mais a sans doute revu la traduction d'E. et O. Grautoff.

13. Pour favoriser les études de son fils, Émile Rolland, qui était notaire à Clamecy, était venu en 1880 habiter Paris où il trouva un emploi au Crédit Foncier *(N.d.T.)*.

14. Albert Verwey (1865-1937) : l'un des plus grands poètes néerlandais, ami de Stefan George qui le traduisit en allemand.

15. Paul Schlesinger : correspondant en Suisse du journal berlinois *Vossische Zeitung*.

16. Georg von Hertling (1843-1919) : philosophe et homme d'État, président du Conseil prussien de novembre 1917 à septembre 1918.

17. Erwin Rieger (1889-1941), journaliste et écrivain autrichien. Il sera, en 1928, le premier biographe de SZ.

18. Charles-Arthur Hofer, peintre suisse.

19. Sans doute Henri Guilbeaux.

20. Le 4 octobre, le nouveau gouvernement allemand, ayant à sa tête le prince Max de Bade, proposa au président Wilson d'engager des pourparlers d'armistice.

21. Beck était l'adversaire du frère aîné de SZ dans une querelle juridique qui les opposait.

22. Probablement *Friedensgericht* (La Justice de paix), 1918.

23. Ernst von Wildenbruch (1845-1909), écrivain, poète et auteur dramatique allemand. Petit-fils du prince Louis-Ferdinand de Prusse, il avait été le compagnon de Fritz von Unruh à l'école des cadets de Plön.

24. Poète de la Prusse et de la Germanie *(N.d.T.)*.

25. *Quaint* : fantasque *(N.d.T.)*.

26. Il a travaillé 10 ans à son roman : en réalité, Joyce a mis sept ans pour écrire *Ulysse*, de 1914 à 1921.

27. Heinrich Lammasch (1853-1920) : juriste autrichien, partisan de la réconciliation des peuples, participa à la conférence de Saint-Germain en tant que conseiller juridique. Il fut à la tête du gouvernement du 27 au 31 octobre 1918.

28. Le *Message de paix en automne* parut dans la *NFP* le 22 octobre 1918.

29. Ma nouvelle pièce : *Légende d'une vie (cf.* note 87, p. 437 et note 6, p. 451).

30. Dans cette note, Wilson laissait « aux différentes ethnies de l'Autriche » le soin de décider de leur sort.

31. Mon article : *Heinrich Lammasch*.

32. Emil Ludwig (1881-1948), écrivain allemand connu surtout pour ses biographies.

33. Le président du Conseil hongrois fut assassiné le 30 octobre 1918 par des soldats révoltés.

34. Victor Adler (1852-1918), député social-démocrate ; il mourut dix jours après sa nomination au poste de secrétaire d'État aux Affaires étrangères.

35. En réalité, la dernière des douze batailles de l'Isonzo avait eu lieu en novembre 1917.

36. Ludwig Bauer (1876-1935), écrivain et journaliste autrichien.

37. Les éditions Rütten et Loening, qui publièrent la biographie de Romain Rolland.

38. La Suisse ferma sa frontière avec l'Autriche lorsque quelques soldats vinrent réclamer du ravitaillement pour le Vorarlberg.

39. Par crainte que les soldats révoltés en Autriche, en Italie et en Allemagne ne pénètrent sur leur territoire, les Suisses massèrent des troupes à leurs frontières, sur quoi les sociaux-démocrates appelèrent à la grève. Celle-ci, qui prit une allure politique, échoua par suite de la résistance de la bourgeoisie et de la paysannerie.

22 OCTOBRE - 6 DÉCEMBRE 1931 *p. 325*

1. La *Heimwehr* : milice armée de volontaires autrichiens fondée en 1919, qui s'était donné pour but de lutter contre le bolchevisme. Formée sur le modèle du fascisme italien, elle était partisane d'un régime autoritaire.

2. Quelques mots d'hommage : *Schnitzler, l'Autrichien* parut dans la *NFP* du 22 octobre 1931.

3. M. Ant. : *Marie-Antoinette*, qui paraîtra en 1932 aux éditions Insel à Leipzig.

4. Florimond, comte Mercy d'Argenteau, diplomate autrichien, conseiller intime de l'impératrice Marie-Thérèse qui l'envoya, en 1780, à la cour de France. Sa correspondance secrète avec l'impératrice et Marie-Antoinette constitua une source importante pour la biographie de SZ.

5. Comme son père, SZ n'acceptera jamais de décoration ni de distinction honorifique *(N.d.T.)*.

6. Fritz Adolf Hünich, poète autrichien qui assistait SZ dans ses recherches pour *Marie-Antoinette*.

— Kluber : également assistant de SZ.

7. Le film : sans doute *Volpone*, qui ne sera réalisé qu'en 1939 sous la direction de Maurice Tourneur *(N.d.T.)*.

8. L'onction du rabbin : acte consacré qui doit communiquer le salut et la force. Ici, allusion aux conversations de SZ avec son éditeur.

9. A. & S. : Alice et Suzanne von Winternitz.

10. Après la mort (en 1929) de Hugo von Hofmannsthal qui avait écrit plusieurs livrets pour Strauss, le compositeur lui chercha un successeur. Anton Kippenberg lui recommanda SZ. Ils s'entendirent très vite. Zweig écrivit, d'après Ben Jonson, le livret de *La Femme silencieuse*, opéra-comique en trois actes qui, malgré les protestations des nationaux-socialistes et contre le désir de SZ, fut représenté à Dresde le 24 juin 1935 sous la direction de Karl Böhm. L'opéra fut interdit après la quatrième représentation *(cf. Le Monde d'hier,* trad. de J.-P. Zimmermann, Paris, Belfond, 1982, pp. 431 sqq.).

11. Félix Salten voulait sans doute organiser une cérémonie en l'honneur du cinquantième anniversaire de SZ, qui tombait le 28 novembre 1931.

12. Hans Carossa, *Le Docteur Gion*, Leipzig, 1931.

13. Arthur Silbergleit, poète allemand.

14. Victor Ilyitch Seroff : *The Mighty Five* (probablement).

15. Alice von Winternitz effectuait un stage chez le photographe viennois Hugo Hinterberger.

16. Ignaz Seipel (1876-1932), prêtre catholique et politicien conservateur autrichien, chancelier de 1922 à 1924 et de 1926 à 1929, ministre des Affaires étrangères en 1930 ; partisan de l'annexion de l'Autriche par l'Allemagne dans l'espoir qu'elle entraînerait une réorganisation de l'Europe centrale.

17. SZ avait projeté un second voyage en Union soviétique en avril 1931, l'avait ajourné à cause de *Marie-Antoinette*, puis y renonça. *(N.d.T.* : Son premier séjour en Russie avait eu lieu en septembre 1928 ; il avait été invité à représenter les écrivains autrichiens aux cérémonies commémoratives du centenaire de Tolstoï.)

18. Cette « nouvelle » deviendra en fait un roman, publié seulement en 1982 sous le titre *Ivresse de la métamorphose* (traduction française de Robert Dumont, Paris, Belfond, 1984).

19. Ludwig Schwerin : peintre munichois.

20. Mon article : *Hans Carossa*, paru dans le *Berliner Tageblatt* du 8 novembre 1928.

21. Elle : la femme d'Hermann Bahr, Anna Bahr-Mildenburg, cantatrice célèbre par ses interprétations de Wagner.

22. La pantomime : *Marsyas et Apollon*, que SZ avait prévue d'abord pour Stravinski ou Honegger.

23. Le livret de *La Femme silencieuse*.

24. Allusion à une remarque de Goethe sur *Le Neveu de Rameau* où il fait le départ entre les deux manières de traiter la musique, la sentimentale et l'intellectuelle.

25. Otto Julius Bierbaum (1865-1910), écrivain et poète allemand. Richard Strauss avait déjà mis certains de ses poèmes en musique.

26. Le *skat* : jeu de cartes très populaire en Allemagne *(N.d.T.)*.

27. Sans doute Herbert Lindner, régisseur et directeur artistique.

28. Rappelons que ce texte, écrit directement en français, est d'Oscar Wilde *(N.d.T.)*.

29. Siegfried Wagner, le fils du compositeur.

30. Franz Lachner : compositeur allemand.

31. Peut-être allusion au fait que cette semaine s'achèvera sur son cinquantième anniversaire ? *(N.d.T.)*

32. Erich Mosse (pseudonyme : Peter Flamm, 1891-1963), écrivain allemand.

33. Le Ier chapitre : sans doute du roman *Ivresse de la métamorphose*.

34. *Vederemo* : (italien) nous verrons.

35. Schwarz : restaurant juif de Munich.

— *Kakadu* : sans doute la pièce pour enfants de Zuckmayer, *Kakadu-Kakada*.

— Sigrid Onegin : alto célèbre.

36. A la maison : chez sa mère, à Vienne (SZ habitait Salzbourg depuis 1919).

37. *Veland* : tragédie de G. Hauptmann, 1925.

38. Schalom Asch (1880-1957), grand écrivain yiddish.

39. Björn Björnson (1859-1942), écrivain et acteur norvégien, fils du célèbre Björnstjerne Björnson.

40. Coudenhove : Richard Coudenhove-Kalergi (1894-1972), écrivain et politicien allemand, initiateur de l'idée paneuropéenne qu'il développa dans son livre *Paneuropa*, puis propagea dans la revue du même nom.

— Carl Moll (1861-1945) ; peintre autrichien, second mari de la mère d'Alma Mahler-Werfel.

— Paul von Zsolnay : éditeur autrichien, troisième mari d'Anna Mahler, la fille du compositeur.

41. Elle : Alma Mahler-Werfel.

17-30 JANVIER 1935   *p. 343*

1. B.W. Huebsch (1873-1965), fondateur et directeur des éditions B.W. Huebsch Inc., New York, qui, en 1925, deviendront la Viking Press.

2. La première fois : le premier voyage aux États-Unis de SZ eut lieu de fin février à fin avril 1911.

3. *The Harvesters* : *La Moisson*.

— Élisabeth : Élisabeth Ire d'Angleterre.

4. *City on a rock* : *Ville sur un rocher*, de Goya.

5. *Le Rythme de New York* avait paru dans le *Dresdner Anzeiger* du 7 décembre 1913.

6. *Shape* : forme.

7. Ma chère famille : les Brettauer (*cf.* note 102, p. 438).

8. « Oh, c'est un grand nom. Je suis ravi de travailler pour vous. »

9. Félix Warburg : célèbre banquier américain.

10. *If Raffael at all* : si tant est que ce soit un Raphaël.

11. Probablement David Bach, rédacteur de l'*Arbeiter-Zeitung* (organe du parti social-démocrate autrichien).

12. La Gendarmenstrasse, rue « chaude » de Berlin à l'époque.

13. Ma conférence : sans doute sur Marie Stuart.

14. Leopoldstadt : le quartier juif de Vienne *(N.d.T.)*.

15. Israel Joshua Singer (1893-1944), écrivain yiddish.

16. *Marie-Antoinette* sera porté à l'écran en 1938 sous la direction de W. S. van Dyke.

17. Il s'agit probablement de Gaby Morlay, qui interprétera le rôle principal dans *La Peur* de Victor Tourjansky (1938), adapté de la nouvelle de SZ.

18. Herbert Sherman Gorman : *The Scottish Queen*, 1932.
19. Félix Wittmer : germaniste américain.
20. Stefan Wise : rabbin de la Synagogue libre de New York.
— Le projet : la fondation d'une revue mensuelle juive ; il resta lettre morte.
21. Ailleurs : dans *Arturo Toscanini. Un portrait*, 1936. Trad. française in *Souvenirs et rencontres* (*cf.* note 50, p. 450).
22. SZ était un adversaire convaincu du sionisme (*N.d.T.*).
23. Cette nouvelle : sans doute ce qui deviendra *Ivresse de la métamorphose*.
24. Elmer Adler, bibliophile américain, éditeur, de 1930 à 1940, de la revue *Colophon*. Richard Pynson : imprimeur du XVIe siècle (mort en 1530) dont la technique fut reprise dans les années trente.
25. M. St. : *Marie Stuart*, qui paraîtra à Leipzig en 1935 (trad. A. Hella, Paris, Grasset, 1936).

8 AOUT - 1er SEPTEMBRE 1936 *p. 371*

1. Une histoire de Magellan : SZ publiera en 1938 une biographie du grand navigateur (trad. A. Hella, Paris, Grasset, 1938).
2. Ma nouvelle : probablement le roman *La Pitié dangereuse*.
3. *Chicas guapas* : de jolies filles.
— *Carreteros* : des charretiers.
4. Henry Ford : *The International Jew*, New York, 1920 (la traduction espagnole fut publiée en 1924 par un éditeur allemand).
5. SZ a écrit un essai sur Mesmer dans *La Guérison par l'esprit* (trad. française A. Hella et Juliette Pary, Paris, Belfond, 1982).
6. *Les Heures étoilées de l'humanité*, dont une première édition avait paru en 1927 (trad. française d'A. Hella, Paris, Grasset, 1939).
7. SZ, qui, contre ses habitudes, venait pour la première et la dernière fois de sa vie participer à un congrès du PEN Club, était l'hôte du gouvernement brésilien (*N.d.T.*).
8. Combat d'animaux.
9. Abrao Koogan, l'éditeur brésilien de SZ.
10. Le Yoshiwara : le quartier « chaud » de Tokyo.
11. Petropolis : c'est dans cette ville que SZ et sa femme Lotte, qui s'y installèrent en septembre 1941, se suicidèrent le 22 février 1942.
— Le Semmering : station de sports d'hiver très fréquentée, à une centaine de kilomètres au sud de Vienne.
12. Course de rue, ou de route.
13. L'amiral Thomas Cochrane commanda la flotte brésilienne de 1823 à 1825.
14. Plat à base de haricots noirs, riz, légumes, viandes séchées et charcuterie.
15. Claudio de Souza, secrétaire général du PEN Club brésilien.
16. Il s'agit du *Chandelier enterré*, que SZ lut devant le Comité de secours juif au profit des réfugiés.

17. La *Visite à une plantation de café*, extraite du *Petit voyage au Brésil*, a paru dans le *Pester Lloyd* du 10 octobre au 8 novembre 1936.
18. Ernst Kretschmer (1888-1964), psychiatre, inventeur de la « typologie constitutionnelle ».
19. Lasar Segall, peintre brésilien d'origine russe.
20. Ludwig : Emil Ludwig, *cf.* note 32, p. 452.

1ᵉʳ SEPTEMBRE - 17 DÉCEMBRE 1939   *p. 391*

1. Ce journal a été rédigé à Bath, en anglais.
2. L'étonnante proposition des Allemands : la réponse, apparemment positive, de Hitler à l'offre anglaise du 28 août d'ouvrir des négociations directes.
3. Le remariage, le 6 septembre 1939, de SZ avec sa secrétaire Lotte Altmann.
4. Après la déclaration de guerre de l'Angleterre à l'Allemagne, tous les Allemands résidant en Grande-Bretagne furent déclarés *Alien Enemies*, ennemis étrangers.
5. Il s'agissait en réalité du paquebot anglais *Athenia*.
6. Malgré les efforts de H.G. Wells, qui intervint activement en faveur de SZ, le décret de naturalisation ne fut promulgué que le 12 mars 1940 *(N.d.T.)*.
7. Mr. Huntley : le propriétaire de *Rosemount*, la maison que les Zweig achetèrent à Bath et qu'ils habitèrent de janvier à juin 1940.
8. SZ fait sans doute allusion au retour de Teschen à la Pologne en 1938 *(N.d.T.)*.
9. Le *Bremen* : le plus grand paquebot allemand de l'époque.
10. La guerre en Chine : *cf.* note 10, p. 440.
11. L'autobiographie : *Le Monde d'hier*, qui paraîtra en 1944.
12. *Érasme, grandeur et décadence d'une idée*, Leipzig, 1935 (trad. française d'A. Hella, Paris, Grasset, 1935).
13. Les Juifs ukrainiens : allusion non élucidée.
14. Mon Cicéron : *The Head upon the Rostrum. Cicero's Death* parut dans la version anglaise des *Heures étoilées de l'humanité*, New York, Viking Press. L'original allemand ne paraîtra qu'en 1982 dans la *Neue Rundschau*.
15. Allusion à l'intervention de l'Italie dans la guerre d'Espagne.
16. Sir Oswald Mosley (1896-1980), fondateur, en 1931, du New Party d'obédience fasciste.
17. Heinrich Eisemann : marchand londonien de livres anciens et d'autographes.
18. Le *Courageous*, coulé le 17 septembre dans le canal de Bristol.
19. SZ possédait la table de travail de Beethoven.
20. On sait que Freud avait émigré à Londres en 1938. Atteint d'un cancer à la mâchoire, il mourra le 23 septembre.
21. Hallamstreet 49, à Londres, où SZ habitait depuis mars 1936.
22. Joseph Roth était mort le 27 mai à Paris de *delirium tremens* (il

avait quarante-cinq ans) et Ernst Toller, le célèbre écrivain et politicien communiste, s'était suicidé le 22 mai à New York à l'âge de quarante-six ans *(N.d.T.)*.

23. Woodstock Street : sans doute l'ancien domicile de Lotte.

22 MAI - 19 JUIN 1940 *p. 411*

1. SZ a écrit ce titre en anglais : *Notebook War 1940 (N.d.T.)*.
2. *Easy going* : insouciance.
3. SZ avait été, en avril, invité à faire une conférence à Paris. Il parla, dans la salle archicomble du théâtre Marigny, de *La Vienne d'hier*. Il prononça en outre trois discours à Radio-Paris *(N.d.T.)*.
4. Victor : Victor Fleischer, *cf.* note 55, p. 435.
5. SZ voulait terminer *Les Heures étoilées de l'humanité* sur *Wilson capitule*.
6. *Prayer Day* : le Jour de prières.
7. Sir Samuel Hoare, politicien conservateur, fut ambassadeur de Grande-Bretagne à Madrid de 1940 à 1944.
8. Les deux prédécesseurs de Duff Cooper au ministère de l'Information étaient Harold Macmillan et Sir John Charles Walsham Reith.
9. Sir Oswald Mosley *(cf.* note 16, p. 457) fut, de fait, emprisonné de 1940 à 1943.
10. SZ vendit la majeure partie des autographes historiques de son importante collection ; quant aux lettres à lui adressées par des écrivains célèbres, il les légua à la Jewish National Library à Jérusalem.
11. Une abrogation : du décret de naturalisation *(N.d.T.)*.
12. L'Italie entra en guerre le 10 juin et, à la mi-août, s'empara de la Somalie britannique.
13. L'expédition : sans doute celle des autographes *(N.d.T.)*.
14. Suter : Johann August Suter, le héros de *La Découverte de l'Eldorado* dans *Les Heures étoilées*...
15. Desmond Flower : l'éditeur anglais de SZ. Le titre : celui des *Heures étoilées...* (en anglais *The Tide of Fortune*).
16. Mme Kahn : la bonne des Zweig à Bath.
17. *Hasta il enchillo* : (mélange d'espagnol, d'italien et de portugais incorrect) jusqu'au bout.
18. Friderike avait quitté Paris pour Montauban trois jours avant l'entrée des troupes allemandes à Paris *(N.d.T.)*.
19. Jack Isaacs, professeur à l'université de Londres, ami de SZ.
20. Jenkins : sans doute le consul des États-Unis.
— Cortesao : sans doute le consul du Brésil.
21. Le capitaine mettra sa propre cabine à la disposition des Zweig *(N.d.T.)*.

INDEX DES ŒUVRES DE STEFAN ZWEIG CITÉES

A mes amis de l'étranger 100, 440
A mes frères français 266, 449
Anvers 111, 441
Arturo Toscanini 357, 456
Aux quinquagénaires ! 28, 434
Bâtisseurs du monde (Les) 446
Brûlant secret 69, 438
Busoni 281, 450
Caprice de Bonaparte (Un) 434
Chandelier enterré (Le) 385, 456
Cicéron 404, 407, 457
Cœur de l'Europe (Le) 272, 275, 276, 294, 448, 449
Collection d'autographes considérée comme un art (De la) 75, 439
Combat pour le canal de Suez (Le) 117, 118, 441
Confusion des sentiments (La) 433
Découverte de l'Eldorado (La) 424, 458
Dévaluation des idées (La) 451
Dostoïevski 21, 82, 128, 131, 133, 134, 135, 292, 294, 442
Édition en fac-similé de l'œuvre de Heine « L'Allemagne, un conte d'hiver » (Une) 237, 446
Érasme, grandeur et décadence d'une idée 402, 457
Femme silencieuse (La) 453, 454
Guérison de la Galicie (La) 213, 214, 445
Guérison par l'esprit (La) 456
Gustav Falke : « La Ville aux tours dorées » 45
Hans Carossa 334, 454
Heinrich Lammasch 319, 452
Heures étoilées de l'humanité (Les) 377, 416, 424, 433, 456, 457, 458
Ivresse de la métamorphose 334, 454, 456
Jérémie 146, 169, 177, 209, 237, 261, 265, 270, 276, 282, 293, 295, 316, 442, 443, 444, 445, 448, 449, 450
Jeu dangereux (Le) 69, 438
Légende de la troisième colombe (La) 243, 301, 447
Légende d'une vie 43, 318, 385, 437, 451, 452
Lettre à Romain Rolland 38, 44, 436

Liège 90
Louvain 97
Magellan 456
Maison au bord de la mer (La) 11, 12, 19, 24, 26, 30, 32, 35, 41, 433, 434, 435, 437
Marceline Desbordes-Valmore 79, 82, 437
Marie-Antoinette 9, 327, 328, 329, 330, 331, 333, 334, 339, 340, 356, 453, 454, 455
Marie Stuart 358, 360, 374, 456
Marsyas et Apollon 336, 454
Message de paix en automne 316, 452
Métamorphose du comédien (La) 69, 279, 438, 450
Minute mondiale de Waterloo (La) 21, 433
Monde d'hier (Le) 14, 402, 423, 453, 457
Monde sans sommeil (Le) 92, 117
Mot sur l'Allemagne (Un) 87, 88, 439
Nouvelles de la Suisse neutre : un poète 451
Opportunisme, l'ennemi universel (L') 452
Petit voyage au Brésil 388, 457
Peur (La) 437, 455
Pitié dangereuse (La) 373, 456
Pourquoi la Belgique et non la Pologne ? 150, 152, 443
Prologue à Ariel, épilogue à Caliban 20, 433
Ravaillac (Les Trois Errances du régicide) 66, 438
Retour au conte 31, 36, 435
Retour de Gustav Mahler (Le) 157, 444
Retour en Autriche 85, 439
Romain Rolland, l'homme et l'œuvre 303, 451
Ruelle au clair de lune (La) 42, 437
Rythme de New York (Le) 349, 455
Schnitzler, l'Autrichien 327, 453
Seigneurs de la vie (Les) 45
Souvenirs et rencontres 450, 456
Souvenirs sur Émile Verhaeren 7
Thersite 436
Tour de Babel (La) 245, 447
Tragédie des Germano-Américains (La) 242, 447
Trois Maîtres 442
Verhaeren 50, 142
Vingt-quatre heures de la vie d'une femme 11
Volpone 415, 425, 453
Wilson capitule 416, 458
Wondrak 442

INDEX DES NOMS CITÉS

ADELT (Leonhard) 85, 89, 91, 106, 125, 174, 179, 439
ADLER (Elmer) 359, 455, 456
ADLER (Friedrich) 252, 448
ADLER (Victor) 320, 324, 452
AEHRENTAL (Alois Lexa, comte d') 132, 442
ALASTAIR, *cf.* VOIGT
ALBERT (Eugen d') 35, 436
ALBERT (Mme d') 35, 36
ALBERT Ier (roi des Belges) 441
ALBERT-LASARD (Lou) 254, 256, 257, 281, 283, 285, 286, 287, 448
ALBRECHT (archiduc) 169, 444
ALERAMO (Sibilla) 81, 439
ALMEIDA (Guilherme de) 388
ALTMANN (Charlotte Elisabeth), *cf.* ZWEIG (Charlotte).
AMANN (Paul) 123, 442
ANDERSEN 450
ANDREIEV (Leonid Nikolaïevitch) 290, 450
ANDRIAN ZU WERBURG (Leopold, baron d') 301, 451
APEL (Paul) 290, 450
ARBÉ (Mme) 426
ARCOS (René) 55, 71, 264, 309, 310
ARCOS (Renée) 309, 310
ARGENTEAU, *cf.* MERCY d'—.
ASCH (Nathan) 358
ASCH (Schalom) 342, 345, 355, 356, 358, 455
ASQUITH (Herbert Henry) 246
ASSALY 389
AUERNHEIMER (Raoul) 29, 31, 36, 48, 97, 342, 435, 437

AUFFENBERG VON KOMAROV (Moritz, baron d') 103, 169, 440
AUGUSTE-GUILLAUME (prince de Prusse) 313
AUSTEN (Jane) 378

BACH (David Josef) 351, 455
BACHRACH (Julius) 103
BADE (Otto) 142
BAHR (Hermann) 11, 21, 27, 71, 74, 76, 101, 301, 335, 340, 433, 434, 454
BAHR-MILDENBURG (Anna) 126, 442, 454
BALMONT (Constantin Dimitrievitch) 56
BALTEN (Zerline) 47
BALZAC (Honoré de) 27, 56, 58, 70, 73, 81, 120, 292, 293
BARBUSSE (Henri) 264
BARLICH 90
BARNOWSKI (Victor) 24, 229, 434
BARRÈS (Maurice) 67
BARTSCH (Rudolf Hans) 48, 131, 134, 153, 437, 443
BARZUN 56
BAUDELAIRE 253
BAUDOUIN (Louis-Charles) 272, 274, 275, 310
BAUER 120
BAUER (Julius) 39
BAUER (Ludwig) 321, 453
BAZALGETTE (Léon) 52, 55, 57, 70, 71, 78, 81, 175, 438
BEAUMARCHAIS 56
BECK 312, 318, 320, 341, 452
BECK (Christian) 62, 68

BEER-HOFMANN (Richard) 69, 438
BEETHOVEN 59, 66, 124, 226, 268, 270, 336, 337, 338, 405, 446, 448, 449
BEGOVIC (Milan) 21, 23, 26, 29, 33, 35, 36, 433
BEHANIN 420
BEIERLE (Alfred) 29, 435
BELIASSAY (Dr) 106
BENEDEK (Ludwig August, chevalier de) 159, 169, 440, 444
BENEDIKT (Ernst) 43, 48, 97, 101, 165, 330, 342
BENEDIKT (Moriz) 28, 38, 434
BENES (Édouard) 420
BENOÎT XV 448
BÉRAUD (Henri) 276, 290, 313, 316, 449
BERCHTOLD (Leopold von) 111, 132, 164, 169, 441
BERG (Alban) 342
BERGSON (Henri) 53
BERNSTEIN (Anny) 354
BERTOLINI (Pietro) 168, 444
BESNARD (Lucien) 435
BESSEMER (Hans) 35, 131, 434, 435
BETTELHEIM (Anton) 29, 31, 435
BIENERTH (Ankar, baronne) 98, 440
BIERBAUM (Otto Julius) 337, 454
BIRINSKI (Leo) 26
BIRJUKOV (Pavel Ivanovitch) 275, 276, 449
BJÖRNSON (Björn) 342, 455
BJÖRNSON (Björnstjerne) 455
BLAISOT 80
BLAKE (William) 355
BLOCH (Jean-Richard) 53, 55, 438
BLYTH (Miss) 149
BOCCIONI (Umberto) 280, 450
BODMER (Hans) 285

BÖHM (Karl) 453
BONAPARTE (Marie) 408
BOREOVIC VON BOJNA (Svetozar) 94, 95, 440
BÖRNE (Ludwig) 134, 442
BOURNAC (O.) 438
BOUSERET 81, 439
BOYD (Ruth) 354
BRAHM (Otto) 133
BRAHMS (Johannes) 337
BRAUN (Félix) 26, 30, 37, 43, 121, 231, 434, 446
BRÉAL (Michel) 306
BREITENBACH (Paul Justin von) 442
BRENDEL (Josef) 27
BRETON (André) 438
BRETTAUER (Eugène) 352
BRETTAUER (Mme Eugène) 52, 57
BRETTAUER (famille) 51, 350, 352, 357, 438, 455
BRETTAUER (Josef) 350, 352
BREUGHEL l'Ancien 348
BRIEGER (Friedrich) 373, 376
BRION (Hélène) 271
BRIOUSSOV (Valerij Jakovlevitch) 56, 78
BRISSET (Jean-Pierre) 70, 71, 438
BRONTË (Emily) 79
BROSSA 70
BRUCKNER (Anton) 355
BRUDERMANN (Rudolf, chevalier de) 103, 440
BURCKHARD (Max) 75, 439
BURGHAUSER 356
BURIAN (Stephan, comte de RAJECZ) 140, 443
BUSONI (Feruccio) 279, 281, 286, 287, 293
BUSONI (Raffaello) 286
BYRON 312, 355

CAILLAUX (Joseph) 292
CARCANO 168, 444

CAROL Ier (roi de Roumanie) 109, 111, 441
CAROSSA (Hans) 331, 334, 454
CASSIAN 216
CASSIRER (Bruno) 448
CASSIRER (Paul) 256, 275, 276, 278, 279, 282, 287, 319, 448
CAVELL (Edith) 226
CÉZANNE 60, 277
CHAMBERLAIN (Arthur Neville) 395, 396, 403, 404, 409, 413, 419, 421, 422
CHAMBRUN 416
CHAPIRO (Joseph) 299, 310, 451
CHARAVAY 54, 55, 67, 74, 77
CHARLES Ier (empereur d'Autriche) 324, 440
CHATEAUBRIANT (Alphonse de) 67, 267
CHURCHILL (Winston) 413, 419
CIRMENI 167, 168, 444
CLAIR (René) 331
CLAUDEL (Paul) 48, 52, 53, 60, 72, 265
CLEMENCEAU 271
COCHRANE (Thomas) 383, 456
COMMER 311, 355
CONRAD VON HÖTZENDORF (Franz) 103, 107, 142, 148, 440, 442, 444
CONSTANTIN Ier (roi de Grèce) 145, 443
COOPER (Alfred Duff) 419, 422, 458
CORNELL (Katherine) 353
CORTESAO 430, 458
COSTE (Hilde) 153, 443
COTTA (J.G.) 37, 436
COUDENHOVE (Paula, comtesse de) 155
COUDENHOVE-KALERGI (Richard Nicolas, comte de) 342, 455
COURTNEY (Leonard Henry) 228, 445
COWARD (Noel) 354

CRIPPS (Sir Stafford) 421
CRUPPI (Jean-Charles-Marie) 264
CRUPPI (Louise) 264, 267, 271
CRÜWELL (Gottlieb August) 38, 436
CSOKOR (Franz Theodor) 28, 37, 154, 342, 435, 443
CZINNER (Paul) 23, 434

DALADIER (Édouard) 394, 409
DANKL (Viktor) 99
D'ANNUNZIO (Gabriele) 164, 168, 170, 172, 444
DAUDET (Léon) 269
DAVID (Gérard) 81
DAVID (Jacques-Louis) 73
DEBRAN (Isabelle) 302, 451
DEBRIT (Jean) 273, 310
DEBUSSY (Claude) 268
DEHMEL (Richard) 89, 91, 93, 259, 265, 291, 439, 449
DELACROIX (Eugène) 70
DELAHAYE (Ernest) 82, 439
DEQUIST (Mme) 287
DERP (Clothide van) 281, 450
DESBORDES-VALMORE (Marceline) 54, 79, 82, 437
DEUTSCH (Ernst) 77, 439
DEVRIENT (Max) 33, 435
DICKENS (Charles) 355, 426
DÖRMANN (Félix) 31, 435
DOSTOÏEVSKI 21, 22, 49, 58, 213, 288, 433, 442
DOUCET 55
DREYFUS (Albert) 272, 449
DREYFUS (Alfred) 269
DUHAMEL (Georges) 43, 45, 54, 68, 70, 71, 264, 390
DUMONT (Robert) 454
DUPIN (Paul) 268
DURIEUX (Tilla) 256, 284, 292, 448
DYKE (W.S. van) 455
DYMOV (Ossip) 437

ECKERMANN (Johann Peter) 127

EEDEN (Frederik Willem van) 174, 273, 444
EGERTON (Miss) 430
EGERTON (Mr.) 429
EGON 99
EGON (Frida) 72
EHRENBAUM-DEGELE (Hans) 206, 208, 445
EHRENSTEIN (Albert) 250, 255, 275, 276, 277, 284, 285, 287, 447
EISEMANN (Heinrich) 405, 424, 430, 431, 457
ÉLISABETH Ire (reine d'Angleterre) 348, 455
ETZEL (Gisela) 41, 78, 79, 82, 287, 437
EUGÈNE (prince de Savoie) 126
EULENBERG (Herbert) 30, 31, 77, 214, 215, 435, 439
EURIPIDE 451
EYSOLDT (Gertrud) 48, 437

FAESI (Jenny) 277, 295, 341
FAESI (Robert) 277, 278, 288, 289, 295, 301, 316, 318, 449, 451
FALKE (Gustav) 45, 437
FELD (Leo) 28, 29, 32, 35, 36, 45, 129, 151, 215, 240, 435
FELD (Mme) 27
FELDNER (Jacob) 259
FELS (Friedrich Michael) 89
FERDINAND Ier (roi de Bulgarie) 244
FERRIÈRE (Frédéric-Auguste) 273
FIELDING (Henry) 378
FIGUÈRE 56
FIORI 318
FLAMM, cf. MOSSE (Erick).
FLAUBERT 52, 59
FLEISCHER (Victor) 33, 34, 36, 37, 121, 415, 423, 435, 441, 458
FLOWER (Desmond) 424, 458

FONTANA (Oskar Maurus) 30, 435
FORD (Henry) 374, 456
FORT (Paul) 53, 61
FOURMENT (Hélène) 40, 436
FRANCE (Anatole) 303
FRANCK (César) 64
FRANCK (Henri) 60
FRANÇOIS-FERDINAND (archiduc) 173, 404
FRANÇOIS-JOSEPH (empereur d'Autriche) 119, 121, 122, 134, 143, 145, 165, 169, 224, 444, 446
FRANK (Leonhard) 250, 251, 276, 278, 281, 285, 319, 448, 449
FRANKEL (M. et Mme) 376
FRANKFURTER (Albert) 222
FRÉDÉRIC (archiduc) 123, 164
FRÉDÉRIC-GUILLAUME (*Kronprinz* de Prusse) 315
FRÉDÉRIC II (de Prusse) 420
FREUD (Martha) 408
FREUD (Sigmund) 42, 405, 407, 408, 457
FRIED (Alfred Hermann) 295, 451
FRIED (Oskar) 234, 251, 252, 256, 259, 282, 286, 446
FRIEDELL (Egon) 24, 434
FRIEDENTHAL (Richard) 41, 437
FRIEDLÄNDER (Max) 32, 435
FRIEDMANN (Robert) 38
FRISCHAUER (Paul) 129, 340, 442
FULDA (Ida) 35
FULDA (Ludwig) 35, 36, 436
FURTMÜLLER (Mme) 151

GALLIMARD 55
GAMELIN (général) 414
GARIBALDI 444
GAUL (professeur) 277
GEIGER (Benno) 89, 90, 91, 331, 439

GEORGE (Stefan) 41, 133, 152, 289, 452
GEORGE V (roi d'Angleterre) 193
GEORGI (Friedrich, baron von) 125, 442
GERASCH (Alfred) 29, 30, 31, 34, 37, 44, 435
GERETH 114, 152
GÉRICAULT 81
GEYLING (Remigius) 23, 434
GHÉON (Henri) 79, 80
GIDE (André) 79, 446
GILLET (Louis) 409
GINSBURG 349, 354
GINZKEY (Franz Karl) 48, 90, 118, 174, 437, 441
GIOLITTI (Giovanni) 167, 168, 170, 444
GIRARDI (Alexander) 39, 40, 436
GIUSTINIANI (Marianne) 37, 40, 250
GLÖCKNER (Josephine, dite Peppi) 46, 437
GLOSSY (Karl) 29, 130, 435
GLUCK (Christoph Willibald) 340, 441
GOBART (Marguerite) 272
GOETHE 72, 127, 156, 293, 307, 335, 337, 355, 442, 444, 454
GOLDMANN (Paul) 119, 441
GOLDSCHMIDT (Mme) 42, 43
GOLL (Claire), cf. STUDER.
GOLL (Ivan) 278, 281, 282, 287
GÖRING (Hermann) 401
GORMAN (Herbert Sherman) 356, 456
GÖTZ (Bruno) 280, 450
GOURLAK 288
GOYA 349, 374, 455
GRABER (Ernest-Paul) 308
GRAUTOFF (Erna et Otto) 80, 439, 452
GRECO (El) 60, 349
GREGORI, cf. GEORGI.

GREINER (Leo) 243, 290, 291, 447
GRIENINGER 95
GRILLPARZER (Franz) 120, 441
GRIMENI (Faccioli) 382
GRIMMELSHAUSEN 189, 445
GRIMMENSTEIN (sœur) 188
GROUCHY (maréchal) 21, 433
GRÜMBACH 285
GRÜNECKE 55, 75
GUILBEAUX (Henri) 51, 62, 66, 70, 73, 80, 175, 176, 265, 266, 272, 273, 274, 275, 300, 302, 306, 308, 438, 449, 451, 452
GUILBERT (Yvette) 289
GUILLAUME II (empereur d'Allemagne) 197, 231, 315
GÜND 279

HAENDEL (Georg Friedrich) 336, 449
HAGEMANN (Carl) 29, 435
HAGEN (Herta von) 42, 437
HAHN (Reynaldo) 70
HALFAN (Ernest) 306
HARDEN (Maximilian) 37, 38, 436
HARDT (Ernst) 133, 442
HATTINGBERG (Magda von) 238, 446
HAUPTMANN (Carl) 149, 443
HAUPTMANN (Gerhart) 11, 32, 34, 36, 37, 39, 41, 69, 71, 102, 144, 149, 253, 341, 342, 436, 438, 440, 441, 443, 455
HAYDN (Joseph) 336
HEBBEL (Friedrich) 29, 55
HEDIN (Sven) 442
HEERE (Lucas de) 348
HEGNER (Jakob) 48, 437
HEIMANN (Moritz) 25, 434
HEINE (Albert) 30, 32, 33, 435
HEINE (Heinrich) 237, 442
HEINE (Wolfgang) 250, 276, 447

HELFFERICH (Karl) 211, 445
HELLA (Alzir) 434, 438, 450, 456, 457
HELLER (Hugo) 34, 435
HENCKELL (Karl Friedrich) 41, 436
HERESI 282
HERNRIED 90
HERTLING (Georg von) 309, 452
HERTZKA (Mme) 315
HERWIED 119
HERZL (Theodor) 286, 450
HESSE (Hermann) 227, 258, 283, 445, 450
HEUMANN 52, 56, 57
HEUSCHELE (Otto) 10
HEYMEL (Alfred Walter) 69, 438
HIDDEKK 151
HILLER (Kurt) 448
HINDENBURG (maréchal) 102, 108, 118, 119, 123, 124, 125, 138, 139, 141, 142, 144, 219, 441
HINTERBERGER (Hugo) 332, 454
HIRSCH (Emil) 41, 336
HIRSCH (Leo) 117
HIRSCHFELD (Georges) 136, 442
HIRSCHFELD (Leo) *cf.* FELD
HIRSCHFELD (Victor) *cf.* LEON (Victor)
HITLER 374, 393, 395, 396, 400, 403, 404, 405, 409, 413, 417, 419, 420, 422, 426, 429, 457
HOARE (Sir Samuel) 416, 458
HÖBLING (Franz) 435
HOCHDORF (Max) 276, 278, 283, 285, 287, 449
HODLER (Ferdinand) 279
HOFER Cécile 310
HOFER (Charles-Arthur) 310, 452
HOFFMANN 48, 232
HOFFMANN (Camill) 40, 436
HOFFMANN (E.T.A.) 41
HOFMANNSTHAL (Hugo von) 39, 68, 75, 87, 89, 90, 126, 133, 262, 311, 334, 338, 434, 443, 453
HOHLFELDT (Dora) 41, 436
HOKUSAÏ 274
HOLBEIN (Hans) 258
HOLK (Heinrich) 445
HONEGGER (Arthur) 454
HORETZKY-HORNTHAL (Viktor von) 22, 433
HORNBOSTEL 86
HORNER 276
HÖTZENDORF, *cf.* CONRAD VON
HUBER (Rudolf) 23
HUEBSCH (B.W.) 346, 350, 354, 355, 357, 358, 359, 455
HUGO (Victor) 52, 54, 57, 62, 170, 268
HÜLSEN (Hans von) 283, 450
HUMPERDINCK (Engelbert) 22, 433
HÜNICH (Fritz Adolf) 328, 329, 453
HUNTLEY (Miss et Mr.) 399, 457
HUNZIKER (Rudolf) 285, 450

IBSEN 75
ILG (Paul) 250, 447
INGRAM (Dr) 399
ISAACS (Jack) 428, 429, 458

JACOBI (Franz) 41
JACOBSEN (Jens Peter) 54, 57
JACOBSOHN (Siegfried) 443
JACOBY (Bernhard von) 114
JAHNDA 406
JAMMES (Francis) 70, 72
JANNINGS (Emil) 333, 341, 342
JANNINGS (Ruth) 330
JAURÈS (Jean) 86
JEANNE D'ARC 81
JENKINS 430, 458
JOFFRE (maréchal) 146
JONES (Ernest) 408
JONSON (Ben) 453
JOSEF 239, 245

JOSEPH II (empereur d'Autriche) 329
JOUVE (Andrée) 309
JOUVE (Pierre Jean) 229, 237, 267, 272, 275, 278, 309, 445, 450
JOYCE (James) 314, 452
JUNGMANN (Elisabeth) 341
JUVÉNAL 447

KAEMMERER (Ami) 128
KAHN (Martha) 425, 426, 431, 458
KAINZ (Josef) 75, 250, 439
KALBECK (Max) 34, 40
KAMMERLOHER 105
KARRAG 151
KASSNER (Rudolf) 60, 438
KEATS (John) 355
KELLER (Gottfried) 26, 233, 434, 446
KERN (Johann) 227
KESSER (Hermann) 252, 313, 317, 448
KEY (Ellen) 137, 141, 443
KILIAN (Eugen) 35, 42, 435
KIPPENBERG (Anton) 48, 63, 138, 139, 329, 437, 453
KIRSCHOFF 334
KISCH (Egon Erwin) 229, 445
KLEIN (Dr) 290
KLEIST (Heinrich von) 25, 31, 49, 314, 434
KLEMPERER (Otto) 358
KLITSCH (Wilhelm) 48, 437
KLOFAC 87
KLUBER 328, 453
KOERNER 395, 401
KOLB (Annette) 138, 293, 294, 443
KÖNIG (Otto) 38, 436
KOOGAN (Abrao) 380, 456
KOPPAY (Joszi Arpad, baron von) 280
KORNHAS (Walter) 283, 284, 285, 287, 293

KORRODI (Eduard) 252, 275, 284, 288, 448
KOSOR (Josip) 40, 41, 436
KRAMARZ (Karel) 232, 240, 446
KRAMER (Leopold) 46, 437
KRAPIL 48
KRAUS (Karl) 292
KRAUS (ou KRAUSS, Oskar) 21
KRAUSS (Erwin O.) 23, 26, 27, 28, 34
KRETSCHMER (Ernst) 389, 457
KUBIN (Alfred) 152, 443
KUNWALD (Dr) 249
KUSMANEK (Hermann Rudolf) 147, 443
KUTSCHER (Arthur) 41, 437

LABÉ (Louise) 283
LACHNER (Franz) 338, 454
LA GUARDIA (Fiorello) 355
LAMMASCH (Heinrich) 315, 319, 452
LAMPIAO 377
LANDAU (Paul) 291, 450
LANGE (Sven) 445
LARRETA (Enrique) 21, 433
LARSEN (Karl) 172, 444
LASKER-SCHÜLER (Else) 293, 451
LATZKO (Andreas) 290, 291, 294, 320, 450
LEÃO (Mucio) 385
LECONTE DE LISLE 82
LEHAR (Franz) 385
LE MAGUET 273, 449
LEMAITRE (Jules) 80
LEMONNIER (Camille) 38, 436
LENAU (Nikolaus) 56
LÉNINE 304
LEON (Victor) 28, 29, 434
LEVETZOW (Karl Michael) 69, 438
LIEBKNECHT (Karl) 250, 447
LILIENCRON (Detlev von) 30, 129, 435
LINDNER (Herbert) 337, 454

Links (Mme) 22
Linsingen (Alexander von) 221, 445
Lissauer (Ernst) 128, 149, 153, 155, 156, 157, 234, 333, 442
Lloyd George 273, 409
Loeb (Mme) 351
Lori (Dr) 92
Lortzing (Albert) 293
Lothar (Ernestine) 292
Lothar (Rudolf) 249, 253, 255, 275, 280, 290, 293, 447
Louis XIV 232
Louis-Ferdinand (prince de Prusse) 452
Loyson (Paul Hyacinthe) 302
Luce 81
Lucka (Emil) 37, 46, 75, 89, 152, 436, 439
Ludendorff (Erich von) 441
Ludwig (Emil) 319, 390, 419, 452, 457
Lunt (Alfred) 354
Luxemburg (Rosa) 447

Mackensen (August von) 164, 192, 219, 444
Macmillan (Harold) 458
Maes (Pierre) 82
Magellan 373, 377
Magnard (Albéric) 267
Mahler (Anna) 455
Mahler (Gustav) 75, 157, 158, 234, 436, 446, 455
Mahler-Werfel (Alma) 342, 455
Major (Erich), *cf.* Benedikt.
Malipiero (Gian Francesco) 52
Mallarmé 57
Mandin (Luis) 56
Mandl (Mme) 10, 85
Mandsley (Sir Cecil) 375, 377
Mann (Golo) 445
Mann (Heinrich) 448
Mann (Thomas) 290
Mantegna (Andrea) 51

Manzig (von) 279
Maran 116, 441
Marberg (Lili) 27, 29, 30, 31, 33, 38, 98, 434
Marcelle 52, 54, 55, 59, 62, 63, 64, 65, 66, 67, 69, 70, 71, 72, 73, 74, 76, 78, 79, 81, 438
Marcora 168, 444
Margulies (Hans) 245
Marie-Antoinette 9, 53, 73, 355, 436, 453
Marie-Thérèse (impératrice d'Autriche) 329, 420, 453
Masaryk (Thomas) 222
Masereel (Frans) 272, 273, 274, 278, 319, 321, 449
Maupassant 62
Maurras (Charles) 438
Max (prince de Bade) 452
Mayer (Hans) 25
Mazzini (Giuseppe) 306
Meiler (Fritz) 86
Mello 389
Melzer (Margarethe) 341
Mendel (Gregor Johann) 376
Mercereau (Alexandre) 54, 56, 61, 70, 73
Mercy d'Argenteau (Florimond, comte) 328, 355, 453
Merowith (Mme) 359
Merril (Stuart) 78
Mesmer (Franz Anton) 376, 456
Messchaert (Johannes) 240, 241, 447
Messein (Albert) 80
Meyer (Arthur) 70
Meyer (Conrad Ferdinand) 25
Meyerbeer (Giacomo) 451
Meysenburg (Malvida von) 67
Michel (Robert) 35, 90, 106, 436
Michel-Ange 449
Mildenburg, *cf.* Bahr.
Mirabeau 330

MIRABEAU 330
MOISSI (Alexander) 450
MOISSI (Maria) 291, 450
MOLIÈRE 50
MOLL (Carl) 342, 455
MOLNAR (Franz) 437
MOLO (Walter von) 104, 440
MOLTKE (Helmuth, comte de) 440
MONATH 405
MONTAGUE 376
MORÉAS (Jean) 61, 438
MORGAN (John Pierpont) 354
MÖRICKE (Eduard) 442
MORISSE (Paul) 56, 64
MORLAY (Gaby) 356, 455
MOSLEY (Sir Oswald) 405, 422, 429, 457, 458
MOSSE (Erich) 339, 356, 454
MOSSE (Rudolf) 62, 438
MOZART 27, 59, 237, 337, 340
MUCK DE JARY 355
MÜLLER (Hans) 24, 32, 33, 44, 46, 97, 116, 117, 123, 138, 152, 175, 216, 280, 434
MÜLLER (Johannes) 75, 439
MURILLO 374
MUSCHENHEIM 355, 358
MUSSOLINI 404, 416

NAPOLÉON Ier 51, 144, 146
NAYER 375
NEISSER (Dr) 388
NEUGEBAUER (Alfred) 107, 151
NEUMANN (Viola) 207, 209, 213, 218, 238
NEUSTÄDTER (Ellen) 30, 435
NIETZSCHE 66, 67, 318, 449

OBERDAN (Giuliano) 233, 446
OHNET (Georges) 151, 443
ONEGIN (Sigrid) 341, 455
ORLOFF (Ida) 31, 434
ORNSTEIN 135
OVIDE 164

PALDEIS 244

PAQUET (Alfons) 33, 36, 48, 435
PARY (Juliette) 456
PASIC (Nicola) 173, 444
PEDRO (Dom, roi de Portugal et empereur du Brésil) 382
PEIXOTO (Julio) 384
PELROSO (marquis) 282
PÉTAIN (Philippe) 430
PETZOLD (Alfons) 20, 35, 121, 151, 172, 290, 433
PETZOLD (Johanna) 20, 121
PINS (Nelli) 38, 436
POINCARÉ (Raymond) 86
PONCHEVILLE (André de) 53, 70
POPPEK (Mme) 20
POPPENBERG (Félix) 19, 433
POTIOREK (Oskar) 118, 123, 125, 131, 441
PRATER (Donald) 449
PRATO (archevêque) 388
PROHASKA (Jaro) 124
PYNSON (Richard) 456

QUIROS (Cesareo de) 376

RACINE 77
RAGAZ (Leonhard) 295, 322, 451
RAPHAËL 351, 455
RASCHER (Max) 276, 279, 290, 449
RATHENAU (Walther) 253, 256, 313
RAYMONDE 70
REICHSTADT (duc de) 51
REIMERS (Georg) 29, 30, 435
REINHARDT (Max) 22, 256, 433, 439
REINHART (Hans) 285, 287, 289, 450
REINHART (Oskar) 279, 281, 450
REINHART (Werner) 450
REMBRANDT 65, 77, 349, 351
RENAN (Ernest) 265, 307
RENOIR (Auguste) 277

Reucker (Alfred) 251, 277, 279, 282, 293, 448
Rieger (Erwin) 310, 321, 322, 452
Rilke (R.M.) 11, 54, 55, 57, 58, 59, 61, 64, 68, 69, 72, 74, 133, 235, 237, 238, 239, 240, 242, 246, 257, 262, 283, 335, 438, 443, 446, 448, 450
Rimbaud (Arthur) 82, 439
Rittner (Thaddäus) 29, 33, 46, 435
Rivoire (André) 435
Roda-Roda (Alexander) 41, 437
Rodenbach (Georges) 56, 82, 438
Rodenbach (Mme) 56
Rodin (Auguste) 52, 54, 61, 69, 275
Rolland (Émile) 262, 306, 451, 452
Rolland (Madeleine) 265, 271, 306
Rolland (Romain) 13, 38, 44, 45, 53, 54, 57, 58, 63, 64, 66, 67, 71, 74, 79, 88, 102, 110, 112, 113, 116, 119, 122, 123, 126, 134, 136, 138, 144, 145, 147, 148, 149, 151, 153, 155, 174, 175, 204, 206, 225, 228, 232, 233, 237, 240, 245, 251, 253, 259, 260, 264, 265, 266, 267, 268, 269, 271, 272, 275, 276, 280, 281, 282, 284, 287, 292, 300, 302, 304, 306, 308, 310, 319, 322, 441, 443, 445, 446, 449, 450, 451, 452, 453
Romains (Jules) 54, 71, 262
Roosevelt (Franklin D.) 398, 406, 429
Rosé (Arnold) 226, 233, 240
Rosen (Lia) 237, 446
Rosen (Lily) 49
Rosenbaum (Richard) 23, 26, 31, 34, 35, 38, 92, 154, 434, 444
Rosner (Karl Peter) 37, 436
Roth (Joseph) 407, 457
Roud (Gustave) 448
Rubens 436, 437
Rubiner (Ludwig) 250, 254, 255, 273, 278, 316, 448
Rudolf 320
Rundt (Arthur) 26, 434
Rütten & Loening 322, 453
Ryner (Han) 61
Rysselberghe (Theo van) 61, 78

Saccharoff (Alexander) 281, 450, 451
Sachs (von) 155
Sainte-Beuve 52
Salandra (Antonio) 168, 169, 444
Salten (Félix) 35, 36, 39, 330, 342, 435, 454
San Giuliano (marquis de) 105, 111, 441
Sarmiento 377
Savonarole 250
Schaeffer (Emil) 95
Schalek (Alice) 218
Scheffler (Karl) 256, 448
Scheller 284
Schickele (René) 292, 294, 450, 451
Schiller 111, 441
Schläger (Toni) 178
Schlesinger (Paul) 308, 452
Schliessmann 201
Schmidtbonn (Wilhelm) 230, 290, 291, 446
Schmitz (Oskar A.H.) 10, 35, 435
Schnitzler (Arthur) 22, 25, 33, 36, 39, 100, 105, 115, 123, 137, 139, 142, 154, 158, 176, 229, 239, 246, 262, 327, 328, 329, 440

SCHNITZLER (Olga) 22, 23, 154
SCHOLZ-ZELEZNY (Hélène) 154, 442, 443, 448
SCHÖNAICH (Franz, baron de) 105, 440
SCHÖNHERR (Karl) 39, 40, 342, 436
SCHÖNTHAL 244
SCHUBERT (Franz) 338, 357
SCHUCH (Ernst von) 40, 436
SCHUMANN (Wolfgang) 42, 43, 437
SCHWARZ 94
SCHWARZ (restaurateur) 341, 454
SCHWARZENBERG (prince) 342
SCHWERDTFEGER 55, 63, 64, 66, 70
SCHWERIN (Ludwig) 334, 335, 454
SCHWIMMER (Rosika) 272, 273, 276, 449
SEGALL (Lasar) 389, 457
SEGANTINI (Bianca) 281
SEGANTINI (Giovanni) 284
SEIPEL (Ignaz) 332, 454
SEIPPEL (Paul) 277, 278, 285, 449
SEROFF (Victor Ilyitch) 332, 454
SERVAES (Franz) 38, 46, 104, 436
SETZER (Franz Xaver) 29, 37, 44
SHAKESPEARE 20, 21, 31, 72, 172, 314, 433
SHAW (Bernard) 22, 433
SHELLEY 355
SIEVEKING 339
SILBERGLEIT (Arthur) 331, 454
SILTEN (Paula) 44, 437
SIMON (Mme) 280
SINGER (Israel Joshua) 356, 455
SKODA 130
SLOTTA (professeur) 388
SOARES (Macedo) 383
SOMARY 345

SONNINO (Giorgio, baron) 168, 169, 444
SOUFFLET 78
SOUZA (Claudio de) 384, 385, 456
SOYKA (Otto) 23, 28, 434
SPECHT (Richard) 170, 234, 444
SPINOZA 171
SPIRE (André) 55
SPITTELER (Carl) 129, 265, 442, 449
STALINE 403, 404
STEFAN (Paul) 234, 446
STEIF (Dr) 117, 127, 129, 245
STEINBERG (Salomon David) 278, 450
STEINER 289
STEINER (Herbert) 24, 434
STEINER (Margit) 244
STEINTHAL 283, 287, 450
STENDHAL 54, 56, 67, 74
STERNRIED (Erwin von) 108
STIEDRY (Fritz) 90, 124, 234
STIFTER (Adalbert) 331
STÖCKER (Hélène) 270, 449
STOSS (Veit) 183, 445
STRASSER (Charlot) 255, 276, 290, 448
STRAUSS (Franz) 337
STRAUSS (Richard) 66, 225, 330, 331, 334, 336, 337, 338, 355, 453, 454
STRAVINSKI (Igor) 454
STRUNZ (Franz) 134
STUART (Marie) 356, 455, 456
STUCKEN (Eduard) 69, 438
STUDER (Claire) 282, 287, 450
STÜRGKH (Karl, comte) 448
SUARÈS (André) 54, 55, 58, 60, 62, 63, 64, 74, 252, 265, 282
SUTER (Johann August) 424, 458
SUZANNE 52
SWOBODA (Margarethe) 42, 437

TAL (Ernst Peter) 45, 437

TANDLER 342
TERRAMARE (Georg) 42, 437
THACKERAY 355
THARAUD (Jérôme et Jean) 67, 72, 438
THIMIG (Hugo) 20, 27, 34, 154, 433, 444
TIEPOLO 65
TISZA (Istvan, comte) 140, 143, 164, 165, 169, 320, 443
TOLLER (Ernst) 407, 458
TOLSTOÏ (Léon) 53, 54, 56, 58, 67, 68, 122, 126, 137, 141, 143, 268, 270, 272, 275, 449, 454
TOSCANINI (Arturo) 345, 350, 355
TOSCANINI (Carla) 355
TOURJANSKY (Victor) 455
TOURNEUR (Maurice) 453
TREBITSCH (Siegfried) 22, 24, 26, 31, 33, 35, 37, 70, 72, 73, 77, 79, 93, 97, 119, 138, 149, 342, 433, 443
TRIBOUT (Georges) 50, 53, 56
TROG (Hans) 249, 279, 447
TROTSKI (Léon) 272
TULUTES (Mme) 383
TURNER (William) 348

UNRUH (Fritz von) 252, 255, 276, 277, 323, 448, 452

VACHELL 426
VAN GOGH (Vincent) 277
VARA (Sil) 102, 147, 241, 440, 447
VARGAS (Getulio) 383, 384
VEGAS 282
VELDE (Henry Van der) 256, 259, 275, 277, 293, 306, 448
VELTZÉ (Alois) 118
VÉNIZÉLOS 145, 222, 443
VERHAEREN (Émile) 7, 26, 34, 44, 50, 52, 53, 54, 56, 57, 58, 61, 69, 74, 77, 78, 79, 80, 81, 115, 116, 117, 119, 146, 262, 272, 274, 307, 437, 438, 439, 443
VERHAEREN (Marthe) 56, 57, 78, 81
VERLAINE 54, 55, 57, 61, 80
VERWEY (Albert) 308, 452
VETTER 33
VICTOR-EMMANUEL III 167
VIERTEL (Berthold) 21, 23, 77, 154, 155, 433
VIERTEL (Mme) 131, 133, 138
VILDRAC (Charles) 54, 60, 262, 446
VISAN (Tancrède de) 56
VOIGT (Hans Henning von, « Alastair ») 288, 450
VOINOVIC (Ivo, comte) 101, 440
VOLLMOELLER (Karl Gustav) 433
VOLTAIRE 355

WAGNER (Cosima) 75
WAGNER (Richard) 38, 43, 63, 75, 337, 437, 438, 441, 454
WAGNER (Siegfried) 337, 340, 438, 454
WALDEN (Herwarth) 64, 438
WALL (Miss) 403
WALLENSTEIN 214, 445
WALLMANN-BURGHAUSER (Margarete) 353
WALSHAM REITH (Sir J.C.) 458
WALTER (Bruno) 336, 348
WARBURG (Félix) 351, 355, 455
WASSERMANN (Jakob) 25, 26, 28, 31, 43, 139, 434
WEDDINGEN (Otto) 106
WEDEKIND (Frank) 41, 48, 50, 250, 251, 253, 437
WEIGAND (Wilhelm) 41, 42, 436
WEINGARTNER (Félix von) 38, 436
WELLS (Herbert G.) 302, 351, 457
WELTI (Albert) 283, 450

WEREFKIN (Marianne von) 282, 283
WERFEL (Franz) 90, 286, 292, 293, 294, 342, 451
WETTSTEIN 277
WHITMAN (Walt) 56, 275, 438
WIECKE (Paul) 40, 436
WIEGAND (Carl) 254, 448
WIESNER 299
WILDE (Oscar) 421, 454
WILDENBRUCH (Ernst von) 313, 452
WILDGANS (Anton) 28, 42, 43, 108, 133, 155, 434
WILHELM (Paul) 27, 434
WILLI 48
WILLIAM 431
WILMOT 431
WILSON (Thomas W.) 211, 264, 277, 311, 312, 314, 316, 317, 318, 320, 452
WINTERNITZ (Alice von) 328, 329, 434, 446, 453, 454
WINTERNITZ (Félix von) 25
WINTERNITZ (Friderike Maria von), *cf.* ZWEIG Friderike.
WINTERNITZ (Suzanne von) 329, 434, 446, 450, 453
WISE (Stefan) 357, 456
WITTMANN (Hugo) 38, 117, 436
WITTMER (Félix) 356, 456
WOLF (Hugo) 37, 75, 103, 104, 209, 436
WURMBRAND (comtesse) 376

WÜST (Dr) 290

ZECH (Paul) 175, 208, 256, 444
ZEISS (Karl) 48, 55, 437
ZIFFERER (Paul) 28, 37, 258, 435
ZIMMERMANN (J.-P.) 453
ZINNER (Alfred) 100
ZOBELTITZ (Hanns von) 33, 435
ZOFF (Otto) 113, 441
ZOOZMANN (Richard) 60, 438
ZSOLNAY (Paul von) 342, 455
ZUCKERKANDL (Berta) 113, 148, 154, 246, 441
ZUCKERKANDL (Otto) 176, 447
ZUCKMAYER (Carl) 341, 455
ZUR MÜHLEN (Hermynia von) 290, 450
ZWEIG (Alfred) 26, 34, 85, 86, 119, 129, 135, 178, 180, 204, 290, 312, 341, 342, 408, 434, 441, 450, 452
ZWEIG (Charlotte, « Lotte ») 9, 11, 399, 414, 456, 458
ZWEIG (Friderike Maria) 8, 9, 10, 24, 25, 38, 40, 44, 48, 66, 73, 76, 88, 120, 153, 155, 156, 276, 295, 355, 395, 434, 436, 439, 441, 442, 443, 447, 449, 450, 458
ZWEIG (Ida, mère de SZ) 20, 87, 117, 152, 455
ZWEIG (Max) 36, 38, 436
ZWEIG (Moritz, père de SZ) 20, 86, 152, 453

Table

Introduction	7
Journal, septembre 1912 et printemps 1913 (Paris) 10 septembre 1912 - 6 mai 1913. — 20-28 mars 1914	17
Journal de l'année de guerre 1914 (30 juillet 1914 - 30 avril 1915)	83
Journal de l'année de guerre 1915 (1er mai 1915 - 24 février 1916)	161
Journal de Suisse (13 novembre 1917 - février 1918)	247
Journal de Suisse (20 septembre - 13 novembre 1918)	297
Journal 1931 (22 octobre - 6 décembre 1931)	325
Notes de New York (17 - 30 janvier 1935)	343
Feuillet de Journal du 27 septembre 1935	361
Voyage au Brésil et en Argentine (8 août - 1er septembre 1936)	371
Journal de la Seconde Guerre (1er septembre - 17 décembre 1939)	391
Carnet de notes de la guerre 1940 (22 mai - 19 juin 1940)	411
Notes	433
Index des œuvres de Stefan Zweig citées	459
Index des noms cités	461

*Œuvres de Stefan Zweig
aux Éditions Belfond :*

Amerigo, 1992
L'Amour d'Erika Ewald, 1990
Clarissa, 1991
Le Combat avec le démon, 1983
Destruction d'un cœur, 1987
Émile verhaeren, 1985
La Guérison par l'esprit, 1982
Ivresse de la métamorphose, 1984
Journaux 1912-1940, 1986
Le Monde d'hier, 1982
Les Très Riches Heures de l'humanité, 1989
Trois Maîtres, 1988
Trois Poètes de leur vie, 1983
Un mariage à Lyon, 1991
Wondrak, 1994